TATJANA HAHN

Manipulation allokationsrelevanter Patientendaten

Schriften zum Gesundheitsrecht

Band 55

Herausgegeben von Professor Dr. Helge Sodan,
Freie Universität Berlin,
Direktor des Deutschen Instituts für Gesundheitsrecht (DIGR)
Präsident des Verfassungsgerichtshofes des Landes Berlin a.D.

Manipulation allokationsrelevanter Patientendaten

Eine systematische Analyse
der internen Kommissionsberichte der Prüfungs- und
Überwachungskommission bei der Bundesärztekammer

Von

Tatjana Hahn

Duncker & Humblot · Berlin

Die Rechts- und Staatswissenschaftliche Fakultät
der Rheinischen Friedrich-Wilhelms-Universität Bonn
hat diese Arbeit im Wintersemester 2018/2019
als Dissertation angenommen.

Bibliografische Information der Deutschen Nationalbibliothek

Die Deutsche Nationalbibliothek verzeichnet diese Publikation in
der Deutschen Nationalbibliografie; detaillierte bibliografische Daten
sind im Internet über http://dnb.d-nb.de abrufbar.

D 5

Satz: L101 Mediengestaltung, Fürstenwalde
Druck: CPI buchbücher.de GmbH, Birkach
Printed in Germany

ISSN 1614-1385
ISBN 978-3-428-15759-4 (Print)
ISBN 978-3-428-55759-2 (E-Book)
ISBN 978-3-428-85759-3 (Print & E-Book)

Gedruckt auf alterungsbeständigem (säurefreiem) Papier
entsprechend ISO 9706 ♾

Internet: http://www.duncker-humblot.de

Für Daniel

Vorwort

Diese Arbeit wurde im Wintersemester 2018/2019 von der Rechts- und Staatswissenschaftlichen Fakultät der Rheinischen Friedrich-Wilhelms-Universität Bonn als Dissertation angenommen. Literatur und Rechtsprechung wurden bis einschließlich Juni 2018 berücksichtigt.

Zunächst möchte ich meinem Doktorvater, Herrn Prof. Dr. Torsten Verrel, meinen herzlichsten Dank für die Betreuung und Unterstützung während der Anfertigung dieser Arbeit aussprechen. Er ließ mir zum einen große Freiheit bei der Bearbeitung, hatte aber jederzeit ein offenes Ohr für mich, wenn meinerseits Besprechungsbedarf bestand. Zudem unterstützte er mich in dem Kontakt mit weiteren Stellen wie der Bundesärztekammer und Eurotransplant. Nicht zuletzt hat er durch seine schnellen Korrekturen maßgeblich dazu beigetragen, dass ich dieses Projekt in vergleichsweise kurzer Zeit zu einem Abschluss bringen konnte. Prof. Dr. Martin Böse danke ich für die zügige Erstellung des Zweitgutachtens. Prof. Dr. Helmut Marquard möchte ich dafür danken, dass er so kurzfristig als Vorsitzender meiner Disputatio eingesprungen ist.

Mein Dank gilt weiterhin den Mitarbeitern der Geschäftsstelle Transplantationsmedizin bei der Bundesärztekammer, die mich während der Auswertung der Kommissionsberichte in ihren Räumlichkeiten betreut haben und mir jederzeit für Rückfragen zur Verfügung standen.

Ganz persönlich danken möchte ich schließlich meinem Mann Daniel, meinen Eltern, Nicol und Jens, und meiner Schwester Tamara. Sie haben mich nicht nur finanziell auf meinem bisherigen Weg unterstützt und auch die Korrekturarbeiten an meiner Arbeit übernommen. Vor allem aber haben sie mich durch ihren guten Zuspruch und den einen oder anderen festen Drücker stets zum Weitermachen motiviert und waren mir in dieser – teilweise doch sehr anstrengenden – Zeit eine wertvolle Stütze.

Bonn, Mai 2019 *Tatjana Hahn*

Vorwort

Inhaltsübersicht

Inhaltsverzeichnis

Verzeichnis der Tabellen und Abbildungen

A. Einleitung

I. Wartelistenmanipulationen vor dem Hintergrund anhaltender Organknappheit – die Ausgangslage

„Wer soll sterben, wenn nicht alle leben können?“[1] Wenn auch plakativ formuliert, hat diese Frage vor dem Hintergrund des anhaltenden Organmangels durchaus ihre Berechtigung. Allein im Jahr 2015 verstarben in Deutschland 910 Patienten, während sie auf die Zuteilung eines passenden postmortalen Spenderorgans warteten.[2] Im Jahr 2016 waren es sogar 937 Patienten.[3] Angesichts dieser Zahlen steigt die Relevanz eines gerechten Verteilungssystems für das vorhandene Organaufkommen sowie der Kontrolle dieses Systems. Das Vertrauen der Bevölkerung in das Transplantationssystem wurde nicht zuletzt durch die sog. „Transplantations-Skandale“ nachhaltig gestört.[4] Im Sommer 2012 wurde bekannt, dass der Leiter des Lebertransplantationsprogramms des Universitätsklinikums Göttingen in einer Vielzahl von Fällen Krankenakten und -daten seiner Patienten manipuliert hatte, um diese kränker erscheinen zu lassen, als sie es tatsächlich waren und sie bei der Zuteilung postmortaler Spenderorgane zu bevorzugen.[5] Als Reaktion auf diese Manipulationen wurden unter anderem die Kontrollen in den Transplantationszentren verstärkt. Die für diese Kontrollen zuständige Prüfungs- und Überwachungskommission bei der Bundesärztekammer (PÜK) führt seitdem verdachtsunabhängige und flächendeckende, kurzfristig angekündigte Stichprobenprüfungen in allen deutschen Transplantationszentren durch.[6] Gegen-

---

1 *Gutmann*, Für ein neues TPG, S. 113.

2 *Eurotransplant*, Annual Report 2015, S. 57, Tabelle 4.7b(ii), abrufbar unter https://www.eurotransplant.org/cms/mediaobject.php?file=AR_ET_20153.pdf (letzter Abruf am 17. Juni 2018).

3 *Eurotransplant*, Annual Report 2016, S. 59, Tabelle 4.7b(ii), abrufbar unter https://www.eurotransplant.org/cms/mediaobject.php?file=Eurotransplant+JV+PDF.pdf (letzter Abruf am 17. Juni 2018).

4 Während die Anzahl postmortaler Organspender im Jahr 2011 noch 1.176 betrug, ging diese Zahl bis zum Jahr 2013 auf 865 zurück und stagniert seither auf diesem Niveau, vgl. *Eurotransplant*, Annual Report 2015, S. 41, Tabelle 4.1.

5 Vgl. zum Sachverhalt die gekürzte Fassung des Urteils des LG Göttingen vom 6. Mai 2015 – Ks 4/13 – juris.

6 Maßnahmenkatalog „Kontrolle verstärken, Transparenz schaffen, Vertrauen gewinnen“, S. 1, abrufbar unter http://www.bundesaerztekammer.de/fileadmin/user_upload/

stand dieser Prüfungen waren zunächst sämtliche Lebertransplantationsprogramme, sodann alle in Deutschland zugelassenen Transplantationszentren und deren Transplantationsprogramme bezogen auf den Zeitraum 2010 bis 2012. Die Prüfungen konnten – mit Ausnahme zweier Lungentransplantationsprogramme – im Berichtszeitraum 2014/2015 abgeschlossen werden.[7] Die jährlich veröffentlichten Tätigkeitsberichte der PÜK enthalten einen Überblick über die festgestellten Auffälligkeiten sowie eine anonymisierte Ausfertigung der Kommissionsberichte über die in den namentlich genannten Zentren durchgeführten Prüfungen.

Eine systematische Auswertung der einzelnen Prüfungsergebnisse fand bisher nicht statt.[8] Daher soll vorliegend eine wissenschaftliche Erhebung aller internen Kommissionsberichte der PÜK bezogen auf die erste Periode der flächendeckend durchgeführten Zentrumsprüfungen, also Transplantationen aus den Jahren 2010 bis 2012, erfolgen. Die Untersuchung beschränkt sich dabei auf die Organe Leber, Herz und Lunge, da sich im Rahmen der Überprüfung dieser Transplantationsprogramme eine Vielzahl an Auffälligkeiten zeigte, während die Prüfung der Nieren- und Pankreasprogramme im Wesentlichen unauffällig verlief. Die Auswertung soll einen Beitrag dazu leisten, einen etwaigen Änderungsbedarf der Richtlinien der Bundesärztekammer zur Wartelistenführung und Organvermittlung festzustellen und dient gleichzeitig der Schaffung weiterer Transparenz bei der Aufarbeitung der Organallokations-Skandale. Auf der Grundlage einer großen Fallzahl und mittels quantitativer Verfahren soll überprüft werden, ob die Mehrzahl der Transplantationen und Transplantationsprogramme unauffällig ist, was auch dazu beitragen könnte, das Vertrauen der Bevölkerung in das Transplantationssystem erneut zu steigern.

---

downloads/Massnahmenkatalog_Transplantationsmedizin_27082012.pdf (letzter Abruf am 17. Juni 2018).

[7] Tätigkeitsbericht PÜK 2014/2015, S. 4. Die Prüfungen der Lungentransplantationsprogramme Hamburg-Eppendorf und Leipzig wurde sodann in der folgenden Prüfperiode 2015/2016 abgeschlossen, Tätigkeitsbericht PÜK 2015/2016, S. 13. Die Tätigkeitsberichte der PÜK sind abrufbar auf der Homepage der Bundesärztekammer unter http://www.bundesaerztekammer.de/aerzte/medizin-ethik/transplantationsmedizin/ (letzter Abruf am 17. Juni 2018).

[8] Eine Zusammenstellung der Häufigkeit und der Art der Richtlinienverstöße im Zeitraum 2010 bis 2012 bieten zwar *Pohlmann/Höly*, KZfSS 2017, 181, 193 f., die anhand einer Deutungsmusteranalyse belegen wollen, dass die in den Transplantationszentren festgestellten Manipulationen nicht Ausdruck individueller, sondern vielmehr einer organisationalen Devianz sind. Dabei stellen sie allerdings vorrangig auf die Häufigkeit der Verstöße und nicht auf deren Art ab.

II. Gang der Untersuchung

In einem ersten deskriptiven Teil werden die rechtlichen Rahmenbedingungen sowie die beteiligten Akteure – inklusive der Kontrollinstanzen – der postmortalen Organspende in Deutschland dargestellt, um ein grundlegendes Verständnis für das Prüfungssystem und die Prüfungsmaßstäbe zu vermitteln. Daran schließt sich eine genaue Darlegung der Prüfungskriterien an, nach denen die Überprüfung der Transplantationszentren erfolgte, also der Vorgaben zur Wartelistenführung sowie zur Vermittlung der Organe Herz, Lunge und Leber. Dabei wird genau zwischen den Richtlinien der Bundesärztekammer und den Arbeitsanweisungen von Eurotransplant unterschieden, um im Rahmen der nachfolgenden Analyse den Anknüpfungspunkt der einzelnen Verstöße genau benennen zu können.

Sodann wird im empirischen Teil mittels einer Erhebung der internen Kommissionsberichte der PÜK bezogen auf den Berichtszeitraum 2010 bis 2012 ein detailliertes Bild der zu Tage getretenen Allokationsauffälligkeiten erarbeitet. Dabei wird herausgestellt, gegen welche Allokationsvorgaben verstoßen wurde und auf welche Art und Weise diese Verstöße erfolgten. Außerdem wird untersucht, welcher Ebene des für die Organverteilung maßgeblichen Regelwerkes – Richtlinien der Bundesärztekammer oder Arbeitsanweisungen von Eurotransplant (ET-Manual) – die Verstöße zuzuordnen sind. Zudem wird überprüft, ob es zu einer Bevorzugung bestimmter Patientengruppen gekommen ist. Im Anschluss an die Auswertung wird sodann untersucht, ob ggf. Nachbesserungsbedarf bei den Richtlinien besteht, weil sich einzelne Vergabekriterien als unklar bzw. interpretierbar oder als besonders manipulationsanfällig erwiesen haben. Außerdem wird diskutiert, welche Sanktionsmöglichkeiten das Straf- und Ordnungswidrigkeitenrecht bei Bekanntwerden derartiger Manipulationen allokationsrelevanter Patientendaten bieten.

Nach einer Darstellung und Bewertung der seit Bekanntwerden der Auffälligkeiten erfolgten Änderungen im Transplantationssystem soll abschließend die Rolle von Eurotransplant im Verteilungssystem hinsichtlich ihrer Befugnis genauer untersucht werden, die Allokationsrichtlinien der Bundesärztekammer derart zu konkretisieren, dass sich (erst) daraus die für die Überprüfung der Richtlinienkonformität maßgeblichen Kriterien ergeben.

B. Die organisatorischen und rechtlichen Rahmenbedingungen der Organtransplantation in Deutschland

Eine nachvollziehbare Auswertung der Kommissionsberichte der PÜK setzt ein Grundverständnis für das deutsche Transplantationssystem voraus. Durch eine Betrachtung des organisatorischen Rahmens wird deutlich, welche Abläufe Raum für Manipulationen bieten und welche Kontrollmechanismen dem entgegenwirken können. Bei der Darstellung soll in zwei Schritten vorgegangen werden. Zunächst werden die an der postmortalen Organspende beteiligten Akteure und die rechtlichen Grundlagen des Transplantationssystems vorgestellt. Die Darstellung bezieht sich auf die Organentnahme, -vermittlung und -übertragung, also auf die Organtransplantation als solche. In einem zweiten Schritt wird das vorhandene Kontrollregime erläutert, wobei entsprechend dem Gegenstand dieser Arbeit zuvorderst eine Einführung in die Zusammensetzung und Arbeitsweise der PÜK erfolgen wird.

I. Das System der postmortalen Organspende

Das deutsche Transplantationssystem besteht aus einer Vielzahl verschiedener Rechtsgrundlagen und dem Zusammenwirken überwiegend nichtstaatlich organisierter Akteure, mit teilweise weitreichenden eigenen Regelungsbefugnissen. Es wird daher zu Recht als „schwer durchschaubares Kompetenzgeflecht“ bezeichnet.[1]

1. Die Akteure der postmortalen Organspende

Als wesentliche Akteure der postmortalen Organspende sind die Entnahmekrankenhäuser, die Deutsche Stiftung Organtransplantation (DSO) als Koordinierungsstelle, die Transplantationszentren sowie die Vermittlungsstelle Eurotransplant zu nennen. Zudem ist die Bundesärztekammer in vielfältiger Weise in das Transplantationssystem einbezogen. Im Hinblick auf die hier gegenständliche Auswertung der Kommissionsberichte der PÜK, soll

---

[1] So *Bader*, Organmangel, S. 77; ähnlich *Lang*, MedR 2005, 269, 270, der von einem überaus kompliziert gesponnenem Netz von Kooperationsmustern und Entscheidungsprozessen öffentlich-rechtlicher und privater Rechtsträger spricht.

der Schwerpunkt der folgenden Darstellung auf den an der Wartelistenführung und Vermittlung postmortaler Organspenden beteiligten Akteuren liegen, sodass die Vorstellung der Entnahmekrankenhäuser sowie der Koordinierungsstelle lediglich der Vollständigkeit halber – und in der gebotenen Kürze – erfolgt.

a) Entnahmekrankenhäuser und Organentnahme

Den Ausgangspunkt einer jeden postmortalen Organspende bildet die Entnahme der transplantablen Organe eines verstorbenen Spenders. Diese darf nach § 9 Abs. 1 des Transplantationsgesetzes (TPG)[2] nur in einem Entnahmekrankenhaus durchgeführt werden.[3]

aa) Aufgaben der Entnahmekrankenhäuser

Die Aufgaben der Entnahmekrankenhäuser wurden in den §§ 9 bis 9b TPG durch das Gesetz zur Änderung des Transplantationsgesetzes vom 21. Juli 2012[4] erstmals zentral verankert, wodurch ihre Bedeutung und Verantwortung im Prozess der Organspende unterstrichen wurde.[5] Ihre zentrale Aufgabe besteht in der Feststellung und Meldung des Hirntods potentieller Organspender nach § 9a Abs. 2 Nr. 1 TPG. Wurde der Hirntod eines Patienten zweifelsfrei festgestellt, sind die Entnahmekrankenhäuser verpflichtet, dies der Koordinierungsstelle, also der DSO, unverzüglich mitzuteilen, soweit der Patient nach ärztlicher Beurteilung als Organspender in Betracht kommt. Diese Meldepflicht ist von maßgeblicher Bedeutung für das Transplantationssystem, denn ihre Erfüllung entscheidet, inwiefern das vorhandene Organspendepotential tatsächlich genutzt werden kann.[6] Umgekehrt stellt das ungenügende Meldeaufkommen der Entnahmekrankenhäuser einen entschei-

[2] Gesetz über die Spende, Entnahme und Übertragung von Organen und Geweben (Transplantationsgesetz) vom 1. Dezember 1997, BGBl. I, S. 2631, zuletzt geändert mit Wirkung zum 29. Juli 2017 (BGBl. I, S. 2757, 2761).

[3] Entnahmekrankenhäuser sind zunächst nach den allgemeinen Zulassungsvoraussetzungen die Krankenhäuser, die nach § 108 des Fünften Buches Sozialgesetzbuch (SBG V) oder nach anderen gesetzlichen Vorschriften – insbesondere § 30 der Gewerbeordnung (GewO) – zugelassen sind. Zusätzliche Voraussetzung für die Anerkennung als Entnahmekrankenhaus ist, dass das Krankenhaus nach seiner räumlichen und personellen Ausstattung in der Lage sein muss, Organentnahmen potentieller Spender zu ermöglichen, § 9a Abs. 1 S. 1 TPG. Dies wird grundsätzlich bei allen Krankenhäusern angenommen, die über Intensiv- und Beatmungsbetten verfügen, vgl. BT-Drs. 17/7376, S. 19.

[4] BGBl. I, S. 1601.

[5] BT-Drs. 17/7376, S. 1.

[6] BT-Drs. 17/7376, S. 19; *Neft*, MedR 2013, 82, 84.

denden Faktor für den Organmangel in Deutschland dar.[7] Zur Stärkung der Meldepflicht wurde im Juli 2012 bundesweit verpflichtend die Bestellung mindestens eines Transplantationsbeauftragten pro Entnahmekrankenhaus in § 9b TPG eingeführt. Den Transplantationsbeauftragten obliegt seither die Verantwortung für die Einhaltung der Meldepflicht.[8] Sie sind das „Verbindungsglied des Krankenhauses zu den Transplantationszentren und zur Koordinierungsstelle".[9]

bb) Voraussetzungen der Organentnahme bei verstorbenen Spendern

Die Feststellung des Todes und das damit einhergehende Hirntodkonzept sowie die auf Zustimmung basierende Organentnahme im Sinn der erweiterten Zustimmungslösung bilden nach § 3 Abs. 1 TPG die grundlegenden Voraussetzungen für eine postmortale Organentnahme. Im folgenden Abschnitt sollen deshalb diese für den weiteren Verlauf der Untersuchung grundlegenden konzeptionellen Entscheidungen des Gesetzgebers zur Organentnahme bei verstorbenen Spendern kurz erläutert werden.

(1) Das Hirntodkonzept

Während § 3 Abs. 1 S. 1 Nr. 2 TPG festlegt, dass eine Organentnahme nur zulässig ist, wenn der Tod des Organspenders nach Regeln, die dem Stand der Erkenntnisse der medizinischen Wissenschaft entsprechen, festgestellt ist, konkretisiert § 3 Abs. 2 Nr. 2 TPG diese Voraussetzung dahingehend, dass die Entnahme unzulässig ist, wenn nicht zuvor der endgültige, nicht behebbare Ausfall der Gesamtfunktion des Großhirns, des Kleinhirns und des Hirnstamms des Organspenders nach Verfahrensregeln, die dem Stand der Erkenntnisse der medizinischen Wissenschaft entsprechen, festgestellt ist. Erst aus dieser zweiten Vorschrift ergibt sich, dass sich der Gesetzgeber bei der Feststellung des Todes eines Patienten für das sog. Hirntodkonzept entschieden hat.[10] Das Hirntodkonzept war und ist umstritten. Im Mittelpunkt der Kritik steht die These, der hirntote Patient sei zwar ein sterbender Mensch, im Sinn von Art. 2 Abs. 2 S. 1 Grundgesetz (GG) aber noch als lebend anzusehen. Er befinde sich lediglich in einem Zustand des unumkehr-

---

[7] *Haverich/Haller*, Der Internist 2016, 7, 13.

[8] BT.-Drs. 17/7376, S. 19. Acht Bundesländer hatten bereits zuvor in ihren Ausführungsgesetzen die Benennung eines Transplantationsbeauftragten vorgeschrieben, vgl. zu den jeweils einschlägigen landesrechtlichen Vorschriften *Neft*, MedR 2013, 82, 85 Fn. 27.

[9] BT-Drs. 17/7376, S. 19.

[10] Zu den „zwei Todesbegriffen" *Deutsch*, NJW 1998, 777, 778.

baren Hirnversagens.[11] Im Rahmen des Hirntodkonzepts des TPG werde dem noch lebenden hirntoten Patienten der Schutz des Lebensgrundrechts versagt, worin ein unverhältnismäßiger Eingriff und damit ein Verstoß gegen Art. 2 Abs. 2 S. 1 GG liege.[12] Die Befürworter dieses Konzepts bekräftigen dagegen, dass „der Nachweis des Hirntods […] keine Todeserklärung und keine prognostische Beurteilung, sondern eine Feststellung des Todes“ ist.[13] Für die Anerkennung des Hirntods als relevanten Todeszeitpunkt spricht, dass mit diesem das zentrale Steuerungssystem des Gesamtorganismus irreparabel zerstört ist. Damit gehen jegliche Möglichkeiten der Wahrnehmung und des Bewusstseins eines Menschen verloren.[14]

(2) Die erweiterte Zustimmungslösung und die Entscheidungslösung

Eine Organentnahme ist weiterhin dann möglich, wenn der potentielle Organspender oder – falls keine Erklärung des Spenders selbst vorliegt – ein Angehöriger dieser zugestimmt hat. Diese sog. erweiterte Zustimmungslösung ist in den §§ 3 und 4 TPG ausdrücklich festgelegt.[15] Dabei räumt § 3 Abs. 1 S. 1 Nr. 1 TPG dem Selbstbestimmungsrecht des Verstorbenen den absoluten Vorrang ein und respektiert so das über den Tod hinaus bestehende Persönlichkeitsrecht des Grundrechtsträgers.[16] Lediglich nachrangig sind die Angehörigen des Verstorbenen zu einer eigenen Entscheidung über die Organentnahme berufen.[17]

Durch das Gesetz zur Regelung der Entscheidungslösung im Transplantationsgesetz vom 12. Juli 2012[18] wurde diese erweiterte Zustimmungslösung in eine sog. Entscheidungslösung umgewandelt.[19] Damit verfolgte der Gesetzgeber das Ziel, die Organspendebereitschaft in der Bevölkerung zu steigern.[20]

[11] *Höfling/Rixen*, Verfassungsfragen der Transplantationsmedizin, S. 75 sowie ausführlich zur Kritik am Hirntodkonzept S. 48 ff.

[12] *Rixen*, Lebensschutz am Lebensende, S. 386.

[13] *Oduncu*, in: Schroth/König/Gutmann/Oduncu, TPG, Einleitung Rn. 109; weiterführend zu diesem Streitstand *Oduncu*, Hirntod und Organtransplantation, S. 101 ff.

[14] *Schroth*, in: Schroth/König/Gutmann/Oduncu, TPG, Vor §§ 3, 4 Rn. 16.

[15] *Nickel/Schmidt-Preisigke/Sengler*, TPG, Vor § 3 Rn. 1; *Kühn*, MedR 1998, 455, 456. Damit hat der Gesetzgeber insbesondere der sog. Widerspruchslösung eine Absage erteilt. Diese sieht eine Organentnahme bereits dann als zulässig an, wenn sich der potentielle Spender zu Lebzeiten nicht ausdrücklich gegen eine solche ausgesprochen hat, vgl. *Weber*, in: Höfling, TPG, § 4 Rn. 28.

[16] *Nickel/Schmidt-Preisigke/Sengler*, TPG, Einführung Rn. 28.

[17] *Nickel/Schmidt-Preisgke/Sengler*, TPG, § 4 Rn. 5.

[18] BGBl. I, S. 1504.

[19] BT-Drs. 17/9030, S. 4.

[20] BT-Drs. 17/9030, S. 14.

Durch eine umfassendere Aufklärung soll jeder Einzelne in die Lage versetzt werden, über die Frage der eigenen Spendebereitschaft zu entscheiden.[21] Die Entnahmevoraussetzungen der §§ 3 und 4 TPG wurden durch das Gesetz indes nicht geändert. Zudem schreibt § 2 Abs. 2a TPG ausdrücklich vor, dass niemand dazu verpflichtet werden kann, eine Erklärung zur Organspende abzugeben. Faktisch ist es damit also bei der Geltung der erweiterten Zustimmungslösung geblieben.[22]

b) Die Transplantationszentren

Während die Entnahme von Organen verstorbener Spender nur in Entnahmekrankenhäusern stattfinden darf, ist deren Übertragung ausschließlich in Transplantationszentren vorzunehmen, § 9 Abs. 2 S. 1 TPG.[23] Eine organisatorische Trennung ist jedoch gesetzlich nicht vorgeschrieben, sodass ein Krankenhaus gleichzeitig Entnahmekrankenhaus sowie Transplantationszentrum sein kann.[24]

aa) Führung der (internen) Warteliste

Zentrale Bedeutung im Prozess der Organspende erhalten die Transplantationszentren durch die ihnen in § 10 Abs. 2 TPG übertragenen Aufgaben im Zusammenhang mit der Führung der Wartelisten für vermittlungspflichtige Organe.[25] Nach § 10 Abs. 2 Nr. 1 TPG sind die Transplantationszentren verpflichtet, Wartelisten der zur Übertragung von vermittlungspflichtigen Organen angenommenen Patienten mit den für die Organvermittlung erforderlichen Angaben zu führen sowie unverzüglich über die Annahme eines Patienten zur Organübertragung und seine Aufnahme in die Warteliste sowie auch über die Herausnahme eines Patienten aus der Warteliste zu entscheiden.

---

[21] Vgl. dazu § 2 Abs. 1 und 1a TPG sowie *Neft*, MedR 2013, 82, 83.

[22] *Neft*, MedR 2013, 82, 83 f.; *Engels*, WzS 2013, 199, 200; so auch BT-Drs. 17/9030, S. 16: „Die in den §§ 3 und 4 TPG geregelte erweiterte Zustimmungslösung bleibt unverändert."

[23] Auch die Zulassung der Transplantationszentren wurde in die bestehenden Zulassungsverfahren integriert und richtet sich in erster Linie nach § 108 SGB V sowie § 30 GewO. Die Zulassung muss aber ausdrücklich die Entscheidung beinhalten, dass in dem jeweiligen Transplantationszentrum die bestimmten näher bezeichneten Organe übertragen werden dürfen, vgl. BT-Drs. 13/4355, S. 22; *Gutmann*, in: Schroth/König/Gutmann/Oduncu, TPG, § 10 Rn. 2.

[24] *Nickel/Schmidt-Preisigke/Sengler*, TPG, § 10 Rn. 1.

[25] Die Vermittlungspflicht umfasst die Organe Herz, Lunge, Leber, Niere, Bauchspeicheldrüse und Darm soweit sie postmortal gespendet wurden, vgl. § 1a Nr. 2 TPG.

Diese Aufgabenzuweisung wird flankiert durch die Verpflichtung des jeweils behandelnden Arztes, Patienten, bei denen die Übertragung vermittlungspflichtiger Organe medizinisch angezeigt ist, mit deren schriftlicher Einwilligung unverzüglich an das Transplantationszentrum zu melden, in dem die Organübertragung vorgenommen werden soll (§ 13 Abs. 3 S. 1 TPG). Die Führung der Warteliste dient also der Erfassung der für eine Organübertragung vermittlungspflichtiger Organe vorgesehenen Patienten.[26] Der Begriff der Warteliste ist jedoch irreführend, denn er vermittelt den Eindruck, dass sich die Rangfolge auf der Warteliste nach der Reihenfolge des Zugangs bestimmt, die Organzuteilung stets an den erstgelisteten Patienten erfolgt und sodann die übrigen Patienten um eine Position aufrücken. Tatsächlich fließen aber verschiedene organspezifische Kriterien neben der Wartezeit in die jeweilige Zuteilungsentscheidung ein, sodass für jedes Organ im konkreten Match[27] eine individuelle Rangliste der geeigneten Patienten erstellt wird. Statt von einer Warteliste wäre daher vorzugswürdiger Weise von einem Registrierungssystem zu sprechen.[28]

Der Zugang zur Warteliste wird zu Recht als „Eingangstrichter" zum Allokationsprozess mit erheblicher Filterwirkung bezeichnet, da nicht alle Patienten, die an sich ein Spenderorgan benötigen auch tatsächlich in die Warteliste gelangen.[29] Gleichzeitig stellt die Aufnahme in die Warteliste eine notwendige Voraussetzung für einen Patienten dar, überhaupt bei der Verteilung von Spenderorganen berücksichtigt zu werden. Gemäß § 10 Abs. 2 Nr. 2 TPG ist über die Aufnahme in die Warteliste nach Regeln zu entscheiden, die dem Stand der Erkenntnisse der medizinischen Wissenschaft entsprechen, insbesondere nach Notwendigkeit und Erfolgsaussicht einer Organübertragung. Die Aufnahmevoraussetzungen sind mit diesen beiden Kriterien freilich nur vage formuliert.[30] Die nähere Ausgestaltung der Kriterien zur Aufnahme in die Warteliste hat das TPG der Bundesärztekammer übertragen (§ 16 Abs. 1 S. 1 Nr. 2 TPG).

Liegen die Voraussetzungen für eine Aufnahme in die Warteliste vor, hat der jeweilige Patient einen subjektiv-rechtlichen Anspruch, in die Warteliste aufgenommen zu werden, da es sich bei § 10 Abs. 2 Nr. 2 TPG um eine

---

[26] *Lang*, in: Höfling, TPG, § 10 Rn. 7.

[27] Als Match wird das Verfahren der Zuteilungsentscheidung im Einzelfall, also bezogen auf ein bestimmtes Organ, bezeichnet; vgl. dazu auch die Informationen auf der Homepage von Eurotransplant, abrufbar unter https://www.eurotransplant.org/cms/index.php?page=allocation (letzter Abruf am 17. Juni 2018).

[28] Vgl. zum vorstehenden *Norba*, Rechtsfragen der Transplantationsmedizin, S. 166 f.

[29] *Gutmann*, in: Schroth/König/Gutmann/Oduncu, TPG, § 10 Rn. 9.

[30] *Bader*, Organmangel, S. 134.

drittschützende Norm handelt.[31] Sie gewährleistet das in Art. 2 Abs. 2 S. 1 GG geschützte Recht auf Leben und körperliche Unversehrtheit. Dieses Grundrecht statuiert demgemäß nicht bloß ein Abwehrrecht gegenüber staatlichen Eingriffen, sondern auch eine Schutzpflicht des Staates zugunsten eines jeden Grundrechtsträgers.[32] Aus Art. 2 Abs. 2 S. 1 GG i. V. m. mit Art. 3 Abs. 1 GG ergibt sich daher ein derivatives Teilhabe-recht des einzelnen Patienten an dem vorhandenen Organaufkommen und damit ein verfassungsrechtlich geschütztes Recht auf den Zugang zur Warteliste.[33]

bb) Einfluss auf die Vermittlungsentscheidung?

Neben der Entscheidung darüber, welche Patienten in die jeweilige Warteliste zur Organtransplantation aufgenommen werden, haben die Transplantationszentren weitere – jedenfalls faktische – Einflussnahmemöglichkeiten auf den jeweiligen Rang des Patienten auf der Warteliste und damit auf die Wahrscheinlichkeit der Organzuteilung. Denn sie sind dafür zuständig, die für die Vermittlung erforderlichen Daten an die Vermittlungsstelle weiterzugeben, die mit der Führung der bundeseinheitlichen Warteliste[34] und der Organzuteilung im Einzelfall betraut ist.[35] Beispielsweise können sie durch die Beantragung einer besonderen Dringlichkeitsstufe eines Patienten dessen vorrangige und umgekehrt durch die Meldung eines Patienten als vorrübergehend nicht transplantabel dessen Nicht-Berücksichtigung bei der Organzuteilung bewirken.[36] Die eigentliche Vermittlungsentscheidung, also die Entscheidung darüber, welcher Patient ein Organ im Einzelfall erhält, trifft dagegen die Vermittlungsstelle, § 9 Abs. 2 S. 3 i. V. m. § 12 Abs. 3 TPG. Insoweit stehen den Transplantationszentren keinerlei Kompetenzen zu.[37]

---

31 So auch *Schmidt-Aßmann*, Grundrechtspositionen, S. 110.

32 *Schmidt-Aßmann*, Grundrechtspositionen, S. 19.

33 *Gutmann*, in: Schroth/König/Gutmann/Oduncu, TPG, § 10 Rn. 10; ausführlich zur Herleitung des derivativen Teilhaberechts *Gutmann/Fateh-Moghadam*, Rechtsfragen der Organverteilung II, S. 68 ff.

34 Nach § 12 Abs. 3 S. 2 TPG hat die Vermittlungsstelle die Wartelisten der Transplantationszentren bei der Organvermittlung als eine einheitliche Warteliste zu behandeln.

35 § 10 Abs. 3 S. 1 i. V. m. § 13 Abs. 3 S. 3 TPG.

36 So auch *Bader*, Organmangel, S. 140 f.; vgl. etwa zu den verschiedenen Dringlichkeitsstufen bei der Lebertransplantation Gliederungspunkt C.I.2.a)bb).

37 *Bader*, Organmangel, S. 150. Die Einführung des TPG ist daher für die Transplantationszentren mit einem erheblichen Verlust an Einflussnahme einhergegangen, da § 9 Abs. 2 S. 3 TPG seither die Möglichkeit des sog. „lokalen Selbstbehalts" und damit einer Verteilung entnommener Spenderorgane durch die Transplantationszentren selbst ausschließt, vgl. dazu *ders.*, Organmangel, S. 87 ff.; *Schmidt*, Politik der Organverteilung, S 19.

c) Die Koordinierungsstelle – Die Deutsche Stiftung Organtransplantation (DSO)

Die Entnahme von Organen verstorbener Spender, einschließlich der Vorbereitung von Entnahme, Vermittlung und Übertragung ist gemäß § 11 Abs. 1 S. 1 TPG eine gemeinschaftliche Aufgabe der Transplantationszentren und der Entnahmekrankenhäuser in regionaler Zusammenarbeit. Die Organisation dieser Gemeinschaftsaufgabe obliegt der Koordinierungsstelle, vgl. § 11 Abs. 1 S. 2 TPG. Im März 2000 wurde hierzu die Deutsche Stiftung Organtransplantation (DSO) durch Vertrag mit den Spitzenverbänden der Krankenkassen gemeinsam[38], der Bundesärztekammer und der deutschen Krankenhausgesellschaft – entsprechend ihrem in § 11 Abs. 1 S. 3 und Abs. 2 TPG normierten Auftrag – ernannt.[39]

Die Aufgaben der DSO umfassen im Rahmen des Organspendeprozesses zunächst die Unterstützung der Entnahmekrankenhäuser, insbesondere bei der Hirntoddiagnostik. Daneben obliegt ihr die Organisation des Organspendeprozesses, namentlich die Koordination der Zusammenarbeit der Beteiligten bei der Vorbereitung und Durchführung der Organentnahme, der Vorbereitung der Vermittlung sowie der Verpackung und dem Transport der entnommenen Organe. Nicht zuletzt soll die DSO an der Aufklärung der Bevölkerung über das Thema Organspende mitwirken.[40] Hervorzuheben ist die Verpflichtung der Koordinierungsstelle gemäß § 13 Abs. 1 S. 4 TPG, vorhandene Spenderorgane sowie die für die Organvermittlung erforderlichen medizinischen Angaben an die Vermittlungsstelle zu melden. Die Meldung erfolgt also nicht direkt durch die Entnahmekrankenhäuser an die Vermittlungsstelle, sondern über die Koordinierungsstelle.

---

[38] Seit dem 1. Juli 2008 ist an die Stelle der bisherigen Bundesverbände der Spitzenverband Bund der Krankenkassen getreten. § 11 Abs. 1 S. 3 TPG wurde durch Art. 42 des Gesetzes zur Stärkung des Wettbewerbs in der gesetzlichen Krankenversicherung vom 26. März 2007, BGBl. I, S. 378, entsprechend geändert.

[39] Der Koordinierungsstellen-Vertrag wurde nach seiner durch § 11 Abs. 3 S. 1 TPG vorgeschriebenen Genehmigung durch das Bundesministerium für Gesundheit (BMG) am 15. Juli 2000 im Bundesanzeiger bekannt gemacht (BAnz vom 15. Juli 2000, Nr. 131a) und trat einen Tag später, also am 16. Juli 2000, in Kraft. Nach einer grundlegenden Überarbeitung wurde der Vertrag am 7. Januar 2016 erneut vom BMG genehmigt und am 26. Februar 2016 im Bundesanzeiger bekannt gemacht (BAnz AT 18.02.2016 B2, Berichtigung in BAnz AT 26.02.2016 B3). Der Vertrag ist abrufbar unter https://www.dso.de/uploads/tx_dsodl/Koordinierungsstellenvertrag_2015.pdf (letzter Abruf am 17. Juni 2018).

[40] Vgl. dazu § 2 Abs. 3 und 4 des Koordinierungsstellen-Vertrags. Ausführlich zu den genannten Aufgaben der DSO *Norba*, Rechtsfragen der Transplantationsmedizin, S. 120 ff.

d) Die Vermittlungsstelle – Eurotransplant

Wird ein vorhandenes Spenderorgan durch die DSO an die Vermittlungsstelle gemeldet, stellt sich die Frage, welcher Patient das Organ erhalten soll. Vor dem Hintergrund des anhaltenden Organmangels hat die Vermittlungsentscheidung erhebliche Bedeutung, denn sie stellt für viele Patienten auf der Warteliste eine Entscheidung über Leben und Tod dar.[41] § 9 Abs. 2 S. 3 TPG sieht vor, dass alle vermittlungspflichtigen Organe zwingend durch die Vermittlungsstelle zu vermitteln sind.

aa) Die Beauftragung von Eurotransplant durch den Vermittlungsstellen-Vertrag

Die Auftraggeber der Koordinierungsstelle wurden in § 12 Abs. 1 S. 1 TPG dazu ermächtigt, eine geeignete Stelle zur Vermittlung der vermittlungspflichtigen Organe (Vermittlungsstelle) zu errichten oder zu beauftragen. Der Gesetzgeber hat sich somit gegen eine Organisation der Vermittlungsstelle als Körperschaft des öffentlichen Rechts – welche einer unmittelbaren und umfassenden Staatsaufsicht unterläge – entschieden und stattdessen einen privatrechtlichen Weg gewählt.[42] Die genannten Spitzenorganisationen des Gesundheitswesens haben mit Vertrag vom 20. April 2000 die Stichting Eurotransplant International Foundation (Eurotransplant) und damit eine privatrechtliche Stiftung niederländischen Rechts mit Sitz in Leiden in den Niederlanden als Vermittlungsstelle beauftragt.[43] Die Möglichkeit der Beauftragung einer ausländischen Institution als Vermittlungsstelle hat der Gesetzgeber durch § 12 Abs. 2 TPG ausdrücklich eröffnet. Vor dem Hintergrund, dass Eurotransplant bereits vor der Einführung des TPG mit der Organvermittlung befasst war, wird deutlich, dass diese Regelungen geradewegs mit Blick auf Eurotransplant konzipiert wurden.[44] Diesen Schluss legt auch die Entwurfsbegründung zum TPG nahe, indem sie ausführt, dass künftig auch Eurotransplant mit der Organvermittlung beauftragt werden könne.[45] Derzeit kooperie-

---

[41] *Höfling*, in: Höfling, TPG, § 12 Rn. 2.

[42] *Gutmann*, in: Schroth/König/Gutmann/Oduncu, TPG, § 12 Rn. 3.

[43] Der Vertrag wurde entsprechend der gesetzlichen Vorgaben in § 12 Abs. 5 S. 1 TPG am 27. Juni 2000 vom Bundesgesundheitsministerium genehmigt und am 15. Juli 2000 im Bundesanzeiger bekannt gemacht, vgl. BAnz. Nr. 131a, S. 3 ff. Der Vertrag ist abrufbar unter http://www.aok-gesundheitspartner.de/imperia/md/gpp/bund/krankenhaus/transplantation/transplantation_vertrag_et_2000.pdf (letzter Abruf am 17. Juni 2018). Er befindet sich derzeit in Neuverhandlung.

[44] *Gutmann*, in: Schroth/König/Gutmann/Oduncu, TPG, § 12 Rn. 6; ebenso *Höfling*, in: Höfling, TPG, § 12 Rn. 4; *Böning* spricht insoweit von der „lex Eurotransplant", *ders.*, Kontrolle im TPG, S. 29.

[45] BT-Drs. 13/4355, S. 14.

ren acht Staaten mit der internationalen Vermittlungsstelle, namentlich Belgien, Deutschland, Kroatien, Luxemburg, die Niederlande, Österreich, Ungarn und Slowenien.

bb) Aufgaben der Vermittlungsstelle – insbesondere Führen einer einheitlichen Warteliste und die Vermittlung im Einzelfall

Einen Überblick über die Aufgaben der Vermittlungsstelle bietet § 2 des Vermittlungsstellen-Vertrags. Sie reichen von Qualitätssicherungsmaßnahmen, über Regelungen zur Zusammenarbeit mit der Koordinierungsstelle sowie den Transplantationszentren, bis hin zur Bereitstellung eines geeigneten Datenschutzsystems. Hauptaufgabe der Vermittlungsstelle ist die Vermittlung der seitens der Koordinierungsstelle gemeldeten Organe verstorbener Spender an geeignete Patienten, § 2 Abs. 1 des Vertrags. Zur Vorbereitung dieser Aufgabe führt Eurotransplant organspezifische einheitliche Wartelisten für die gesamte Bundesrepublik Deutschland, § 2 Abs. 2 des Vertrags. Die Wartelisten der einzelnen Transplantationszentren sind dabei als einheitliche Warteliste zu behandeln, § 12 Abs. 3 S. 2 TPG. Das TPG schließt damit eine zentrumsbezogene Organverteilung aus – d.h., die Transplantationszentren dürfen die bei ihnen gewonnenen Organe nicht intern an eigene Patienten verteilen – und nimmt stattdessen eine patientenorientierte Organallokation vor.[46] Die Berücksichtigung aller Patienten auf einer einheitlichen Warteliste dient der Chancengleichheit der Patienten und sichert deren formale Gleichbehandlung.[47]

Die einheitliche Warteliste wird auf der Grundlage der vermittlungsrelevanten Daten erstellt, die die Transplantationszentren für jeden Patienten, den sie in ihre Warteliste aufnehmen, an Eurotransplant übermitteln.[48] In der Praxis erfolgt die Datenübermittlung dadurch, dass die Transplantationszentren aller Eurotransplant-Mitgliedstaaten die Empfängerdaten ihrer Patienten in die zentrale Datenbank von Eurotransplant (ENIS = Eurotransplant Network Information System) einspeisen. Diese Anmeldung über ENIS ist zwingende Voraussetzung dafür, dass ein Patient in den Pool aller wartenden Empfänger aufgenommen und bei der Organzuteilung berücksichtigt wird.[49] Sobald die Koordinierungsstelle Eurotransplant ein verfügbares Spenderorgan meldet, erstellt Eurotransplant anhand spezieller organspezifischer Allokationskriterien mithilfe eines computergestützten Verfahrens eine Rang-

---

46 *Höfling*, in: Höfling, TPG, § 12 Rn. 34.

47 *Nickel/Schmidt-Preisigke/Sengler*, TPG, § 12 Rn. 11; *Gutmann*, in: Schroth/König/Gutmann/Oduncu, TPG, § 12 Rn. 36.

48 Vgl. § 10 Abs. 3 S. 1 i.V.m. mit § 13 Abs. 3 S. 3 TPG.

49 *Norba*, Rechtsfragen der Transplantationsmedizin, S. 170.

liste der geeigneten Patienten.[50] Das Transplantationszentrum, dessen Patient auf der Rangliste für das Organ an erster Stelle steht, erhält ein verbindliches Angebot für das Organ. Unmittelbar im Anschluss daran erhält auch das Transplantationszentrum, das den nächsten gelisteten Patienten auf der Rangliste betreut, ein unverbindliches Organangebot. Lehnt das Transplantationszentrum des ersten gelisteten Patienten das Angebot ab oder erklärt es innerhalb einer bestimmten Frist nicht die Annahme des Angebots, so ist Eurotransplant berechtigt und verpflichtet, dem Transplantationszentrum des zweiten gelisteten Patienten ein nunmehr verbindliches Organangebot zu machen. Die Entscheidung über die Annahme des angebotenen Organs obliegt dem jeweils zuständigen Arzt des Transplantationszentrums.[51]

e) Die Bundesärztekammer

Als letzter wesentlicher Akteur der postmortalen Organspende ist die Bundesärztekammer zu nennen. Wenn diese auch nicht direkt am Organspendeprozess – der Entnahme, Vermittlung und Übertragung vermittlungspflichtiger Organe – beteiligt ist, ist sie doch in vielfältiger und mitbestimmender Weise in das Transplantationsgeschehen eingebunden, weshalb nachfolgend kurz ihre rechtliche Stellung und ihr Aufgabenfeld im Kontext der Organvermittlung näher betrachtet werden.

aa) Status und Organisation der Bundesärztekammer

Die Bundesärztekammer – Arbeitsgemeinschaft der Deutschen Ärztekammern – ist ein freiwilliger privatrechtlicher Zusammenschluss der 17 Landesärztekammern und geht aus der 1947 gegründeten „Arbeitsgemeinschaft der westdeutschen Ärzteschaft“ hervor.[52] Sie bildet die Spritzenorganisation der ärztlichen Selbstverwaltung und vertritt als solche die berufspolitischen Interessen der Ärzteschaft in Deutschland.[53] Der einzelne Arzt gehört der Bundesärztekammer nur mittelbar über seine (Pflicht-)Mitgliedschaft in der jeweiligen Landesärztekammer an.[54] Während die Landesärztekammern – wie alle bundesdeutschen Kammern – als juristische Personen in der Rechtsform

---

50 Vgl. § 5 Abs. 4 des Vermittlungsstellen-Vertrags. Nähere Ausführungen zu den jeweiligen Allokationskriterien unter Gliederungspunkt C.

51 Vgl. § 5 Abs. 5 des Vermittlungsstellen-Vertrags. Das Letztentscheidungsrecht liegt genauer gesagt bei dem jeweiligen Patienten, der gemäß § 630d Abs. 1 BGB in die Organübertragung als medizinische Maßnahme einwilligen muss, *Weigel*, Organverteilung und Arzthaftung, S. 35.

52 *Laufs*, in: Laufs/Kern, Handbuch des Arztrechts, § 13 Rn. 13.

53 *Oduncu*, in: Schroth/König/Gutmann/Oduncu, TPG, Einleitung Rn. 35.

54 *Laufs*, in: Laufs/Kern, Handbuch des Arztrechts, § 13 Rn. 13.

der Körperschaft des öffentlichen Rechts organisiert sind,[55] stellt die Bundesärztekammer einen privaten, nichteingetragenen und damit nichtrechtsfähigen Verein nach § 54 des Bürgerlichen Gesetzbuchs (BGB) dar.[56] Die Bezeichnung der Bundesärztekammer als „Kammer" ist insofern irreführend.[57] Somit ist mit der Bundesärztekammer ein weiterer privatrechtlicher Akteur in das System der Organspende einbezogen worden. Als solcher untersteht die Bundesärztekammer weder der Aufsicht des Bundes noch der der Länder.[58] Es bestehen lediglich Möglichkeiten der wohl wenig effektiven mittelbaren staatlichen Aufsicht der jeweiligen Landesbehörden im Rahmen ihrer Aufsicht über ihre Landesärztekammern.[59]

bb) Aufgaben der Bundesärztekammer im Überblick

Gemäß § 11 Abs. 1 S. 2 und Abs. 2 S. 1 TPG obliegt der Bundesärztekammer – gemeinsam mit den weiteren genannten Spitzenorganisationen des Gesundheitswesens – die vertragliche Beauftragung der Koordinierungsstelle und die nähere Ausgestaltung ihrer Aufgaben.[60] Parallel dazu wurde sie in § 12 Abs. 1 S. 1 und Abs. 4 S. 1 TPG ermächtigt, gemeinsam mit den übrigen Auftraggebern eine Vermittlungsstelle zu benennen.[61] Zudem hat die Bundesärztekammer als Auftraggeberin die Einhaltung der gesetzlichen und vertraglichen Bestimmungen durch die Koordinierungsstelle und die Vermittlungsstelle zu überwachen, vgl. § 11 Abs. 3 S. 3 bzw. § 12 Abs. 5 S. 3

---

[55] *Tettinger*, Kammerrecht, S. 104.

[56] Eine ausführliche Herleitung des Status der Bundesärztekammer als privater nichtrechtsfähiger Verein bietet *Berger*, Die Bundesärztekammer, S. 45 f.; ebenso *Bergemann*, Die Rechtliche Stellung der Bundesärztekammer, S. 40 ff.

[57] *Taupitz*, Die Standesordnungen der freien Berufe, S. 749; *Augsberg* spricht von einer „paradoxen", jedenfalls „verblüffenden" Einsicht: „Die Bundesärztekammer ist keine Kammer.", *ders.*, Die Bundesärztekammer im System der Transplantationsmedizin, S. 45. Einer Errichtung der Bundesärztekammer als Körperschaft des öffentlichen Rechts waren und sind indes verfassungsrechtliche Grenzen gesetzt. Der Bund könnte eine solche nur auf der Grundlage von Art. 87 Abs. 3 GG begründen. Ihm fehlt jedoch die dazu erforderliche Gesetzgebungskompetenz für den Bereich der ärztlichen Berufsausübung, vgl. dazu *Kühn*, MedR 1998, 455, 459; *Mohammadi-Kangarani*, Die Richtlinien der Organverteilung im TPG, S. 88. In Ermangelung einer gesetzlichen Grundlage können auch die Länder bzw. die Landesärztekammern keine verbandskörperschaftliche Dachorganisation gründen, *Tettinger*, Kammerrecht, S. 23 und 231.

[58] *Nickel/Schmidt-Preisike/Sengler*, TPG, § 16 Rn. 3; *Bergemann*, Die rechtliche Stellung der Bundesärztekammer, S. 31.

[59] *Berger*, Die Bundesärztekammer, S. 64; ebenso *Bergemann*, Die rechtliche Stellung der Bundesärztekammer, S. 32.

[60] Vgl. dazu bereits Gliederungspunkt B.I.1.c).

[61] Vgl. dazu Gliederungspunkt B.I.1.d).

TPG.[62] Von besonderer Bedeutung ist zudem die Richtlinientätigkeit der Bundesärztekammer nach § 16 TPG. In diesem Rahmen entscheidet sie über grundlegende Eckdaten des Transplantationssystems.[63] Damit übt die Bundesärztekammer insgesamt eine erhebliche Steuerfunktion in dem Gesamtsystem der Organspende aus.[64]

2. Die rechtlichen Grundlagen der Wartelistenführung und der Organvermittlung

Die Rechtsgrundlagen der postmortalen Organspende sind in drei Stufen ausgestaltet. Die erste Stufe und damit den Ausgangspunkt bildet das Gesetz über die Spende, Entnahme und Übertragung von Organen (Transplantationsgesetz – TPG).[65] Dieses enthält neben den grundlegenden Weichenstellungen für die Organisation der postmortalen Organspende (§§ 9 bis 12 TPG) zudem Regeln zur Wartelistenführung und Organvermittlung. Letztere werden auf der zweiten Stufe durch die Richtlinien der Bundesärztekammer konkretisiert und schließlich – hinsichtlich der Regeln zur Organvermittlung – auf der dritten Stufe durch die Arbeitsanweisungen der Vermittlungsstelle Eurotransplant weiter ausgestaltet.

a) Vorgaben des TPG

Das TPG hat die Vorgaben zur Aufnahme eines Patienten in die Warteliste sowie zur Organvermittlung weitgehend parallel ausgestaltet. Gemäß § 10 Abs. 2 Nr. 2 TPG haben die Transplantationszentren über die Aufnahme in die Warteliste nach Regeln zu entscheiden, die dem Stand der Erkenntnisse der medizinischen Wissenschaft entsprechen, insbesondere nach Notwendigkeit und Erfolgsaussicht einer Organübertragung. Die Vermittlung vermittlungspflichtiger Organe an geeignete Patienten hat entsprechend nach Regeln zu erfolgen, die dem Stand der Erkenntnisse der medizinischen Wissenschaft entsprechen, insbesondere nach Erfolgsaussicht und Dringlichkeit, § 12 Abs. 3 S. 1 TPG. Der Gesetzgeber hat damit zwar eindeutig klargestellt, dass die Entscheidungen über die Aufnahme in die Warteliste sowie über die Or-

---

[62] Zur Überwachungstätigkeit vgl. Gliederungspunkt B.II.2.b).

[63] *Lang*, MedR 2005, 269, 270 f.; vgl. zur Richtlinientätigkeit der Bundesärztekammer Gliederungspunkt B.I.2.b).

[64] *Augsberg*, Die Bundesärztekammer im System der Transplantationsmedizin, S. 45 f.

[65] BGBl. I, S. 2631, in Kraft getreten am 1. Dezember 1997; neugefasst durch Bekanntmachung vom 4. September 2007, BGBl. I, S. 2206; zuletzt geändert durch Artikel 2 des Gesetzes vom 18. Juli 2017, BGBl. I, S. 2757.

ganvermittlung nach medizinisch begründeten Regeln zu erfolgen hat, während nicht medizinische Kriterien, wie etwa finanzielle oder soziale Erwägungen, unberücksichtigt zu bleiben haben.[66] Das Gesetz verzichtet allerdings auf eine Definition der relevanten Kriterien Notwendigkeit bzw. Dringlichkeit und Erfolgsaussicht.[67] Damit bleibt die gesetzliche Ausgestaltung insgesamt generalklauselartig und gibt weder den Transplantationszentren noch der Vermittlungsstelle praktikable Vorgaben an die Hand, was eine nähere Konkretisierung zwingend erforderlich macht.[68]

b) Die Richtlinien der Bundesärztekammer

Diese erforderliche Konkretisierung wurde der Bundesärztekammer übertragen, indem sie durch § 16 Abs. 1 S. 1 TPG damit beauftragt wurde, in Richtlinien den Stand der Erkenntnisse der medizinischen Wissenschaft für alle wesentlichen Fragen im Zusammenhang mit der Organtransplantation festzustellen.[69] Die indikative Formulierung der Vorschrift – „stellt fest" – zeigt, dass es sich dabei um einen Pflichtauftrag handelt.[70] Von besonderem Interesse sind vorliegend die Richtlinien für die Regeln zur Aufnahme in die Warteliste nach § 16 Abs. 1 S. 1 Nr. 2 TPG sowie die Richtlinien für die Regeln zur Organvermittlung nach § 16 Abs. 1 S. 1 Nr. 5 TPG. Diese Richtlinien werden mitunter als die „harten" Auswahlkriterien bezeichnet, nach denen die Organallokation in Deutschland erfolgt.[71] Der Gesetzgeber begründete die Übertragung der Richtlinienkompetenz auf die Bundesärztekammer mit der Erwägung, dass die Vermittlung vermittlungspflichtiger Organe nach medizinisch begründeten Regeln und Kriterien zu erfolgen habe.[72] Die Feststellung des Standes der medizinischen Wissenschaft sei in erster Linie eine Aufgabe der medizinischen Fachwelt.[73] Tatsächlich liegt ein Vorteil dieser – wenn auch verfassungsrechtlich bedenklichen[74] – Regelungstechnik darin, dass sich der Staat auf diese Weise spezifisches Fachwissen zu Nutze machen

---

66 BT-Drs. 13/8017, S. 42 zu § 9 Abs. 2 Nr. 1a.

67 *Lang*, in: Höfling, TPG, § 10 Rn. 20.

68 Ähnlich *Bader*, Organmangel, S. 134 zu § 10 Abs. 2 Nr. 2 TPG; sowie *Höfling*, in: Höfling, TPG, § 12 Rn. 3 zu § 12 Abs. 3 S. 1 TPG.

69 *Kühn*, MedR 1998, 455, 457.

70 *Bader*, Organmangel, S. 174; ebenso *Nickel/Schmidt-Preisigke/Sengler*, TPG, § 16 Rn. 3; *Conrads*, Rechtliche Aspekte der Richtlinienfeststellung, S. 39; *Höfling*, in: Höfling, TPG, § 16 Rn. 8.

71 *Schmidt-Aßmann*, Grundrechtspositionen, S. 99.

72 BT-Drs. 13/4355, S. 26.

73 BT-Drs. 13/4355, S. 28.

74 Vgl. zur verfassungsrechtlichen Kritik Gliederungspunkt B.I.3.b).

kann und die besonderen Bedürfnisse der Praxis Berücksichtigung finden.[75] Denn sowohl dem Gesetzgeber als auch dem klassischen exekutiven Rechtsetzer mangelt es insoweit in der Regel an medizinischem Expertenwissen, als dass er den Bereich der Transplantationsmedizin selbst umfassend hätte regeln können.[76] Ein weiterer Vorteil liegt in den schnellen Anpassungsmöglichkeiten dieser Regelungstechnik.[77] So kann der jeweils aktuelle Stand der Erkenntnisse der medizinischen Wissenschaft fortlaufend berücksichtigt werden.[78]

aa) Ausarbeitung der Richtlinien durch die Ständige Kommission Organtransplantation

Innerhalb der Bundesärztekammer ist die Ständige Kommission Organtransplantation (StäKO) dafür zuständig, Empfehlungen zu den Richtlinien nach § 16 Abs. 1 S. 1 TPG[79] zu erarbeiten. Diese Kommission wurde im Jahr 1994 vor dem Hintergrund des geplanten TPG eigens für diese Aufgabe gegründet.[80] Die Ausgestaltung des Verfahrens der Ausarbeitung der Richtlinien sowie der Beschlussfassung ist in § 16 Abs. 2 TPG weitgehend der Bundesärztekammer überantwortet worden. Das TPG legt insofern lediglich die Beteiligung einiger Fachverbände sowie weiterer betroffener Personenkreise fest. Die nähere Ausgestaltung der Zusammensetzung der StäKO sowie des Verfahrens zum Richtlinienerlass ist im Statut der StäKO[81] sowie in ihrer Verfahrensordnung (VerfO-StäKO)[82] erfolgt.

---

[75] *Höfling*, Aspekte der Richtlinienerstellung nach § 16 TPG, S. 64.

[76] *Uhl*, Richtlinien der Bundesärztekammer, S. 92 f.; ähnlich *Rosenau*, Setzung von Standards in der Transplantation, S. 71.

[77] So auch *Augsberg*, Die Bundesärztekammer im System der Transplantationsmedizin, S. 46 m. w. N.

[78] *Nickel/Schmidt-Preisigke/Sengler*, TPG, § 16 Rn. 1.

[79] Mit Ausnahme der Richtlinie nach § 16 Abs. 1 S. 1 Nr. 1 TPG zur Feststellung des irreversiblen Hirntods, welche auf Empfehlung des wissenschaftlichen Beirats vom Vorstand der Bundesärztekammer beschlossen wird.

[80] *Berger*, Die Bundesärztekammer, S. 57 und 82.

[81] Vgl. das Statut der Ständigen Kommission Organtransplantation der Bundesärztekammer (in der vom Vorstand der Bundesärztekammer am 21. November 2014 beschlossenen Fassung), abrufbar auf der Homepage der Bundesärztekammer unter http://www.bundesaerztekammer.de/fileadmin/user_upload/downloads/pdf-Ordner/GO/StaeKO_Organtransplantation_Statut_2014.pdf (letzter Abruf am 17. Juni 2018).

[82] Vgl. die Verfahrensordnung der Ständigen Kommission Organtransplantation (VerfO-StäKO; in der vom Vorstand der Bundesärztekammer in der Sitzung vom 10./11. Dezember 2015 beschlossenen Fassung), abrufbar auf der Homepage der Bundesärztekammer unter http://www.bundesaerztekammer.de/fileadmin/user_upload/downloads/pdf-Ordner/GO/2015121011_VO_StaeKO_final.pdf (letzter Abruf am 17. Juni 2018).

Zunächst werden in organspezifischen Arbeitsgruppen der StäKO – die nicht mehr als 10 Mitglieder umfassen und in ihrer Zusammensetzung die Zusammensetzung der StäKO abbilden sollen – Vorschläge für die Empfehlungen neuer Richtlinien oder deren Änderung erarbeitet, vgl. §§ 10 und 11 des Statuts. Der Erarbeitung liegen neben selbstständigen Recherchen der Arbeitsgruppe zur wissenschaftlichen und praktischen Entwicklung insbesondere auch Stellungnahmen von Fachverbänden sowie Vorschläge der Koordinierungs- und der Vermittlungsstelle zugrunde.[83] Die auf dieser Basis entwickelten Vorschläge werden in den Sitzungen der StäKO in zwei Lesungen behandelt, § 10 des Statuts. Nach der ersten Lesung wird der Richtlinienentwurf oder der Entwurf der Änderung einer Richtlinie den betroffenen Fachkreisen und Verbänden mit der befristeten Möglichkeit zur Stellungnahme zur Verfügung gestellt, indem der Entwurf auf der Homepage der Bundesärztekammer veröffentlicht wird. Die eingegangen Stellungnahmen fließen in die zweite Lesung ein.[84] Im Anschluss an die zweite Lesung werden die Empfehlungen dem Vorstand der Bundesärztekammer zur Beschlussfassung vorgelegt, § 10 des Statuts. Hat der Vorstand die Richtlinien oder ihre Änderungen beschlossen, werden sie dem Bundesministerium für Gesundheit (BMG) nach § 16 Abs. 3 S. 1 TPG zur Genehmigung vorgelegt. Schließlich werden die genehmigten Richtlinien im Deutschen Ärzteblatt sowie auf der Homepage der Bundesärztekammer veröffentlicht. Das Verfahren wurde insoweit formal dem Verfahren der parlamentarischen Gesetzgebung angenähert.

Der Umstand, dass letztlich nicht die StäKO, sondern der Vorstand der Bundesärztekammer über die Verabschiedung der Richtlinien bzw. ihre Änderungen entscheidet, stößt in der Literatur zu Recht auf Kritik. Der Vorstand der Bundesärztekammer besteht nach § 5 ihrer Satzung[85] aus dem Präsidenten und dem Vizepräsidenten der Bundesärztekammer und den Präsidenten der Landesärztekammern als Mitglieder kraft Amtes sowie aus zwei weiteren Ärzten/Ärztinnen. Die Mitglieder des Vorstandes verfügen damit nicht zwingend über besondere Expertise im Bereich der Transplantationsmedizin.[86] Sie sind Repräsentanten der ärztlichen Selbstverwaltung; die Richtlinientätigkeit der Bundesärztekammer stellt aber gerade keine Regelung eigener Angelegenheiten durch die Betroffenen dar und kann daher nicht dem Bereich der

---

83 Vgl. Gliederungspunkt B.I.2. und B.II.1.b) VerfO-StäKO.

84 Ob und wann etwaige in den Stellungnahmen geäußerte Änderungswünsche berücksichtigt werden müssen oder sollen, bleibt jedoch unklar. Kritisch dazu *Haarhoff*, Die Altherrensauna, S. 251.

85 Die Satzung ist abrufbar unter http://www.bundesaerztekammer.de/fileadmin/user_upload/downloads/Bundesaerztekammer_Satzung_2014.pdf (letzter Abruf am 17. Juni 2018).

86 *Höfling*, Aspekte der Richtlinienerstellung nach § 16 TPG, S. 66; ebenso *Schmidt-Aßmann*, Grundrechtspositionen, S. 105.

Selbstverwaltung zugeordnet werden.[87] Es wäre daher zu begrüßen, wenn die Beschlussfassung in diesem Bereich der fachkundigen StäKO übertragen würde.

bb) Die Vermutungswirkung des § 16 Abs. 1 S. 2 TPG

Besondere Bedeutung erlangen die Richtlinien über die Vermutungsregelungen in § 16 Abs. 1 S. 2 TPG. Danach wird die Einhaltung des Standes der Erkenntnisse der medizinischen Wissenschaft vermutet, wenn die Richtlinien der Bundesärztekammer beachtet worden sind. Nach der Entwurfsbegründung sollte diese Vermutungsregelung die Wirkung der Richtlinien als Entscheidungshilfen im Hinblick auf die Verpflichtung der Ärzte zur gewissenhaften Berufsausübung verdeutlichen.[88] Es handelt sich dabei um eine im Einzelfall widerlegbare Vermutung.[89] Vielfach wird jedoch vertreten, eine Widerlegung der Vermutung sei auf Fälle offensichtlichen Irrtums beschränkt, wie beispielsweise offensichtliche Druckfehler.[90] Richtigerweise muss eine Widerlegung dagegen grundsätzlich auch dann möglich sein, wenn aufgrund entsprechender Erörterung in der Fachliteratur davon ausgegangen werden muss, dass die jeweiligen Richtlinien nicht (mehr) dem Stand der Erkenntnisse der medizinischen Wissenschaft entsprechen.[91] In der Tat ist aber einzuräumen, dass die Vermutungswirkung sehr stark ist, solange die Richtlinien fortlaufend weiterentwickelt und dem jeweils aktuellen Stand der Erkenntnisse angepasst werden.[92] Eine Widerlegung der Vermutung wird daher in der Praxis wohl selten gelingen.[93]

---

[87] *Haverkate*, Verantwortung für Gesundheit als Verfassungsproblem, S. 126; *Schmidt-Aßmann*, Grundrechtspositionen, S. 105; *Norba*, Rechtsfragen der Transplantationsmedizin, S. 195.

[88] BT-Drs. 13/4355, S. 29.

[89] BT-Drs. 13/3455, S. 29.

[90] *Deutsch*, NJW 1998, 777, 780; sich dem anschließend *Bader*, Organmangel, S. 135 f.; sowie *Verrel*, MedR 2017, 597, 599.

[91] So zutreffend *Taupitz*, NJW 2003, 1145, 1148; auch *Weigel* sieht die Möglichkeit des Gegenbeweises jedenfalls dann als gegeben, wenn die Richtlinien „evident" veraltet sind, *ders.*, Organvermittlung und Arzthaftung, S. 43; ähnlich *Kreße*, MedR 2016, 491, 494, der ausführt, die Transplantationszentren dürften und müssten sich über die Richtlinien hinwegsetzen, wenn ihnen „bessere Erkenntnisse" bekannt seien; *Schroth/Hofmann* gehen noch darüber hinaus und stellen darauf ab, dass die Richtlinien stets nur den Regelfall abbildeten, weshalb eine Widerlegung auch bei einem Ausnahmefall möglich sein müsse, *dies.*, MedR 2017, 948, 950.

[92] *Nickel/Schmidt-Preisigke/Sengler*, TPG, § 16 Rn. 20.

[93] *Bader*, Organmangel, S. 135.

cc) Die (umstrittene) Rechtsnatur der Richtlinien

Weitgehend ungeklärt ist die Rechtsnatur der Richtlinien der Bundesärztekammer. Die Einordnung wird durch den terminologisch unklaren Begriff der „Richtlinie“ wesentlich erschwert,[94] zumal dieser den Eindruck der Unverbindlichkeit erweckt[95] und zudem in unterschiedlichen Rechtsgebieten uneinheitlich verwendet wird.[96]

Vor dem Hintergrund, dass die Bundesärztekammer die Richtlinien erlässt, könnte zunächst angenommen werden, es handele sich um ärztliches Standesrecht. Dies ist jedoch abzulehnen, da die Richtlinien über den Rechtskreis des ärztlichen Berufsstands hinauswirken, indem sie über § 10 Abs. 2 Nr. 2 TPG nicht nur die Transplantationszentren, sondern über § 5 des Vermittlungsstellen-Vertrags insbesondere auch die Vermittlungsstelle binden.[97] Durch diese unmittelbare Bindung unterscheiden sich die Richtlinien von den Standesregelwerken der Bundesärztekammer wie etwa der Musterberufsordnung, die erst durch eine entsprechende Umsetzung durch die jeweilige Landesärztekammer als Satzung Verbindlichkeit erlangen.[98]

Auch eine Zuordnung zu den klassischen Rechtssetzungsformen der Exekutive, namentlich der Rechtsverordnung[99] und der Satzung[100], kommt nicht in Betracht. Der Rechtsverordnungserlass muss sich an den Voraussetzungen von Art. 80 GG messen lassen. Bei der Bundesärztekammer handelt es sich indes schon nicht um einen zulässigen Erstdelegatar im Sinn von Art. 80 Abs. 1 S. 1 GG.[101] Auch ein Satzungserlass scheidet aus, da die Bundesärztekammer wie gesehen keine juristische Person des öffentlichen Rechts ist.[102]

---

[94] *Wiegand*, Die Beleihung mit Normsetzungskompetenzen, S. 66.

[95] *Kühn*, MedR 1998, 455, 459.

[96] *Taupitz*, NJW 2003, 1145, 1145.

[97] *Bader*, Organmangel, S. 179 f.

[98] Vgl. dazu *Berger*, Die Bundesärztekammer, S. 71 und 93.

[99] Rechtsverordnungen sind verbindliche Rechtsnormen, die von Exekutivorganen (Regierung, Minister, Verwaltungsbehörde) erlassen werden, vgl. *Maurer/Waldhoff*, Allgemeines Verwaltungsrecht, § 4 Rn. 20.

[100] Anders als Rechtsverordnungen, die staatliche Angelegenheiten regeln, sind Satzungen Rechtsnormen einer juristischen Person des öffentlichen Rechts zur Regelung eigener Angelegenheiten, vgl. *Detterbeck*, Allgemeines Verwaltungsrecht, Rn. 845.

[101] *Woinikow*, Richtlinien der Transplantationsmedizin, S. 126.

[102] *Woinikow*, Richtlinien der Transplantationsmedizin, S. 126; im Ergebnis ebenso *Junghanns*, Verteilungsgerechtigkeit, S. 180, wobei dieser auf eine mangelnde Außenwirkung der Richtlinien abstellt.

Teilweise findet eine Einordnung der Richtlinien als normkonkretisierende Verwaltungsvorschriften statt.[103] Normkonkretisierende Verwaltungsvorschriften füllen auf der Grundlage einer gesetzlichen Ermächtigung unbestimmte Rechtsbegriffe bzw. „offene" gesetzliche Tatbestände aus[104] und entfalten gegenüber den Gerichten eine unmittelbar bindende Wirkung.[105] Über das Erfordernis der gerichtlichen Bindung versuchen die Befürworter einer Einordnung der Richtlinien als normkonkretisierende Verwaltungsvorschriften hinwegzuhelfen, indem sie ausführen, die Richtlinien seien als normkonkretisierende Verwaltungsvorschrift anzusehen, mit der Einschränkung, dass der Gegenbeweis weiter zulässig bleibe.[106] Auch wenn die in der Praxis starke Wirkung der Vermutungsregelung des § 16 Abs. 1 S. 2 TPG nicht bestritten werden kann, so verkennen die Vertreter dieser Einordnung doch, dass diese Regelung zeigt, dass eine absolute Bindung des Rechtsanwenders bzw. der Gerichte gerade nicht gewollt war.[107] Daneben spricht gegen die Einordnung der Richtlinien als normkonkretisierende Verwaltungsvorschriften, dass diese nicht lediglich im Innenbereich der Verwaltung wirken, sondern sich auch an die Ärzte der Entnahmekrankenhäuser und Transplantationszentren sowie an die Vermittlungsstelle richten. Diese sind zwar ebenfalls Teil des Transplantationssystems, können aber nicht als Bestandteil einer bürokratisch-hierarchisch gegliederten Behördenstruktur angesehen werden.[108]

Mitunter werden die Richtlinien – jedenfalls formal – auch als antizipierte Sachverständigengutachten eingeordnet, da sie den unbestimmten Rechtsbegriff „Stand der Erkenntnisse der medizinischen Wissenschaft" unabhängig von einem konkreten Einzelfall und insoweit vorab im Zuge der Gesetzesumsetzung konkretisieren.[109] Weiterhin wird auf eine Bindungswirkung kraft staatlichen Geltungsbefehls hingewiesen und daher eine Einordnung als exe-

---

[103] Vgl. *Junghanns*, Verteilungsgerechtigkeit, S. 184; *Woinikow*, Richtlinien der Transplantationsmedizin, S. 156 und 158; *Rosenau*, Setzung von Standards in der Transplantation, S. 73.

[104] *Maurer/Waldhoff*, Allgemeines Verwaltungsrecht, § 24 Rn. 12.

[105] Str., vgl. dazu *Detterbeck*, Allgemeines Verwaltungsrecht, Rn. 880 ff.

[106] So *Junghanns*, Verteilungsgerechtigkeit, S. 184; *Rosenau* führt in diesem Zusammenhang aus, aufgrund der Vermutungswirkung seien die Richtlinien faktisch verbindlich, *ders.*, Setzung von Standards in der Transplantation, S. 73.

[107] So auch *Bader*, Organmangel, S. 183.

[108] Zutreffend insoweit *Wiegand*, Die Beleihung mit Normsetzungskompetenzen, S. 72; a. A. *Junghanns*, Verteilungsgerechtigkeit, S. 180, der annimmt, die Richtlinien wirkten nur innerhalb einer „Behördenstruktur".

[109] Vgl. zur Definition des antizipierten Sachverständigengutachtens *Junghanns*, Verteilungsgerechtigkeit, S. 181; Ein solches annehmend etwa *Bader*, Organmangel, S. 184; *Nickel/Schmidt-Preisigke/Sengler*, TPG, § 16 Rn. 20; *Taupitz*, NJW 2003, 1145, 1148; ebenso Anlage 4 zu BT-Drs. 17/7376, S. 36.

kutive Norm vorgenommen.[110] Ferner werden die Richtlinien als exekutive Rechtsquelle „sui generis" anerkannt.[111]

So umstritten die formelle Einordnung der Rechtsnatur der Richtlinien der Bundesärztekammer damit ist, besteht doch weitgehend Einigkeit darüber, dass sie materiell eine rechtsverbindliche Wirkung erzeugen.[112] Diese verbindliche Wirkung entsteht wesentlich durch die unmittelbare Bindungswirkung gegenüber den Transplantationszentren nach § 10 Abs. 2 Nr. 2 TPG und der Vermittlungsstelle nach § 5 des Vermittlungsstellen-Vertrags[113] sowie durch die Vermutungsregelung des § 16 Abs. 1 S. 2 TPG, welche eine beachtliche Zwangswirkung gegenüber den beteiligten Stellen entfaltet.[114] Als Ergebnis lässt sich damit festhalten, dass die Richtlinien der Bundesärztekammer – jedenfalls in ihrer materiellen Wirkung – Rechtsnormen gleichkommen.

Diese Auffassung teilt wohl auch das Bundesverfassungsgericht (BVerfG), das in einem Nichtannahmebeschluss vom 18. August 2014 ausgeführt hat, da die Richtlinien nach § 16 Abs. 1 S. 1 Nr. 2 und 5 TPG kein förmliches Gesetz seien, könnten und müssten die Fachgerichte sie – ohne dass der Rechtscharakter dieser Richtlinie dafür näher bestimmt werden müsste – auf ihre Vereinbarkeit mit höherrangigem Recht überprüfen, falls es für ihre Entscheidung darauf ankomme.[115] Die Vereinbarkeit mit höherrangigem Recht muss indes nur dann geprüft werden, wenn ein Rangverhältnis zwischen verschiedenen Normen besteht, was wiederum voraussetzt, dass die Richtlinien überhaupt Normqualität aufweisen.[116] Schließlich hat sich auch der BGH in seinem Urteil zum Göttinger Transplantationsskandal vom 28. Juni

---

[110] *Höfling*, in: Höfling, TPG, § 16 Rn. 14.

[111] *Uhl*, Richtlinien der Bundesärztekammer, S. 158 unter Bezugnahme auf eine Formenoffenheit des Grundgesetzes; auch *Mohammadi-Kangarani* geht davon aus, dass es sich bei den Richtlinien um Rechtsnormen „sui generis" handelt, *ders.*, Die Richtlinien der Organverteilung im TPG, S. 84.

[112] *Höfling*, Aspekte der Richtlinienerstellung nach § 16 TPG; *Taupitz*, NJW 2003, 1145, 1150; *Bader*, Organmangel, S. 184; *Höfling*, in: Höfling, TPG, § 16 Rn. 29; *Augsberg*, Die Bundesärztekammer im System der Transplantationsmedizin, S. 50; *Weigel*, Organvermittlung und Arzthaftung, S. 61; a.A. wohl *Kreße*, MedR 2016, 491, 493 f., der davon ausgeht, dass die Richtlinien nicht verbindlich sind, sondern lediglich „medizinisch-fachliche Einschätzungen tatsächlicher Natur" darstellen.

[113] Vgl. dazu etwa *Augsberg*, Die Bundesärztekammer im System der Transplantationsmedizin, S. 50; Zur Bindungswirkung bereits *Bader*, Organmangel, S. 179.

[114] *Rosenau*, Setzung von Standards in der Transplantation, S. 72; *Höfling*, in: Höfling, TPG, § 16 Rn. 29.

[115] BVerfG, Nichtannahmebeschluss vom 18. August 2014 – 1 BvR 2271/14 –, juris, Rn. 4.

[116] *Bals/Bleckmann*, GesR 2017, 420, 421.

2017[117] zu dieser Frage geäußert und sich dabei der Einordnung der Richtlinien als eine Form exekutiver Rechtssetzung – trotz privatrechtlicher Organisation der Bundesärztekammer – angeschlossen.[118] Damit stellen die Richtlinien Normen im Rang unter dem förmlichen Gesetz dar.[119]

c) Das ET-Manual

Im Bereich der Organvermittlung sind zudem als dritte Regelungsstufe die Arbeitsanweisungen von Eurotransplant zu berücksichtigen.

aa) Grundlagen im Vermittlungsstellen-Vertrag

Nach § 5 Abs. 1 des Vermittlungsstellen-Vertrags ist Eurotransplant dazu berechtigt, auf der Grundlage der jeweils geltenden Richtlinien der Bundesärztekammer eigene organspezifische Anwendungsregeln zur Organvermittlung zu erstellen. Von dieser Möglichkeit hat Eurotransplant durch die Erstellung des sog. Eurotransplant Manuals (ET Manual) Gebrauch gemacht.[120] Von besonderem Interesse für das Anliegen dieser Arbeit sind die Kapitel 5 und 6 des ET Manuals, die die Allokationsregeln für die Organe Leber, Herz und Lunge enthalten. Der Vermittlungsstellen-Vertrag gibt insoweit vor, welche Kriterien für die Organvermittlung jeweils zu beachten sind.[121] Die zu berücksichtigenden Kriterien werden jedoch nur abstrakt, in einem nicht abschließenden Katalog und zudem ohne Gewichtung zueinander beschrieben.[122] Ferner ist Eurotransplant im Rahmen der Entwicklungsklausel des § 5 Abs. 7 des Vertrags berechtigt, zeitweise von den Richtlinien der Bundesärztekammer abzuweichen.[123] Eurotransplant übt daher erheblichen Einfluss auf

---

[117] BGH NJW 2017, 3249 ff.

[118] BGH NJW 2017, 3249, 3251.

[119] BGH NJW 2017, 3249, 3252.

[120] Die jeweils aktuelle Fassung des Eurotransplant Manuals ist – ausschließlich in englischer Sprache – abrufbar auf der Homepage von Eurotransplant unter https://www.eurotransplant.org/cms/index.php?page=et_manual (letzter Abruf am 17. Juni 2018).

[121] Für die Herztransplantation sind die Kriterien Blutgruppenkompatibilität, Dringlichkeit, Wartezeit, Konservierungszeit und die Beteiligung einer Auditgruppe, für eine Herz-Lungen- und Lungentransplantation zusätzlich der Umstand einer kombinierten Organtransplantation und für die Lebertransplantation außerdem Regelungen für Kinder zu berücksichtigen, vgl. § 5 Abs. 2 des Vertrags.

[122] *Gutmann*, in: Schroth/König/Gutmann/Oduncu, TPG, § 12 Rn. 31.

[123] *Gutmann* bezeichnet diese Regelung als „Experimentierklausel“ und stellt fest, dass eine derartige Möglichkeit gesetzlich nicht vorgesehen sei, vgl. *ders.*, in: Schroth/König/Gutmann/Oduncu, TPG, § 12 Rn. 34.

die Organverteilung aus, indem sie eigene Allokationsregeln aufstellt und gewichtet und diese schließlich der Vermittlungsentscheidung im Einzelfall zugrunde legt.[124] Dabei ist bereits an dieser Stelle hervorzuheben, dass das ET Manual – gegenüber den gesetzlichen Vorgaben sowie den Richtlinien der Bundesärztekammer – die detailliertesten Regelungen zur Organvermittlung enthält.[125]

bb) Ausarbeitung des ET-Manuals

Die einzelnen Kapitel des ET-Manuals werden von organspezifischen beratenden Arbeitsgruppen von Eurotransplant, den sog. Advisory Committees, erarbeitet.[126] Die Mitglieder dieser Arbeitsgruppen werden von den nationalen Transplantationsgesellschaften der Mitgliedstaaten benannt.[127] Es handelt sich dabei um Spezialisten im Bereich der Transplantationsmedizin, wobei nicht ausschließlich Mediziner, sondern etwa auch Ethiker vertreten sind. Die organspezifischen Arbeitsgruppen erarbeiten zum einen „Policies" und zum anderen „Recommendations". Policies betreffen solche Veränderungen im System, die keine Auswirkungen auf die Organverteilung als solche haben, also z.B. Regelungen, die die Dokumentation oder allgemein die Administration betreffen. Recommendations betreffen dagegen Regelungen mit Auswirkungen auf die Allokation, beeinflussen also die Organverteilung als solche. Sie müssen im Einzelnen durch wissenschaftliche und empirische Erkenntnisse gestützt werden.

Sowohl Policies als auch Recommendations werden zunächst innerhalb der jeweiligen Arbeitsgruppe beraten und beschieden.[128] Danach werden sie durch den Vorsitzenden der Arbeitsgruppe dem Board (Vorstand) von Eurotransplant vorgestellt. Äußert das Board Bedenken gegen die Umsetzung der jeweiligen Vorschläge, werden sie zur Überarbeitung an die Arbeitsgruppe zurückverwiesen. Stimmt das Board ihnen hingegen zu, unterscheidet sich das weitere Vorgehen je nachdem, ob eine Policy oder eine Recommendation vorliegt. Eine Policy – ohne Auswirkungen auf die Organverteilung als sol-

[124] *Höfling*, in: Höfling, TPG, § 12 Rn. 5.

[125] So auch *Bader*, Organmangel, S. 144.

[126] Die folgenden Ausführungen zur Ausarbeitung des ET-Manuals gehen zurück auf ein Telefonat der Verfasserin mit einem Board Member bei Eurotransplant.

[127] Artikel 17.1. der Eurotransplant Article of Associations 2017, abrufbar unter https://www.eurotransplant.org/cms/mediaobject.php?file=Staturen+in+format+2017.pdf (letzter Abruf am 17. Juni 2018).

[128] Abstimmungen müssen mindestens mit der absoluten Mehrheit der abgegebenen Stimmen getroffen werden, Artikel 18.9. der Eurotransplant Article of Associations 2017.

che – wird den zuständigen nationalen Stellen lediglich zur Kenntnis übersandt und sodann im Eurotransplant-System umgesetzt.

Eine Recommendation wird ebenfalls an die nationalen Stellen übersandt. Für Deutschland ist dies die Bundesärztekammer, als das nach dem TPG für die Richtliniensetzung zuständige Organ. Dort findet dann in den organspezifischen Arbeitsgruppen der StÄKO eine Auseinandersetzung mit der vorgeschlagenen Änderung statt. Insbesondere wird geprüft, ob diese mit den nationalen Vorgaben, also den Vorschriften des TPG sowie den Richtlinien der Bundesärztekammer, vereinbar sind. Wird die Recommendation als sinnvolle wie auch zulässige Erweiterung beurteilt, erfolgt eine entsprechende Änderung der Richtlinien nach dem bereits näher dargestellten Verfahren. Kann eine Recommendation für jedes Eurotransplant-Mitgliedsland gesondert umgesetzt werden, ist jeweils nur die Zustimmung dieses Landes notwendig. Entfaltet eine Änderung dagegen Auswirkungen auf alle Mitgliedstaaten (z.B. weil sie das Verfahren des internationalen Organaustausches betrifft), ist die Zustimmung aller Mitglieder zwingend erforderlich. Sobald eine Recommendation in den Richtlinien umgesetzt ist, wird sie auch im computergestützten Allokationssystem von Eurotransplant umgesetzt und es folgt eine entsprechende Änderung des ET-Manuals. Das ET-Manual kann damit als Zusammenfassung aller Vorgaben und als einheitliche Grundlage der Organvermittlung verstanden werden, wobei die jeweiligen nationalen Vorgaben durch entsprechende Sonderklauseln berücksichtigt werden.[129] Nach einer Änderung des ET-Manuals wird die geänderte Fassung an alle Transplantationszentren des ET-Verbundes übersandt. Außerdem wird auf der Homepage von Eurotransplant auf die Neuerung hingewiesen.[130]

Soweit zur Theorie. Würde dieses Verfahren streng befolgt, insbesondere eine Änderung des ET-Manuals stets erst dann vorgenommen, wenn vorgelagert auch die entsprechenden nationalen Vorgaben, also die Richtlinien der Bundesärztekammer, geändert wurden, müssten Richtlinien und ET-Manual vollständig identisch sein. Tatsächlich gehen die Regelungen im ET-Manual aber oftmals über die der Richtlinien hinaus. Es ist also davon auszugehen, dass mitunter eine entsprechende Umsetzung in den Richtlinien nicht erfolgte.

[129] So auch *Molnár-Gábor*, Die Regelung der Organverteilung durch Eurotransplant, S. 329.

[130] Umgekehrt können Impulse zur Änderung des ET-Manuals (sowie vorgeschaltet der Richtlinien) auch von den Mitgliedstaaten ausgehen. Betreffen diese Änderungen ausschließlich ein einzelnes Mitglied, erfolgt in der Regel eine entsprechende Umsetzung im ET-Manual. Betreffen diese jedoch alle Mitglieder, erfolgt eine Beratung in der zuständigen organspezifischen Arbeitsgruppe, eine Beschlussfassung des Boards sowie eine Zustimmung der übrigen Mitglieder bevor eine Umsetzung vorgenommen wird.

3. Verfassungsrechtliche Kritik an der Ausgestaltung des Transplantationswesens

Die organisatorische und rechtliche Ausgestaltung des Transplantationssystems ist in der Literatur vielfach auf Kritik gestoßen, die im Folgenden kurz dargestellt werden soll. Hauptanknüpfungspunkte waren und sind zuvorderst die geringen inhaltlichen Vorgaben des TPG zur Wartelistenführung und zur Organvermittlung sowie die Einbindung der nichtstaatlichen Akteure Bundesärztekammer und Eurotransplant.

a) Parlamentsvorbehalt und Wesentlichkeitstheorie

Vielfach wird ein Verstoß der normativen Konzeption des Transplantationswesens gegen den grundgesetzlich verankerten Parlamentsvorbehalt, insbesondere die vom Bundesverfassungsgericht entwickelte Wesentlichkeitslehre, beanstandet. Danach ist das Parlament in Bereichen mit substantiellem Gewicht für das Gemeinwesen gehindert, seine Gesetzgebungsbefugnisse zu delegieren. Die Legislativentscheidung muss unmittelbar vom Parlament selbst herrühren.[131] Dem könnten die rudimentären Vorgaben des § 12 Abs. 3 S. 1 TPG widersprechen, da danach die nähere Ausgestaltung der Regeln zur Organvermittlung durch § 16 Abs. 1 S. 1 Nr. 5 TPG der Bundesärztekammer übertragen wird.[132] Das BVerfG hat in seiner *Numerus-Clausus-Entscheidung* zwar ausgeführt, dass der Gesetzgeber grundsätzlich dazu berechtigt ist, Regelungsbefugnisse an (legitimatorisch) nachgeschaltete Stellen zu delegieren. Gleichzeitig hat es aber betont, dass der Parlamentsvorbehalt bei grundrechtsrelevanten Regelungen, die gleichsam eine Zuteilung von Lebenschancen darstellen können, eine Entscheidung des Gesetzgebers selbst gebietet.[133] Der Gesetzgeber müsse jedenfalls die Art der Auswahlkriterien und deren Rangverhältnis zueinander selbst festlegen.[134] Wenn das BVerfG eine solche grundrechtsrelevante Zuteilung von Lebenschancen bereits in Angelegenheiten der Berufswahl (konkret: der Hochschulzulassung) annimmt und sich dazu auf seine Wesentlichkeitstheorie stützt, muss diese erst recht bei der Organverteilung Anwendung finden. Denn diese stellt sich als Entscheidung über Leben und Tod dar und ist damit in höchstem Maße grundrechtsrelevant (Art. 2 Abs. 2 S. 1, Art. 1 Abs. 1 und Art. 3 Abs. 1 GG).[135]

---

[131] Grundlegend BVerfGE 49, 89, 126 f.

[132] Vgl. dazu umfassend *Bader*, Organmangel, S. 189 ff.

[133] BVerfGE 33, 303, 345 f.; vgl. dazu auch BVerfGE 33, 125, 157 ff.

[134] BVerfGE 33, 303, 345 f.

[135] So etwa *Gutmann/Fateh-Moghadam*, Rechtsfragen der Organverteilung I, S. 39; *Sickor*, GesR 2014, 204, 206; *Höfling*, medstra 2015, 85, 89; *Weigel*, Organvermittlung und Arzthaftung, S. 69 m.w.N.

Den Anforderungen der Wesentlichkeitstheorie wird § 12 Abs. 3 S. 1 TPG indes nicht gerecht. Zunächst wird vorgebracht, dass die Vorschrift von vornherein an einem Kategorienfehler leidet.[136] Sie verlangt eine Organvermittlung nach Regeln, die dem Stand der Erkenntnisse der medizinischen Wissenschaft entsprechen, insbesondere nach Erfolgsaussicht und Dringlichkeit. Die Vermittlung kann jedoch nicht allein nach medizinischen Kriterien erfolgen, da diese stets nur anzeigen können, wann eine Transplantation als dringlich zu beurteilen ist und wann sie Aussicht auf Erfolg hat. Zwar sollte nicht verkannt werden, dass auch der Medizin durchaus Bewertungen und Abwägungen immanent sind. Sie ist keine rein deskriptive Wissenschaft. Medizinische Entscheidungen gründen sich nicht ausschließlich auf naturwissenschaftlichen, feststehenden Fakten, sondern beziehen stets eine Bewertung dieser Fakten auch anhand medizinisch-ethischer Komponenten ein.[137] Diese Wertungen beziehen sich allerdings auf das konkrete Arzt-Patienten-Verhältnis und die Frage, welche von mehreren möglichen Behandlungen vorzugswürdig ist.[138] Eine Auswahlentscheidung zwischen konkurrierenden Patienten kann dagegen nicht anhand medizinischer, sondern allein anhand normativer Kriterien getroffen werden.[139]

Hinzu kommt, dass der Gesetzgeber mit den Kriterien Erfolgsaussicht und Dringlichkeit zwei einander tendenziell widersprechende Zielvorgaben formuliert hat. Denn gerade dann, wenn eine Transplantation besonders dringlich erscheint, befindet sich der Patient häufig bereits in einem schlechteren Allgemeinzustand, sodass die Erfolgsaussichten entsprechend geringer sind. Umgekehrt sind die Erfolgsaussichten umso größer, wenn die Transplantation noch nicht so dringend ist.[140] Das TPG enthält aber keinerlei Anhaltspunkte darüber, mit welchem Gewicht die jeweiligen Kriterien in die Auswahlentscheidung einfließen sollen und welchem Kriterium im Konfliktfall der Vorzug einzuräumen ist.[141] Dieser Konflikt ist auch nicht anhand medizinischer Kriterien zu lösen, da es aus medizinischer Sicht

[136] Vgl. dazu und zum Folgenden *Gutmann/Fateh-Moghadam*, Rechtsfragen der Organverteilung I, S. 41 f.; *Gutmann*, Für ein neues TPG, S. 115 ff.; zustimmend etwa *Taupitz*, ZEFQ 2010, 400, 402; *Schneider*, Verfassungsmäßigkeit des Rechts der Organallokation, S. 73 f.

[137] Dazu bereits *Holznagel*, DVBl. 1997, 393, 399; *Neft*, NZS 2010, 16, 17; *Rissing-van Saan*, NStZ 2014, 233, 236.

[138] *Schroth/Hofmann*, Organverteilung als normatives Problem, S. 320 f.

[139] Im Ergebnis ebenso *Kingreen*, Gesundheit ohne Gesetzgeber?, S. 170; *Sickor*, GesR 2014, 204, 206.

[140] *Gutmann/Fateh-Moghadam*, Rechtsfragen der Organverteilung I, S. 46 f.; *Gutmann*, Für ein neues TPG, S. 120 f.; *Lang*, MedR 2005, 269, 277.

[141] *Kühn*, MedR 1998, 455, 459; *Gutmann/Fateh-Moghadam*, Rechtsfragen der Organverteilung I, S. 48; *Bader*, Organmangel, S. 191 f.; *Neft*, NZS 2010, 16, 18.

keinen Grund dafür gibt, eine erforderliche Behandlung nicht durchzuführen.[142]

Die Anforderungen an den Parlamentsvorbehalt können schließlich auch nicht unter dem Gesichtspunkt der regulierten Selbstregulierung im medizinischen Bereich gelockert werden. Denn die Vorgaben zur Organallokation sind von immenser Grundrechtsrelevanz für die Patienten und betreffen damit nicht lediglich den Bereich eigener Angelegenheiten des ärztlichen Berufstands.[143] Die Verletzung des Parlamentsvorbehalts wird überspitzt als „umgekehrte Wesentlichkeitstheorie" bezeichnet: Alles Wesentliche stehe gerade nicht im Gesetz.[144]

Die genannten Einwände erscheinen grundsätzlich nachvollziehbar. Es bleibt allerdings unklar, wie der Zielkonflikt zwischen der Erfolgsaussicht und der Dringlichkeit in einer abstrakt-generellen Regelung aufgelöst werden soll.[145] Dies wird bereits an der jeweils unterschiedlichen Ausgangslage bei den verschiedenen Organen deutlich: Bei Herz, Lunge und Leber droht bei Ausfall des Organs der Tod des Patienten, weshalb der Dringlichkeit hier eine höhere Bedeutung zukommen muss. Bei der Niere hingegen besteht mit der Dialyse ein maschinelles Ersatzverfahren, welches die Zeit bis zu einer Transplantation überbrücken kann, sodass verstärkt Erfolgskriterien berücksichtigt werden können.[146] Die Konkretisierung der Kriterien und deren Gewichtung müssten daher organspezifisch erfolgen.

b) Demokratische Legitimation der Richtlinientätigkeit der Bundesärztekammer

Des Weiteren sieht sich die Richtlinientätigkeit der Bundesärztekammer dem Einwand mangelnder demokratischer Legitimation ausgesetzt. Art. 20 Abs. 2 GG konkretisiert das in Abs. 1 festgelegte Demokratieprinzip dahingehend, dass alle Staatsgewalt „vom Volke" ausgeht, wobei das Staatsvolk seine Souveränität durch die Einsetzung von „besonderen Organen" ausübt

---

[142] So etwa *Lang*, MedR 2005, 269, 277; *Kingreen*, Gesundheit ohne Gesetzgeber?, S. 170.

[143] *Gutmann/Fateh-Moghadam*, Rechtsfragen der Organverteilung I, S. 48 f.

[144] *Höfling*, JZ 2007, 481, 482; a.A. *Opper*, der davon ausgeht, dass die Kriterien Erfolgsaussicht und Dringlichkeit bereits an sich hinreichend bestimmt seien und der Gesetzgeber durch den Zusatz „insbesondere" auch eine ausreichende Gewichtung vorgenommen habe, da weitere Kriterien zwar möglich, aber den genannten nachgeordnet seien, vgl. *ders.*, Die gerechte und rechtmäßige Organverteilung, S. 247. Er lässt jedoch außer Acht, dass eine Gewichtung der genannten Kriterien untereinander damit nicht vorgenommen wurde.

[145] *Rissing-van Saan*, NStZ 2014, 233, 237.

[146] *Rahmel*, Der Chirurg 2013, 372, 375.

(Art. 20 Abs. 2 S. 2 GG), mithin Repräsentanten legitimiert. Freilich muss sich die Bundesärztekammer an diesen Maßstäben nur messen lassen, wenn der Erlass der Richtlinien nach § 16 Abs. 1 S. 1 Nr. 2 und 5 TPG als Ausübung von Staatsgewalt einzuordnen ist.

Der Begriff der Staatsgewalt umfasst alle rechtserheblichen Tätigkeiten der Staatsorgane und Amtswalter und damit alles „amtliche Handeln mit Entscheidungscharakter“.[147] Für die Einordnung der Richtlinientätigkeit der Bundesärztekammer als Ausübung von Staatsgewalt spricht die entscheidende Bedeutung, die ihnen bei der Zuteilung von Organen zukommt, welche eine Zuteilung von Lebenschancen darstellt.[148] Denn die vagen gesetzlichen Vorgaben der §§ 10 Abs. 2 Nr. 2 und 12 Abs. 3 S. 1 TPG werden erst durch die Richtlinien konkretisiert.[149] Die Richtlinien sind zudem für Eurotransplant über § 5 des Vermittlungsstellen-Vertrages verbindlich.[150] Zugleich stellen die Entscheidungen über die Besetzung der Warteliste sowie über die Organverteilung im Einzelfall für die Patienten eine verbindliche und damit hoheitliche Entscheidung dar.[151]

Daher bedarf die Richtlinientätigkeit als Ausübung von Staatsgewalt demokratischer Legitimation. Zwischen dem Volk und dem Organ, das staatliche Gewalt ausübt, muss ein ununterbrochener demokratischer Legitimationszusammenhang bestehen.[152] Ob ein hinreichendes Legitimationsniveau besteht, wird anhand zweier Faktoren ermittelt: der sachlich-inhaltlichen sowie der personell-organisatorischen Vorgaben für die Ausübung der Staatsgewalt.[153]

aa) Sachlich-inhaltliche Legitimation

Die sachlich-inhaltliche demokratische Legitimation dient dazu, Staatsgewalt „ihrem Inhalt nach“ auf den Volkswillen rückführbar zu machen. Sie wird in der Regel durch die inhaltliche Vorsteuerung des zu legitimierenden Rechtssubjekts durch das entsprechende Parlamentsgesetz gesichert.[154] Insoweit kann an dieser Stelle auf den vorangegangenen Abschnitt und den Ver-

---

[147] BVerfGE 83, 60, 73; BVerfGE 93, 37, 68.

[148] *Gutmann*, in: Schroth/König/Gutmann/Oduncu, TPG, § 16 Rn. 5.

[149] *Bader*, Organmangel, S. 177.

[150] *Schmidt-Aßmann*, Grundrechtspositionen, S. 102 f.

[151] *Bader*, Organmangel, S. 177, der aufgrund dieser Einordnung eine Beleihung der Bundesärztekammer mit Normsetzungskompetenzen annimmt. Zur verfassungsrechtlichen Zulässigkeit einer solchen vgl. S. 184 ff.

[152] *Grzeszick*, in: Maunz/Dürig, GG III, Art. 20 II Rn. 117.

[153] BVerfGE 93, 37, 67 f.; *Grzeszick*, in: Maunz/Dürig, GG III, Art. 20 II Rn. 118.

[154] *Grzeszick*, in: Maunz/Dürig, GG III, Art. 20 II Rn. 122; daneben kann sie auch durch Kontrollrechte gesichert werden.

stoß gegen den Parlamentsvorbehalt durch § 12 Abs. 3 S. 1 TPG verwiesen werden. Dem folgend wird weithin vertreten, dass es der Bundesärztekammer an sachlich-inhaltlicher Legitimation mangelt, da sie nicht in ausreichendem Maße durch sachliche Vorgaben des Gesetzgebers gesteuert wird, sondern einen weiten Entscheidungsspielraum bei der Konkretisierung der vagen gesetzlichen Vorgaben hat.[155]

bb) Personell-organisatorische Legitimation

Die schwache sachlich-inhaltliche Legitimation wird auch nicht durch gesteigerte personell-organisatorische Vorgaben ausgeglichen.[156] Zwar können sich die einzelnen Faktoren zur Bestimmung des erforderlichen Legitimationsniveaus grundsätzlich wechselseitig kompensieren.[157] Hierfür würde zunächst einmal sprechen, dass die Bundesärztekammer über § 16 Abs. 1 S. 1 TPG durch das Parlament mit der Erstellung der Richtlinien betraut wurde, sodass sich insoweit eine personelle Legitimation annehmen ließe.[158] Das TPG enthält aber weder hinreichend konkrete Vorgaben zur Zusammensetzung und Rekrutierung der StäKO, die die Richtlinien innerhalb der Bundesärztekammer erarbeitet, noch zur Verfahrensweise bei der Richtlinienerarbeitung.[159] Auch die Zusammensetzung des Vorstandes als Beschlussorgan der Richtlinien ist nicht geregelt.[160] Die Vorgaben des TPG entsprechen insoweit nicht den Anforderungen, die nach der Rechtsprechung des BVerfG an vergleichbare Gremien zu stellen sind.[161]

Darüber hinaus müsste die StäKO an Stelle des Vorstands als Letztentscheidungsgremium bestimmt werden.[162] Aus diesem Grund lässt sich eine

---

[155] Vgl. etwa *Schmidt-Aßmann*, Grundrechtspositionen, S. 103 f.; *Taupitz*, NJW 2003, 1145, 1149; *Lang*, MedR 2005, 269, 274; *Höfling*, in: Höfling, TPG, § 16 Rn. 19 f.; *ders.*, medstra 2015, 85, 88; *Bader*, Organmangel, S. 187 f.

[156] *Schmidt-Aßmann*, Grundrechtspositionen, S. 105. Die Personell-organisatorische Legitimation verlangt, dass gerade die bestimmte Person, die die Staatsgewalt ausübt, über eine ununterbrochene Legitimationskette durch das Volk zur Wahrnehmung eben dieser Aufgabe bestellt wurde, BVerfGE 93, 37, 67 f.; *Grzeszick*, in: Maunz/Dürig, GG III, Art. 20 II Rn. 121.

[157] *Grzeszick*, in: Maunz/Dürig, GG III, Art. 20 II Rn. 127.

[158] *Schmidt-Aßmann*, Grundrechtspositionen, S. 104.

[159] *Schmidt-Aßmann*, Grundrechtspositionen, S. 104; *Höfling*, JZ 2007, 481, 486; *Bader*, Organmangel, S. 188 f.; *Schneider*, Verfassungsmäßigkeit des Rechts der Organallokation, S. 83.

[160] *Weigel*, Organvermittlung und Arzthaftung, S. 76 f.

[161] BVerfGE 83, 130, 150 ff.; dazu auch *Höfling*, in: Höfling, TPG, § 16 Rn. 21.

[162] *Schmidt-Aßmann*, Grundrechtspositionen, S. 105; *Taupitz*, NJW 2003, 1145, 1150; *ders.*, ZEFQ, 403; *Höfling*, in: Höfling, TPG, § 16 Rn. 21; vgl. dazu bereits Gliederungspunkt B.I.2.b)aa).

Legitimation auch nicht aufgrund besonderen Sachverstands begründen. Anders als die – sehr wohl sachverständige – StäKO verfügt der Vorstand nämlich in der Regel über keine spezielle Expertise im Bereich der Transplantationsmedizin.[163]

Schließlich kann vorliegend auch der Selbstverwaltungsgedanke keine demokratische Legitimation vermitteln. Dieser käme nur dann zum Tragen, wenn sich die Wirkung des Handelns wesentlich auf den Kreis der insoweit legitimationsstiftenden Mitglieder beschränkte. Die Richtlinientätigkeit ist aber nicht dem Bereich der Selbst-, sondern vielmehr der Fremdverwaltung zuzuordnen.[164]

Zwar wurde § 16 Abs. 2 TPG durch das Gesetz zur Änderung des Transplantationsgesetzes im Juli 2012[165] hinsichtlich der zu beteiligenden Sachverständigen konkretisiert; die Vorschrift enthält jedoch weiterhin keine Regelungen zur Rekrutierung der Mitglieder sowie zum Verfahren innerhalb der Kommission und lässt auch die bisherige Praxis der Verabschiedung durch den Vorstand der Bundesärztekammer unangetastet. Daher werden die bisherigen Bedenken zur personellen Legitimation aufrechterhalten.[166]

cc) Gesteigertes Legitimationsniveau durch den Genehmigungsvorbehalt der Richtlinien

Nach Bekanntwerden der „Transplantations-Skandale" wurde im Juli 2013 ein Genehmigungsvorbehalt hinsichtlich der Richtlinien sowie ihrer Änderungen durch das BMG in § 16 Abs. 3 TPG eingeführt,[167] wodurch das Legitimationsniveau der Richtlinien insgesamt gesteigert wurde. Teilweise wird vertreten, dass das zuvor beanstandete Legitimationsdefizit der Bundesärzte-

---

163 *Lang*, MedR 2005, 269, 274; *Weigel*, Organvermittlung und Arzthaftung, S. 77 f.

164 *Schmidt-Aßmann*, Grundrechtspositionen, S. 195; *Lang*, MedR 2005, 269, 274 f.; *Höfling*, JZ 2007, 481, 484; *ders.*, medstra 2015, 85, 88.

165 BGBl. I, S. 1601.

166 *Höfling*, in: Höfling, TPG, § 16 Rn. 21; a.A. *Woinikow*, Richtlinien der Transplantationsmedizin, S. 241, die die personell-organisatorische Legitimation der Hauptversammlung und des Vorstands der Bundesärztekammer durch das Staatsvolk der Bundeländer über die Landesärztekammern zu den Organen der Bundesärztekammer herleitet. Diese Einschätzung beruht jedoch auf der irrigen Annahme, bei den Richtlinien handele es sich um die Normierung von Berufspflichten auf dem Gebiet der Transplantationsmedizin, für die den Ländern und nicht dem Bund die Gesetzgebungskompetenz zustehe, weshalb sie den Richtlinienerlass der funktionalen Selbstverwaltung zuordnet, vgl. *ebd.*, S. 221.

167 Eingeführt durch Art. 5d des Gesetzes zur Beseitigung sozialer Überforderung bei Beitragsschulden in der Krankenversicherung vom 15. Juli 2013, BGBl. I, S. 2423.

kammer damit beseitigt sei.[168] Richtigerweise ist die Neuerung lediglich als erster, aber im Ergebnis unzureichender Schritt in Richtung eines hinreichenden Legitimationsniveaus zu werten.[169] Zwar ist zu begrüßen, dass nunmehr eine formelle Rückbindung an eine ihrerseits demokratisch legitimierte Institution besteht.[170] Eine Steigerung der sachlich-inhaltlichen Legitimation geht damit jedoch nicht einher. Es bleibt vielmehr bei der mangelnden gesetzlichen Vorsteuerung durch die nur rudimentären Vorgaben in § 12 Abs. 3 TPG und die Gegenläufigkeit der Kriterien Erfolgsaussicht und Dringlichkeit.[171] Auch auf die personell-organisatorische Legitimation nimmt der Genehmigungsvorbehalt nur bedingt Einfluss. Die Richtlinien werden weiterhin vom demokratisch nicht legitimierten Vorstand der Bundesärztekammer beschlossen.[172]

dd) Wirksamkeit der Richtlinien trotz Verfassungswidrigkeit?

Nachdem mithin festgestellt wurde, dass die Richtlinientätigkeit der Bundesärztekammer nicht hinreichend demokratisch legitimiert ist, muss erneut die Frage nach ihrer Verbindlichkeit gestellt werden. Ein richtlinienwidriges Verhalten der Transplantationszentren stellt nämlich nur dann einen relevanten Verstoß gegen eben diese Richtlinien dar, wenn die Richtlinien gegenüber den Transplantationszentren überhaupt rechtswirksam und verbindlich sind.

---

168 So zunächst der Gesetzgeber selbst in BT-Drs. 17/14527, S. 9; dem folgend *Middel/Scholz*, in: Spickhoff, Medizinrecht, TPG § 16 Rn. 3; *Bornhauser*, Die Strafbarkeit von Listenplatzmanipulationen, S. 141; einen entsprechenden Genehmigungsvorbehalt gefordert hatten auch *Lang*, MedR 2005, 269, 279; *Taupitz*, NJW 2003, 1145, 1150; *Schmidt-Aßmann*, Grundrechtspositionen, S. 105 f.

169 *Höfling*, in: Höfling, TPG, § 16 Rn. 54.

170 *Sickor*, GesR 2014, 204, 207; *Weigel*, Organvermittlung und Arzthaftung, S. 84.

171 *Höfling*, in: Höfling, TPG, § 16 Rn. 55; *ders.*, medstra 2015, 85, 88; *Engels*, WzS 2013, 199, 203; *Sickor*, GesR 2014, 204, 207.

172 *Sickor*, GesR 2014, 204, 207 f.; *Weigel*, Organvermittlung und Arzthaftung, S. 86; *Engels*, WzS 2013, 199, 203; *Augsberg* plädiert zur Lösung des Legitimationsproblems für eine Ausgestaltung von § 16 TPG entsprechend der Regelungen in § 12 des Transfusionsgesetzes (TFG) sowie § 16b TPG, also für eine Kombination aus Rechtsverordnungsermächtigung des BMG und fakultativer Richtliniengebung der Bundesärztekammer mit Einvernehmensvorbehalt, vgl. *ders.*, Die Bundesärztekammer im System der Transplantationsmedizin, S. 56 f.; zustimmend *Höfling*, Aspekte der Richtlinienerstellung nach § 16 TPG, S. 67 f.; *Kingreen* spricht sich dagegen für das Institut der Rechtsverordnung aus, mit deren Erlass das BMG beauftragt werden könnte, während der Sachverstand der Bundesärztekammer über Gutachten und Stellungnahmen maßgeblich in den Verordnungsprozess miteinbezogen werden soll, *ders.*, Gesundheit ohne Gesetzgeber?, S. 172 f.

Bei der Beantwortung dieser Frage ist zwischen der formellen und der materiellen Verfassungswidrigkeit der Richtlinien zu unterscheiden.[173] Hinsichtlich der zuvor festgestellten formellen Verfassungswidrigkeit ist das Verwerfungsmonopol des BVerfG zu beachten. Die Feststellung der Verfassungswidrigkeit eines Gesetzes obliegt nach Art. 100 Abs. 1 GG allein dem BVerfG. Solange das BVerfG nicht deren Verfassungswidrigkeit festgestellt hat, sind Gesetze von den Fachgerichten anzuwenden (Art. 20 Abs. 3 GG).[174] Zwar gilt dieses Monopol nur für Parlamentsgesetze, während untergesetzliche Rechtsnormen – zu denen grundsätzlich auch die Richtlinien der Bundesärztekammer zählen – von den Fachgerichten selbst hinsichtlich ihrer Verfassungsmäßigkeit überprüft werden und dann ggf. unangewendet bleiben können bzw. müssen.[175] Soweit allerdings die formelle Verfassungswidrigkeit der Richtlinien darauf gestützt wird, dass § 12 Abs. 3 S. 1 TPG seinerseits zu unbestimmt ist und die nähere Ausgestaltung durch § 16 Abs. 1 S. 1 Nr. 5 TPG nicht der Bundesärztekammer hätte übertragen werden dürfen, wird die Verfassungswidrigkeit der Richtlinien letztlich mit der Verfassungswidrigkeit der Vorschriften des TPG begründet. Bei den Vorschriften des TPG handelt es sich aber unbestritten um Parlamentsgesetze, deren Verfassungswidrigkeit durch das BVerfG festzustellen wäre. Solange dies nicht geschehen ist, sind die Vorschriften des TPG und folglich die Richtlinien der Bundesärztekammer weiterhin zu beachten und anzuwenden.[176]

An dieser Stelle sei zudem darauf hingewiesen, dass selbst für den Fall, dass sich das BVerfG mit einem Verfassungsverstoß durch die Normen des TPG auseinanderzusetzen hätte, nicht davon auszugehen wäre, dass es die betreffenden Vorschriften für nichtig erklärt. Denn das BVerfG kann von der Nichtigkeitserklärung absehen, wenn dadurch ein Zustand geschaffen würde, der der verfassungsmäßigen Ordnung noch ferner stünde als der bislang geregelte.[177] In diesen Fällen kann es sich darauf beschränken, die Unvereinbarkeit der Norm mit dem Grundgesetz festzustellen und gleichzeitig anord-

---

[173] Entsprechend differenziert *Weigel*, Organvermittlung und Arzthaftung, S. 207; sowie *Höfling*, medstra 2015, 85, 90 f.; im Ergebnis ähnlich *Bornhauser*, Die Strafbarkeit von Listenplatzmanipulationen, S. 164.

[174] Es besteht lediglich insoweit ein beschränktes Nichtanwendungsrecht der Gerichte, als dass sie ein anhängiges Verfahren aussetzen können und müssen, wenn sie von der Verfassungswidrigkeit der entscheidungserheblichen Normen überzeugt sind, um eine Normenkontrolle durch das BVerfG zu erwirken, vgl. *Dederer*, in: Maunz/Dürig, GG VI, Art. 100 Rn. 11.

[175] So auch BVerfG, Nichtannahmebeschluss vom 18. August 2014 – 1 BvR 2271/14 –, juris, Rn. 4; *Dannecker/Streng-Baunemann*, NStZ 2014, 673, 678; ebenso LG Göttingen, Urteil vom 06. Mai 2015 – 6 Ks 4/13 –, juris, Rn. 1830.

[176] *Rissing-van Saan*, NStZ 2014, 233, 237; *Rixen*, in: Höfling, TPG, Einführung Rn. 7; *Weigel*, Organvermittlung und Arzthaftung, S. 210.

[177] BVerfGE 33, 303, 347.

nen, dass das Gesetz für einen Übergangszeitraum bis zu einer Neuregelung weiterhin anzuwenden ist.[178] Würden die die Organverteilung regelnden Vorschriften des TPG für nichtig erklärt, mit der Folge, dass auch die auf ihnen beruhenden Richtlinien der Bundesärztekammer nicht weiter zur Anwendung kämen, befänden sich die Transplantationsmediziner erneut in eben dem Rechtsvakuum, das vor Einführung des TPG bereits kritisiert wurde.[179] Es blieben lediglich die vagen Vorgaben der §§ 10 Abs. 2 Nr. 2 und 12 Abs. 3 S. 1 TPG. Dass eine Organverteilung weitgehend ohne feste und einheitliche Vorgaben nach Gutdünken des jeweiligen Arztes erfolgte, steht der Verfassung aufgrund der besonderen Grundrechtsrelevanz der Vermittlungsentscheidungen jedoch ferner als die Konkretisierung dieser Vorgaben durch eine demokratisch nicht hinreichend legitimierte Institution.[180]

Etwas anderes kann hingegen gelten, soweit lediglich einzelne Allokationskriterien aufgrund ihres materiellen Gehalts im Widerspruch zur Verfassung stehen. Deren isolierte Nichtanwendung führt nicht zwingend in vergleichbarer Weise zu einem ungeregelten Zustand wie es die Nichtanwendung der Richtlinien in ihrer Gesamtheit täte.[181] Insoweit kann es bei einer Überprüfung und ggf. Nichtanwendung durch die Fachgerichte verbleiben.[182]

c) *Legitimation der Einbindung von Eurotransplant*

Auch bezüglich der Einbindung von Eurotransplant als Vermittlungsstelle in das deutsche Transplantationssystem werden verfassungsrechtliche Bedenken erhoben. Die Legitimationsanforderungen des Grundgesetzes ergeben sich in diesem Fall aus Art. 24 Abs. 1 GG, der die Übertragung von Hoheitsrechten auf nicht-deutsche Stellen regelt. Danach kann der Bund durch Gesetz Hoheitsrechte nur auf zwischenstaatliche Einrichtungen übertragen. Von einer Übertragung von Hoheitsrechten ist auszugehen, wenn der jeweiligen Stelle eine „Durchgriffsbefugnis" im Sinn einer Ermächtigung, unmittelbar verbindliche Regelungen gegenüber Rechtssubjekten zu treffen, eingeräumt wird.[183]

178 *Degenhart*, Staatsrecht I, S. 346.

179 LG Bonn JZ 1971, 56, 60.

180 Ähnlich *Bornhauser*, Die Strafbarkeit von Listenplatzmanipulationen, S. 164; *Böse*, ZJS 2014, 117, 121; *Krüger*, Die Organvermittlungstätigkeit Eurotransplant, S. 348, jedoch im Hinblick auf § 12 TPG und den Vermittlungsstellen-Vertrag bzw. das ET-Manual; dazu auch *Weigel*, Organvermittlung und Arzthaftung, S. 209, der sich jedoch im Hinblick auf § 10 TPG im Ergebnis gegen eine Weitergeltungsanordnung ausspricht.

181 So etwa *Bornhauser* zur Nichtanwendung der Abstinenzklausel im Rahmen der Lebertransplantation; *ders.*, Die Strafbarkeit von Listenplatzmanipulationen, S. 163.

182 *Weigel*, Organvermittlung und Arzthaftung, S. 211 f.

183 *Randelzhofer*, in: Maunz/Dürig, GG IV, Art. 24 Rn. 30.

Eurotransplant verbleibt zum einen bei der Konkretisierung der Richtlinien der Bundesärztekammer sowie der Festlegung der konkreten Allokationsalgorithmen ein eigener Entscheidungsspielraum. Wäre Eurotransplant eine Institution deutschen Rechts, wäre diese Tätigkeit als Ausübung öffentlicher Gewalt einzuordnen.[184] Zudem sind auch die konkreten Allokationsentscheidungen mit einer erheblich grundrechtsrelevanten Eingriffsbefugnis gegenüber den deutschen Patienten verbunden, weshalb davon auszugehen ist, dass Eurotransplant Hoheitsrechte übertragen wurden.[185] Daher sind die Anforderungen des Art. 24 Abs. 1 GG einzuhalten.

Eine gesetzliche Grundlage der Aufgabenübertragung an Eurotransplant ließe sich wohl noch in § 12 TPG finden. Zwar wird Eurotransplant in dieser Vorschrift nicht ausdrücklich genannt, was den Schluss nahelegt, die Beauftragung sei nur „aufgrund" eines Gesetzes, nicht aber wie im Rahmen von Art. 24 Abs. 1 GG gefordert „durch" ein Gesetz erfolgt.[186] Da die Norm aber gerade mit Blick auf Eurotransplant konzipiert wurde, lässt sich ebenso die gegenteilige Auffassung vertreten.[187] Eine verfassungsrechtlich zulässige Übertragung von Hoheitsrechten auf Eurotransplant scheitert aber daran, dass es sich bei ihr nicht um eine zwischenstaatliche Einrichtung im Sinne von Art. 24 Abs. 1 GG handelt. Zwischenstaatliche Einrichtung sind durch völkerrechtlichen Vertrag also von Staaten gegründete internationale Institutionen, während von Privaten gegründete Stellen aus dem Anwendungsbereich herausfallen.[188] Eurotransplant ist zwar durch den Vermittlungsstellen-Vertrag in das Allokationssystem einbezogen. Dabei handelt es sich jedoch nicht um einen völkerrechtlichen Vertrag zwischen Staaten. Eurotransplant ist vielmehr eine privatrechtliche juristische Person niederländischen Rechts und damit keine zwischenstaatliche Einrichtung.[189]

Zur Behebung des Verstoßes gegen Art. 24 Abs. 1 GG wird vorgeschlagen, entweder eine neue internationale Vermittlungsstelle durch völkerrechtlichen Vertrag zu schaffen, Eurotransplant auf entsprechender Grundlage neu zu

---

184 *Schmidt-Aßmann*, Grundrechtspositionen, S. 106; *Bader*, Organmangel, S. 196 f.

185 *Schmidt-Aßmann*, Grundrechtspositionen, S. 107; *Gutmann*, Für ein neues TPG, S. 138; *Bader*, Organmangel, S. 197; *Schneider*, Verfassungsmäßigkeit des Rechts der Organallokation, S. 89; a.A. *Junghanns*, Verteilungsgerechtigkeit, S. 215, der davon ausgeht, die Organvermittlung stelle keine Staatsaufgabe dar; auch *Kreße*, MedR 2016, 491, 495 geht davon aus, dass Eurotransplant nicht hoheitlich handelt.

186 So *Schneider*, Verfassungsmäßigkeit des Rechts der Organallokation, S. 89.

187 *Schmidt-Aßmann*, Grundrechtspositionen, S. 107; vgl. dazu bereits Gliederungspunkt B.I.1.d)aa).

188 *Randelzhofer*, in: Maunz/Dürig, GG IV, Art. 24 Rn. 44.

189 *Schmidt-Aßmann*, Grundrechtspositionen, S. 107 f.; *Gutmann*, Für ein neues TPG, S. 138; *Bader*, Organmangel, S. 198; *Krüger*, Die Organvermittlungstätigkeit Eurotransplants, S. 333.

gründen oder alternativ eine national verfasste, aber international kooperierenden Vermittlungsstelle zu beauftragen.[190]

d) Zwischenergebnis und Relevanz für die vorliegende Untersuchung

Die hier skizzierte verfassungsrechtliche Kritik ist nicht von der Hand zu weisen. Die lediglich rudimentäre Ausgestaltung der Allokationsvorgaben in § 12 Abs. 3 S. 1 TPG stellt einen Verstoß gegen den Parlamentsvorbehalt dar. Weder die Richtlinientätigkeit der Bundesärztekammer, noch die Vermittlungstätigkeit von Eurotransplant sind hinreichend demokratisch legitimiert. Trotz formeller Verfassungswidrigkeit beanspruchen die Richtlinien in ihrer Gesamtheit aber dennoch Verbindlichkeit. Denn im Falle einer Nichtigkeitserklärung durch das BVerfG – dem insoweit das Verwerfungsmonopol über die zugrundeliegenden Vorgaben des TPG zusteht – entstünde ein Zustand, der der Rechtsordnung noch ferner stünde, als der bislang geregelte. Etwas anderes kann im Einzelfall aufgrund der materiellen Verfassungswidrigkeit einzelner Allokationskriterien gelten. Insoweit können die Fachgerichte selbst die Vereinbarkeit der Richtlinien mit höherrangigem Recht prüfen und die entsprechenden Kriterien ggf. nicht anwenden.

Jedoch ist hervorzuheben, dass sich die dargestellte Kritik in erster Linie auf die förmliche Ausgestaltung des Transplantationssystems und nicht auf die inhaltliche Ausgestaltung der Organvermittlungsregeln bezieht. Selbst die Kritiker räumen mitunter ein, dass die hohe fachliche Qualität der Richtlinien nicht zu bezweifeln sei,[191] bzw. die festgelegten Kriterien durchaus sinnvolle oder jedenfalls vertretbare Erwägungen darstellen.[192] Auch wenn zukünftig genauere Vorgaben für die Organverteilung durch den Gesetzgeber getroffen und die Konkretisierung durch eine demokratisch hinreichend legitimierte Stelle vorgenommen würde, wäre nicht davon auszugehen, dass sich die inhaltliche Ausgestaltung der Allokationsregeln grundlegend ändern würde. Außerdem wäre auch in diesem Fall die Beachtung der Verteilungsregeln durch die übrigen Akteure des Transplantationssystems – insbesondere die Transplantationszentren – eine unerlässliche Voraussetzung für die Funktionsfähigkeit des Systems.[193] Daher lohnt sich – trotz aller verfassungsrechtlichen Kritik – eine nähere Untersuchung, auf welche Art die Vorgaben der

---

190 Vgl. *Bader*, Organmangel, S. 198 m. w. N.

191 *Taupitz*, ZEFQ 2010, 400, 402 m. w. N.

192 *Schmidt-Aßmann*, Grundrechtspositionen, S. 104; ähnlich *Lang*, MedR 2005, 269, 277; *Taupitz*, NJW 2003, 1145, 1149.

193 Ähnlich *Verrel*, MedR 2017, 597, 600 unter Verweis auf *Taupitz*, NJW 2003, 1145, 1148.

Richtlinien umgangen wurden, um erkennbare Schwachstellen des Regelwerks sowie mögliche Verbesserungsansätze zu ermitteln.

4. Zusammenfassung und Bewertung

Die Bereiche der Organentnahme, der Vermittlung und der Übertragung werden durch die Vorgaben des TPG organisatorisch voneinander getrennt. Wenngleich den Transplantationszentren mit der Führung der organspezifischen Wartelisten zur Organtransplantation eine entscheidende Funktion im Transplantationsprozess zukommt, haben sie keine unmittelbaren Entscheidungskompetenzen im Zusammenhang mit der eigentlichen Organverteilung, also der Entscheidung darüber, welchem Patienten ein konkretes Organ angeboten wird. Denn das TPG knüpft die Zulässigkeit der Übertragung vermittlungspflichtiger Organe zwingend an eine Vermittlung der Organe über die Vermittlungsstelle, vgl. § 9 Abs. 2 S. 3 TPG. Nicht zuletzt die Organallokations-Skandale haben jedoch gezeigt, dass den Transplantationszentren nach wie vor jedenfalls faktisch erhebliche Einflussnahmemöglichkeiten auf die Organverteilung verbleiben. Die Transplantationszentren übermitteln die für die Vermittlung relevanten Patientendaten an Eurotransplant. Diese Empfängerdaten bilden – gemeinsam mit den von den Entnahmekrankenhäusern bzw. der Koordinierungsstelle mitgeteilten Spenderdaten – die Basis jeder Vermittlungsentscheidung. Die Daten fließen unmittelbar in den Entscheidungsprozess ein.[194] Durch unrichtige Angaben zum Gesundheitszustand eines Patienten können die Transplantationszentren die Rangfolge auf der einheitlichen Warteliste Eurotransplants beeinflussen und so bewirken, dass der eigene Patient bei der Zuteilung eines Spenderorgans bevorzugt wird. An welcher Stelle derartige Manipulationen konkret möglich sind, gilt es im Rahmen der folgenden Auswertung zu betrachten.

II. Die Kontrolle im Transplantationssystem

Aufgrund der hohen Grundrechtsrelevanz der Organvermittlung und der durch das TPG erfolgten Einbeziehung privater Akteure in das Transplantationssystem entsteht ein besonderes Bedürfnis, die Beteiligten einer sorgfältigen und zuverlässigen Kontrolle zu unterwerfen.[195] Insbesondere die Allokationsentscheidungen müssen transparent und nachprüfbar sein, um eine effektive Reaktion auf etwaiges Fehlverhalten zu ermöglichen.[196] Das im

[194] *Rissing-van Saan*, NStZ 2014, 233, 239.

[195] *Böning*, Kontrolle im TPG, S. 71; *Lilie*, FS Deutsch, 331, 333.

[196] *Verrel*, Was tun bei Allokationsauffälligkeiten?, S. 199.

Transplantationsgesetz installierte Kontrollsystem lässt sich, wie im Folgenden näher dargestellt, in einen Bereich der präventiven sowie der repressiven Kontrolle unterteilen.[197] Präventive Kontrolle soll dabei ein unzulässiges Handeln des zu Kontrollierenden von vornherein verhindern und setzt daher im Vorfeld der zu überwachenden Handlung an. Dagegen will repressive Kontrolle bereits erfolgtes unzulässiges Handeln aufdecken. Im Kontrollsystem des TPG nimmt in erster Linie die PÜK bei der Bundesärztekammer eine wichtige Stellung im Rahmen der repressiven Kontrolle ein.[198]

1. Präventive Kontrolle

Die präventive Kontrolle im TPG wird durch einige Genehmigungsvorbehalte seitens des Bundesministeriums der Gesundheit gewährleistet.

a) Genehmigung der Verträge mit der Koordinierungs- und der Vermittlungsstelle

Zunächst schreiben die insoweit parallel ausgestalteten §§ 11 Abs. 3 S. 1 und 12 Abs. 5 S. 1 TPG vor, dass die zwischen den genannten Spitzenverbänden des Gesundheitswesens und der Koordinierungs- bzw. der Vermittlungsstelle zu deren Beauftragung und Aufgabenzuweisung geschlossenen Verträge sowie deren Änderungen der Genehmigung des Bundesministeriums der Gesundheit bedürfen. Die Entwurfsbegründung zum TPG führt dazu aus, der Genehmigungsvorbehalt sei Ausfluss der Staatsaufsicht über die Spitzenverbände der Krankenkassen (nunmehr Spitzenverband Bund der Krankenkassen).[199] Die Genehmigung ist zu erteilen, wenn der Vertrag oder seine Änderung den Vorschriften des TPG und sonstigem Recht entspricht, §§ 11 Abs. 3 S. 2 und 12 Abs. 5 S. 2 TPG. Es handelt sich mithin um eine reine Rechtsaufsicht des Ministeriums. Zweckmäßigkeitserwägungen sowie die Überprüfung fachlicher Gesichtspunkte sind von dieser nicht umfasst.[200] Da eine „private" Organvermittlung (vermittlungspflichtiger Organe) ohne die durch § 9 Abs. 1 S. 2 und 3 TPG vorgeschriebene Organisation durch die Koordinierungsstelle bzw. Vermittlung durch die Vermittlungsstelle unzulässig ist, stellen die Genehmigungen ein präventives Verbot mit Erlaubnisvor-

---

197 Vgl. zu dieser Unterscheidung und den folgenden Ausführungen *Böning*, Kontrolle im TPG, S. 73.

198 *Böning*, Kontrolle im TPG, S. 73.

199 BT-Drs. 13/4355, S. 24 und 26.

200 *Böning*, Kontrolle im TPG, S. 74; *Höfling*, in: Höfling, TPG, § 12 Rn. 52; *König*, in: Schroth/König/Gutmann/Oduncu, TPG, § 11 Rn. 15 und § 12 Rn. 60; *Nickel/Schmidt-Preisigke/Sengler*, TPG, § 11 Rn. 15 und § 12 Rn. 33.

behalt dar.[201] Die so installierte präventive staatliche Kontrolle kann verhindern, dass sich rechtswidrige Zustände etablieren. Die Genehmigungsvorbehalte umfassen aber nur den jeweiligen Vertragsschluss bzw. etwaige Vertragsänderungen. Eine Überwachung der Einhaltung der vertraglichen Bestimmungen umfasst sie hingegen nicht.[202]

b) Genehmigung der Richtlinien der Bundesärztekammer

Eine weitere präventive Kontrolle findet durch die nunmehr in § 16 Abs. 3 TPG vorgesehene Genehmigung der Richtlinien nach Abs. 1 sowie ihrer Änderungen durch das BMG statt. Das Ministerium kann im Rahmen des Genehmigungsverfahrens zusätzliche Informationen und ergänzende Stellungnahmen von der Bundesärztekammer anfordern, § 16 Abs. 3 S. 2 TPG. Dadurch und durch die gleichzeitig eingeführte Pflicht zur Begründung der Richtlinien in § 16 Abs. 2 S. 2 TPG soll das BMG in die Lage versetzt werden, zu prüfen, ob die Bundesärztekammer ihren Beurteilungsspielraum bei der Erstellung bzw. Änderung der Richtlinien angemessen gewürdigt hat und die Feststellungen im Einzelnen nachvollziehbar sind.[203] Dennoch wird in der Literatur angezweifelt, ob das BMG über ausreichendes Fachwissen verfüge, so dass der neu eingeführte Genehmigungsvorbehalt tatsächlich zu einer effektiven staatlichen Kontrolle führen könne.[204]

Während Abgeordnete aller Fraktionen des Bundestags in einem gemeinsamen Antrag zur Stärkung des Systems der Organtransplantation in Deutschland die Bundesregierung aufforderten, einen Gesetzentwurf vorzulegen, der die Richtlinien der Bundesärztekammer nach § 16 TPG unter einen Genehmigungsvorbehalt des Bundesministeriums für Gesundheit stellt, um eine staatliche *Rechtsaufsicht* über die Richtlinienerstellung sicherzustellen,[205] schweigt die Entwurfsbegründung dazu, ob es sich bei der vorgesehenen

---

[201] *Böning*, Kontrolle im TPG, S. 74 f.; ebenso *Lang*, in: Höfling, TPG, § 11 Rn. 56, der darauf abstellt, dass aufgrund der indikativen Formulierung „ist zu erteilen“ bei Vorliegen der gesetzlichen Voraussetzungen ein Anspruch der Beteiligten auf Erteilung der Genehmigung besteht; a.A. insoweit *König*, in: Schroth/König/Gutmann/Oduncu, TPG, § 11 Rn. 14, da es den Adressaten frei stehe, privatrechtliche Verträge aller Art zu schließen. Ohne Genehmigung des Ministeriums entfalte der Vertrag lediglich nicht die Wirkung, die das Gesetz an ihn knüpfe.

[202] Vgl. zum Vorangegangenen *Böning*, Kontrolle im TPG, S. 75.

[203] BT-Drs. 17/13947, S. 40.

[204] *Gutmann*, Organisierte Verantwortungslosigkeit, S. 164 f.; in diesem Zusammenhang wird auch kritisiert, dass dem BMG keine Kriterien vorgegeben werden, anhand derer die Überprüfung stattzufinden hat, *Weigel*, Organvermittlung und Arzthaftung, S. 85; *Engels*, WzS 2013, 199, 203.

[205] BT-Drs. 17/13897, S. 4.

Kontrollmöglichkeit um eine reine *Rechts*aufsicht oder aber um eine umfassende *Fach*aufsicht handeln soll. Der Wortlaut des § 16 Abs. 2 und 3 TPG könnte auf eine Fachaufsicht hindeuten, indem er ausführt, dass die Richtlinien zu begründen sind und das Bundesgesundheitsministerium weitere Informationen und Stellungsnahmen anfordern kann, was als Hinweis auf eine Zweckmäßigkeitsprüfung verstanden werden kann.[206] Eindeutig ist dies jedoch nicht, da das Bundesgesundheitsministerium auch im Rahmen einer Rechtsaufsicht in die Lage versetzt werden muss, die Richtlinien bzw. ihre Änderungen nachvollziehen zu können, um eine effektive Rechtmäßigkeitsprüfung vornehmen zu können. Zwar enthält § 16 Abs. 3 TPG – im Gegensatz zu § 11 Abs. 3 S. 2 und § 12 Abs. 5 S. 2 TPG – keine Klarstellung, dass die Genehmigung zu erteilen ist, wenn die Richtlinien oder ihre Änderung den Vorschriften des TPG und sonstigem Recht entsprechen, woraus der Umkehrschluss gezogen werden könnte, dass vorliegend gerade keine Beschränkung auf eine Rechtsaufsicht vorgenommen werden sollte. Eine systematische Betrachtung spricht dennoch gegen die Annahme einer Fachaufsicht. Das Transplantationssystem wurde in weiten Teilen in die Hände privatrechtlicher Akteure gelegt. Insbesondere die Richtlinienerstellung wurde mit der Erwägung, die Feststellung des Standes der Erkenntnisse der medizinischen Wissenschaft sei in erster Linie Sache der medizinischen Fachwelt, auf die Bundesärztekammer übertragen.[207] Zudem ist auch in den §§ 11 und 12 TPG – wenn auch mit abweichender Formulierung – eine Rechtsaufsicht vorgesehen. Hätte der Gesetzgeber im Rahmen von § 16 Abs. 3 TPG eine Fachaufsicht installieren wollen, hätte dies einer klarstellenden Formulierung oder jedenfalls eines Hinweises in der Entwurfsbegründung bedurft. Es ist daher auch hier von einer reinen Rechtsaufsicht auszugehen.[208]

2. Repressive Kontrolle

Die repressive Kontrolle des Transplantationssystems entzieht sich – abgesehen von einigen lediglich mittelbaren Einflussnahmemöglichkeiten – weit-

---

[206] So auch *Woinikow*, Richtlinien der Transplantationsmedizin, S. 385 f.

[207] BT-Drs. 13/4355, S. 28.

[208] Zum gleichen Ergebnis kommt auch *Woinikow*, Richtlinien der Transplantationsmedizin, S. 389, jedoch unter Verweis darauf, dass eine Zweckmäßigkeitskontrolle verfassungsrechtlich unzulässig sei, weil die Gesetzgebungs- und die Verwaltungskompetenz für den Bereich der Berufsausübung den Ländern zustehe und diese Kompetenzzuweisung nicht umgangen werden dürfe. Diese Argumentation erscheint aber nicht überzeugend, wenn mit *Haverkate* richtigerweise davon ausgegangen wird, dass der Richtlinienerlass nicht dem Bereich der Selbst-, sondern vielmehr der Fremdverwaltung zuzuordnen ist, vgl. *ders.*, Verantwortung für Gesundheit als Verfassungsproblem, S. 126.

gehend der staatlichen Aufsicht und ist den Beteiligten selbst überlassen.[209] Die Kontrolle der an der Organspende und -allokation Beteiligten obliegt dabei im Wesentlich der PÜK bei der Bundesärztekammer.[210] Ihr obliegt insbesondere die Untersuchung von Allokationsauffälligkeiten, wie sie im Rahmen der „Transplantations-Skandale" zutage getreten sind.

a) Mittelbare staatliche Kontrolle

Eine mittelbare staatliche Kontrolle der Beteiligten des Transplantationssystems ist zunächst dadurch begründet, dass der Spitzenverband Bund der Krankenkassen, der als einer der Vertragspartner der Koordinierungs- und der Vermittlungsstelle nach § 11 Abs. 3 S. 3 und § 12 Abs. 5 S. 3 TPG für die Überwachung der Vertragseinhaltung dieser Stellen verantwortlich ist, der staatlichen Aufsicht des Bundesgesundheitsministeriums bzw. des diesem insoweit unterstehenden Bundesversicherungsamts unterliegt (§§ 217d S. 1, 208 Abs. 2 SGB V i. V. m. §§ 87–90 SGB IV). Daraus resultiert nach den Ausführungen der Entwurfsbegründung zum TPG die jederzeitige Verpflichtung des Spitzenverbands Bund der Krankenkassen, Bericht über die Vertragseinhaltung durch die Koordinierungs- und die Vermittlungsstelle zu erstatten.[211] Auf diesem Weg ist jedoch lediglich die Überprüfung von Rechtsverstößen möglich, während auf die zweckmäßige Ausgestaltung der Überwachungstätigkeit nur wenig Einfluss genommen werden kann.[212] Außerdem bezieht sich diese Aufsicht ausschließlich auf den Spitzenverband Bund der Krankenkassen und damit auf nur einen der drei Vertragspartner der Koordinierungs- und der Vermittlungsstelle; die Deutsche Krankenhausgesellschaft bzw. die Bundesverbände der Krankenhausträger gemeinsam sowie die Bundesärztekammer unterliegen dagegen keiner direkten staatlichen Aufsicht.[213] Über die Bundesärztekammer besteht allerdings eine nur sehr mittelbare staatliche Aufsicht durch die Landesärztekammern, die als Körperschaften des öffentlichen Rechts ihrerseits der Aufsicht durch die Länder unterliegen.[214] Die staatliche Aufsicht wurde damit insgesamt auf ein Minimum reduziert.[215]

---

[209] *Böning*, Kontrolle im TPG, S. 76.

[210] *Lilie*, FS Deutsch, 331, 333.

[211] BT-Drs. 13/4355, S. 24.

[212] *Böning*, Kontrolle im TPG, S. 77.

[213] *Böning*, Kontrolle im TPG, S. 77.

[214] *Lang*, Probleme der rechtsstaatlichen Einbindung der Transplantationsmedizin, S. 68.

[215] So auch *König*, in: Schroth/König/Gutmann/Oduncu, TPG, § 11 Rn. 16.

b) Die Überwachungs- und die Prüfungskommission

Es wurde vielmehr den TPG-Auftraggebern überlassen, die Einhaltung der Vertragsbestimmungen durch die Koordinierungs- und die Vermittlungsstelle zu überwachen. Zu diesem Zweck schreibt das TPG vor, dass die Auftraggeber eine Überwachungs- (gemäß § 11 Abs. 3 S. 4 TPG) bzw. eine Prüfungskommission (gemäß § 12 Abs. 5 S. 4 TPG) zu gründen haben. Die Überwachungskommission kontrolliert, ob die Gewinnung von postmortalen Spenderorganen entsprechend den gesetzlichen und vertraglichen Vorgaben abgelaufen ist und nimmt insbesondere die Entnahme vermittlungspflichtiger Organe, einschließlich der Vorbereitung von Entnahme, Vermittlung und Übertragung in den Blick.[216] Die Prüfungskommission hingegen ist für die Kontrolle der ordnungsgemäßen Zuteilung der Organe durch Eurotransplant entsprechend der gesetzlichen und vertraglichen Vorgaben und unter Einhaltung der Richtlinien nach § 16 TPG zuständig. Daneben überprüft sie Auffälligkeiten bei der Umsetzung der Vermittlungsentscheidung.[217] Kontrollobjekt des § 12 Abs. 5 S. 4 TPG ist danach lediglich Eurotransplant als Vermittlungsstelle, nicht hingegen sind es die Transplantationszentren, wenngleich sich die Prüfungen in der Praxis auch auf letztere beziehen.[218]

Die Gründung dieser Kommissionen sowie deren Tätigkeit wurden ursprünglich im Wesentlichen auf der Basis der Verträge mit der DSO und Eurotransplant geregelt und erst im Jahr 2012 durch das Gesetz zur Änderung des Transplantationsgesetzes gesetzlich normiert.[219] Im Zuge dieser Gesetzesänderung wurden einige bis dahin bekannt gewordene Defizite der Überwachungsstrukturen behoben und die Kontrollmöglichkeiten dadurch verbessert.[220] Dies betrifft namentlich die nähere gesetzliche Ausgestaltung der Besetzung der Kommissionen, die Möglichkeiten der Informationsbeschaffung sowie die Zusammenarbeit mit staatlichen Aufsichtsinstanzen.[221]

aa) Zusammensetzung der Kommissionen

In Konkretisierung der Vorgaben der §§ 11 Abs. 3 S. 4 und 12 Abs. 5 S. 4 TPG bestimmt § 3 der Gemeinsamen Geschäftsordnung der Prüfungs- und

---

216 Tätigkeitsbericht PÜK 2014/2015, S. 6.

217 Tätigkeitsbericht PÜK 2014/2015, S. 7.

218 Dies betont *Höfling*, Rechtsgutachtliche Stellungnahme, S. 38 f.; dazu ausführlicher sogleich unter Gliederungspunkt B.II.2.b)bb).

219 Vgl. dazu BT-Drs. 17/7376, S. 23 und 24.

220 *Augsberg*, Gesetzliche Regelungen zur Organ- und Gewebespende, S. 28.

221 *Augsberg*, Gesetzliche Regelungen zur Organ- und Gewebespende, S. 31.

der Überwachungskommission (GGO-PÜK)[222] die Zusammensetzung der PÜK. Danach gehören ihnen je drei Mitglieder der Auftraggeber sowie zwei von der Gesundheitsministerkonferenz der Länder benannte Vertreter als stimmberechtigte Mitglieder an. Daneben fungieren je ein Vertreter der Koordinierungsstelle, der Vermittlungsstelle und des Verbands der Privaten Krankenversicherung sowie der Leiter der Vertrauensstelle Transplantationsmedizin[223] als beratende Mitglieder. Ferner können weitere fachlich qualifizierte Personen als Organsachverständige und Sonderprüfer als beratende Mitglieder benannt werden. Die Geschäftsführung der PÜK obliegt der Geschäftsstelle Transplantationsmedizin und ist damit bei der Bundesärztekammer angesiedelt.[224] Zwar unterliegt die Kontrolle damit weiterhin dem Selbstregulierungsmodell. Durch die staatliche Rückanbindung, die die Entsendung zweier Vertreter der Länder in die PÜK bewirkt, wurde allerdings dem Vorwurf, die Auftraggeber würden de facto „kontrolliert kontrollieren"[225] lassen, begegnet.[226]

Dagegen, dass in der Praxis eine einheitlich agierende PÜK auftritt, wird eingewandt, dass das TPG die grundsätzliche Differenzierung zwischen Organentnahme und Organübertragung in den §§ 11 und 12 TPG fortgesetzt und daher sowohl eine Überwachungs- als auch eine Prüfungskommission installiert habe.[227] Dem kann jedoch entgegengehalten werden, dass diese vorgesehene Trennung auch an anderer Stelle in der Praxis nicht umgesetzt wird, ohne dass dies entsprechender Kritik ausgesetzt wäre. So ist es möglich, dass ein Krankenhaus sowohl Entnahmekrankenhaus als auch Transplantationszentrum sein kann.

---

222 Geschäftsordnung der nach den §§ 11 Abs. 3 S. 4 und 12 Abs. 5 S. 4 TPG eingesetzten Kommissionen, abrufbar auf der Homepage der Bundesärztekammer unter http://www.bundesaerztekammer.de/fileadmin/user_upload/downloads/pdf-Ordner/GO/2016-02-18_GGO-PUEK.pdf (letzter Abruf am 17. Juni 2018).

223 Zu Vertrauensstelle Transplantationsmedizin sogleich unter Gliederungspunkt B.II.2.c).

224 § 14 Abs. 1 GGO-PÜK.

225 So *Conrads*, Rechtliche Grundsätze der Organallokation, S. 205; dem folgend *Höfling*, in: Höfling, TPG, § 12 Rn. 59; *Gutmann*, in: Schroth/König/Gutmann/Oduncu, TPG, § 12 Rn. 62.

226 *Neft*, MedR 2013, 82, 86; *Höfling* wendet dagegen ein, dieser Staatseinfluss werde in der Praxis dadurch weitgehend relativiert, dass die drei Vertragspartner je drei Vertreter entsenden und darüber hinaus noch weitere Personen als (nicht stimmberechtigte) Mitglieder benennen können, *ders.*, Rechtsgutachtliche Stellungnahme, S. 35.

227 *Höfling*, Rechtsgutachtliche Stellungnahme, S. 34.

bb) Die Ausgestaltung der Überwachungs- und Prüfungstätigkeit

Hinsichtlich der Ausgestaltung der Arbeitsweise und des Verfahrens der Prüfungs- und der Überwachungskommission hält sich das TPG wiederum bedeckt und überlässt sie in den §§ 11 Abs. 3 S. 7 und 12 Abs. 5 S. 7 TPG ausdrücklich den Vertragsparteien des Koordinierungsstellen- bzw. des Vermittlungsstellen-Vertrags. § 2 Abs. 1 GGO-PÜK schreibt die Überwachung der Einhaltung der Bestimmungen des TPG, der aufgrund des TPG erlassenen Rechtsverordnungen sowie der Vertragsbestimmungen vor und sieht zu diesem Zweck sowohl verdachtsabhängige als auch flächendeckende verdachtsunabhängige Überprüfungen der Transplantationszentren, der Entnahmekrankenhäuser sowie der Koordinierungs- und der Vermittlungsstelle vor. Damit wurde die Prüfungskompetenz der Kommissionen nach Bekanntwerden der „Transplantations-Skandale" entscheidend erweitert, indem Prüfungen seither nicht mehr nur anlassbezogen, sondern daneben auch verdachtsunabhängig möglich sind, um proaktiv Auffälligkeiten im Zusammenhang mit der Organentnahme und -übertragung aufdecken zu können.[228] Der Koordinierungsstellen-Vertrag greift in § 10 Abs. 2 die Möglichkeit zur verdachtsunabhängigen Prüfung auf. Der Vermittlungsstellen-Vertrag bleibt dagegen hinter diesen Vorgaben zurück.[229] Der Vertrag befindet sich jedoch derzeit in Neuverhandlung.[230] Es ist mit einer Regelung entsprechend der Vorgaben der GGO-PÜK zu rechnen.

Die Koordinierungs- und die Vermittlungsstelle werden nach der GGO-PÜK mindestens einmal im Jahr geprüft, die Transplantationszentren bzw. -programme alle 3 Jahre.[231] Die Prüfungen können sowohl vor Ort als auch im schriftlichen Verfahren durchgeführt werden. Die Prüfungen der Transplantationsprogramme sollen jedoch in der Regel vor Ort durchgeführt werden.[232] Der genaue Prüfgegenstand und die jeweiligen Prüfkriterien sowie etwaige Änderungen und Erweiterungen sind jedoch nicht in der GGO-PÜK enthalten, sondern werden der Beschlussfassung der Kommissionen überlas-

---

228 Vgl. dazu den Maßnahmenkatalog „Kontrolle verstärken, Transparenz schaffen, Vertrauen gewinnen", S. 1.

229 § 10 Abs. 1 des Vertrags sieht vor, dass die Vermittlungsentscheidungen von Eurotransplant in regelmäßigen Abständen sowie Meldungen seitens Eurotransplant über Verstöße überprüft werden sollen.

230 Vgl. dazu BT-Drs. 18/10854, S. 27f.

231 § 16 Abs. 1 GGO-PÜK.

232 Nach § 16 Abs. 2 GGO-PÜK kommt ein schriftliches Verfahren insbesondere in Betracht a) bei weiteren Prüfungen bereits geprüfter Transplantationsprogramme, b) bei Transplantationsprogrammen, die innerhalb von 3 Jahren weniger als 10 Transplantationen durchgeführt haben sowie c) bei der Prüfung von Entnahmekrankenhäusern.

sen.[233] Damit bleiben die Maßstäbe, die die Kommissionen ihren Prüfungen zugrunde legen, um ein Verhalten der Zentren als Auffälligkeit, systematischen Verstoß oder sogar Manipulation einzuordnen, für die Öffentlichkeit wenig transparent.[234]

Anders als die früheren vertraglichen Regelungen mit der DSO und Eurotransplant, sieht das TPG in den §§ 11 Abs. 3 S. 5 und 12 Abs. 5 S. 5 nunmehr ausdrücklich vor, dass nicht nur die Koordinierungs- bzw. die Vermittlungsstelle verpflichtet sind, der Kommission die für die Prüfung erforderlichen Unterlagen zur Verfügung zu stellen und die erforderlichen Auskünfte zu erteilen, sondern sich diese Pflichten auch auf die Transplantationszentren bzw. die Entnahmekrankenhäuser erstrecken, um so sicherzustellen, dass die Kommissionen ihrer Überwachungstätigkeit tatsächlich und effektiv nachkommen können.[235] Aufgrund der Beschränkung auf die *erforderlichen* Unterlagen bzw. Auskünfte ist wohl von einem nur beschränkten Vorlage- bzw. Auskunftsrecht auszugehen; welche Unterlagen und Auskünfte jeweils von der Erforderlichkeit erfasst werden, kann im Einzelfall streitig sein.[236] Durch die Erstreckung der Auskunfts- und Vorlagepflichten auf die Transplantationszentren wurde eine vormals kritisierte Lücke geschlossen, indem eine Überprüfung der Transplantationszentren selbst möglich gemacht wurde.[237] Allerdings hat der Gesetzgeber die Prüfungstätigkeit der Kommissionen nicht ausdrücklich auf die Transplantationszentren erweitert. Sie wurden nicht als direktes Kontrollobjekt – das sind die Koordinierungs- bzw. die Vermittlungsstelle –, sondern als Kontrollmitwirkungspflichtige installiert.[238] Aus den eingeräumten Ermittlungskompetenzen wird jedoch deutlich, dass sich die Kontrolle tatsächlich auch auf die Transplantationszentren erstrecken soll.[239] Zudem kann eine Kontrolle der Vermittlungsentscheidungen durch Eurotransplant erst dann effektiv erfolgen, wenn auch das Meldeverhalten der Transplantationszentren untersucht wird, da Eurotransplant diese Ent-

---

[233] § 16 Abs. 3 GGO-PÜK.

[234] Kritisch dazu *Haarhoff*, Die Altherrensauna, S. 264 f.

[235] BT-Drs. 17/7376, S. 23.

[236] So auch *Lilie*, FS Deutsch, 331, 337; a.A. wohl *Böning*, Kontrolle im TPG, S. 86, der auf der Grundlage der alten Fassung von § 10 Abs. 2 des Koordinierungsstellen-Vertrags sowie § 14 Abs. 2 des Vermittlungsstellen-Vertrags von einem umfassenden Auskunfts- und Vorlagerecht ausgeht, da der auferlegte Kontrollauftrag nur so erfüllt werden könne. Während sich der Koordinierungsstellen-Vertrag auch in heutiger Fassung in § 10 Abs. 3 auf die „erforderlichen" Auskünfte und Unterlagen bezieht, umfasst § 10 Abs. 3 des Vermittlungsstellen-Vertrags alle „vermittlungsrelevanten" Auskünfte und Unterlagen und scheint insofern entsprechend *Bönings* Auslegung weiter zu gehen, vgl. dazu *ders.*, Kontrolle im TPG, S. 96.

[237] Vgl. zur Kritik *Lilie*, FS Deutsch, 331, 336 und 338.

[238] *Höfling*, Rechtsgutachtliche Stellungnahme, S. 38.

[239] *Augsberg*, Gesetzliche Regelungen zur Organ- und Gewebespende, S. 125.

scheidungen auf der Grundlage der durch die Zentren gemeldeten Daten trifft. Weitere Ermittlungsbefugnisse wie etwa Visitationen der Entnahmekrankenhäuser sowie der Transplantationszentren sind nach wie vor nicht gesetzlich geregelt.[240]

Problematisch erscheint zunächst, dass den Kommissionen zwar die eben genannten Auskunfts- und Vorlagerechte zustehen, das TPG jedoch keinerlei Durchsetzungsmöglichkeiten bei Nicht- oder Schlechterfüllung dieser Pflichten vorsieht, so dass die Durchsetzung letztlich von der Mitwirkung der Auftragnehmer sowie der Entnahmekrankenhäuser und Transplantationszentren abhängt.[241] Gegenüber der Koordinierungs- und der Vermittlungsstelle käme lediglich eine Vertragskündigung als Druck- oder Sanktionsmittel in Betracht.[242] Da eine solche aber einer „Lahmlegung des gesamten Transplantationssystems" gleichkäme, stellt eine Kündigung in der Praxis keine realistische Option dar.[243] Zudem fehlt es zuvorderst der Prüfungskommission an Sanktionsmöglichkeiten, wenn diese im Einzelfall Auffälligkeiten bei der Organallokation festgestellt hat; sie hat lediglich die Möglichkeit andere – außerhalb des Transplantationssystems stehende – Instanzen zu informieren und so zu einer Sanktion zu bewegen.[244] Trotz dieser Defizite sollte jedoch nicht vorschnell auf eine mangelnde Effizienz der Tätigkeit der Prüfungs- und der Überwachungskommission geschlossen werden. Den Beteiligten des Transplantationssystems dürfte bewusst sein, welche Bedeutung die Feststellung und Behebung von Allokationsauffälligkeiten für den Bestand des Systems hat, weshalb in der Regel eine freiwillige Mitwirkung vorliegen wird.[245]

Schließlich wurde als Reaktion auf die „Transplantations-Skandale" und zur Verbesserung der Transparenz des Transplantationssystems beschlossen, dass die PÜK einen eigenen Tätigkeitsbericht erstellen muss, der der Öffentlichkeit zugänglich zu machen und im Rahmen einer jährlichen Pressekonferenz vorzustellen ist.[246] Durch die Veröffentlichung eigener Tätigkeitsberichte wird der vormals geäußerten Kritik an der mangelnden Transparenz der Tä-

[240] Kritisch insoweit *Angstwurm*, Einschätzung des Vorsitzenden der Prüfungs- und Überwachungskommission, S. 241.

[241] *Böning*, Kontrolle im TPG, S. 94 und 96; *Lilie*, FS Deutsch, 331, 336 und 338; *Verrel*, Was tun bei Allokationsauffälligkeiten?, S. 201; *ders.*, Sanktionierung von Allokationsauffälligkeiten, S. 182.

[242] *Böning*, Kontrolle im TPG, S. 121.

[243] *Verrel*, Was tun bei Allokationsauffälligkeiten?, S. 201; *ders.*, Sanktionierung von Allokationsauffälligkeiten, S. 182.

[244] *Verrel*, Was tun bei Allokationsauffälligkeiten?, S. 203; *ders*, Sanktionierung von Allokationsauffälligkeiten, S. 184.

[245] So *Verrel*, Was tun bei Allokationsauffälligkeiten?, S. 204.

[246] Vgl. dazu S. 3 des Maßnahmenkatalogs „Kontrolle verstärken, Transparenz schaffen, Vertrauen gewinnen".

tigkeit der Kommissionen, die bis dato lediglich in den Tätigkeitsberichten der Bundesärztekammer erwähnt wurden, begegnet.[247] Die Tätigkeitsberichte enthalten neben einer Zusammenfassung der jeweiligen Prüfergebnisse auch die aktuelle Zusammensetzung der Kommissionen sowie eine anonymisierte Ausfertigung der Kommissionsberichte der Vor-Ort-Prüfungen der Transplantationsprogramme.

cc) Zusammenarbeit mit staatlichen Aufsichtsstellen

Stellen die Kommissionen Verstöße gegen das TPG oder gegen aufgrund des TPGs erlassene Rechtsverordnungen fest, sind sie nach §§ 11 Abs. 3 S. 6 bzw. 12 Abs. 5 S. 6 TPG dazu verpflichtet, ihre Erkenntnisse an die zuständigen Behörden der Länder weiterzuleiten.[248] Zu den „zuständigen Behörden der Länder" zählen zum einen die Aufsichtsbehörden der Länder, also insbesondere die Bußgeldstellen.[249] Zum anderen sind auch die Staatsanwaltschaften der Länder erfasst, sodass auch diesen gegenüber eine unmittelbare Anzeigepflicht besteht.[250] Die PÜK kann daher als der staatlichen Aufsicht vorgeschaltete Instanz bezeichnet werden.[251]

dd) Insbesondere: Die flächendeckenden Prüfungen der Transplantationszentren

Die nunmehr verdachtsunabhängigen flächendeckenden Prüfungen aller Transplantationsprogramme bezogen auf den Zeitraum 2010 bis 2012 stellten den Schwerpunkt der Tätigkeit der PÜK seit Bekanntwerden der „Transplantations-Skandale" dar.[252] Dabei stand die Frage im Vordergrund, ob im Falle der Transplantation in einem Transplantationszentrum gegen die Richtlinien der Bundesärztekammer nach § 16 Abs. 1 S. 1 Nr. 2 und 5 TPG hinsichtlich Wartelistenführung bzw. Organallokation verstoßen wurde.[253] Zugleich bilden die im Rahmen dieser Prüfungen angefertigten Berichte der PÜK die

247 Zur Kritik *Höfling*, in: Höfling, TPG, § 12 Rn. 57; *Böning*, Kontrolle im TPG, S. 81.

248 § 10 Abs. 2 des Koordinierungsstellen-Vertrags sowie § 2 Abs. 2 der GGO-PÜK greifen diese Verpflichtung auf. Der Vermittlungsstellen-Vertrag bleibt hinter den gesetzlichen Anforderungen zurück, indem er nur „ggf." eine Information der zuständigen Bußgeldstelle vorsieht.

249 *Augsberg*, Gesetzliche Regelungen zur Organ- und Gewebespende, S. 35.

250 Dies schließt auch *Augsberg*, Gesetzliche Regelungen zur Organ- und Gewebespende, S. 35 nicht aus.

251 *Augsberg*, Gesetzliche Regelungen zur Organ- und Gewebespende, S. 33.

252 Tätigkeitsbericht PÜK 2014/2015, S. 4.

253 Tätigkeitsbericht PÜK 2013/2014, S. 16.

Grundlage der vorliegenden Analyse. Daher sollen der Ablauf dieser Prüfungen sowie die Entstehung der Kommissionsberichte bereits an dieser Stelle näher erläutert werden.

(1) Zusammensetzung der Prüfergruppen

Die Prüfgruppen der flächendeckenden Vor-Ort-Prüfungen bestehen in der Regel aus zwei medizinischen und einem juristischen Sachverständigen und werden von einem Mitglied der PÜK geleitet.[254] Die Sachverständigen sind entweder Mitglieder der PÜK oder weitere sachverständige Personen, die durch Kommissionsbeschluss benannt wurden.[255] Außerdem nimmt jeweils ein Vertreter der Geschäftsstelle Transplantationsmedizin an den Prüfungen teil.[256] Bei der Auswahl der jeweiligen Prüfer wird berücksichtigt, dass einige Prüfer hauptberuflich in der Transplantationsmedizin tätig sind und dadurch Interessenskonflikte entstehen können. Bestimmte Inkompatibilitätsregeln sollen dem entgegenwirken. So dürfen etwa Vertreter der geprüften Einrichtung nicht zugleich Mitglied der diese Einrichtung prüfenden Prüfgruppe sein.[257] Soweit sich die PÜK aufgrund dessen mitunter dem Vorwurf personeller Verquickungen[258] ausgesetzt sieht, ist anzumerken, dass aufgrund der besonderen Expertise, die notwenige Voraussetzung einer effektiven Überprüfung ist, nicht darauf verzichtet werden kann, Personen, die ebenfalls in das Transplantationssystem eingebunden und damit an anderer Stelle selbst Kontrollobjekt sind, in die Prüfungen miteinzubeziehen. Dies gilt umso mehr, als dass die professionelle Gemeinschaft im Bereich der Transplantationsmedizin nur eine vergleichsweise kleine Gruppe umfasst.[259]

(2) Ablauf des Prüfverfahrens

7 Tage vor einer geplanten *Vor-Ort-Prüfung* informiert der Vorsitzende der PÜK die Mitglieder der PÜK über den Prüfgegenstand, die zu prüfende Einrichtung sowie Ort und Zeit der Prüfung,[260] um ihnen eine Teilnahme an der

---

[254] § 17 Abs. 1 GGO-PÜK.

[255] § 17 Abs. 2 GGO-PÜK.

[256] Tätigkeitsbericht der PÜK 2014/2015, S. 11.

[257] Tätigkeitsbericht der PÜK 2014/2015, S. 28; vgl. dazu auch die Befangenheitsregelung in § 17 Abs. 5 GGO-PÜK.

[258] *Augsberg*, Gesetzliche Regelungen zur Organ- und Gewebespende, S. 67; dies aufgreifend *Höfling*, Rechtsgutachtliche Stellungnahme, S. 37.

[259] So im Ergebnis auch *Augsberg*, Gesetzliche Regelungen zur Organ- und Gewebespende, S. 67.

[260] § 18 Abs. 1 GGO-PÜK.

Prüfung zu ermöglichen.[261] Gleichzeitig werden die zuständigen Landesministerien informiert, welche als Beobachter an den Prüfungen teilnehmen können.[262] Die zu prüfende Einrichtung wird in der Regel erst einen Werktag vor der Prüfung informiert.[263]

Soll die Prüfung dagegen im *schriftlichen Verfahren* durchgeführt werden, fordert der Vorsitzende der PÜK die für die Prüfung erforderlichen Unterlagen bei der zu prüfenden Einrichtung schriftlich an.[264] Nach Eingang der angeforderten Unterlagen werden diese in den Räumen der Geschäftsstelle Transplantationsmedizin durch die Prüfgruppe bewertet. Alternativ werden die Unterlagen mit der Bitte um Abgabe einer schriftlichen Stellungnahme an die Prüfer versandt.[265] Daneben haben alle Mitglieder der PÜK – sowie die zuständigen Landesministerien als Beobachter der Prüfung[266] – Gelegenheit zur Einsichtnahme und Stellungnahme in den Räumen der Geschäftsstelle.[267]

Nach erfolgter Prüfung – sowohl im Rahmen der Vor-Ort-Prüfung als auch im schriftlichen Verfahren – erstellt der Leiter der Prüfgruppe einen internen Bericht über die Ergebnisse der Prüfung.[268] Die Mitglieder der Prüfgruppe können innerhalb von 14 Tagen Einwände gegen diesen Bericht vorbringen.[269] Auf der Grundlage des internen Berichts erstellt der Leiter der Prüfgruppe sodann einen zusammenfassenden Bericht (Kommissionsbericht), der durch die PÜK beschlossen wird.[270] Dieser Kommissionsbericht wird dem für das jeweilige Transplantationsprogramm des geprüften Transplantationszentrums zuständigen Arzt zugestellt,[271] der die Möglichkeit hat, innerhalb von vier Wochen eine Gegenvorstellung abzugeben.[272] Führt die Gegenvorstellung zu einer Änderung des Kommissionsberichts, bedarf diese Änderung einer erneuten Beschlussfassung der PÜK.[273] Der abschließende Kommissionsbericht wird der geprüften Einrichtung, den zuständigen Landesbehör-

261 Tätigkeitsbericht der PÜK 2014/2015, S. 11.

262 § 18 Abs.2 GG-PÜK.

263 § 18 Abs. 3 GGO-PÜK.

264 § 19 Abs. 1 GGO-PÜK. Nach Abs. 2 ist für die Übersendung der Unterlagen eine Frist zu setzen.

265 § 19 Abs. 4 GGO-PÜK.

266 § 19 Abs. 6 GGO-PÜK.

267 § 19 Abs. 5 GGO-PÜK.

268 § 20 Abs. 1 GGO-PÜK.

269 § 20 Abs. 3 GGO-PÜK.

270 § 20 Abs. 3 GGO-PÜK.

271 § 21 Abs. 1 GGO-PÜK; Tätigkeitsbericht der PÜK 2014/2015, S. 11.

272 § 20 Abs.2 GGO-PÜK.

273 § 21 Abs. 4 GGO-PÜK.

den und der zuständigen Landesärztekammer zugeleitet.[274] Begründen die Ergebnisse der Prüfung den Verdacht strafbaren Handelns, erfolgt daneben eine Weiterleitung an die zuständige Staatsanwaltschaft.[275] Außerdem wird eine anonymisierte Ausfertigung des Kommissionsberichts in dem jährlichen Tätigkeitsbericht der PÜK veröffentlicht.[276]

(3) Methodik der Stichprobenauswahl

Die Prüfungen der jeweiligen Transplantationsprogramme erfolgten anhand einer geschichteten Stichprobe.[277] Wurden im Rahmen der (ersten) Stichprobe systematische Richtlinienverstöße oder Manipulationen der Transplantationsabläufe festgestellt, wurden weitere Transplantationen des entsprechenden Programms überprüft, die ebenfalls unter diesem Fehler leiden könnten. Die Grundgesamtheit, der die Stichprobe zu entnehmen war, bildeten alle Transplantationen des zu prüfenden Programms, die innerhalb des festgelegten Prüfungszeitraums durchgeführt worden waren. Abhängig von der Größe der Grundgesamtheit wurde die Größe der Stichprobe gewählt, um mit hoher Wahrscheinlichkeit Aussagen über das (Nicht-)Vorkommen systematischer Fehler treffen zu können. Die in dieser Hinsicht hinreichende Größe der Stichprobe steigt unterproportional mit der Größe der Grundgesamtheit. Auf dieser Grundlage hat die PÜK die folgende vierstufige Regel entwickelt: Bei einer Grundgesamtheit von 1 bis 10 Fällen werden alle Fälle geprüft. Bei einer Grundgesamtheit zwischen 11 und 20 Fällen werden 10 Fälle geprüft. Bei einer Grundgesamtheit zwischen 21 und 100 Fällen wird die Hälfte aller Fälle geprüft. Bei einer Grundgesamtheit mit mehr als 100 Fällen werden 50 Fälle geprüft.

c) Die Vertrauensstelle Transplantationsmedizin

Der bereits erwähnte Maßnahmenkatalog „Kontrolle verstärken, Transparenz schaffen, Vertrauen gewinnen" sah auch die Schaffung einer Stelle zur – auch anonymen – Meldung von Auffälligkeiten und Verstößen gegen das Transplantationsrecht in den Entnahmekrankenhäusern und Transplantationszentren vor, um die Transparenz des Transplantationssystems zu verbessern.[278]

---

[274] § 22 Abs. 1 GGO-PÜK.

[275] § 22 Abs. 1 GGO-PÜK.

[276] Vgl. etwa Tätigkeitsbericht der PÜK 2014/2015, S. 29.

[277] Vgl. dazu und zum Folgenden den Tätigkeitsbericht der PÜK 2014/2015, S. 12.

[278] Vgl. dazu S. 3 des Maßnahmenkatalogs „Kontrolle verstärken, Transparenz schaffen, Vertrauen gewinnen".

Im November 2012 wurde die Vertrauensstelle Transplantationsmedizin durch die Bundesärztekammer, die Deutsche Krankenhausgesellschaft und den Spitzenverband Bund der Krankenkassen eingerichtet.[279] Patienten, Angehörige, medizinisches Personal und interessierte Bürger können Fragen zu Themen des Transplantationswesens stellen, Beschwerden oder Hinweise auf Auffälligkeiten vorbringen oder Vorschläge zur Weiterentwicklung des Organspendesystems äußern. Die Vertrauensstelle nimmt damit eine bürgernahe Funktion ein und bildet einen von den Strafverfolgungsbehörden unabhängigen Ansprechpartner.[280] Werden Hinweise auf Verstöße gegen das TPG, die Rechtsverordnungen, die nach dem TPG erlassen wurden, oder die Verträge mit der Koordinierungs- bzw. der Vermittlungsstelle bekannt, so hat der Leiter der Vertrauensstelle[281] diese zu prüfen und nach pflichtgemäßem Ermessen über die weitere Veranlassung – namentlich eine Weiterleitung an die PÜK oder auch die StäKO – zu entscheiden.[282]

---

[279] Tätigkeitsbericht der PÜK 2014/2015, S. 7f.

[280] Tätigkeitsbericht der PÜK 2014/2015, S. 8.

[281] Die Leitung obliegt der Vorsitzenden Richterin am BGH a.D. Frau Prof. Dr. jur. Ruth Rissing-van Saan.

[282] Vgl. dazu § 13 GGO-PÜK.

C. Der Prüfungsmaßstab

Im Folgenden sollen nun die Regelungen zur Aufnahme in die Warteliste sowie zur Organvermittlung für die Organe Leber, Herz und Lunge dargestellt werden, wie sie sich für den Prüfungszeitraum 2010 bis 2012 aus dem TPG, den Richtlinien der Bundesärztekammer sowie dem ET-Manual ergaben. Dabei ist zu beachten, dass sowohl die Richtlinien als auch das ET-Manual im Prüfungszeitraum mehrfach geändert wurden, sodass mitunter unterschiedliche Kontrollmaßstäbe galten. Diese zwischenzeitlich erfolgten Änderungen sind bei der Herleitung des Prüfungsmaßstabes sowie der Auswertung der Prüfberichte zu berücksichtigen.[1]

I. Leberallokation

Sowohl die Richtlinien der Bundesärztekammer zur Lebertransplantation[2] als auch das entsprechende Kapitel des ET-Manuals[3] wurden in den Jahren 2010 bis 2012 mehrfach geändert. Inhaltlich sind damit keine wesentlichen Änderungen einhergegangen, sodass der Prüfungsmaßstab einheitlich dargestellt werden kann. Dabei werden im Folgenden die Fassungen der Richtlinien vom 26. März 2011 und des ET-Manuals vom 1. März 2010 zugrunde gelegt. Soweit inhaltliche Abweichungen gegenüber vorherigen oder späteren Fassungen bestehen, werden diese jeweils kenntlich gemacht.[4]

---

[1] Dies betont auch *Höfling*, Rechtsgutachtliche Stellungnahme, S. 40.

[2] Richtlinien Leber in der Fassung vom 24. Oktober 2009, bekanntgemacht im DÄBl., Jg. 106, Heft 43, A-2162; Fassung vom 23. Januar 2010, bekanntgemacht im DÄBl., Jg. 107, Heft 3, A-111; Fassung vom 8. Dezember 2010, bekanntgemacht im DÄBl., Jg. 107, Heft 31–32, A-1532; Fassung vom 26. März 2011, bekanntgemacht im DÄBl., Jg. 108, Heft 12, A-662; Fassung vom 23. März 2012, bekanntgemacht im DÄBl, Jg. 109, Heft 1–2, A-60.

[3] ET-Manual Leber in der Fassung vom 1. März 2010, vom 15. Juni 2010, vom 27. August 2010, vom 29. Dezember 2010, vom 2. März 2012, vom 13. September 2012 sowie vom 12. Dezember 2012. Auf der Homepage von Eurotransplant ist jeweils nur die aktuelle Fassung des Manuals abrufbar. Die alten Fassungen wurden der Verfasserin im Rahmen dieser Arbeit von Eurotransplant zur Verfügung gestellt.

[4] Während des Prüfungszeitraums wurde die Zulassungsbeschränkung für sog. Non-ET-Residents aufgehoben, vgl. Gliederungspunkt C.I.1.b)cc), und die Reevaluierungsfrist für den HU-Status von 7 auf 14 Tage angehoben, vgl. Gliederungspunkt C.I.2.a)bb)(1). Außerdem wurden tägliche Stichprobenprüfungen bei Patienten mit

1. Die Aufnahme in die Warteliste

Die Aufnahme eines Patienten in die Warteliste ist zwingende Voraussetzung für die Teilnahme am Vermittlungsverfahren und damit nicht lediglich eine unverbindliche Vormerkung, sondern vielmehr ein formeller Akt. Daher hat die Aufnahme nach fest vorgegebenen Kriterien zu erfolgen.[5] Das TPG legt in § 10 Abs. 2 Nr. 2 für die Aufnahme von Patienten in die Warteliste zur Organtransplantation die Grundprinzipien *Erfolgsaussicht* und *Notwendigkeit* zugrunde, ohne diese jedoch näher zu konkretisieren oder gar legal zu definieren.[6] Die Richtlinien der Bundesärztekammer gemäß § 16 Abs. 1 S. 1 Nr. 2 TPG führen dazu zunächst ohne Bezug auf ein spezielles Organ aus, dass Patienten in die jeweilige Warteliste aufgenommen werden können, wenn die Organtransplantation mit größerer Wahrscheinlichkeit eine Lebensverlängerung oder eine Verbesserung der Lebensqualität erwarten lässt als die sonstige Behandlung. Für die *Erfolgsaussicht* sei dabei entscheidend, ob unter Berücksichtigung der individuellen medizinischen Situation des Patienten, seines körperlichen und seelischen Gesamtzustands mit seinem längerfristigen Überleben, einer längerfristig ausreichenden Transplantatfunktion und einer verbesserten Lebensqualität zu rechnen sei.[7] Definitionsansätze in der Literatur gehen dahin, die *Notwendigkeit* einer Transplantation bei Vorliegen der medizinischen Indikation zur Organtransplantation anzunehmen, während die *Erfolgsaussicht* die Abwesenheit von medizinischen Kontraindikationen beschreibe.[8] Diesem Definitionsansatz entsprechen auch die Richtlinien, wenn sie sodann organspezifische Indikationen bzw. Kontraindikationen benennen, die zu einer Aufnahme in die Warteliste führen bzw. dieser entgegenstehen.

a) Gründe für die Aufnahme in die Warteliste (Indikation)

Die Leber nimmt für den menschlichen Gesamtorganismus lebenswichtige Funktionen wahr. Sie produziert Galle, Eiweiße und Gerinnungsfaktoren. Letztere sind für die Gerinnselbildung und den Wundverschluss nach Verletzungen bedeutend. Daneben entgiftet die Leber und macht Schlackenstoffe

---

einem labMELD unter einem Wert von 25 eingeführt, vgl. Gliederungspunkt C.I.2.a) bb)(2)(c).

[5] *Schreiber/Haverich*, Richtlinien, A-385.

[6] Vgl. dazu bereits Gliederungspunkt B.I.2.a).

[7] Gliederungspunkt I.5. der Richtlinien Leber vom 26. März 2011. Entsprechende Ausführungen finden sich auch in den Richtlinien zur Herz- sowie zur Lungentransplantation.

[8] *Norba*, Rechtsfragen der Transplantationsmedizin, S. 171; dies aufgreifend *Lang*, in: Höfling, TPG, § 10 Rn. 19.

unschädlich. Zudem ist sie wesentlich am Stoffwechsel bei der Bildung und Umwandlung von Stoffwechselprodukten des Eiweiß-, Fett- und Kohlenhydrathaushalts beteiligt.[9] Anders als bei der Niere, bei der die Möglichkeit einer Dialysebehandlung besteht, existiert für die Leber kein dauerhaftes maschinelles Ersatzverfahren.[10] Demnach kann nach den Richtlinien eine Indikation zur Lebertransplantation bei einer nicht rückbildungsfähigen, fortschreitenden, das Leben des Patienten gefährdenden Lebererkrankung gegeben sein, sofern einerseits keine annehmbaren Behandlungsalternativen bestehen und der Transplantation andererseits keine Kontraindikationen entgegenstehen.[11] Eine Indikation ist nach den Richtlinien ferner gegeben bei genetischen Erkrankungen, bei denen der genetische Defekt wesentlich in der Leber lokalisiert ist und durch eine Transplantation korrigiert werden kann. Die häufigsten Indikationsgruppen bilden insbesondere die Leberzirrhose, bei der nach einer virusbedingten Infektionen des Organs oder durch Alkoholmissbrauch funktionsfähiges Lebergewebe abgestorben ist und durch funktionsloses Bindegewebe ersetzt wurde,[12] sowie Krebserkrankungen der Leber und das akute Leberversagen.

b) Einschränkungen der Aufnahme

Die Richtlinien benennen für die Aufnahme in die Warteliste allerdings auch Einschränkungen. In bestimmten Fällen soll sie, trotz an sich gegebener Indikation, von zusätzlichen Bedingungen abhängig gemacht werden. Man spricht in diesen Fällen von einer „eingeschränkten Indikation".[13]

aa) Abstinenzklausel bei alkoholinduzierter Leberzirrhose

Eine derart eingeschränkte Indikation wird zunächst für Patienten mit alkoholinduzierter Leberzirrhose geregelt. Diese dürfen erst nach mindestens sechsmonatiger völliger Alkoholabstinenz überhaupt in die Warteliste zur Lebertransplantation aufgenommen werden.[14] Zur Begründung dieser Abstinenzklausel wurde zum einen die zu befürchtende Rückfallgefahr dieser Patienten genannt.[15] Ob die sechsmonatige Abstinenz jedoch tatsächlich eine

---

[9] *Schlich*, Transplantation, S. 19.

[10] *Schlich*, Transplantation, S. 19.

[11] Vgl. dazu und zum Folgenden Gliederungspunkt III.1. der Richtlinien Leber vom 26. März 2011.

[12] *Schlich*, Transplantation, S. 20.

[13] *Bader*, Organmangel, S. 245.

[14] Gliederungspunkt III.2.1. der Richtlinien Leber vom 26. März 2011.

[15] *Spree*, Lebertransplantation bei äthyltoxischer Lebererkrankung, S. 9.

sichere Prognose über künftigen Alkoholabusus eines Patienten zulässt, kann bezweifelt werden.[16] Es besteht allerdings die Möglichkeit, dass sich die Leberfunktion eines Patienten innerhalb der sechsmonatigen Abstinenzzeit so weit verbessert, dass eine Transplantation nicht mehr notwendig ist.[17] Daneben wurden Bedenken im Hinblick auf eine (schlechte) Compliance[18] dieser Patienten – insbesondere in Bezug auf notwendige Hygienemaßnahmen und eine lebenslange Medikamenteneinnahme nach der Transplantation – angeführt, die ebenfalls dem Transplantationserfolg entgegenstehen könnte.[19] Insofern kann die Abstinenzklausel als ein Spezialfall mangelnder Compliance bezeichnet werden.[20]

bb) Einschränkungen bei bestimmten Erkrankungen des Patienten

Weiterhin machen die Richtlinien die Aufnahme eines Patienten bei bestimmten Erkrankungen, die eine Transplantation erforderlich machen, von zusätzlichen Bedingungen abhängig. So muss bei Patienten mit bösartigen Erkrankungen ein Tumorwachstum außerhalb der Leber ausgeschlossen sein.[21] Patienten mit metabolischen – auf den Stoffwechsel bezogenen[22] – oder genetischen Erkrankungen werden dann in die Warteliste aufgenommen, wenn die Folgen ihres Defekts unmittelbar zu irreversiblen Schäden zu führen beginnen oder dies bei weiterem Abwarten in nächster Zukunft unabwendbar bevorsteht.[23] Bei Patienten mit einem akuten Leberversagen – einem plötzlichen Leberversagen ohne Hinweis auf eine chronische Lebererkrankung[24] – ist die Notwendigkeit einer Transplantation anhand bestimmter Prognosekriterien festzustellen.[25]

---

[16] Vgl. dazu ausführlich Gliederungspunkt E.II.4.a)aa)(2)(c).

[17] *Strassburg*, Der Chirurg 2013, 363, 367; *Webb/Neuberger*, BMJ 2004, 63, 63; sowie ausführlich unter Gliederungspunkt E.II.4.a)aa)(2)(d).

[18] Zu diesem Kriterium sogleich unter Gliederungspunkt C.I.1.c)bb).

[19] *Spree*, Lebertransplantation bei äthyltoxischer Lebererkrankung, S. 9.

[20] So *Bader*, Organmangel, S. 209 und 247.

[21] Gliederungspunkt III.2.2. der Richtlinien Leber vom 26. März 2011. Durch diese Fassung wurde zudem ergänzt, dass Patienten in fortgeschrittenen Stadien bösartiger Erkrankungen nur im Rahmen von kontrollierten Studien transplantiert werden sollen.

[22] *Bader*, Organmangel, S. 251.

[23] Gliederungspunkt III.2.3. der Richtlinien Leber vom 26. März 2011.

[24] *Bader*, Organmangel, S. 251.

[25] Namentlich anhand der sog. King's College-Kriterien, der Spezialkriterien für die Paracetamolintoxikation bzw. der Clichy-Kriterien, vgl. Gliederungspunkt III.2.4. der Richtlinien Leber vom 26. März 2011.

cc) Non-ET-Residents

Eine weitere Zulassungsbeschränkung galt bis 2012 für sog. Non-ET-Residents, also Patienten, die nicht mindestens sechs Monate lang in einem ET-Mitgliedsland wohnhaft gewesen sind.[26] Die Anzahl der in die Warteliste eines Transplantationszentrums zur Lebertransplantation aufgenommenen Non-ET-Residents durfte maximal 5 % der Anzahl der gesamten Transplantatempfänger des Vorjahres betragen.[27] Diese Regelung sollte sicherstellen, dass das Organaufkommen des ET-Verbundes an die Staaten verteilt wird, die auch zu diesem Aufkommen beitragen. Sie folgte damit Gerechtigkeitserwägungen und sollte die Akzeptanz des Transplantationssystems im Eurotransplant-Verbund fördern.[28] Es handelte sich dabei aber nicht um eine rechtlich verbindliche Vorgabe, sondern um eine Selbstverpflichtung aller an der Transplantationsmedizin beteiligten Institutionen.[29] Im Jahr 2012 wurde diese Regelung schließlich aufgehoben, nachdem einige Mitgliedsstaaten bereits eigene Vorgaben zum Umgang mit Non-ET-Residents getroffen hatten.[30]

c) Ablehnung der Aufnahme in die Warteliste (Kontraindikationen)

Bestehen im Einzelfall Kontraindikationen gegen eine Transplantation, ist die Aufnahme eines Patienten in die Warteliste abzulehnen. Als Kontraindikationen kommen grundsätzlich alle Erkrankungen, Befunde oder Umstände in Betracht, die das Operationsrisiko erheblich erhöhen oder einen längerfristigen Erfolg der Transplantation in Frage stellen.[31]

aa) Medizinische Vor- oder Begleiterkrankungen

Kontraindikationen können sich zunächst aus bestimmten Vor- oder Begleiterkrankungen des Patienten ergeben. Zu nennen sind etwa nicht kurativ

[26] *Lautenschläger*, Organe für Ausländer?, S. 190.

[27] Gliederungspunkt 2.1.5. des ET-Manuals vom 1. März 2010; zur Zulässigkeit dieser Begrenzung *Lautenschläger*, Organe für Ausländer?, S. 195 ff.

[28] *Bader*, Organmangel, S. 212.

[29] Vgl. dazu *Lautenschläger*, Der Status ausländischer Personen, S. 176 ff.

[30] Bezogen auf alle postmortal gespendeten Organe und unter Berücksichtigung der Zahlen bis Ende August 2016 wurden seit dem Jahr 2010 insgesamt durchschnittlich 1,19 % der Transplantationen an „Non-Residents" durchgeführt. Der Anteil der Transplantationen an „Non-Residents" ist daher weiterhin sehr gering, vgl. BT-Drs. 18/10854, S. 8.

[31] Gliederungspunkt I.4. der Richtlinien Leber vom 26. März 2011; *Bader* spricht insoweit von einer medizinischen Generalklausel, vgl. *ders.*, Organmangel, S. 252.

behandelte bösartige Erkrankungen, soweit sie nicht der Grund für die Transplantation sind, hier also extrahepatisches Tumorwachstum.[32] Denn durch eine nach der Transplantation notwendige Unterdrückung des Immunsystems des Empfängers (Immunsuppression), die verhindern soll, dass das Immunsystem des Empfängers das Transplantat abstößt, könnten sich solche Tumore rapide ausbreiten.[33] Aus dem gleichen Grund bilden auch klinisch manifeste oder durch Immunsuppression erfahrungsgemäß sich verschlimmernde Infektionserkrankungen eine Kontraindikation zur Lebertransplantation.[34] Weiterhin sind in diesem Zusammenhang schwerwiegende Erkrankungen anderer Organe sowie vorhersehbare schwerwiegende operativ-technische Probleme zu nennen. Ist bei einem Patienten eine mehrfache Transplantation, also die Transplantation weiterer Organe vorgesehen, haben diese Kontraindikationen nur eingeschränkte Geltung.

bb) Mangelnde Compliance

Daneben kann eine Kontraindikation in der mangelnden Compliance des Patienten liegen.[35] Der Begriff der Compliance bezeichnet dabei die über die Zustimmung zur Transplantation hinausgehende Bereitschaft und Fähigkeit des Patienten, an den vor und nach einer Transplantation erforderlichen Behandlungen und Untersuchungen mitzuwirken. Die Compliance fehlt, wenn der Patient den Transplantationserfolg dadurch gefährdet, dass er im weitesten Sinn als unzuverlässig zu bezeichnen ist. Dies kann sich zum einen in einer fehlenden Mitwirkung des Patienten äußern, wenn er beispielsweise Medikamente zur Immunsuppression nicht einnimmt oder nicht zu Behandlungsterminen erscheint. Zum anderen kann sich dies auch durch schädigendes Verhalten des Patienten, wie etwa die Nichteinhaltung von Ernährungsvorgaben, zeigen.[36]

Die Compliance des Patienten wird zu den Grundvoraussetzungen für den Erfolg einer Transplantation gezählt. Anhaltend fehlende Compliance schließt daher eine Transplantation aus. Bevor jedoch die Aufnahme in die Warteliste durch den zuständigen Arzt endgültig abgelehnt wird, ist der Rat einer wei-

---

[32] Gliederungspunkt I.4. der Richtlinien Leber vom 26. März 2011.

[33] *Schlich*, Transplantation, S. 18 sowie 34 f.

[34] Vgl. dazu und zum Folgenden Gliederungspunkt I.4. der Richtlinien Leber vom 26. März 2011.

[35] Vgl. dazu und zum Folgenden Gliederungspunkt I.4. der Richtlinien Leber vom 26. März 2011. In den vorherigen Fassungen der Richtlinien war die Compliance dagegen ein Kriterium der eingeschränkten Indikation, vgl. Gliederungspunkt II.2.2. der Richtlinien für die Warteliste zur Lebertransplantation in der Fassung vom 24. Oktober 2009, vom 23. Januar 2010 und vom 8. Dezember 2010.

[36] *Bader*, Organmangel, S. 208; *Schreiber/Haverich*, Richtlinien, A-385.

teren psychologisch erfahrenen Person einzuholen.[37] Durch diese Einschränkung soll der Gefahr, das Compliance-Kriterium biete aufgrund seiner Unbestimmtheit ein Einfallstor für sachfremde Erwägungen[38], entgegengewirkt werden.

d) Entwicklungsklausel

Im Rahmen medizinischer Forschungsvorhaben besteht nach den Richtlinien die Möglichkeit, ausnahmsweise für eine begrenzte Zeit und eine begrenzte Zahl von Patienten von den zuvor dargestellten Vorgaben abzuweichen.[39] Diese Entwicklungsklausel[40] dient der Überprüfung bisheriger und Gewinnung neuer Erkenntnisse der medizinischen Wissenschaft. Möchte ein Transplantationszentrum von der Klausel Gebrauch machen, hat es zuvor die Vermittlungsstelle und die Bundesärztekammer zu unterrichten. Die Vermittlungsstelle hat die Möglichkeit, Einwände gegen die geplante Abweichung zu erheben.

2. Die Organvermittlung

Wurde ein Patient in die Warteliste eines Transplantationszentrums – und folglich in die einheitliche Warteliste bei Eurotransplant – aufgenommen, wird er bei der Organallokation berücksichtigt. Jedes Organ wird dabei anhand spezifischer Kriterien und unter Verwendung eines bestimmten Allokationsalgorithmus vermittelt.[41] Das TPG enthält in § 12 Abs. 3 S. 1 erneut nur die Grundprinzipien, denen die Organallokation im Einzelfall zu folgen hat und bestimmt als solche Erfolgsaussicht und Dringlichkeit einer Transplantation. Nach der Definition der Richtlinien der Bundesärztekammer ist *Erfolg* auch hier die längerfristige Transplantatfunktion und ein damit gesichertes Überleben des Empfängers mit verbesserter Lebensqualität.[42] Die *Dringlichkeit* beschreibt dagegen den gesundheitlichen Schaden, der durch die Transplantation verhindert werden soll.[43] Die Richtlinien benennen zu-

---

[37] Gliederungspunkt I.4. der Richtlinien Leber vom 26. März 2011.

[38] *Bader*, Organmangel, S. 210.

[39] Gliederungspunkt I.10. der Richtlinien Leber vom 26. März 2011. Diese Regelung wurde eingeführt durch die Richtlinien für die Warteliste zur Lebertransplantation in der Fassung vom 8. Dezember 2010, dort unter Gliederungspunkt III.

[40] *Bader* bezeichnet sie kritisch als „Experimentierklausel“, vgl. *ders.*, Organmangel, S. 252.

[41] Gliederungspunkt II.2. der Richtlinien Leber vom 26. März 2011.

[42] Gliederungspunkt II.1.d) der Richtlinien Leber vom 26. März 2011.

[43] Gliederungspunkt II.1.e) der Richtlinien Leber vom 26. März 2011.

dem die *Chancengleichheit* als weiteres Grundprinzip. Danach darf die Aussicht auf ein Organ nicht von Faktoren wie Wohnort, finanzieller Situation, sozialem Status oder der Aufnahme in einem bestimmten Transplantationszentrum abhängen. Schicksalhafte Nachteile eines Patienten – etwa bei Patienten mit einer seltenen Blutgruppe – sollen ausgeglichen werden.[44]

Die konkreten Allokationsregeln enthalten die Richtlinien der Bundesärztekammer sowie die Arbeitsanweisungen von Eurotransplant. Im Folgenden sollen zunächst die Kriterien dargestellt werden, die für die Vermittlung von Spenderlebern eine Rolle spielen, wobei im Hinblick auf die anschließende Auswertung der Prüfberichte der PÜK genau zwischen den Vorgaben, die sich aus den Richtlinien der Bundesärztekammer, sowie denen, die sich aus dem ET-Manual ergeben, zu differenzieren ist. In einem zweiten Schritt wird der konkrete Allokationsalgorithmus vorgestellt.

a) Kriterien für die Allokation von Lebern

aa) Blutgruppenregeln

Die Kompatibilität der Blutgruppen von Spender und Empfänger bildet eine Grundvoraussetzung für den Erfolg einer jeden Transplantation, da andernfalls eine Abstoßung des Transplantats droht.[45] Eine Organallokation allein nach Kompatibilität der Blutgruppen würde jedoch zu einer Benachteiligung bestimmter Patientengruppen führen. Dies beträfe etwa Träger der Blutgruppe 0, die zwar als universeller Spender für alle Träger anderer Blutgruppen in Betracht kommen; sie können dagegen ausschließlich Organe von Trägern der gleichen Blutgruppe erhalten.[46] Umgekehrt verhält es sich bei Trägern der Blutgruppe AB. Diese sind universelle Empfänger, können aber nur innerhalb ihrer Gruppe spenden.[47] Empfänger der Blutgruppe B können nur Organe derselben Blutgruppe oder der Blutgruppe 0 erhalten.[48]

Der Empfänger einer Lebertransplantation wird daher zunächst nach Blutgruppenidentität zum Spender ausgesucht. Kann kein identischer Empfänger vermittelt werden, genügt Blutgruppenkompatibilität.[49] Die Kompatibilitätsregelungen sind dabei in einem ausdifferenzierten System in insgesamt elf Kategorien ausgestaltet, die das Gewicht des Spenders, die Dringlichkeitsstufe des Empfängers, sein Alter (Erwachsene/Kinder), die Höhe seines

---

[44] Gliederungspunkt II.1.e) der Richtlinien Leber vom 26. März 2011.

[45] *Galden*, Geschichte und Ethik, S. 36; *Bader*, Organmangel, S. 218.

[46] *Rahmel*, Eurotransplant und die Organverteilung, S. 73.

[47] *Eigler*, Organ-Allokation aus ärztlicher Sicht, S. 2.

[48] *Galden*, Geschichte und Ethik, S. 37.

[49] Gliederungspunkt III.5.1. der Richtlinien Leber vom 26. März 2011.

MELD-Scores[50] sowie den Umstand berücksichtigen, ob es sich um eine kombinierte Organtransplantation handelt.[51] Je höher die Dringlichkeit der Transplantation ist, desto weniger streng sind die Anforderungen an die Blutgruppenkompatibilität und umso weiter ist der Kreis der Empfänger eines Spenders der Blutgruppe 0, da der Empfänger dann nicht länger auf ein Organ warten kann.[52]

bb) Dringlichkeitsstufen

Bei der Allokation von Spenderlebern spielt die Dringlichkeit eine besondere Rolle. Dies kommt zum einen durch die Bevorzugung sog. hoch-dringlicher (High Urgency, kurz HU) Fälle, zum anderen durch die Allokation nach dem MELD-Score zum Ausdruck.

(1) High Urgency

Patienten, die sich in einer akut lebensbedrohlichen Situation befinden und denen ohne Transplantation in wenigen Tagen der Tod droht, erhalten den besonderen Dringlichkeitsstatus HU (abgekürzt vom englischen Begriff „High Urgency").[53] Sie werden vorrangig vor allen anderen Patienten innerhalb des Eurotransplant-Verbunds transplantiert. Die besondere Dringlichkeit einer Transplantation kann sich etwa aufgrund eines akuten Leberversagens oder eines akuten Transplantatversagens innerhalb von 14 Tagen nach einer Transplantation ergeben. Weitere Voraussetzung für die Anerkennung des HU-Status ist daneben, dass sich der Patient in dem anmeldenden Transplantationszentrum in stationärer Behandlung befindet.[54]

Die Einstufung in die Dringlichkeitsstufe HU nimmt der medizinische Dienst der Vermittlungsstelle auf Antrag des betreuenden Transplantationszentrums vor. In Ausnahme- bzw. Zweifelsfällen führt die Vermittlungsstelle ein sog. Auditverfahren durch, um die Dringlichkeit festzustellen.[55] Zu die-

[50] Der MELD-Score (Model for Endstage Liver Disease) gibt die Wahrscheinlichkeit an, mit der ein Patient im Endstadium einer Lebererkrankung innerhalb der nächsten drei Monate auf der Warteliste versterben wird. Ausführlich hierzu unter Gliederungspunkt C.I.2.bb)(2).

[51] Gliederungspunkt III.5.1.1. und 2. der Richtlinien Leber vom 26. März 2011 sowie gleichlautend Gliederungspunkt 5.3.7. des ET-Manuals vom 1. März 2010.

[52] *Bader*, Organmangel, S. 253 f.

[53] Gliederungspunkt III.5.2.1. der Richtlinien Leber vom 26. März 2011 und Gliederungspunkt 5.2.1.1. des ET-Manuals vom 1. März 2010.

[54] Gliederungspunkt III.7.1.1. der Richtlinien Leber vom 26. März 2011.

[55] Gliederungspunkt III.7.1.1. der Richtlinien Leber vom 26. März 2011 sowie Gliederungspunkt 5.2.1.5. des ET-Manuals vom 1. März 2010.

sem Zweck wird eine Auditgruppe eingesetzt, die beurteilt, ob der Patient nach dem Antrag des Transplantationszentrums die Voraussetzungen für die Zuerkennung des HU-Status erfüllt. Die Auditgruppe besteht nach den Richtlinien der Bundesärztekammer aus drei in der Lebertransplantation erfahrenen Ärzten verschiedener Zentren im Vermittlungsbereich der Vermittlungsstelle, nicht jedoch des anmeldenden Zentrums. Die Mitglieder werden von der Vermittlungsstelle benannt.[56] Eurotransplant konkretisiert die Vorgaben zum Auditverfahren dahingehend, dass zunächst zwei Mitglieder der Arbeitsgruppe ELIAC (Eurotransplant Liver Intestine Advisory Committee) außerhalb des Landes des anfragenden Zentrums kontaktiert werden, um die HU Anfrage unabhängig voneinander zu bewerten. In einer Pattsituation entscheidet ein drittes Mitglied.[57]

Der HU-Status eines Patienten ist nach den Richtlinien der Bundesärztekammer nach sieben Tagen zu reevaluieren.[58] Erst im Jahr 2012 wurde die Reevaluierungsfrist auf vierzehn Tage verlängert.[59] Eurotransplant verlängerte diese dagegen bereits im Jahr 2010 auf vierzehn Tage.[60]

(2) Elektiv

Die übrigen Patienten bilden die Gruppe der elektiven Patienten. Innerhalb dieser Gruppe erfolgt die Allokation vorrangig nach der Dringlichkeit der Transplantation.[61] Maßstab für die Dringlichkeit der Transplantation ist der sog. MELD-Score (Model for Endstage Liver Disease). Dieser beschreibt die Wahrscheinlichkeit eines Patienten im Endstadium einer Lebererkrankung, innerhalb der nächsten drei Monate auf der Warteliste zu versterben. Ein MELD mit dem Wert „6“ entspricht dabei einer Drei-Monats-Mortalitäts-Wahrscheinlichkeit von 1 %, ein MELD von „42“ einer solchen von 100 %. Je höher der MELD, desto größer ist also die Wahrscheinlichkeit, dass der Patient in den nächsten drei Monaten auf der Warteliste verstirbt – und somit auch die Dringlichkeit einer Transplantation. Der MELD-Score bildet ausschließlich die Dringlichkeit der Transplantation ab – „sickest-first“-Prinzip[62] – und lässt deren Erfolgsaussichten unberücksichtigt.[63] Er stützt sich

[56] Gliederungspunkt III.7.2. der Richtlinien Leber vom 26. März 2011.

[57] Gliederungspunkt 5.2.1.5. des ET-Manuals vom 1. März 2010.

[58] Gliederungspunkt III.7.2. der Richtlinien Leber vom 26. März 2011.

[59] Gliederungspunkt III.7.2. der Richtlinien Leber vom 12. März 2012.

[60] Gliederungspunkt 5.2.1.6. des ET-Manuals seit der Fassung vom 15. Juni 2010.

[61] Vgl. dazu und zum Folgenden Gliederungspunkt III.5.2.2. der Richtlinien Leber vom 26. März 2011.

[62] *Gerling*, Einführung des MELD, S. 2.

[63] *Rahmel*, Der Chirurg 2013, 372, 375.

dabei auf objektiv bestimmbare und überprüfbare Parameter und schließt Ermessensspielräume der Ärzte weitgehend aus.[64]

(a) labMELD

Der MELD-Score wird grundsätzlich anhand des sog. labMELD angegeben, der sich aus den Laborwerten von Kreatinin und Bilirubin im Blutserum sowie der Blutgerinnungszeit (Prothrombinzeit, gemessen nach der International Normalized Ratio, kurz INR) berechnet.[65] Diese drei Parameter haben sich als die zuverlässigsten Prädiktoren für die relative Schwere einer transplantationspflichtigen Lebererkrankung herausgestellt.[66]

(b) matchMELD

Die Schwere und der Verlauf einer Lebererkrankung – und damit die Dringlichkeit einer Transplantation – können jedoch nicht bei allen Krankheiten über eine Veränderung dieser drei Laborparameter beschrieben werden.[67] Um diesen Patienten dennoch eine faire Chance zu geben, rechtzeitig eine Spenderleber zu erhalten,[68] kann der medizinische Dienst der Vermittlungsstelle ihnen auf Antrag des zuständigen Transplantationszentrums einen MELD-Score zuweisen, wie er sich hinsichtlich Dringlichkeit und Erfolgsaussicht für vergleichbare Patienten mit anderen Lebererkrankungen berechnen würde.[69] Dabei handelt es sich um einen sog. matchMELD oder exceptionalMELD.[70]

Erfüllt die Erkrankung eines Patienten die im Hinblick auf den matchMELD entwickelten Standardkriterien, wird ihm als sog. Standard-Exception der entsprechende initiale MELD zugewiesen.[71] In der Regel erfolgt eine Höherstufung dieses matchMELD in Drei-Monats-Schritten. Teilweise erhält

---

64 *Jung/Encke/Schmidt/Rahmel*, Der Chirurg 2008, 157, 160; *Ahlert et al.*, Prioritätsänderungen in der Allokation, S. 5; *Bader*, Organmangel, S. 261.

65 Gliederungspunkt III.5.2.2.1. der Richtlinien Leber vom 26. März 2011.

66 *Gerling*, Einführung des MELD, S. 2.

67 *Gerling*, Einführung des MELD, S. 2; *Strassburg*, Der Chirurg 2013, 363, 366.

68 *Schmidt*, Lebertransplantation, A-2324.

69 Gliederungspunkt III.5.2.2.2. der Richtlinien Leber vom 26. März 2011.

70 Das ET-Manual spricht anders als die Richtlinien von einem exceptionalMELD. Als matchMELD bezeichnet das Manual dagegen den im konkreten Match zugrunde gelegten MELD, vgl. Gliederungspunkt 5.1.1.2. des ET-Manuals vom 1. März 2010.

71 Dazu und zum Folgenden Gliederungspunkt III.5.2.2.2. der Richtlinien Leber vom 26. März 2011.

der Patient den HU-Status, wenn er nach Anerkennung einer Standard-Exception nicht innerhalb eines bestimmten Zeitraums transplantiert wurde.

Erfüllt die Erkrankung dagegen keine dieser Standardkriterien, kommt eine Non Standard-Exception in Betracht. Dazu muss das zuständige Transplantationszentrum in einem Antrag besonders begründen, warum der labMELD die Dringlichkeit der Transplantation bei diesem Patienten ausnahmsweise nicht angemessen wiedergibt. Zur Beurteilung dieses Antrags wird von der Vermittlungsstelle ein Auditverfahren durchgeführt.[72] Auch der matchMELD wird in Drei-Monats-Schritten höhergestuft.[73] Durch diesen Anstieg und den damit einhergehenden Prioritätszuwachs des Patienten gewinnt die Wartezeit beim matchMELD an Bedeutung.[74]

Hat ein Patient nach der Zuweisung eines matchMELD zu einem späteren Zeitpunkt einen höheren labMELD, wird dieser höhere MELD Score bei der konkreten Allokation berücksichtigt.[75] Bei der internationalen Allokation wird der matchMELD hingegen nicht verwendet, sondern ausschließlich nach dem labMELD alloziert, da in den Mitgliedsländern des Eurotransplant-Verbunds Unterschiede hinsichtlich der Ausnahmeregelungen bestehen, während der labMELD einheitlich berechnet wird.[76]

(c) Registrierung und Rezertifizierung des MELD

Während die Richtlinien lediglich regeln, dass die Aufnahme eines Patienten in die Warteliste eines Transplantationszentrums und seine Registrierung bei der Vermittlungsstelle mit den für die Vermittlung notwendigen aktuellen medizinischen Daten Voraussetzung für die Organvermittlung ist,[77] wird das Registrierungsverfahren im ET-Manual weiter ausgestaltet.

Meldet ein Transplantationszentrum einen Patienten mit einem kalkulierten labMELD über einem Wert von 25 an, so hat es zum Nachweis dieses Scores die original Labor-Daten an den medizinischen Dienst von Eurotransplant zu senden.[78] Bis Juni 2010 wurden zudem an zwei Tagen pro Woche

---

[72] Gliederungspunkt III.7.1.3. der Richtlinien Leber vom 26. März 2011. Eurotransplant sieht hierzu die Beteiligung einer nationalen Auditgruppe vor, Gliederungspunkt 5.9.1.3.1. des ET-Manuals vom 1. März 2010. Die Anfrage wird zur Bewertung an zwei Prüfer aus anderen Transplantationszentren als dem Anfragenden gesendet. In einer Patt-Situation wird ein dritter Prüfer beteiligt.

[73] Gliederungspunkt III.5.2.2.2. der Richtlinien Leber vom 26. März 2011.

[74] So *Strassburg*, Der Chirurg 2013, 363, 363 zur Standard-Exception.

[75] Gliederungspunkt III.5.2.2.2. der Richtlinien Leber vom 26. März 2011.

[76] *Gerling*, Einführung des MELD, S. 3.

[77] Gliederungspunkt II.2. der Richtlinien Leber vom 26. März 2011.

[78] Gliederungspunkt 5.5.1.1. des ET-Manuals vom 1. März 2010.

Überprüfungen aller Patienten vorgenommen, die an diesem Tag registriert wurden.[79] Seit der Fassung des Manuals vom 15. Juni 2010 werden stattdessen bei Patienten mit einem kalkulierten labMELD unter einem Wert von 25 täglich Stichproben-Überprüfungen durchgeführt.[80]

Der labMELD eines registrierten Patienten ist entsprechend eines vorgegebenen Zeitplans regelmäßig zu aktualisieren.[81] Patienten mit einem höheren MELD-Score müssen dabei häufiger rezertifiziert werden als solche mit einem niedrigeren labMELD. Zur Berechnung des aktualisierten labMeld-Scores müssen neue Laborwerte eingegeben werden.[82]

Die Aktualisierung des matchMELD erfolgt auf Veranlassung des anmeldenden Zentrums für Standard und Non-Standard-Exceptions nach drei Monaten.[83] Werden die Kriterien, auf denen die Standard-Exception (SE) eines Patienten beruht, bestätigt, behält der Patient den SE-Status und sein matchMELD wird heraufgesetzt.[84] Werden die SE-Kriterien dagegen nicht bestätigt, oder nimmt das zuständige Transplantationszentrum keine Aktualisierung vor, verliert der Patient den SE-Status und wird auf seinen labMELD herabgestuft.[85]

(3) Nicht transplantabel

Bestehen bei einem Patienten vorübergehend Kontraindikationen gegen die Transplantation, wird der Patient durch das betreuende Transplantationszentrum als „nicht transplantabel“ (NT) eingestuft und bei der Organvermittlung durch Eurotransplant nicht berücksichtigt.[86] Besteht die Kontraindika-

---

[79] Gliederungspunkt 5.5.1.2. des ET-Manuals vom 1. März 2010.

[80] Gliederungspunkt 5.5.1.2. des ET-Manuals vom 15. Juni 2010.

[81] Gliederungspunkt III.5.2.2.1. der Richtlinien Leber vom 26. März 2011.

[82] *Gerling*, Einführung des MELD, S. 3. Wird der labMELD im vorgegebenen Zeitraum nicht aktualisiert, wird der Patient nach den Richtlinien auf den Wert 6 zurückgestuft, Gliederungspunkt III.5.2.2.1. der Richtlinien Leber vom 26. März 2011. Das ET-Manual sieht dagegen zunächst lediglich eine Rückstufung auf den unmittelbar vorangehenden niedrigeren MELD vor. Erst dann, wenn der MELD in der folgenden Periode erneut nicht aktualisiert wird oder falls es keinen unmittelbar vorangegangenen früherer MELD gibt, wird der Patient auf den Wert 6 zurückgesetzt, Gliederungspunkt 5.6.1.2.1. des ET-Manuals vom 1. März 2010.

[83] Gliederungspunkt III.7.2. der Richtlinien Leber vom 26. März 2011.

[84] Gliederungspunkt 5.7.1.4.1. des ET-Manuals vom 1. März 2010.

[85] Gliederungspunkt 5.7.1.4.1.1. des ET-Manuals vom 1. März 2010. Bei Patienten, denen eine Non Standard-Exception zuerkannt wurde, erfolgt zur Aktualisierung des matchMELD eine erneute Beurteilung durch die Auditgruppe, Gliederungspunkt 5.7.1.4.2. des ET-Manuals vom 1. März 2010.

[86] Gliederungspunkt I.9. der Richtlinien Leber vom 26. März 2011.

tion nicht mehr, ist der Patient umgehend wieder als transplantabel mit der dann aktuell gegebenen Dringlichkeit an Eurotransplant zu melden. Die Zeit, die ein Patient im Status NT verbringt, wird nicht als relevante Wartezeit berücksichtigt.[87]

cc) Konservierungszeit und Region

Daneben findet das Bestreben, die Konservierungszeit bzw. die kalte Ischämiezeit möglichst kurz zu halten, bei der Leberallokation Berücksichtigung. Als kalte Ischämiezeit wird die Zeit bezeichnet, während der das Organ im blutleeren Zustand gehalten wird.[88] Je länger sie dauert, umso größer ist die Gefahr, dass das Transplantat Schäden nimmt und seine Funktion nach der Transplantation nicht oder erst verzögert aufnimmt. Nimmt eine Spenderleber ihre Funktion nicht auf, kann der Tod des Patienten nur durch eine schwierige Zweittransplantation verhindert werden.[89] Die Ischämiezeit sollte bei der Leber eine Dauer von 10–12 Stunden nicht überschreiten.[90] Daher wird bei elektiven Patienten mit gleichem MELD-Score der regionale Empfänger bevorzugt.[91] Das heißt, dass Empfänger, die aus der gleichen DSO Spenderregion wie der Spender stammen, jeweils vor den Empfängern, die aus einer anderen Region stammen, gelistet werden. Innerhalb beider Gruppen (gleiche Region wie das Spenderorgan/andere Region als das Spenderorgan) wird jeweils nach der Wartezeit alloziert.[92]

dd) Wartezeit

Das Kriterium der Wartezeit hat mit der Einführung des MELD – außerhalb der (Non) Standard-Exceptions[93] – erheblich an Bedeutung verloren, da sie sich nicht als zuverlässiger Prädiktor für Schwere und Verlauf einer Lebererkrankung erwiesen hat.[94] Dennoch wird sie aus Gründen der Dringlichkeit sowie der Chancengleichheit, wenn auch untergeordnet, weiterhin berücksichtigt.[95]

---

[87] Gliederungspunkt 5.2.5. des ET-Manuals vom 1. März 2010.

[88] Vgl. dazu und zum Folgenden *Schlich*, Transplantation, S. 27.

[89] *Schlich*, Transplantation, S. 34.

[90] *Middel/Scholz*, in: Spickhoff, Medizinrecht, TPG, Vorbemerkung Rn. 22. Bei Herz und Lunge beträgt die Dauer der Ischämiezeit dagegen lediglich 4–6 Stunden.

[91] Gliederungspunkt III.5.3. der Richtlinien Leber vom 26. März 2011.

[92] Gliederungspunkt 5.3.6.1.des ET-Manuals vom 1. März 2010.

[93] *Strassburg*, Der Chirurg 2013, 363, 366.

[94] *Jung/Encke/Schmidt/Rahmel*, Der Chirurg 2008, 157, 163; *Gerling*, Einführung des MELD, S. 3.

[95] *Bader*, Organmangel, S. 263.

Innerhalb der Gruppe der elektiven Patienten wird bei gleichem MELD-Score und nachrangig gegenüber einer regionalen Bevorzugung nach der Länge der Wartezeit alloziert.[96] Berücksichtigt werden dabei nach den Richtlinien die zusammenhängenden Tage der Wartezeit mit dem der Allokation zugrunde gelegten MELD-Score und ggf. einem unmittelbar vorausgehenden, höheren MELD-Score. Ist auch diese Wartezeit identisch, erfolgt die Allokation nach der Gesamtwartezeit. Anders als in den Richtlinien aufgeführt, wird nach dem ET-Manual auch die vorangegangene Wartezeit im HU-Status zusätzlich zum aktuellen und vorangegangenem höheren MELD berücksichtigt. Der höhere MELD muss zudem zeitlich nicht unmittelbar vor dem der Allokation zugrunde gelegten MELD gelegen haben.[97]

Innerhalb der Patienten im HU-Status erfolgt die Allokation allein nach der Wartezeit in diesem Status.[98] Das ET-Manual stellt gegenüber den Richtlinien klar, dass auch für Patienten mit einer bevorzugten kombinierten Organtransplantation allein die Wartezeit des Patienten in diesem Status für die Allokation maßgeblich ist.[99]

ee) Bevorzugung von Kindern und Jugendlichen

Bei Kindern (unter zwölf Jahren) und Jugendlichen (unter 16 Jahren) erscheint eine Lebertransplantation besonders dringlich, da sie in ihrer geistigen und körperlichen Entwicklung durch ein terminales Organversagen besonders stark beeinträchtigt werden.[100] Außerdem gestalten sich die Größenverhältnisse bei pädiatrischen Patienten schwieriger.[101] Daher sollen alle Organe von Spendern unter 46 kg Körpergewicht primär für die Lebertransplantation von Kindern und Jugendlichen vermittelt werden.

Zudem sehen die Richtlinien vor, dass Kinder zusätzlich zu ihrem berechneten labMELD einen initialen matchMELD, der einer Drei-Monats-Mortalität von 35% entspricht, erhalten.[102] Konnte innerhalb von drei Monaten keine Transplantation durchgeführt werden, nimmt der matchMELD jeweils entsprechend einer Steigerung der Mortalitätswahrscheinlichkeit um 15% zu.

---

[96] Gliederungspunkt III.5.3. der Richtlinien Leber vom 26. März 2011.

[97] Gliederungspunkt 5.3.5. des ET-Manuals vom 1. März 2010.

[98] Gliederungspunkt III.5.2.1. der Richtlinien Leber vom 26. März 2011.

[99] Gliederungspunkt 5.3.4. des ET-Manuals vom 1. März 2010.

[100] *Rahmel*, Der Chirurg 2013, 372, 378.

[101] Vgl. dazu und zum Folgenden Gliederungspunkt III.5.4. der Richtlinien Leber vom 26. März 2011.

[102] Gliederungspunkt III.5.4.1. der Richtlinien Leber vom 26. März 2011. Eurotransplant spricht abweichend davon von einem pädiatrischen MELD, vgl. Gliederungspunkt 5.1.1.2. des ET-Manuals vom 1. März 2010.

Diese Höherstufung des MELD in Drei-Monats-Schritten erfolgt automatisch, ohne dass es einer aktiven Bestätigung durch das betreuende Transplantationszentrum bedarf.[103] Bei der konkreten Allokation wird dieser (hochgestufte) matchMELD zugrunde gelegt, es sei denn der berechnete labMELD des Kindes ist höher; dann ist dieser ausschlaggebend.[104]

Die Regelungen in den Richtlinien, die den matchMELD von Jugendlichen betreffen, waren dagegen widersprüchlich ausgestaltet.[105] So sahen die Richtlinien einerseits vor, dass bei Jugendlichen (über zwölf und unter sechszehn Jahren) ein initialer matchMELD, der einer Drei-Monats-Mortalitäts-Wahrscheinlichkeit von 15 % entspricht, festgesetzt wird. Diese sollte sich in Drei-Monats-Schritten – automatisch[106] – um 10 % erhöhen. Bei der Allokation wurde dieser matchMELD zugrunde gelegt, es sei denn der Jugendliche hatte im Einzelfall einen höheren labMELD.[107] An späterer Stelle führten die Richtlinien dann jedoch aus, dass die Allokation bei Jugendlichen nach dem labMELD erfolgt.[108]

Auch die ergänzenden Angaben von Eurotransplant für den Fall, dass ein Kind bzw. Jugendlicher auf der Warteliste seinen sechszehnten Geburtstag erlebt, waren und sind uneindeutig. Zunächst sah das Manual für diesen Fall vor, dass das Kind bzw. der Jugendliche seinen ggf. hochgestuften matchMELD behält. Dieser wird gewissermaßen „eingefroren", eine weitere automatische Hochstufung findet nicht mehr statt.[109] Sodann wurde ausgeführt, dass für einen Jugendlichen nach seinem sechszehnten Geburtstag dieselben Kriterien gelten wie bei erwachsenen Patienten. Der pädiatrische/matchMELD soll bei der Allokation nicht mehr zugrunde gelegt werden.[110]

Der Widerspruch in den Richtlinien ist mittlerweile behoben. Sie differenzieren nun ausdrücklich zwischen Jugendlichen zwischen 12 und 15 Jahren, für die ein matchMELD entsprechend der obigen Regelung festgelegt wird, und Jugendlichen über 16 Jahren, deren Berücksichtigung nach dem labMELD erfolgt.[111]

---

[103] Gliederungspunkt 5.2.3.2. des ET-Manuals vom 1. März 2010.

[104] Gliederungspunkt III.5.4.1. der Richtlinien Leber vom 26. März 2011.

[105] Zur Widersprüchlichkeit dieser Regelungen auch *Bader*, Organmangel, S. 258 Fn. 286.

[106] Gliederungspunkt 5.2.3.4. des ET-Manuals vom 1. März 2010.

[107] Gliederungspunkt III.5.4. der Richtlinien Leber vom 26. März 2011.

[108] Gliederungspunkt III.5.4.2. der Richtlinien Leber vom 26. März 2011.

[109] Gliederungspunkt 5.2.3.5. des ET-Manuals vom 1. März 2010.

[110] Gliederungspunkt 5.2.3.8. des ET-Manuals vom 1. März 2010.

[111] Gliederungspunkt A.III.6.4.2. und 3. der Richtlinien Leber von 20. Juni 2017.

ff) Bevorzugung kombinierter Organtransplantationen (ACO-Status)

Zudem werden Patienten, die eine kombinierte Organtransplantation mit anderen nicht renalen Organen benötigen, bei der Allokation vorrangig gegenüber den elektiven Patienten – aber nachrangig gegenüber den HU-Patienten – berücksichtigt.[112] Diese Bevorzugung dient dem Zweck, den Patienten eine zweifache Operation und eine zweifache Immunsuppression zu ersparen.[113]

Voraussetzung der Erteilung dieses sog. ACO-Status (vom englischen Approved Combined Organ Transplantation) ist, dass eine von der Vermittlungsstelle eingesetzte Auditgruppe die Kombination der Organtransplantationen im Einzelfall unter Berücksichtigung von Indikation und Erfolgsaussicht als besonders dringlich eingestuft hat.[114]

gg) Leberteiltransplantation

Besondere Voraussetzungen für die Organallokation ergeben sich bei einer Leberteiltransplantation. Die Teilung einer Spenderleber dient dem Interesse der Patienten, da zwei Patienten mit einem Transplantat versorgt werden können. Dies wird vor allem bei Kindern, aber auch bei Erwachsenen praktiziert, sofern es für die Durchführung einer Transplantation medizinisch erforderlich ist oder jedenfalls die Erfolgsaussichten der Transplantation für den Patienten nicht unvertretbar beeinträchtigt werden.[115] Eurotransplant hat in diesem Zusammenhang eine 50/50 Regel entwickelt, die das Bewusstsein der Transplantationszentren hinsichtlich der Möglichkeit einer Leberteiltransplantation stärken soll.[116] Jede Leber eines Spenders über 50 kg und unter 50 Jahren ist eine potentiell zu teilende Leber. Ein Transplantationszentrum, das eine solche Leber erhält, muss eine besondere Begründung abgeben, falls es einen Split (vom englischen Wort „split“, d. h. Teilung) ablehnt.

---

[112] Gliederungspunkt III.5.5. der Richtlinien Leber vom 26. März 2011.

[113] *Eigler*, Organ-Allokation aus ärztlicher Sicht, S. 3 zur kombinierten Nieren-Pankreas-Transplantation; *Bader*, Organmangel, S. 241.

[114] Gliederungspunkt III.7.1.2. der Richtlinien Leber vom 26. März 2011. Im Rahmen dieses Auditverfahrens wird der Antrag des betreuenden Transplantationszentrums an ein Mitglied von ELIAC und je nach Organ, mit dem die Lebertransplantation kombiniert werden soll, an ein weiteres Mitglied von PAC (Pancreas Advisory Committee) oder ThAC (Thoracic Advisory Committee) zur Beurteilung weitergeleitet. Beide Mitglieder müssen aus einem anderen Land als das anfragende Zentrum stammen und haben 24 Stunden Zeit für ihre Beurteilung. In einer Pattsituation entscheidet ein Dritter, Gliederungspunkt 5.2.2.1. des ET-Manuals vom 1. März 2010.

[115] Gliederungspunkt III.5.6.1. der Richtlinien Leber vom 26. März 2011.

[116] Gliederungspunkt 5.3.8.3. des ET-Manuals vom 1. März 2010.

Wird eine Leber geteilt, ist zwischen einem asymmetrischen und einem symmetrischen Lebersplit zu unterscheiden. Bei einem asymmetrischen Lebersplit wird die Spenderleber in einen linkslateralen Lappen und einen erweiterten rechten Lappen geteilt.[117] Erfolgt die Teilung primär für ein Kind als Empfänger des linkslateralen Lappens, wird der verbleibende erweiterte rechte Leberlappen nur solchen Transplantationszentren für diejenigen Patienten angeboten, die nach dem Zentrums- und dem Patientenprofil die Transplantation eines derartigen erweiterten rechten Leberlappens akzeptiert haben. Im Übrigen gelten die allgemeinen Regeln.[118] Bei einer Teilung primär für einen Erwachsenen als Empfänger des erweiterten rechten Leberlappens dagegen, erfolgt die nachfolgende Zuteilung des verbleibenden linkslateralen Lappens nach den Regeln des beschleunigten Vermittlungsverfahrens.[119]

Wird ein symmetrischer Lebersplit vorgenommen, sind für die nachfolgende Zuteilung des jeweils verbleibenden Lebersplits ebenfalls die Regeln des beschleunigten Vermittlungsverfahrens zu beachten.[120]

hh) Angebotsverpflichtung

Das ET-Manual enthält zudem ein Allokationskriterium, das in den Richtlinien keine Entsprechung findet: die sog. Angebotsverpflichtung. Zweck der Angebotsverpflichtung ist es, ausgeglichene Organaustauschbilanzen zwischen den Mitgliedstaaten des Eurotransplant-Verbunds herzustellen. Dadurch soll die Akzeptanz des Transplantationssystems gesteigert werden.[121] Ungleiche Austauschbilanzen können entstehen, weil HU- und ACO-Patienten eurotransplant-weit vorrangig vor allen anderen (nationalen) Patienten und allein nach ihrer Wartezeit alloziert werden.[122] Eine Angebotsverpflichtung entsteht immer dann, wenn eine Leber außerhalb des Landes des Spenderzentrums einem Patienten im HU- oder ACO-Status transplantiert wird. Dem Empfangsland obliegt dann eine Angebotsverpflichtung für die nächste verfügbare Leber der gleichen Blutgruppe gegenüber dem Spenderland.[123] Diese Verpflichtung erlischt erst, wenn dem vorherigen Spenderland eine Leber angeboten und diese dort tatsächlich transplantiert wurde. Sie erlischt nicht durch Zeitablauf, sondern bleibt solange bestehen bis sie erfüllt wur-

---

[117] Gliederungspunkt III.5.6.1. der Richtlinien Leber vom 26. März 2011.

[118] Gliederungspunkt III.5.6.1.1. der Richtlinien Leber vom 26. März 2011.

[119] Gliederungspunkt III.5.6.1.2. der Richtlinien Leber vom 26. März 2011. Zum beschleunigten Vermittlungsverfahren vgl. Gliederungspunkt C.I.2.b)cc).

[120] Gliederungspunkt III.5.6.2. der Richtlinien Leber vom 26. März 2011.

[121] *Bader*, Organmangel, S. 264.

[122] *Bader*, Organmangel, S. 264.

[123] Gliederungspunkt 5.4.5.1. des ET-Manuals vom 1. März 2010.

de.[124] Besteht mehr als eine offene Angebotsverpflichtung, wird die älteste zuerst erfüllt.[125]

b) Der Allokationsalgorithmus

Die zuvor beschriebenen Kriterien werden im Allokationsalgorithmus des sog. Standardverfahrens berücksichtigt, das den Regelfall der Organzuteilung bildet. Aus spender- oder organbedingten sowie aus organisatorischen Gründen kann im Einzelfall eine Abweichung von diesem Allokationsalgorithmus angebracht sein. Derartige besondere Umstände werden im modifizierten bzw. im beschleunigten Vermittlungsverfahren berücksichtigt.

aa) Das Standardverfahren

Da Lebern von Spendern mit einem Gewicht unter 46 kg vorrangig an Kinder und Jugendliche vermittelt werden sollen, ergeben sich für die Leberallokation je nach Gewicht des Spenders zwei unterschiedliche Allokationsalgorithmen.

Zunächst soll die Allokation einer Leber bei Spendern mit einem Gewicht über 46 kg dargestellt werden.[126] Vorrangig werden Spenderlebern an HU-Patienten vermittelt, wobei nicht zwischen Kindern/Jugendlichen und Erwachsenen differenziert wird. Innerhalb der Gruppe der HU-Patienten erfolgt die Zuteilung allein nach der Wartezeit im HU-Status. Den zweiten Zugriff erhalten Patienten im ACO-Status (sowohl Kinder als auch Erwachsene). Auch hier entscheidet allein die Wartezeit im ACO-Status, welcher Patient das Organ erhält. Kann auf diesem Weg kein passender Empfänger gefunden werden, geht das Organ an Kinder und Erwachsene aus Ländern bzw. Transplantationszentren, denen gegenüber eine offene Angebotsverpflichtung besteht. In dieser Gruppe werden die Patienten nach der Höhe ihres MELD-Scores gelistet. Sodann werden pädiatrische und erwachsene elektive Patienten aus dem Spenderland berücksichtigt. Zunächst wird die Region des Spenderzentrums beachtet, danach entscheidet die Höhe des MELD-Scores. Haben mehrere Patienten den gleichen MELD-Score wird die Wartezeit des Patienten als Allokationskriterium herangezogen. Schließlich wird das Organ pädiatrischen und erwachsenen elektiven Patienten aus anderen Ländern des

---

[124] Gliederungspunkt 5.4.5.2. des ET-Manuals vom 1. März 2010.

[125] Gliederungspunkt 5.4.5.2.2. des ET-Manuals vom 1. März 2010.

[126] Vgl. dazu Gliederungspunkt 5.4.3.1.1. des ET-Manuals vom 1. März 2010. Grundlegende Bedingung für eine Organzuteilung ist stets, dass der Empfänger nach seiner Blutgruppe für das jeweilige Organ geeignet ist, *Rahmel*, Der Chirurg 2013, 372, 375.

Eurotransplant-Verbunds angeboten, wobei bei der Allokation erneut auf die Höhe des MELD-Score abgestellt wird.

Im Rahmen der Allokation einer Leber von einem Spender mit einem Gewicht unter 46 kg ist innerhalb jeder Gruppe den pädiatrischen Patienten der Vorrang gegenüber erwachsenen Patienten einzuräumen.[127] Zudem wurden bis zum Jahr 2012 innerhalb der elektiven erwachsenen Patienten jeweils diejenigen mit einem Gewicht unter 55 kg bevorzugt. Diese weitere Differenzierung des ET-Manuals fand keine Entsprechung in den Richtlinien der Bundesärztekammer. Seit der Fassung des ET-Manuals vom 2. März 2012 erfolgt bei diesen Patienten die Vergabe unabhängig vom Gewicht des Empfängers.[128]

bb) Das modifizierte Vermittlungsverfahren

Das modifizierte Vermittlungsverfahren regelt die Bedingungen der Allokation von Organen mit eingeschränkter Vermittlungsfähigkeit. Diese kann auf Funktionsminderungen des Organs oder Vorerkrankungen des Spenders beruhen.[129] Unter den besonderen Bedingungen des modifizierten Vermittlungsverfahrens können viele dieser Organe dennoch erfolgreich transplantiert werden.

Die Richtlinien stellen einige Kriterien auf, die zu einer eingeschränkten Vermittlungsfähigkeit aller postmortal gespendeten Organe führen. Dazu zählen mitunter schwerwiegende Erkrankungen in der Vorgeschichte des Spenders, Komplikationen im Verlauf seiner tödlichen Erkrankung sowie Schädigungen oder Komplikationen vor bzw. bei der Organentnahme.[130] Im Einzelfall bleibt es der Einschätzung der an der Organentnahme beteiligten Ärzte überlassen, ob die Vermittlungsfähigkeit eines Organs eingeschränkt ist. Daneben wurden speziell für die Leber sog. erweiterte Spenderkriterien entwickelt, die die Vermittlungsfähigkeit einschränken. Dies gilt beispielsweise bei einem Alter des Spenders über 65 Jahre oder dem Umstand, dass der Spender länger als sieben Tage intensivtherapeutisch – einschließlich Beatmung – behandelt wurde.[131] Auch die Beurteilung, ob erweiterte Spenderkriterien vorliegen, bleibt im Einzelfall der Einschätzung der an der Organentnahme beteiligten Ärzte überlassen.

---

[127] Vgl. dazu Gliederungspunkt 5.4.2.1.1. des ET-Manuals vom 1. März 2010; dazu auch *Bader*, Organmangel, S. 270.

[128] Gliederungspunkt 5.4.2.1.1. des ET-Manuals vom 2. März 2012.

[129] Gliederungspunkt II.3. der Richtlinien Leber vom 26. März 2011.

[130] Gliederungspunkt II.3.2. der Richtlinien Leber vom 26. März 2011. Dazu zählen insbesondere maligne Tumore in der Anamnese des Spenders, Drogenabhängigkeit, Virushepatitis, Sepsis mit positiver Blutkultur oder Meningitis.

[131] Gliederungspunkt III.8.1. der Richtlinien Leber vom 26. März 2011.

Jedes Transplantationszentrum legt im Rahmen seines Behandlungsspektrums allgemeine Akzeptanzkriterien für die Annahme von Spenderorganen für die in die jeweilige Warteliste aufgenommenen Patienten fest (sog. Zentrumsprofil). Darüber hinaus kann das Transplantationszentrum mit dem einzelnen Patienten persönliche Akzeptanzkriterien absprechen (sog. Patientenprofil).[132] Liegt ein Organ mit eingeschränkter Vermittelbarkeit vor, soll dieses bei der Allokation nur solchen Transplantationszentren für diejenigen Patienten angeboten werden, für die es nach dem Zentrums- und dem Patientenprofil in Frage kommt.[133] Im Übrigen verläuft die Vermittlung nach den allgemeinen Regeln für das jeweilige Organ.

cc) Das beschleunigte Vermittlungsverfahren

Daneben besteht die Möglichkeit, ein beschleunigtes Vermittlungsverfahren durchzuführen, namentlich dann, wenn eine Kreislaufinstabilität des Spenders eintritt, aus logistischen oder organisatorischen Gründen ein Organverlust droht, oder aus spender- oder aus organbedingten Gründen drei Zentren das Angebot einer Leber (ebenso eines Herzens oder einer Lunge) abgelehnt haben.[134] Es soll also einen Organverlust möglichst verhindern und folgt damit einem Notstandskalkül.[135] Die Gründe dafür, dass ein Transplantationszentrum ein Organangebot ablehnt, können vielfältig sein: es stehen keine freien Operationssäle oder ausreichend OP-Schwestern zur Verfügung, die Größe des Organs passt nicht zum ausgewählten Empfänger oder die Qualität des angebotenen Organs wird als nicht hinreichend beurteilt.[136] Um die kalte Ischämiezeit in diesen Fällen möglichst kurz zu halten, werden Organe im beschleunigten Verfahren primär innerhalb derselben Region angeboten. Es kommt zum Wechsel von einer strikt patientengerichteten zu einer zentrumsgerichteten Allokation.[137] Die Vermittlungsstelle stellt dabei dem Transplantationszentrum eine Liste von potentiellen Empfängern zur Verfügung. Das Zentrum kann dann selbst aus den bei ihm auf der Warteliste befindlichen Patienten, den am besten geeigneten auswählen. Nach welchen Kriterien diese „Bestgeeignetheit“ zu ermitteln ist, wird dagegen nicht gere-

---

[132] Gliederungspunkt II.2. der Richtlinien Leber vom 26. März 2011.

[133] Gliederungspunkt II.3.3.1. der Richtlinien Leber vom 26. März 2011.

[134] Gliederungspunkt II.3.3.2. der Richtlinien Leber vom 26. März 2011. Im Rahmen des beschleunigten Vermittlungsverfahrens gilt für die Transplantationszentren eine Erklärungsfrist von maximal 30 Minuten; wird diese Frist überschritten, gilt ein Organangebot als abgelehnt.

[135] *Höfling*, Rechtsgutachtliche Stellungnahme, S. 6.

[136] *Schroth*, NStZ 2013, 437, 439.

[137] *Rahmel*, Der Chirurg 2013, 372, 376.

gelt.[138] Im Gegensatz zum Standardverfahren hat der jeweilige Arzt daher bei der Listung der Patienten im beschleunigten Verfahren einen erheblichen Entscheidungsspielraum,[139] weshalb dieses mitunter als „in erheblichem Maße *manipulationsanfällig*" bezeichnet wird.[140]

Wenn mehrere Transplantationszentren konkurrieren, erhält derjenige Patient die Organzuteilung, für den die Akzeptanzerklärung des zuständigen Zentrums zuerst bei der Vermittlungsstelle eingegangen ist.[141] Damit wurde in fragwürdiger Weise zugleich ein Wettbewerb zwischen den konkurrierenden Zentren etabliert („Windhundverfahren"), während sie gleichzeitig durch die Auswahl des bestgeeigneten Empfängers zu einer Abwägung verpflichtet werden.[142] In der Praxis erfolgt die Rückmeldung der Zentren häufig bereits nach einer Minute.[143]

3. Einflussnahmemöglichkeiten der Transplantationszentren

Abschließend und im Hinblick auf die Auswertung der Kommissionsberichte der PÜK soll herausgestellt werden, an welchen Stellen des Allokationsalgorithmus Möglichkeiten für die Transplantationszentren bestehen, im Einzelfall Einfluss auf die Organverteilung zu nehmen, um den eigenen Patienten eine größere Chance auf die Zuteilung einer Leber zu vermitteln. Als Anknüpfungspunkte der Einflussnahme erscheinen zuvorderst der HU-Status sowie der MELD-Score.

Aufgrund der Tatsache, dass HU-Patienten im gesamten Eurotransplant-Verbund den ersten Zugriff auf eine Spenderleber erhalten, können die Transplantationszentren durch die Einstufung eines Patienten in den HU-Status erheblichen Einfluss auf die Vermittlungsentscheidung nehmen.[144] Zwar trifft die Entscheidung über Zuteilung des HU-Status nicht das zuständige Transplantationszentrum selbst, sondern der medizinische Dienst der Vermittlungsstelle bzw. in Zweifelsfällen eine Auditgruppe der Vermittlungsstelle. Allerdings stützen diese sich bei der Beurteilung auf die vom Transplantationszentrum abgegebenen Begründungen und Daten.

---

[138] Kritisch hierzu *Höfling*, ZRP 2017, 233, 236; *ders.*, Rechtsgutachtliche Stellungnahme, S. 8.

[139] *Schroth*, NStZ 2013, 437, 439.

[140] *Höfling*, medstra 2015, 85, 89.

[141] Gliederungspunkt II.3.3.2. der Richtlinien Leber vom 26. März 2011.

[142] *Höfling*, Rechtsgutachtliche Stellungnahme, S. 8.

[143] *Höfling*, ZRP 2017, 233, 236.

[144] *Augsberg*, HU-Allokation – vom Ausnahme- zum Regelfall?, S. 168.

In der Gruppe der elektiven Patienten ist der MELD-Score das entscheidende Allokationskriterium. Gelingt es einem Transplantationszentrum, den MELD-Score eines Patienten – tatsächlich oder nur auf dem Papier – in die Höhe zu treiben, steigen dessen Chancen, bei der Organallokation berücksichtigt zu werden. Schon früh wurden daher in der Literatur Bedenken geäußert, dass Patienten absichtlich nicht optimal behandelt werden könnten, um auf diese Art jedenfalls vorübergehend einen höheren MELD-Score zu erreichen.[145]

II. Herzallokation

Auch im Bereich der Herztransplantation setzt sich der Prüfungsmaßstab aus verschiedenen Fassungen der Richtlinien[146] sowie des ET-Manuals[147] zusammen. Während die Aufnahme in die Warteliste in allen Fassungen ähnlich ausgestaltet ist, haben die Regelungen zur Organvermittlung im April 2011 einige Änderungen erfahren, sodass sie für die Zeit davor bzw. danach gesondert darzustellen sind. Daher werden der folgenden Darstellung die Fassungen der Richtlinien vom 24. Oktober 2009 und vom 23. April 2011 sowie des ET-Manuals vom 26. November 2009 und 23. April 2011 zugrunde gelegt.

1. Die Aufnahme in die Warteliste

a) Gründe für die Aufnahme in die Warteliste (Indikation)

Auch das Herz übernimmt mit der Durchblutung des Körpers eine lebenswichtige Funktion. Ein Herzversagen führt zum Tod eines Patienten.[148] Zwar existiert bereits die Möglichkeit, die Herzfunktion durch mechanische

---

[145] Denn der MELD steigt etwa bei abnehmender Nierenfunktion, die zu einer Erhöhung des bei der Berechnung des MELD relevanten Serumkreatininwerts führt, sowie bei einer mangelnden Gerinnungssubstitution, was eine Erhöhung der ebenfalls relevanten Blutgerinnungszeit nach sich zieht. Vgl. dazu *Ahlert et al.*, Prioritätsänderungen in der Allokation, S. 5; sowie *Schmidt*, Lebertransplantation, A-2324.

[146] Richtlinien Herz in der Fassung vom 24. Oktober 2009, bekanntgemacht im DÄBl., Jg. 106, Heft 43, A-2162; Fassung vom 23. Januar 2010, bekanntgemacht im DÄBl., Jg. 107, Heft 3, A-111; Fassung vom 8. Dezember 2010, bekanntgemacht im DÄBl., Jg. 107, Heft 31–32, A-1532; Fassung vom 23. April 2011, bekanntgemacht im DÄBl., Jg. 108, Heft 15, A-857; Fassung vom 9. Dezember 2012, bekanntgemacht im DÄBl., Jg. 109, Heft 45, A-2267.

[147] ET-Manual Herz in der Fassung vom 26. November 2009, vom 23. April 2011, vom 27. Mai 2012, vom 15. August 2012 und vom 13. September 2012.

[148] *Bader*, Organmangel, S. 271.

Unterstützungssysteme oder sog. Kunstherzen zeitweise zu ersetzen, doch dient diese Therapieoption bislang lediglich der Überbrückung bis zu einer Herztransplantation und stellt (noch) keine Alternative zu dieser dar.[149] Daher erfolgt die Aufnahme eines Patienten in die Warteliste zur Herztransplantation bei terminalem Herzversagen, das zur Erhaltung des Lebens eine medikamentöse oder apparative Herzinsuffiziensbehandlung erforderlich macht,[150] bzw. bei hochgradiger Herzschwäche, die trotz Ausschöpfung aller anderen Behandlungsmöglichkeiten nicht rückbildungsfähig ist und deshalb mit einer sehr begrenzten Lebenserwartung verbunden ist und durch die Transplantation mit hinreichender Aussicht auf Erfolg behandelt werden kann.[151]

Eine Herzinsuffizienz liegt vor, wenn die Herzfunktion derart reduziert ist, dass Organe und Gewebe bereits im Ruhezustand nicht mehr ausreichend durchblutet werden. Dabei handelt es sich nicht um eine eigenständige Erkrankung, sondern vielmehr um ein Symptom einer der Herzschwäche vorangehenden Grunderkrankung.[152]

b) Ablehnung der Aufnahme in die Warteliste (Kontraindikation)

Ebenso wie bei der Lebertransplantation können bestimmte medizinische Vor- oder Begleiterkrankungen sowie eine unzureichende Compliance des Patienten zu einer Ablehnung der Aufnahme in die Warteliste führen.[153] Außerdem galt wiederum bis zum Jahr 2012 die Selbstverpflichtung der Transplantationszentren, dass die Anzahl der transplantierten Organe an Non-ET-Residents 5 % der insgesamt an einem Transplantationszentrum vorgenommenen postmortalen Herztransplantationen nicht übersteigen soll.[154]

---

[149] *Oduncu*, in: Schroth/König/Gutmann/Oduncu, TPG, Einleitung Rn. 52; *Lehmkuhl/Hetzer*, Herztransplantation, S. 124; *Spiliopoulos/Körfer/Tenderich*, Kunstherz, A-590.

[150] Gliederungspunkt II.1. der Richtlinien zur Warteliste Herz, Herz-Lungen, Lungen vom 24. Oktober 2009.

[151] Gliederungspunkt III.1. der Richtlinien Herz, Herz-Lungen vom 23. April 2011.

[152] *Schmid/Hirt/Scheld*, Leitfaden Herztransplantation, S. 5.

[153] Vgl. dazu Gliederungspunkt II.2. der Richtlinien zur Warteliste Herz, Herz-Lungen, Lungen vom 24. Oktober 2009; Gliederungspunkt I.4. der Richtlinien Herz, Herz-Lungen vom 23. April 2011; sowie bereits Gliederungspunkt C.I.1.c).

[154] Vgl. dazu bereits Gliederungspunkt C.I.1.b)cc).

2. Die Organvermittlung im Standardverfahren bis zum 23. April 2011

Da die Vorgaben in den Richtlinien zum modifizierten und beschleunigten Vermittlungsverfahren denen der Lebertransplantation entsprechen,[155] sollen an dieser Stelle lediglich die Allokationskriterien und der Algorithmus im Standardverfahren der Herztransplantation beschrieben werden.

a) Kriterien für die Allokation von Herzen

aa) Blutgruppenregeln

Auch bei der Herztransplantation ist grundsätzliche Voraussetzung für eine Allokation die Kompatibilität der Blutgruppen von Spender und Empfänger. Eine Sonderregelung gilt dabei wiederum insbesondere für Spender mit der Blutgruppe 0. Diese werden vorrangig an Empfänger der Blutgruppen 0 und B und nur nachrangig an Patienten mit der Blutgruppe A oder AB alloziert. Dabei haben jedoch alle Empfänger, die sich im Status High Urgency (HU) oder Urgency (U) befinden, Vorrang vor elektiven Patienten,[156] da ein längeres Zuwarten wegen der besonderen Dringlichkeit der Transplantation bei diesen Patienten nicht möglich ist.[157]

bb) Dringlichkeitsstufen

Die Dringlichkeit stellt auch im Rahmen der Allokation von Spenderherzen das zentrale Allokationskriterium dar.[158] Ein dem MELD-Score vergleichbarer Punktewert zur Beurteilung der Dringlichkeit existiert jedoch nicht. Stattdessen werden die Patienten in verschiedene Dringlichkeitsstufen eingeteilt, namentlich High Urgency, Urgency und Elektiv. Insbesondere die Zuerkennung des HU-Status hat damit eine entscheidende Bedeutung für die Chancen eines Patienten, ein Spenderorgan zu erhalten.

---

155 Gliederungspunkte II.4.3.1. und II.4.3.2. der Richtlinien Vermittlung Herz vom 24. Oktober 2009, sowie bereits Gliederungspunkt C.I.2.b)bb) und cc).

156 Daraus ergibt sich folgende Allokationsreihenfolge für Spenderorgane der Blutgruppe 0: erst „HU“ [0, B], dann „U“ [0, B], dann „HU“ [A, AB], dann „U“ [A, AB], dann „T“ [0, B], dann „T“ [A, AB], vgl. Gliederungspunkt II.1.1. der Richtlinien Vermittlung Herz vom 24. Oktober 2009.

157 *Bader*, Organmangel, S. 274 f.

158 *Bader*, Organmangel, S. 275.

(1) High Urgency

Patienten, die sich in einer akut lebensbedrohlichen Situation befinden, erhalten den Dringlichkeitsstatus High Urgency (HU) und werden bei der Allokation vorrangig vor allen anderen Patienten berücksichtigt.[159] Während das ET-Manual grundsätzlich zwischen dem nationalen und dem internationalen HU-Status unterscheidet, hat Deutschland keinen eigenen nationalen HU-Status definiert, sodass die Anerkennung des HU-Status für deutsche Patienten stets zur Annahme des internationalen HU-Status im Sinn des ET-Manuals führt.[160]

(a) Voraussetzungen

Den HU-Status erhalten zunächst Patienten mit einer terminalen Herzinsuffizienz, die intensivmedizinisch behandelt werden und nach Ausschöpfung aller alternativen Behandlungsmöglichkeiten (mit Ausnahme der Implantation eines ventrikulären Unterstützungssystems) trotz hochdosierter Therapie mit Katecholaminen und Phosphodiesterase-Hemmern (kurz PDE-Hemmer) nicht rekompensierbar sind und Zeichen des beginnenden Organversagens aufweisen.[161] Katecholamine und PDE-Hemmer sind Arzneimittel, die im Rahmen einer (positiv) inotropen Therapie eingesetzt werden, deren Zweck es ist, die Kontraktionskraft des Herzens zu steigern.[162] Die HU-Einstufung scheidet dagegen aus bei Patienten, die lediglich zur Beobachtung oder mit niedrig dosierten Katecholaminen auf der Intensivstation liegen sowie bei fortschreitendem Multiorganversagen. Das ET-Manual konkretisiert die Regelungen der Richtlinien an dieser Stelle um nähere Vorgaben zur erforderlichen inotropen Therapie und benennt insbesondere Grenzwerte für die Höhe und die Dauer der Katecholamin- bzw. PDE-Hemmer-Gabe.[163]

Für Patienten mit einem ventrikulären Unterstützungssystem (kurz VAD vom englischen Ventricular Assist Device), das ebenfalls der Überbrückung der Wartezeit bis zu einer Transplantation dient, aber anders als ein Kunstherz nicht anstelle, sondern zusätzlich zum natürlichen Herzen eingesetzt wird,[164] besteht eine alternative Möglichkeit, den HU-Status zu begründen.

---

[159] Gliederungspunkt II.1.2.1. der Richtlinien Vermittlung Herz vom 24. Oktober 2009.

[160] Gliederungspunkt 6.1.1.2 des ET-Manuals vom 26. November 2009.

[161] Vgl. dazu und zum Folgenden Gliederungspunkt II.1.2.1. der Richtlinien Vermittlung Herz vom 24. Oktober 2009.

[162] Vgl. dazu http://flexikon.doccheck.com/de/Inotropie (letzter Abruf am 17. Juni 2018).

[163] Gliederungspunkt 6.1.1.2.4 des ET-Manuals vom 26. November 2009; vgl. dazu näher Gliederungspunkt E.III.4.a)aa).

Zwar werden diese Patienten grundsätzlich mit normaler Dringlichkeit auf der Warteliste geführt. Eine HU-Einstufung kommt jedoch in Betracht, wenn sie sich nach Implantation des VAD zunächst erholen und erst später methodenbedingte akut lebensbedrohliche Komplikationen erleiden.[165] Das ET-Manual nennt als derartige Komplikationen etwa Funktionsausfälle und Infektionen des VAD, nicht dagegen Komplikationen in der frühen Phase nach Implantation eines VAD, d.h. innerhalb von 1 bis 2 Wochen, ohne vorherige Stabilisierung des Patienten.[166]

Einen Sonderfall der Zuerkennung des HU-Status stellt daneben das akute Transplantatversagen innerhalb der ersten 7 Tage nach Organübertragung dar, wenn die Implantation eines VAD nicht möglich oder nicht erfolgversprechend ist, sodass eine Re-Transplantation erforderlich wird.[167]

Als Kontraindikationen, die der Anerkennung des HU-Status entgegenstehen können, gelten Notfallsituationen nach einer Herzoperation, nach einem großem Myokardinfarkt[168] oder nach einer fulminanten Myokarditis[169], da in diesen Fällen die Erfolgsaussichten einer Transplantation gering sind.[170] Das ET-Manual bestimmt ein Alter des Patienten über 65 Jahren als zusätzliche (relative) Kontraindikation.[171] Die Allokation in dieser Dringlichkeitsstufe erfolgt nach der Blutgruppe sowie der Wartezeit innerhalb dieser Stufe.

(b) Verfahren

Auch über HU-Anträge im Rahmen der Herzallokation entscheidet eine Auditgruppe bei Eurotransplant.[172] Das ET-Manual gibt vor, welche Patien-

164 Vgl. dazu http://flexikon.doccheck.com/de/Herzunterst%C3%BCtzungssystem?utm_source=www.doccheck.flexikon&utm_medium=web&utm_campaign=DC%2BSearch (letzter Abruf am 17. Juni 2018).

165 Gliederungspunkt II.1.2.1. der Richtlinien Vermittlung Herz vom 24. Oktober 2009.

166 Gliederungspunkte 6.1.1.2.4. und 6.1.1.2.5. des ET-Manuals vom 26. November 2009.

167 Gliederungspunkt II.1.2.1. der Richtlinien Vermittlung Herz vom 24. Oktober 2009.

168 D.h. nach einem schweren Herzinfarkt, *Pschyrembel*, Klinisches Wörterbuch, S. 1429, 887f.

169 D.h. einer Entzündung des Herzmuskels, *Pschyrembel*, Klinisches Wörterbuch, S. 1429.

170 Gliederungspunkt II.1.2.1. der Richtlinien Vermittlung Herz vom 24. Oktober 2009.

171 Gliederungspunkt 6.1.1.2.5. des ET-Manuals vom 26. November 2009.

172 Gliederungspunkt II.3.1. der Richtlinien Vermittlung Herz vom 24. Oktober 2009.

tendaten dem HU-Antrag beizufügen sind und bestimmt mitunter ein maximales Alter dieser Daten.[173] Jedes Transplantationszentrum im Eurotransplant-Verbund, das für die Transplantation thorakaler Organe zugelassen ist, bestimmt zwei auf diesem Gebiet erfahrene Ärzte für die Auditgruppe, aus welcher im Rotationsverfahren ein ständiger Bereitschaftsdienst gebildet wird. Die Auditgruppe besteht im Einzelfall aus drei Mitgliedern (mindestens einem Internisten und einem Chirurgen), die verschiedenen Transplantationszentren angehören, nicht jedoch dem antragstellenden Zentrum.[174] Über den Antrag wird durch ein Mehrheitsvotum entschieden. Wird ein Antrag abgelehnt, ist eine erneute Beantragung des HU-Status für denselben Patienten nur aufgrund neuer medizinischer Umstände möglich.[175]

Der HU-Status gilt für die Dauer von 7 Tagen. Danach ist eine erneute Begründung der besonderen Dringlichkeit erforderlich.[176] Der Reevaluationsantrag wird durch den medizinischen Dienst von Eurotransplant beurteilt. Nur wenn wesentliche Änderungen gegenüber dem Erstantrag vorliegen, findet ein erneutes Auditverfahren statt.[177]

(2) Urgency

Gegenüber den Richtlinien zur Leberallokation kannten die Richtlinien zur Herztransplantation bis zum Jahr 2011 einen weiteren Dringlichkeitsstatus, den sog. Urgency-Status (U). Dieser umfasste Patienten, die bereits lebensbedrohlich gefährdet waren, und führte zu einer bevorzugten Berücksichtigung bei der Allokation gegenüber den elektiven Patienten, aber einer nachrangigen gegenüber den HU-Patienten.[178] Den U-Status erhielten Patienten, die stationär trotz höherdosierter Therapie mit Katecholaminen und Phosphodiesterase-Hemmern nicht rekompensierbar waren oder bei denen refraktäre Arrhythmien[179] dokumentiert wurden. Die Vorgaben zur Einstufung von VAD-Patienten und zu den Kontraindikationen entsprachen weitgehend denen des HU-Status.

---

[173] Gliederungspunkt 6.1.1.2.6. des ET-Manuals vom 26. November 2009.

[174] Gliederungspunkt II.3.2. der Richtlinien Vermittlung Herz vom 24. Oktober 2009.

[175] Gliederungspunkt 6.1.1.2.7.1. des ET-Manuals vom 26. November 2009.

[176] Gliederungspunkt II.1.2.1. der Richtlinien Vermittlung Herz vom 24. Oktober 2009.

[177] Gliederungspunkt II.3.3. der Richtlinien Vermittlung Herz vom 24. Oktober 2009.

[178] Vgl. dazu und zum Folgenden Gliederungspunkt II.1.2.2. der Richtlinien Vermittlung Herz vom 24. Oktober 2009.

[179] Herzrhythmusstörungen, *Pschyrembel*, Klinisches Wörterbuch, S. 894.

Der U-Status war bei dem medizinischen Dienst von Eurotransplant zu beantragen. Nur in Zweifelsfällen entschied eine Auditgruppe über den Antrag. Zudem fanden Stichproben nach dem Zufallsprinzip statt.[180] Der U-Status wurde für die Dauer von 28 Tagen gewährt und war danach zu reevaluieren. Die Organvermittlung erfolgte für Patienten im U-Status nach Blutgruppenkompatibilität, Wartezeit und kalter Ischämiezeit.[181]

(3) Elektiv

Patienten, die zwar die Kriterien zur Aufnahme in die Warteliste, nicht aber die zur Begründung des HU- oder des U-Status erfüllen, erhalten den Status „Elektiv" oder „Transplantabel" (T-Status). Die Allokation in dieser Dringlichkeitsstufe erfolgt ebenfalls nach den Kriterien Blutgruppe, Wartezeit und kalter Ischämiezeit.[182]

(4) Nicht Transplantabel

Schließlich sind auch im Rahmen der Herzvermittlung Patienten, bei denen eine vorübergehende Kontraindikation zur Organtransplantation besteht, in den Status „Nicht Transplantabel" (NT) zu versetzen, mit der Folge, dass sie während der Dauer dieses Status bei der Empfängerauswahl nicht berücksichtigt werden.[183]

cc) Wartezeit

Neben den Dringlichkeitsstufen hat auch die Wartezeit großen Einfluss auf die Verteilung von Spenderherzen. Sie fungiert hier nicht lediglich als Gerechtigkeitskriterium, sondern dient als medizinisches Auswahlkriterium, da sich der Gesundheitszustand eines Patienten mit zunehmender Wartezeit fortschreitend verschlechtert.[184] Während bei Patienten im HU-Status ledig-

[180] Gliederungspunkt II.3.1. der Richtlinien Vermittlung Herz vom 24. Oktober 2009. Die Zusammensetzung der Auditgruppe und das Verfahren entsprechen denen bei der Beurteilung des HU-Status.

[181] Gliederungspunkt II.1.2.2. der Richtlinien Vermittlung Herz vom 24. Oktober 2009.

[182] Gliederungspunkt II.1.2.3. der Richtlinien Vermittlung Herz vom 24. Oktober 2009.

[183] Gliederungspunkt II.1.2.4. der Richtlinien Vermittlung Herz vom 24. Oktober 2009.

[184] Gliederungspunkt II.1.2. der Richtlinien Vermittlung Herz vom 24. Oktober 2009; *Junghanns*, Verteilungsgerechtigkeit, S. 32.

lich die zusammenhängende Wartezeit in dieser Dringlichkeitsstufe berücksichtigt wird, werden bei Patienten im U-Status die zusammenhängenden Tage der Wartezeit sowohl im U- als auch im HU-Status addiert. Bei Patienten im T-Status ergibt sich die relevante Wartezeit aus allen Tagen, die sie im HU-, im U- sowie im T- und sogar im NT-Status verbracht haben, wobei die Wartezeit im NT-Status bis maximal 30 Tage berücksichtigt wird.[185]

dd) Konservierungszeit

Auch im Rahmen der Herzallokation wurde bis 2011 die Konservierungs- bzw. die kalte Ischämiezeit bei Patienten im U- sowie im T-Status als weiteres Allokationskriterium berücksichtigt, indem die anhand der Wartezeit gewonnene Punktzahl (pro Tag ein Punkt) bei einem Empfänger, der auf der Warteliste eines Zentrums in derselben Region wie der Spender geführt wurde, zusätzlich mit dem Faktor 1,2 multipliziert wurde.[186]

ee) Bevorzugung kombinierter Organtransplantationen

Die Richtlinien zur Herztransplantation sehen lediglich für den Fall einer kombinierten Herz-Lungen-Transplantation vor, dass diese Patienten innerhalb jeder Dringlichkeitsstufe vorrangig vor Patienten mit einer isolierten Herz- oder Lungentransplantation zu allozieren sind.[187] Das ET-Manual enthält dagegen auch für weitere kombinierte Organtransplantationen die Möglichkeit, den sog. ACO-Status zu beantragen. Für die Beurteilung eines ACO-Antrags wird wiederum ein Auditverfahren durchgeführt, wobei diese Auditgruppe hier aus einem Mitglied des Eurotransplant Thorax Komitees und – abhängig von der geplanten weiteren Transplantation – einem Mitglied des weiteren organspezifischen Komitees besteht.[188]

ff) Nationale Austauschbilanz

Entsprechend der Angebotsverpflichtung im Rahmen der Leberallokation sieht das ET-Manual für die Allokation von Spenderherzen die Berücksich-

---

[185] Vgl. dazu die Gliederungspunkte II.1.2.1., II.1.2.2, und II.1.2.3. der Richtlinien Vermittlung Herz vom 24. Oktober 2009.

[186] Gliederungspunkte II.1.2.2. und II.1.2.3. der Richtlinien Vermittlung Herz vom 24. Oktober 2009.

[187] Gliederungspunkt II.5. der Richtlinien Vermittlung Herz vom 24. Oktober 2009.

[188] Gliederungspunkt 6.1.1.4. des ET-Manuals vom 26. November 2009. Diese Regelung wird durch die Richtlinien erst seit April 2011 aufgegriffen, vgl. Gliederungspunkt III.3.2. der Richtlinien Herz und Herz-Lungen vom 23. April 2011.

tigung der nationalen Austauschbilanz vor. Diese berechnet sich aus der Differenz zwischen der Anzahl an Spenderherzen, die zwischen zwei Ländern importiert bzw. exportiert werden. Eine negative Bilanz des Landes X gegenüber Land Y entsteht dabei, wenn Land X Land Y mehr Organe zur Transplantation zur Verfügung stellt als umgekehrt. Umgangssprachlich formuliert bedeutet dies, dass Land Y Land X ein Spenderorgan schuldet. Es wird dabei zwischen der HU-Bilanz, also der Austauschbilanz ausschließlich bezogen auf den Export bzw. Import von Organen für HU-Patienten, sowie der Total-Bilanz, bezogen auf sämtliche Transplantationen, unterschieden. Die Bilanz berechnet sich jeweils bezogen auf die letzten 365 Tage.[189]

gg) Größenkompatibilität

Die Berücksichtigung der Größenkompatibilität zwischen Spender und Empfänger wird in den Richtlinien erst seit April 2011 ausdrücklich aufgegriffen.[190] Das ET-Manual benannte sie bereits zuvor als Auswahlkriterium.[191] Je nach Größe des Empfängers muss ein Spender eine bestimmte Mindestgröße erreichen und darf gleichzeitig eine bestimmte Maximalgröße nicht überschreiten. Eurotransplant erweitert dieses Größenprofil im Sinn einer 10% Regel. Nach dieser wird das Spender-Größen-Profil um 10% der minimalen bzw. der maximalen Spendergröße erweitert, um den Kreis der möglichen Spender zu vergrößern und die Chance eines Empfängers auf eine Organzuteilung zu steigern. Patienten mit einem um 10% erweiterten Spender-Größen-Profil werden jedoch nachrangig gegenüber den Patienten mit einem regulären Größenprofil berücksichtigt.[192] Für deutsche Empfänger gilt die 10% Regel jedoch nicht, sodass sich die Kompatibilität zum Spender allein nach dem regulären Größenprofil bestimmt.[193]

b) Der Allokationsalgorithmus im Standardverfahren

Unter Berücksichtigung der zuvor dargestellten Kriterien ergibt sich für den Zeitraum bis zum 23. April 2011 für Herzen damit der folgende

[189] Vgl. dazu Gliederungspunkt 6.1.2. des ET-Manuals vom 26. November 2009 sowie Gliederungspunkt 6.1.5.1.1. des ET-Manuals vom 23. April 2011; *Bader*, Organmangel, S. 279.

[190] Gliederungspunkt III.3. der Richtlinien Herz und Herz-Lungen vom 23. April 2011.

[191] Gliederungspunkt 6.1.5. des ET-Manuals vom 26. November 2009.

[192] Gliederungspunkt 6.1.7.3. des ET-Manuals vom 26. November 2009.

[193] Gliederungspunkt 6.1.7.3.1. des ET-Manuals vom 26. November 2011.

Allokationsalgorithmus:[194] Den ersten Zugriff auf Spenderorgane haben danach internationale HU-Patienten aus Ländern, die eine negative HU-Bilanz gegenüber Deutschland aufweisen. Es folgen nationale HU-Patienten sowie internationale HU-Patienten aus Ländern, die eine negative Total-Bilanz gegenüber Deutschland aufweisen. Nachfolgend werden nationale U-Patienten und sodann nationale Patienten im ACO-Status berücksichtigt. Kann auf diesem Weg kein passender Empfänger gefunden werden, erfolgt eine Allokation an nationale elektive Patienten. Erst im Anschluss daran werden in absteigender Reihenfolge internationale HU Patienten aus Ländern, die keine negative Bilanz gegenüber Deutschland aufweisen, internationale ACO-Patienten sowie internationale elektive Patienten in die Auswahl einbezogen.

3. Die Organvermittlung im Standardverfahren nach dem 23. April 2011

Mit der Neufassung der Richtlinien zur Herztransplantation im April 2011 hat das Standardverfahren einige Änderungen erfahren. Im Folgenden sollen zunächst nur die wesentlichen Änderungen und sodann der sich daraus ergebende neue Allokationsalgorithmus vorgestellt werden.

a) Änderungen der Kriterien für die Allokation von Herzen

aa) Voraussetzungen und Dauer des HU-Status

Relevant ist in diesem Zusammenhang die Anhebung der Dauer des HU-Status von zuvor 7 Tagen auf nunmehr 8 Wochen.[195] Zudem wird bei der Allokation nicht mehr lediglich die zusammenhängende Wartezeit im Status HU berücksichtigt. Bei Wiederaufnahme in den HU-Status aus dem NT- oder T-Status innerhalb einer Frist von 28 Tagen bleibt die zuvor registrierte Wartezeit im HU-Status vielmehr erhalten. Außerdem darf sich ein HU-Patient seither ausdrücklich auch in einem Krankenhaus befinden, das eng mit dem Transplantationszentrum kooperiert, dieselben medizinischen Therapierichtlinien anwendet und örtlich so nahe gelegen ist, dass ein Arzt des Transplantationszentrums mindestens einmal wöchentlich eine Visite durchführen kann. Dies war im ET-Manual bereits zuvor entsprechend geregelt.[196]

---

[194] Vgl. dazu Gliederungspunkt 6.3.1.3. des ET-Manuals vom 26. November 2009.

[195] Gliederungspunkt III.3.1.1. der Richtlinien Herz und Herz-Lungen vom 23. April 2011.

[196] Vgl. dazu bereits Gliederungspunkt 6.1.1.2.4. des ET-Manuals vom 26. November 2009.

Weiterhin sieht das ET-Manual seit April 2011 die Möglichkeit der Transplantationszentren vor, gegen eine ablehnende Bescheidung eines HU-Antrags innerhalb von 24 Stunden Einspruch bei Eurotransplant zu erheben.[197]

bb) Bevorzugung von Kindern und Jugendlichen bzw. Heranwachsenden

Während Kinder und Jugendliche in den vorangehenden Fassungen der Richtlinien zur Herztransplantation keine besondere Erwähnung fanden, erfahren sie seit April 2011 ebenfalls eine Bevorzugung. Bis zu einem Alter von 16 Jahren erhalten sie seither den HU-Status unabhängig davon, ob die besonderen HU-Kriterien erfüllt sind.[198] Nach ihrem 16. Geburtstag kann ihnen der HU-Status zudem gewährt werden, wenn sie sich nachweislich noch im Wachstum befinden.[199]

Da alle Kinder und Jugendlichen somit gleichermaßen den HU-Status erhalten, erfolgt eine weitere Binnendifferenzierung, indem diejenigen unter ihnen, die sich aufgrund ihres klinischen Zustands als Folge ihrer Grunderkrankung in stationärer Behandlung befinden, also hospitalisiert sind, bei der Allokation gegenüber allen anderen HU-Patienten bevorzugt werden.[200]

cc) U-Status und Konservierungszeit

Die Dringlichkeitsstufe Urgency ist mit dieser Fassung der Richtlinien (und entsprechend des ET-Manuals) entfallen. Das Gleiche gilt für die Berücksichtigung der Konservierungszeit.

---

[197] Gliederungspunkt 6.1.3.1.1. des ET-Manuals vom 23. April 2011.

[198] Gliederungspunkt III.3.1.1. der Richtlinien Herz und Herz-Lungen vom 23. April 2011.

[199] Der Nachweis ist durch eine Röntgenaufnahme der linken Hand des Patienten zu erbringen und wird wiederum durch ein Auditverfahren von Eurotransplant überprüft. Das ET-Manual legt weiterhin fest, dass der Nachweis nicht älter als drei Monate sein darf sowie jährlich erneut zu erbringen ist, Gliederungspunkt 6.1.1.7.1. des ET-Manuals vom 23. April 2011.

[200] Gliederungspunkt III.3.1.1. der Richtlinien Herz und Herz-Lungen vom 23. April 2011; Gliederungspunkt 6.1.1.7.2. des ET-Manuals vom 23. April 2011. Zum Nachweis der Hospitalisierung sieht das ET-Manual einen Antrag unter Beifügung eines unterschiebenen Arztbriefes des behandelnden Arztes vor, welcher durch den medizinischen Dienst von Eurotransplant bewertet wird, Gliederungspunkt 6.1.1.7.2.1. des ET-Manuals vom 23. April 2011.

dd) Bevorzugung hochimmunisierter Patienten

Stattdessen werden seither hochimmunisierte Patienten bei der Empfängerauswahl vorrangig berücksichtigt.[201] Spenderherzen, bei denen zum Zeitpunkt der Allokation bereits die HLA-Typisierung vorliegt, werden zunächst solchen hochimmunisierten Patienten angeboten, die aufgrund der HLA-Analyse für dieses Organ geeignet erscheinen.[202] HLA-Antigene (vom englischen Human Leucocyte Antigen) befinden sich auf fast allen Zelloberflächen und haben entscheidenden Einfluss auf die Gewebeverträglichkeit von Transplantaten. HLA-Antigene auf dem Spenderorgan können als fremd erkannt werden und eine immunologische Abstoßungsreaktion beim Empfänger hervorrufen. Um eine derartige Abstoßungsreaktion zu verhindern, ist eine möglichst weitgehende HLA-Kompatibilität zwischen Spender und Empfänger zu gewährleisten.[203] Als hochimmunisiert gelten solche Patienten, bei denen eine Abstoßungsgefahr als besonders wahrscheinlich anzusehen ist, was ab einem PRA-Wert größer als 50% angenommen wird.[204]

b) Der neue Allokationsalgorithmus

Unter Berücksichtigung der dargestellten Änderungen gilt seit April 2011 ein im Vergleich zum vorangegangenen Schema detaillierterer Allokationsalgorithmus.[205] Blutgruppen- und Größenkompatibilität werden jeweils vorausgesetzt. Innerhalb jeder Gruppe haben Patienten, die für eine kombinierte Herz-Lungen Transplantation angemeldet sind, den Vorrang gegenüber Patienten mit einer isolierten Herztransplantation.

---

[201] Gliederungspunkte III.3.1.1. und III.3.1.2. der Richtlinien Herz und Herz-Lungen vom 23. April 2011.

[202] Zuvor musste die Übereinstimmung der HLA-Merkmale zwischen Spender und Empfänger zugunsten einer möglichst kurzen kalten Ischämiezeit zurücktreten, vgl. Gliederungspunkt II.1.4. der Richtlinien Vermittlung Herz vom 24. Oktober 2009; dazu auch *Schlich*, Transplantation, S. 39.

[203] *Pschyrembel*, Klinisches Wörterbuch, S. 919f.; dazu auch *Galden*, Geschichte und Ethik, S. 40f.

[204] So die Gliederungspunkte III.3.1.1. und III.3.1.2. der Richtlinien Herz und Herz-Lungen vom 23. April 2011. „PRA= Panel Reactive Antibodies: Darunter versteht man einen Anpassungstest, der die Toxizität der Lymphozyten zwischen dem [Nieren]Spender und dem [Nieren]Empfänger überprüft. Die konkrete Anpassungstest-Methode dafür ist, vor der Organtransplantation den Anpassungsgrad zwischen dem Blutserum des Organempfängers und über 20 gesunden und nicht miteinander verbundenen Lymphozyten zu testen. Je höher der PRA-Wert ist, desto wahrscheinlicher ist die Abstoßungsgefahr im Körper.“, *Zylka-Menhorn*, Transplantationsmedizin, A-3312.

[205] Vgl. dazu Gliederungspunkt 6.4.5. des ET-Manuals vom 23. April 2011.

Den ersten Zugriff auf Spenderorgane haben nach wie vor Patienten mit internationalem HU-Status aus Ländern, die eine negative HU-Bilanz gegenüber Deutschland haben, wobei nunmehr hospitalisierte Kinder innerhalb dieser Gruppe bevorzugt werden. Es folgen Patienten mit nationalem HU-Status und solche mit internationalem HU-Status aus Ländern, die eine negative Total-Bilanz gegenüber Deutschland haben, wobei innerhalb dieser Gruppe nun erneut hospitalisierte Kinder vorzuziehen sind. Zudem sind hochimmunisierte Patienten den nicht hochimmunisierten vorzuziehen. Nachfolgend werden weiterhin nationale Patienten mit ACO-Status und sodann nationale elektive Patienten berücksichtigt, wiederum jeweils mit Vorrang der hochimmunisierten Patienten. Danach werden Patienten mit internationalem HU-Status aus Ländern einbezogen, die keine negative Austauschbilanz gegenüber Deutschland aufweisen – zunächst hospitalisierte Kinder und dann die übrigen. Schließlich werden in absteigender Reihenfolge internationale Patienten mit ACO-Status und internationale elektive Patienten berücksichtigt.

4. Einflussnahmemöglichkeiten der Transplantationszentren

Die wesentlichen Allokationsfaktoren im Rahmen der Vermittlung von Spenderherzen bilden zum einen die besonderen Dringlichkeitsstufen und zum anderen die Wartezeit. Einen Vorteil bei der Allokation können Patienten daher insbesondere durch die Anerkennung des HU- oder – jedenfalls bis April 2011 – des U-Status erreichen, sodass Manipulationen seitens der Transplantationszentren vor allem im Rahmen dieser Anträge zu erwarten sind. Die Wartezeit eines Patienten könnte lediglich durch eine möglichst frühzeitige Aufnahme in die Warteliste zugunsten des Patienten beeinflusst werden oder dadurch, dass er trotz bestehender vorübergehender Kontraindikationen nicht in den Status NT versetzt wird.

III. Lungenallokation

Das Verfahren zur Verteilung von Spenderlungen hat im Jahr 2011 mit der Einführung des LAS-Systems eine grundlegende Novellierung erfahren. Daher sollen im Folgenden zunächst einheitlich die Vorgaben zur Aufnahme in die Warteliste zur Lungentransplantation und sodann gesondert die Regelungen zur Vermittlung vor und nach dem 10. Dezember 2011 dargestellt werden.[206]

---

[206] Der Prüfungsmaßstab für den Zeitraum 2010–2012 setzt sich hier zusammen aus den Richtlinien vom 24. Oktober 2009, bekanntgemacht im DÄBl., Jg. 106, Heft 43, A-2162; Fassung vom 23. Januar 2010, bekanntgemacht im DÄBl., Jg. 107, Heft 3,

1. Die Aufnahme in die Warteliste

a) Gründe für die Aufnahme in die Warteliste (Indikation)

Die Aufgabe der Lunge ist die Versorgung des Organismus mit Sauerstoff sowie die Beseitigung anfallenden Kohlendioxids.[207] Die Indikation zur Lungentransplantation und damit die Berechtigung eines Patienten zur Aufnahme in die Warteliste besteht bei einem nicht rückbildungsfähigen, terminalen Lungenversagen, das zur Erhaltung des Lebens eine medikamentöse oder apparative Atem-Insuffizienzbehandlung erforderlich macht[208] bzw. bei einem hochgradigen respiratorischen Versagen, das trotz Ausschöpfung aller alternativen Behandlungsmöglichkeiten nicht rückbildungsfähig ist und mit einer sehr begrenzten Lebensprognose und/oder hochgradig eingeschränkten Lebensqualität einhergeht und durch eine Lungentransplantation mit hinreichender Aussicht auf Erfolg behandelbar ist.[209] Damit ist mit der Neufassung der Richtlinien im Jahr 2011 keine inhaltliche Neuregelung der Aufnahme in die Warteliste, sondern vielmehr eine Konkretisierung der bereits zuvor geltenden Regelungen erfolgt. Die Ursache des Atemversagens kann dabei vielfältig sein. Als häufigste Indikation zur Lungentransplantation nennen die Richtlinien exemplarisch die zystische Fibrose[210] (auch bekannt als Mukoviszidose), verschiedene Formen der Lungenfibrose[211], das Lungenemphysem[212] und die pulmonale Hypertonie[213].

A-111; Fassung vom 23. April 2011, bekanntgemacht im DÄBl., Jg. 108, Heft 15, A-857; Fassung vom 10. Dezember 2011, bekanntgemacht im DÄBl., Jg. 108, Heft 45, A-2425; Fassung vom 9. Dezember 2012, bekanntgemacht im DÄBl., Jg. 109, Heft 45, A-2267; sowie dem ET-Manual Lunge in der Fassung vom 26. November 2009, vom 23. April 2011, vom 27. Mai 2012, vom 15. August 2012 und vom 13. September 2012. Der folgenden Darstellung werden die Richtlinien vom 24. Oktober 2009 und 10. Dezember 2011 und das ET-Manual vom 26. November 2009 und 27. Mai 2012 zugrunde gelegt.

[207] *Bösch/Criée*, Lungenfunktionsprüfung, S. 138.

[208] So Gliederungspunkt IV.1. der Richtlinien Warteliste Herz, Herz-Lungen, Lungen vom 24. Oktober 2009.

[209] Gliederungspunkt III.1. der Richtlinien Lunge vom 10. Dezember 2011.

[210] Dabei handelt es sich um eine angeborene Stoffwechselerkrankung, die mit einer Dysfunktion der exokrinen Drüsen, also solcher, die ihr Sekret an eine innere oder äußere Körperoberfläche abgeben, einhergeht. Aufgrund erhöhter Viskosität (Zähigkeit) des Sekrets der mukösen Drüsen (Bronchien, Verdauungstrakt) kann es unter anderem zu schweren Störungen im Bereich der Atemwege kommen. Ein erhöhter Elektrolytgehalt des Sekrets von (Schweiß-)Drüsen führt zudem zu Flüssigkeits- und Elektrolytverlust, vgl. *Pschyrembel*, Klinisches Wörterbuch, S. 682 f.

[211] Verhärtungen der Lunge durch bindegewebige Umwandlung des Lungengewebes, vgl. *Schlich*, Transplantation, S. 21.

b) Ablehnung der Aufnahme in die Warteliste (Kontraindikation)

Wiederum bilden bestimmte Begleiterkrankungen sowie die mangelnde Compliance eines Patienten eine Kontraindikation zur Transplantation und stehen damit einer Aufnahme in die Warteliste entgegen.[214] Mit der Fassung der Richtlinien vom 10. Dezember 2011 wurden einige lungenspezifische Konkretisierungen getroffen. Bei einer Atemwegskolonisation mit Erregern, die mit einer Antibiose nicht mehr behandelbar sind, schreiben die Richtlinien eine differenzierte Beurteilung der Indikation vor. Eine nicht gelöste Suchtproblematik sowie kurativ behandelte Tumorerkrankungen mit weniger als 2-jährigem rezidivfreien Intervall (in Risikofällen 5-jährigem rezidivfreien Intervall) sollen dagegen in der Regel eine Kontraindikation zur Transplantation darstellen.[215]

2. Die Organvermittlung im Standardverfahren bis zum 10. Dezember 2011

Hinsichtlich des modifizierten und beschleunigten Vermittlungsverfahrens ergeben sich auch hier keine Abweichungen gegenüber der Vermittlung von Lebern und Herzen, sodass erneut auf die obigen Ausführungen verwiesen werden kann.[216] Die Organvermittlung von Spenderlungen im Standardverfahren orientierte sich in diesem Zeitraum – ebenso wie die von Spenderherzen – vornehmlich an den verschiedenen Dringlichkeitsstufen der Patienten. Weiterhin wurden in gleicher Weise wie bei der Herzallokation die Blutgruppenregelungen[217], die Wartezeit[218], die Konservie-

[212] Eine irreversible Vergrößerung des Luftraums unter Zerstörung von Alveolen (Lungenbläschen), *Pschyrembel*, Klinisches Wörterbuch, S. 1250.

[213] Darunter werden Erkrankungen zusammengefasst, die durch eine Erhöhung des Gefäßwiderstandes und damit des Blutdruckes im Lungenkreislauf gekennzeichnet sind und zu einer stark eingeschränkten körperlichen Leistungsfähigkeit führen, vgl. http://flexikon.doccheck.com/de/Pulmonale%20Hypertonie (letzter Abruf am 17. Juni 2018).

[214] Gliederungspunkt IV.2. und III.2. der Richtlinien Warteliste Herz, Herz-Lungen, Lungen vom 24. Oktober 2009 und Gliederungspunkt I.4. der Richtlinien Lunge vom 10. Dezember 2011; vgl. dazu bereits ausführlich Gliederungspunkt C.I.1.c).

[215] Gliederungspunkt III.2. der Richtlinien Lunge vom 10. Dezember 2011.

[216] Vgl. dazu Gliederungspunkt II.4.3.1. und II.4.3.2. der Richtlinien Vermittlung Herz-Lungen und Lungen vom 24. Oktober 2009; sowie bereits Gliederungspunkt C.I.2.b)bb) und cc).

[217] Gliederungspunkt II.1.1. der Richtlinien Vermittlung Herz-Lungen und Lungen vom 24. Oktober 2009.

[218] Gliederungspunkt II.1.2. der Richtlinien Vermittlung Herz-Lungen und Lungen vom 24. Oktober 2009.

rungszeit[219], kombinierte Organtransplantationen[220] sowie die nationalen Austauschbilanzen[221] berücksichtigt. Dem entsprechend ergab sich bis zum 10. Dezember 2011 ein Allokationsalgorithmus, der dem Algorithmus zur Herztransplantation in diesem Zeitraum gleicht.[222] Im Folgenden sollen daher lediglich die jeweiligen Vorgaben zur Erreichung einer besonderen Dringlichkeitsstufe gesondert dargestellt werden.

a) High Urgency

Auch im Rahmen der Lungenallokation werden Patienten, die sich in einer akut lebensbedrohlichen Situation befinden, vorrangig vor allen anderen Patienten transplantiert. Den HU-Status erhalten dabei Patienten, die intensivmedizinisch behandelt werden und bei denen entweder – trotz optimaler konservativer Therapie – die Beatmungspflichtigkeit droht oder die Atmung bereits maschinell unterstützt oder ersetzt werden muss. Daneben kommt der HU-Status auch bei Patienten mit einem extrakorporalen Lungenunterstützungssystem in Betracht.[223] Während die Ausführungen in den Richtlinien an dieser Stelle allgemein bleiben, stellt das ET-Manual konkrete diagnoseabhängige Kriterien auf, nach denen die Zuteilung des HU-Status zu erfolgen hat.[224] So wird etwa für Patienten mit einer idiopathischen Fibrose vorausgesetzt, dass sie eine Sauerstoffgabe von 4 Litern pro Minute erhalten. Daneben sollen Patienten, bei denen aufgrund eines primären Transplantatversagens innerhalb einer Woche nach der Transplantation eine Re-Transplantation notwendig wird, sowie Kinder unter 14 Jahren den HU-Status erhalten. Gleichzeitig benennt das ET-Manual relative Kontraindikationen, die der Anerkennung des HU-Status entgegenstehen, wie beispielsweise ein Alter des Patienten über 55 oder ein hoher Body-Mass-Index (BMI, über 30 kg/m^2).[225]

---

[219] Gliederungspunkt III.1.2.2. und III.1.2.3. der Richtlinien Vermittlung Herz-Lungen und Lungen vom 24. Oktober 2009.

[220] Gliederungspunkt II.1.4. der Richtlinien Vermittlung Herz-Lungen und Lungen vom 24. Oktober 2009; Gliederungspunkt 6.2.1.4. des ET-Manuals vom 26. November 2009.

[221] Gliederungspunkt 6.2.2. des ET-Manuals vom 26. November 2009.

[222] Gliederungspunkt 6.3.2.3. des ET-Manuals vom 26. November 2009; sowie Gliederungspunkt C.II.2.b).

[223] Gliederungspunkt III.1.2.1. der Richtlinien Vermittlung Herz-Lungen und Lungen vom 24. Oktober 2009. Das ET-Manual differenziert wiederum zwischen dem nationalen und dem internationalen HU-Status; Deutschland hat jedoch keinen nationalen HU-Status definiert, vgl. Gliederungspunkt 6.2.1.2. des ET-Manuals vom 26. November 2009.

[224] Gliederungspunkt 6.2.1.2.3.2. des ET-Manuals vom 26. November 2009.

[225] Gliederungspunkt 6.2.1.2.4. des ET-Manuals vom 26. November 2009.

Über die Anerkennung des HU-Status entscheidet auch hier in jedem Einzelfall eine Auditgruppe von Eurotransplant.[226] Der HU-Status gilt für die Dauer von 14 Tagen; danach ist eine Reevaluation erforderlich. Die Organvermittlung erfolgt allein nach der zusammenhängenden Wartezeit in dieser Stufe.[227]

b) Urgency

Daneben kannte auch die Lungenallokation bis zum Jahr 2011 die weitere besondere Dringlichkeitsstufe Urgency. Die Voraussetzungen ähnelten denen des HU-Status, waren aber im Vergleich zu diesem abgeschwächt. Danach erhielten Patienten, die bereits lebensbedrohlich gefährdet waren, den U-Status. Sie mussten sich in stationärer Behandlung und zudem in der Regel bereits seit mehr als einem Monat auf der Warteliste befinden, während sich ihr Zustand – trotz optimaler konservativer Therapie – verschlechtert hat. Weiterhin musste Beatmungspflichtigkeit drohen oder die Atmung bereits maschinell unterstützt oder ersetzt werden.[228] Das ET-Manual ergänzte diese Vorgaben wiederum um diagnoseabhängige Kriterien und stellte zugleich relative Kontraindikationen fest.[229] Anders als bei Patienten im HU-Status wird hier etwa lediglich die kontinuierliche Beatmungspflichtigkeit des an einer idiopathischen Fibrose erkrankten Patienten verlangt.

Über die Zuordnung zur Dringlichkeitsstufe „U" entschied nur in Zweifelsfällen eine Auditgruppe von Eurotransplant. Daneben fanden stichprobenhafte Prüfungen nach dem Zufallsprinzip statt.[230] Der U-Status musste nach 28 Tagen reevaluiert werden. Bei der Allokation wurden die Wartezeit im HU- und im U-Status sowie die Ischämiezeit berücksichtigt.[231]

---

[226] Gliederungspunkt III.3.1. der Richtlinien Vermittlung Herz-Lungen und Lungen vom 24. Oktober 2009. Die Zusammensetzung der Auditgruppe sowie das Verfahren bei der Reevaluation entsprechen dem beim Herzen, vgl. dazu Gliederungspunkt III.3.2. der Richtlinien Vermittlung Herz-Lungen und Lungen vom 24. Oktober 2009.

[227] Gliederungspunkt III.1.2.1. der Richtlinien Vermittlung Herz-Lungen und Lungen vom 24. Oktober 2009.

[228] Gliederungspunkt III.1.2.2. der Richtlinien Vermittlung Herz-Lungen und Lungen vom 24. Oktober 2009.

[229] Gliederungspunkt 6.2.1.3.1 und 6.2.1.3.2. des ET-Manuals vom 26. November 2009.

[230] Gliederungspunkt III.3.1. der Richtlinien Vermittlung Herz-Lungen und Lungen vom 24. Oktober 2009. Die Zusammensetzung der Auditgruppe und das Verfahren der Reevaluation entsprechen den Vorgaben zum HU-Status.

[231] Gliederungspunkt III.1.2.2. der Richtlinien Vermittlung Herz-Lungen und Lungen vom 24. Oktober 2009.

3. Die Organvermittlung im Standardverfahren nach dem 10. Dezember 2011

Mit der Fassung der Richtlinien vom 10. Dezember 2011 hat das Standardverfahren zur Lungenallokation eine grundlegende Neuerung erfahren. Es stellt seither nicht mehr wesentlich auf Dringlichkeitsstufen und Wartezeiten ab, sondern basiert auf dem sog. Lung Allocation Score (LAS), welcher als Maßstab zur Beurteilung von Dringlichkeit und Erfolgsaussicht einer Lungentransplantation dient.

Die nationale Allokation in den übrigen ET-Mitgliedstaaten – damals Österreich, Belgien, Kroation, Ungarn, Slovenien und Niederlande – erfolgte dagegen weiterhin anhand des alten Systems. Da jedoch dem internationalen Austausch ebenfalls das LAS-System zugrunde gelegt wurde, soll sich die Darstellung im Folgenden darauf beschränken.[232]

a) Kriterien für die Allokation von Lungen

aa) Größenkompatibilität

Grundvoraussetzung einer Lungentransplantation bildet zunächst die Größenkompatibilität zwischen Spender und Empfänger. Diese wird anhand der totalen Lungenkapazität (vom englischen Total Lung Capacity, kurz TLC) von Spender- und Empfängerlunge ermittelt. Die TLC beschreibt das nach maximaler Einatmung in der Lunge enthaltene Volumen.[233] Ein Spenderorgan gilt als kompatibel, wenn seine TLC um 10% geringer oder bis zu 20% größer ist als die des Empfängers.[234]

bb) Blutgruppenregeln

Die zweite Grundvoraussetzung zur Lungentransplantation bildet weiterhin die Blutgruppenkompatibilität, wobei eine zweistufige Zuordnung der möglichen Empfänger auch hier der Benachteiligung von Trägern seltener Blutgruppen dienen soll.[235]

---

[232] Vgl. dazu Gliederungspunkt 6.3.7. des ET-Manuals vom 27. Mai 2012. Mittlerweile erfolgt auch in den Niederlanden die nationale Organallokation nach dem LAS, vgl. Gliederungspunkt 6.4.3.2.1. des ET-Manuals vom 27. November 2017.

[233] *Pschyrembel*, Klinisches Wörterbuch, S. 1261.

[234] Gliederungspunkt III.3.4.1. der Richtlinien Lunge vom 10. Dezember 2011. Bei anatomischen Besonderheiten des Empfängers (z.B. einer Thoraxdeformität) wird die TLC im Profil des Empfängers angepasst. Bei besonders kleinen Empfängern mit einer TLC unter 5 Litern kann eine deutlich größere Lunge alloziert werden, wenn lediglich eine Lungenlappen-Transplantation geplant ist.

cc) LAS

Kernstück der Lungenallokation ist seit Dezember 2011 der LAS. Der Umstellung der Organvermittlung auf das LAS-System lag die Erkenntnis zugrunde, dass die Überlebensrate auf der Warteliste je nach Krankheitsbild und –verlauf sehr unterschiedlich ist. Diesem Umstand konnte eine Allokation, die sich – neben den Dringlichkeitsstufen – vornehmlich an der Wartezeit orientierte, nicht gerecht werden, was dazu führte, dass die meisten Patienten im HU- oder im U-Status transplantiert wurden.[236] Das LAS-System stützt sich nicht mehr auf die Wartezeit eines Patienten, sondern basiert auf einem „net-benefit"-Prinzip, nach dem Patienten priorisiert werden, die die Transplantation nicht nur am dringendsten benötigen, sondern zugleich auch den größten Nutzen aus ihr ziehen können.[237] Es ist damit das erste System, das – anders als der MELD im Rahmen der Leberallokation – sowohl Dringlichkeit als auch Erfolgsaussicht bei der Allokation berücksichtigt.[238] Der LAS bezieht dabei sowohl Faktoren eines Versterbens auf der Warteliste als auch eines solchen nach erfolgter Transplantation ein und stellt anhand dessen den „benefit" eines Patienten durch die Transplantation dar.[239] Das LAS-System wird für seine große Transparenz und Objektivität gelobt.[240]

(1) Berechnung des LAS

Die Berechnung des LAS erfolgt in sechs Schritten:[241]

1. In einem ersten Schritt erfolgt die Ermittlung der Überlebenswahrscheinlichkeit auf der Warteliste während des nächsten Jahres, wobei diese auf jeden Zeitpunkt bzw. jeden Tag des folgenden Jahres bezogen wird. In die Berechnung fließen zahlreiche Parameter wie etwa das Alter des Patienten, Größe, Gewicht, funktionaler Status, Sauerstoffbedarf, Diagnose etc. ein.

2. Anhand dieser Überlebenswahrscheinlichkeit wird sodann der Wartelisten-Dringlichkeitswert berechnet. Dieser bezeichnet die Anzahl der Tage, die

235 Gliederungspunkt III. 3.4.2. der Richtlinien Lunge vom 10. Dezember 2011.

236 *Gottlieb/Gwinner/Strassburg*, Der Internist 2016, 15, 15.

237 Gliederungspunkt 6.3.1.1. des ET-Manuals vom 27. Mai 2012.

238 *Haverich/Haller*, Der Internist 2016, 7, 8.

239 *Strüber/Reichenspurner*, Die Einführung des LAS, A-2424.

240 *Haverich/Haller*, Der Internist 2016, 7, 8; *Strüber/Reichenspurner*, Die Einführung des LAS, A-2424; *Kamler/Pizanis*, Zeitschrift für Herz-, Thorax- und Gefäßchirurgie 2013, 235, 238.

241 Gliederungspunkt III.3.1. sowie Anhang 2 der Richtlinien Lunge vom 10. Dezember 2011.

der Patient während des nächsten Jahres auf der Warteliste wahrscheinlich überlebt und liegt damit zwischen 0 und 365.

3. Es folgt die Ermittlung der Überlebenswahrscheinlichkeit für das erste Jahr nach der erfolgten Transplantation gleichsam als Gegenstück zur Wartelisten-Überlebenswahrscheinlichkeit. Die Berechnung erfolgt erneut anhand verschiedener medizinischer Kenndaten und Parameter-Schätzwerte, z.B. Alter des Patienten bei der Transplantation, Diagnose, funktionaler Status etc.

4. Sodann wird der Posttransplantations-Überlebenswert berechnet, also die Anzahl der Tage, die der Patient wahrscheinlich im ersten Jahr nach der Transplantation überleben wird. Der Wert liegt erneut zwischen 0 und 365.

5. Anhand des Wartelisten-Dringlichkeitswertes und des Posttransplantations-Überlebenswertes erfolgt im nächsten Schritt die Kalkulation des LAS-Rohwertes, wobei sich aus der Differenz der beiden Werte der Überlebensvorteil des Patienten für den Fall, dass er ein Transplantat erhält, gegenüber dem Fall ergibt, dass er keines erhält.

6. Der endgültige LAS errechnet sich schließlich durch eine Normalisierung des LAS-Rohwertes auf einer Skala von 0 bis 100.

Erreicht ein Patient einen LAS-Wert unter 50, so spricht das ET-Manual von einem Low-LAS, bei Werten ab 50 dagegen von einem High-LAS.[242] Ergibt die Dateneingabe einen High-LAS, wird der Fall durch die Mitarbeiter von Eurotransplant durch einen Abgleich der übermittelten Daten mit den originalen Laborwerten auditiert. Low-LAS Daten werden dagegen nur stichprobenhaft auditiert.[243]

Während die Richtlinien einheitlich eine vierteljährliche Aktualisierung der der Berechnung des LAS zugrundeliegenden Daten vorsehen, differenziert das ET-Manual diesbezüglich zwischen High- und Low-LAS und schreibt für High-LAS Patienten abweichend eine Reevaluationsfrist von 14 Tagen vor.[244]

[242] Gliederungspunkt 6.3.4.1. des ET-Manuals vom 27. Mai 2012.

[243] Gliederungspunkt 6.3.5.1.1. des ET-Manuals vom 27. Mai 2012.

[244] Gliederungspunkt 6.3.5.1.2. des ET-Manuals vom 27. Mai 2012. Diese Frist gilt für alle Patienten im Eurotransplant-Verbund, während das ET-Manual Low-LAS-Patienten aus Österreich, Belgien und den Niederlanden eine Frist von 180 Tagen zugesteht, solchen aus Deutschland dagegen in Übereinstimmung mit den Richtlinien nur 90 Tage, vgl. Gliederungspunkt 6.3.5.1.2. des ET-Manuals vom 27. Mai 2012.

(2) Zuerkennung eines LAS in Ausnahmefällen

Ebenso wenig wie der MELD kann der LAS alle erdenklichen Grunderkrankungen sowie individuellen Krankheitsverläufe adäquat erfassen. Daher ist auch hier für Ausnahmefälle die Zuerkennung eines sog. exceptional-LAS vorgesehen.[245] Das behandelnde Transplantationszentrum muss in einem Antrag an die Vermittlungsstelle besonders begründen, warum bei einem Patienten im Einzelfall Dringlichkeit und Erfolgsaussicht durch den LAS nicht zutreffend wiedergegeben werden.[246] Jeder Antrag wird durch eine Sachverständigengruppe, ein sog. Review Bord, beurteilt, die aus drei auf dem Gebiet der Lungentransplantation erfahrenen Ärzten aus verschiedenen Zentren des Eurotransplant-Verbundes, nicht jedoch aus dem anmeldenden Zentrum, besteht.[247] Der exceptional-LAS ist spätestens nach 8 Wochen zu reevaluieren. Ändert sich der medizinische Zustand des Patienten, ist eine sofortige Reevaluation erforderlich.

(3) Nicht Transplantabel

Auch im Rahmen des LAS-Systems werden Patienten, bei denen eine vorübergehende Kontraindikation besteht, bei der Allokation nicht berücksichtigt.[248] Entfällt die Kontraindikation – und damit der NT-Status – ist eine erneute Dateneingabe zur Berechnung des nunmehr aktuellen LAS erforderlich.[249]

dd) Bevorzugung von Kindern und Jugendlichen

Kinder und Jugendliche finden erneut besondere Berücksichtigung. Da der LAS nur für Empfänger ab 12 Jahren bestätigt ist, erhalten alle Kinder bis 12 Jahren automatisch den höchsten LAS von 100, mit der Folge, dass sie bei der Allokation vorrangig zum Zuge kommen.[250]

---

245 *Strüber/Reichenspurner*, Die Einführung des LAS, A-2424; *Kamler/Pizanis*, Zeitschrift für Herz-, Thorax- und Gefäßchirurgie 2013, 235, 238 f.

246 Gliederungspunkt III.3.2. der Richtlinien Lunge vom 10. Dezember 2011.

247 Gliederungspunkt III.4. der Richtlinien Lunge vom 10. Dezember 2011. Das ET-Manual führt ergänzend aus, dass es zwei Review Boards gibt. Ein deutsches, das über Anträge deutscher Transplantationsprogramme entscheidet und ein internationales, das über Anfragen aus Österreich, Belgien, und den Niederlanden entscheidet, vgl. Gliederungspunkt 6.3.6.1. des ET-Manuals vom 27. Mai 2012.

248 Gliederungspunkt I.9. der Richtlinien Lunge vom 10. Dezember 2011.

249 Gliederungspunkt III.3.8. der Richtlinien Lunge vom 10. Dezember 2011.

250 Vgl. dazu und zum Folgenden Gliederungspunkt III.3.5. der Richtlinien Lunge vom 10. Dezember 2011.

Außerdem wird den besonderen Größenverhältnissen (Größe des Brustkorbes sowie der Lunge) dadurch Rechnung getragen, dass die Allokationsreihenfolge bei Spendern unter 18 Jahren gegenüber der bei erwachsenen Spendern abgeändert wird, um möglichst eine Allokation innerhalb der gleichen Altersgruppe zu erreichen. Daher werden Transplantate von Spendern unter 12 Jahren zuerst an Empfänger unter 12 Jahren, dann an Empfänger zwischen 12 und 17 Jahren und erst nachrangig an Empfänger über 18 Jahren alloziert. Entsprechend werden Transplantate von Spendern zwischen 12 und 17 Jahren zuerst an Empfänger der gleichen Altersstufe, dann an Empfänger unter 12 Jahren und erneut nur nachrangig an Empfänger über 18 Jahren verteilt.

ee) Bevorzugung kombinierter Lungen-Transplantationen

Patienten, die auf eine kombinierte Herz-Lungen-Transplantation warten, werden vorrangig vor Patienten mit isolierter Herz- oder Lungentransplantation berücksichtigt. Allerdings richtet sich die Allokation nicht nach dem LAS, sondern nach den Regeln, die für die Herz-Transplantation gelten. Weitere kombinierte Lungentransplantationen mit nicht-renalen Organen erfolgen dagegen nach dem LAS. Eine Sachverständigengruppe der Vermittlungsstelle hat hier auf Antrag des Transplantationszentrums zu beurteilen, welcher LAS zuerkannt wird.[251]

ff) Nationale Austauschbilanz

Bei der Berücksichtigung der nationalen Austauschbilanz spielt die Differenzierung zwischen High-LAS und Low-LAS eine Rolle. Hat Land X gegenüber Land Y eine negative Austauschbilanz, erhalten Patienten mit einem High-LAS aus Land X bei Spenderlungen aus Land Y den ersten Zugriff. Patienten aus Land X mit einem Low-LAS werden dagegen gemeinsam mit dem elektiven bzw. Low-LAS Patienten aus Land Y berücksichtigt.[252]

b) Der Allokationsalgorithmus im Standardverfahren

Seit dem 10. Dezember 2011 gilt damit der folgende Algorithmus zur Verteilung deutscher Spenderlungen:[253]

---

[251] Gliederungspunkt III.3.6. der Richtlinien Lunge vom 10. Dezember 2011.

[252] Gliederungspunkt 6.3.4.1. des ET-Manuals vom 27. Mai 2012.

[253] Gliederungspunkt 6.4.3.2.1. des ET-Manuals vom 27. Mai 2012. Blutgruppen und Größenkompatibilität wird innerhalb jeder Patientengruppe vorausgesetzt. Außer-

Zuerst erfolgt die Allokation international an Patienten mit einem High-LAS (größer gleich 50) aus Ländern mit einer negativen Austauschbilanz gegenüber Deutschland. Die Binnendifferenzierung erfolgt jeweils nach der Höhe des LAS.

Den zweiten Zugriff erhalten nationale Patienten mit einem High-LAS und einem Low-LAS, unter Einbeziehung der internationalen Patienten mit einem Low-LAS (unter 50) aus Ländern, die eine negative Austauschbilanz gegenüber Deutschland aufweisen. Alle Patienten werden wiederum nach Höhe ihres LAS sortiert, sodass zuerst nationale High-LAS Patienten und sodann nationale und internationale Low-LAS Patienten Berücksichtigung finden.

Schließlich erfolgt die Allokation international an Patienten aus Ländern, die keine negative Austauschbilanz gegenüber dem Spenderland aufweisen, wiederum nach der Höhe ihres LAS (also zuerst High-LAS, dann Low-LAS Patienten).

4. Einflussnahmemöglichkeiten der Transplantationszentren

Bis zum 10. Dezember 2011 erfolgte die Allokation von Lungen hauptsächlich nach Dringlichkeitsstufen und Wartezeit, sodass hier ebenfalls in erster Linie dadurch ein Vorteil der Patienten erreicht werden konnte, wenn diese den HU- oder zumindest den U-Status erreichten. Daher sind Manipulationen in diesem Zeitraum insbesondere im Zusammenhang mit HU-Anträgen zu erwarten.

Ab dem 10. Dezember 2011 traten diese zuvor relevanten Faktoren durch die Einführung des LAS zurück. Da die Allokation seither im Wesentlichen aufgrund der Höhe des LAS erfolgte, liegt es nahe, dass Ausgangspunkt für Manipulationen nunmehr die in die Berechnung des LAS einfließenden Parameter sind, um einen höheren LAS des Patienten zu erreichen, als sein Gesundheitszustand tatsächlich ergeben würde.

dem finden jeweils die besonderen Altersgruppenregelungen bei Spendern unter 12 Jahren bzw. zwischen 12 und 17 Jahren Anwendung.

D. Untersuchungsziel und Methodik

Die vorliegende Arbeit soll einen Beitrag zur weiteren Aufarbeitung der seit 2012 bekannt gewordenen Auffälligkeiten im Bereich der Wartelistenführung in der Transplantationsmedizin leisten. Konkret verfolgt sie dabei drei Ziele:

Sie soll zunächst durch eine quantitative Erhebung und Bewertung aller festgestellten Auffälligkeiten einen etwaigen Änderungsbedarf der Richtlinien der Bundesärztekammer zur Wartelistenführung und Organvermittlung feststellen (Richtlinienschärfung).

Sie kann weiterhin der Schaffung von weiterer Transparenz bei der Aufarbeitung der Organallokations-Skandale und zur Steigerung des Vertrauens der Bevölkerung in das Transplantationswesen beitragen, falls auf der Grundlage einer großen Fallzahl und mittels quantitativer Verfahren anschaulich gemacht werden kann, dass die Mehrzahl der Transplantationen und Transplantationsprogramme unauffällig sind (Transparenz).

Schließlich verspricht eine umfassende Berichtsanalyse Erkenntnisse über den modus operandi bei Daten- und Aktenmanipulationen, die sich erst aus einer Gesamtbetrachtung aller Prüffälle ergeben. Davon kann die weitere Tätigkeit der PÜK, namentlich der jeweiligen Prüfungsgruppe, profitieren (Sensibilisierung).

I. Konzeption des Erhebungsbogens

Die Analyse erfolgte anhand eines standardisierten Erhebungsbogens. Der erste Teil des Erhebungsbogens bezog sich auf die Transplantationszentren und sollte einen Überblick über die durchgeführten Prüfungen bieten. Der zweite Teil des Bogens bildete das Kernstück der Analyse und nahm die einzelnen überprüften Transplantationen und die dazu von den Kommissionen getroffenen Feststellungen in den Blick.

Bereits bei der Konzeption des Erhebungsbogens erfolgte unter Hilfestellung von Organsachverständigen im Bereich der Leber-, Herz- und Lungentransplantation eine Systematisierung insbesondere hinsichtlich der Art der festgestellten Auffälligkeiten. Allerdings bestand stets auch die Möglichkeit der Freitexteingabe, um alle im Vorfeld nicht im Einzelnen bekannten Optionen zu erfassen. Die Antwortmöglichkeiten des Erhebungsbogens waren ausschließlich nominalskaliert. Es handelt sich um eine überwiegend deskriptive Analyse im Sinn einer Inhaltsanalyse der Kommissionsberichte, wobei die Ausarbeitung der Häufigkeit bestimmter Merkmale und Umstände im Vordergrund stand.

Auf die Erhebung personenbezogener Patientendaten wurde dabei weitest möglich verzichtet. Dies war zum einen dem Datenschutz des Forschungsprojekts als auch dem Umstand geschuldet, dass die Erhebung das Meldeverhalten der Transplantationszentren gegenüber Eurotransplant in den Blick nehmen wollte, nicht dagegen die Patienten selbst.[1]

II. Datenerhebung und Analyse

Die Grundlage dieses Projekts bilden die Kommissionsberichte der PÜK für den Prüfungszeitraum 2010 bis 2012, die aufgrund der flächendeckenden Überprüfungen aller in Deutschland zugelassenen Transplantationsprogramme erstellt wurden. Die Prüfungen der PÜK für diesen Prüfungszeitraum begannen bereits im Juni 2012 kurz nach Bekanntwerden der ersten Auffälligkeiten und konnten im März 2016 abgeschlossen werden. Vorliegend erfolgte anhand dieser Kommissionsberichte eine eingehende Analyse der gewonnenen Ergebnisse.

Im Fokus der Analyse standen die im Vergleich zu den abschließenden Kommissionsberichten sehr viel ausführlicheren internen Berichte der PÜK. Diese umfassen Ausführungen zu allen überprüften Transplantationsvorgängen, während die abschließenden Kommissionsberichte lediglich die Fälle aufgreifen, die letztlich als auffällig bewertet wurden. Zudem lässt sich den internen Berichten – jedenfalls teilweise – entnehmen, welche Krankenunterlagen in die Überprüfung einbezogen wurden und wie Auffälligkeiten und Verstöße im Einzelfall erkannt wurden. Gleichzeitig wurden die internen Berichte mit den abschließenden Kommissionsberichten abgeglichen, um den aktuellsten Bewertungsstand der PÜK zu erfassen. So konnten etwa Fälle herausgefiltert werden, die in einem internen Bericht noch als auffällig bewertet wurden, im Kommissionbericht jedoch nicht mehr auftauchten, weil etwa seitens des jeweiligen Transplantationszentrums Patientenunterlagen nachgereicht wurden, die geeignet waren, bestehende Unstimmigkeiten auszuräumen. Schließlich wurden auch etwaige Stellungnahmen der Transplantationszentren als Reaktion auf die durch die PÜK festgestellten Verstöße miteinbezogen.

[1] Nach der Konzeption des Erhebungsbogens hat die Verfasserin dieser Arbeit einen schriftlichen Antrag auf Akteneinsicht für das vorliegende Forschungsprojekt gestellt, der von der PÜK genehmigt wurde.

Hinsichtlich der genannten Dokumente ist die Erhebung umfassend, d.h., es wurden alle internen Berichte, Kommissionsberichte und Stellungnahmen, die aus den flächendeckenden Prüfungen bezogen auf den Zeitraum 2010 bis 2012 hervorgegangen sind, und damit alle in Deutschland zugelassenen Transplantationsprogramme für die Organe Leber, Herz und Lunge einbezogen.

Im Rahmen der Erhebung wurden keine Papierbögen verwendet, vielmehr wurden direkt elektronische Datensätze erstellt, indem die Daten in eine Urliste (Excel) eingetragen wurden, die inhaltlich dem beiliegenden Erhebungsbogen entspricht. Im Einzelfall zutage tretende Besonderheiten sowie weitergehende Erläuterungen wurden daneben separat erfasst.[2]

III. Datenschutz und Anonymität

Aufgrund der besonderen Sensibilität der in den ausgewerteten Berichten enthaltenen Daten wurden zur Gewährleistung der Datenvertraulichkeit und -sicherheit folgende Maßnahmen ergriffen, die einerseits dem Schutz der betroffenen Transplantationszentren, in erster Linie aber dem Schutz der betroffenen Patienten dienen:

Zunächst fand eine umfassende Pseudonymisierung und anschließende Löschung personenbezogener Daten statt. Bei der Erfassung der einzelnen Transplantationen wurde jedem Patienten eine fortlaufende Nummer zugeordnet. Weder der Name noch die ET-Nummer eines Patienten wurden zu irgendeinem Zeitpunkt aufgenommen. Um trotzdem eine Zuordnung der einzelnen Fälle – insbesondere für den Fall einer etwaigen Nacherhebung – zu ermöglichen, wurde eine Codierungs-Liste angelegt, in der jeder ET-Nummer einer überprüften Transplantation eine der durchlaufenden Nummern zugeordnet wurde. Nur diese Nummer wurde in den Erhebungsbogen übertragen. Die Codierungs-Liste ist ein Unikat und verblieb bei der Geschäftsstelle Transplantationsmedizin bei der Bundesärztekammer. Nach Abschluss der Erhebung wurde sie vernichtet. Auch zunächst erhobene Datumsangaben (z.B. Transplantationsdatum) die zur Berechnung allokationsrelevanter Daten erforderlich waren, wurden nach Durchführung dieser Berechnungen gelöscht.

Eine Pseudonymisierung der Transplantationszentren war dagegen nicht vorgesehen. Insoweit sollten die Ausführungen im Rahmen der Auswertung von vornherein nicht über die Informationen hinausgehen, die bereits durch

[2] Die Datenerhebung fand in den Monaten April, Mai und September 2017 in den Räumlichkeiten der Geschäftsstelle Transplantationsmedizin bei der Bundesärztekammer statt.

die jährlichen Tätigkeitsberichte der PÜK sowie die abschließenden Kommissionsberichte öffentlich bekannt gemacht wurden.[3] Dies betrifft zum einen die Anzahl der überprüften Transplantationen und der dabei festgestellten Auffälligkeiten und zum anderen die Ausführungen in den Stellungnahmen der Transplantationszentren.

Daneben wurden räumliche und organisatorische Sicherungsmaßnahmen ergriffen. Die Einsichtnahme und Auswertung der internen Prüfberichte durch die Verfasserin dieser Arbeit fand ausschließlich in den Räumen der Geschäftsstelle Transplantationsmedizin statt. Es wurden keine Akten oder Aktenbestandteile von dort mitgenommen oder kopiert. Die Verwaltung und Bearbeitung der im Rahmen der Erhebung erstellten elektronischen Datensätze erfolgte auf einem passwortgeschützten, ausschließlich offline geschalteten Rechner, der nicht an das Internet angeschlossen war, also auch nicht von außen ausgespäht werden konnte. Die Sicherung der Daten (Back-Up) erfolgte mittels eines VeraCrypt-verschlüsselten USB-Sticks.

IV. Grenzen der Erhebung

Zwar wurden im Rahmen der Auswertung alle zugelassenen Transplantationszentren bzw. -programme auf dem Gebiet der Leber-, Herz- und Lungentransplantation erfasst. Dennoch handelt es sich vorliegend nicht um eine Gesamterhebung, da lediglich eine Stichprobe aller stattgefundenen Transplantationen durch die PÜK überprüft wurde. Rückschlüsse der Stichprobe auf die Gesamtheit sind zudem nur begrenzt möglich. Die Stichproben wurden seitens der PÜK nicht rein zufällig ausgewählt, sondern etwa bei der Leber anhand bestimmter Kriterien, aufgrund derer die Fälle bereits als auffällig galten bzw. bei denen die Vermutung höher war, dass Verstöße stattgefunden haben könnten. Teilweise wurden auch Transplantationen aus weiteren Jahren miteinbezogen, sodass die festgestellten Verstöße nicht mehr einheitlich zur Anzahl der insgesamt erfolgten Transplantationen ins Verhältnis gesetzt werden können.

Außerdem ist die nachfolgende Analyse begrenzt auf den Prüfungszeitraum 2010 bis 2012 und damit auf einen Zeitraum vor Bekanntwerden der ersten Auffälligkeiten und insbesondere vor Einführung der flächendeckenden Prüfungen der PÜK. Es handelt sich insbesondere nicht um eine Längsschnittanalyse. Interessant wäre eine anschließende Auswertung der Ergebnisse der zweiten Prüfperiode der PÜK, die sich auf den Zeitraum 2013 bis

[3] Die Tätigkeitsberichte der PÜK sowie die abschließenden Kommissionsberichte sind abrufbar auf der Homepage der Bundesärztekammer unter http://www.bundesaerztekammer.de/aerzte/medizin-ethik/transplantationsmedizin/ (letzter Abruf am 17. Juni 2018).

2015 bezieht. Anhand dieser könnte beurteilt werden, ob die zwischenzeitlich ergriffenen Maßnahmen zur Vermeidung derartiger Manipulationen – allen voran die Ausweitung der repressiven Kontrolle durch die flächendeckenden Vor-Ort-Prüfungen – Wirkung entfalten.

Schließlich ist bereits an dieser Stelle darauf hinzuweisen, dass die internen Berichte der PÜK teilweise unergiebig in Bezug auf den der Analyse zugrunde liegenden Erhebungsbogen waren. Es konnten nicht stets sämtliche Daten erfasst werden. Dies gilt vor allem für die frühen Prüfungen der PÜK, in denen die Geburtsdaten der Patienten, deren Versicherungsstatus sowie die Auswahlkriterien bei Transplantationen im beschleunigten Vermittlungsverfahren vielfach nicht erfasst oder nicht in den Kommissionsbericht aufgenommen wurden.

V. Zur Darstellung der Ergebnisse

Bei der Darstellung der Erhebungsergebnisse soll zunächst ein allgemeiner Überblick über die erfolgten Prüfungen gegeben werden, bevor der Blick auf die einzelnen Organe gerichtet wird. Nach der Bewertung der Erkenntnisse aus dem beschleunigten Vermittlungsverfahren sollen die Darstellung der Auffälligkeiten, die im Standardverfahren festgestellt wurden, sowie eine Untersuchung ihrer jeweiligen Anknüpfungspunkte in den Richtlinien und dem ET-Manual erfolgen. Die Stellungnahmen der Transplantationszentren werden zum Teil bereits im Rahmen der jeweiligen Auffälligkeiten, zum anderen anhand eines allgemeinen Überblicks vorgestellt.

E. Die Ergebnisse der Kommissionsberichte

I. Ein Überblick

In der hier untersuchten ersten Periode der flächendeckenden verdachtsunabhängigen Prüfungen der PÜK – bezogen auf die Organe Leber, Herz und Lunge – wurden insgesamt 61 Transplantationsprogramme visitiert, davon 24 Leber-, 23 Herz- und 14 Lungentransplantationsprogramme. Die erste Vor-Ort-Prüfung fand bereits am 22. Juni 2012 als Reaktion auf die bekanntgewordenen Missstände und damit noch vor der gesetzlichen Ausweitung der Kompetenzen der PÜK im TPG statt. Am 11. März 2016 konnte die Prüfperiode mit der Prüfung des Lungentransplantationsprogramms des Herzzentrums Leipzig abgeschlossen werden.

1. Prüfungsumfang

Den Regelfall der Prüfungen bildeten die Vor-Ort-Prüfungen.[1] 57 Transplantationsprogramme wurden im Rahmen einer Vor-Ort-Prüfung visitiert. Bei lediglich 4 Programmen machte die PÜK aufgrund der jeweils geringen Fallzahl von der Möglichkeit des schriftlichen Prüfverfahrens Gebrauch.[2] Die Vor-Ort-Prüfungen umfassten insgesamt eine Dauer von 523,2 Stunden. Im Durchschnitt nahm eine Prüfung also 9,7 Stunden in Anspruch.[3] In den meisten Fällen fanden lediglich ein, in den problematischen Fällen dagegen bis zu 9 Prüftermine statt. Die kürzeste Prüfung umfasste 2,5 Stunden, die längste Prüfung über 27,5 Stunden.[4]

Die PÜK untersuchte die an 2153 Patienten durchgeführten Leber-, Herz- und Lungentransplantationen und stellte dabei in 22,6% der Fälle (n = 486) Auffälligkeiten im Zusammenhang mit der Führung der Warteliste bzw. der

---

1 Entsprechend § 16 Abs. 2 GGO-PÜK.

2 In zwei weiteren Zentren fand dagegen trotz geringer Fallzahl eine Vor-Ort-Prüfung statt. Dafür wurden die Prüfungen auf die Jahre 2007 bis 2012 ausgeweitet.

3 Unberücksichtigt bleiben dabei die Prüfungen dreier Programme, deren Dauer den Kommissionsberichten nicht zu entnehmen war. Zudem fehlte bei zwei Programmen die Zeitangabe von einem oder mehreren Prüfterminen.

4 Es ist davon auszugehen, dass die Prüfung des Programms, dessen Prüfung sich über 9 Termine erstreckte, diesen Zeitumfang noch übersteigt. Allerdings fehlten hier entsprechende Zeitangaben.

Meldung allokationsrelevanter Daten an Eurotransplant fest. Darüber hinaus äußerte sie in 27 Fällen Bedenken hinsichtlich der Auswahl eines Patienten im beschleunigten Verfahren, weil entweder die Indikation zur Transplantation fraglich war oder ein anderer Patient vorrangig hätte ausgewählt werden müssen.

21 Transplantationsprogramme wurden seitens der PÜK als unauffällig bewertet. Sie arbeiteten vollständig fehlerfrei. Weitere 26 Programme wurden trotz einzelner Auffälligkeiten insgesamt als ordnungsgemäß beurteilt. In 23 dieser Fälle lagen maximal 5, in den übrigen 3 bis zu 9 fehlerhafte Fälle vor. Die in diesen Programmen festgestellten Auffälligkeiten (n=90) wurden allerdings als Einzelfälle, Versehen oder als das Resultat mangelnder Sorgfalt bewertet, nicht hingegen als systematische Umgehung der Allokationsregeln. Eine derartige Umgehung oder bewusste Manipulation der Richtlinien wurde lediglich in 14 Programmen festgestellt. 81,9% der Patienten, deren Wartelistenführung sich als auffällig erwies, wurden in diesen Zentren bzw. Programmen transplantiert (n=398). Es wurden mithin 18,5% aller überprüften Fälle als systematische Umgehung bzw. bewusste Manipulation bewertet (n=398). Dieser Bewertung des Meldeverhaltens der Transplantationszentren lagen mehrheitlich die Art und die Häufigkeit der festgestellten Verstöße zugrunde. Insbesondere die Manipulation oder Fälschung von Untersuchungsergebnissen und Krankenunterlagen führte zu einer entsprechenden Bewertung.[5] Spitzenreiter waren hierbei ein Herz- sowie ein Lebertransplantationsprogramm. Bei ersterem wurden in 63% der geprüften Fälle, bei letzterem in 60% Auffälligkeiten festgestellt. Eine darüber hinausgehende Feststellung, wie viele der Verstöße als systematisch bzw. manipulativ bewertet wurden sowie welchen Anteil diese im Verhältnis zur Gesamtzahl aller festgestellten Verstöße ausmachten, war nicht möglich, da die Bewertung als systematisch bzw. manipulativ nicht durchgehend an einzelne Verstöße, sondern vielmehr abschließend an das Meldeverhalten eines Transplantationszentrums in seiner Gesamtheit geknüpft wurde.

[5] In einem Fall fehlte die Bewertung durch die PÜK. Aufgrund der Häufigkeit der festgestellten Verstöße in diesem Zentrum (n=17), ist jedoch auch hier von einer systematischen Umgehung der Allokationsregeln auszugehen.

Tabelle 1

Anzahl der festgestellten Auffälligkeiten in den Leber-, Herz- und Lungentransplantationsprogrammen

Organ	*Überprüfte Fälle*	*Fälle mit Auffälligkeiten*	*Anteil von allen überprüften Fällen*	*Überprüfte Programme*	*Programme mit systematischen Verstößen*	*Anteil von allen überprüften Programmen*	*Fälle mit Auffälligkeiten in Programmen mit systematischen Verstößen*	*Anteil von allen überprüften Fällen*
Leber	1136	277	24,4%	24	5	20,8%	217	19,1%
Herz	596	98	16,4%	23	5	21,7%	91	15,3%
Lunge	421	111	26,4%	14	4	28,6%	90	21,4%
Gesamt	*2153*	*486*	*22,6%*	*61*	*14*	*23,0%*	*398*	*18,5%*

An dieser Stelle soll zudem vorab allgemein erläutert werden, warum die hier gefundenen Häufigkeitsverteilungen von den durch *Pohlmann* und *Höly* in ihrer eingangs erwähnten Deutungsmusteranalyse gefundenen Werten abweichen.[6] Zunächst stützen sie sich lediglich auf die Angaben der Tätigkeitsberichte der PÜK aus den Jahren 2012/2013, 2013/2014 und 2014/2015 und lassen dabei unberücksichtigt, dass die Prüfungsperiode bezogen auf den Zeitraum 2010 bis 2012 erst im Berichtszeitraum 2015/2016 abgeschlossen werden konnte. Die Angaben sind daher bereits aus diesem Grund unvollständig. Soweit sie darauf abstellen, dass insgesamt 52 Transplantationsprogramme überprüft wurden, ist unklar, wie diese Anzahl ermittelt wurde. Richtigerweise wurden 61 Transplantationsprogramme auditiert. Auch die Angabe, in 12 Zentren hätten systematische Richtlinienverstöße stattgefunden, ist unzutreffend und geht darauf zurück, dass die Prüfungen zweier Transplantationsprogramme unberücksichtigt geblieben sind, die erst im Berichtszeitraum 2015/2016 abgeschlossen werden konnten.

Aufgrund dieser grundlegenden Differenzen soll im Rahmen der folgenden Darstellung der organspezifischen Häufigkeitsverteilungen nicht erneut auf die Studie von *Pohlmann* und *Höly* eingegangen werden.

2. Mitwirkung und Reaktion der Transplantationszentren

Eine Mitwirkung der Transplantationszentren war im Prüfungsprozess auf zweierlei Weise möglich. Zunächst im Rahmen der (Vor-Ort-)Prüfungen selbst. Ein Transplantationszentrum hat zu Beginn der Auditierung alle Auffälligkeiten, die im Prüfungszeitraum hinsichtlich der eigenen Wartelistenführung aufgetreten sind, proaktiv und vollständig eingeräumt. 12 weitere Zentren haben jedenfalls teilweise vor bzw. während der Prüfungen von sich aus auf Auffälligkeiten und Unregelmäßigkeiten hingewiesen. In 7 Fällen hat zudem – teilweise im Vorfeld, teilweise im Nachgang der Überprüfung durch die PÜK – eine umfassende eigene Aufarbeitung durch interne Prüfungen seitens der Transplantationszentren stattgefunden.

Weiterhin hatten die Zentren die Möglichkeit, zu den vorläufigen Kommissionsberichten der PÜK Stellung zu beziehen. Von dieser Möglichkeit

[6] Vgl. zu den Ergebnissen *Pohlmann/Höly*, KZfSS 2017, 181, 193 f. Sie stellten fest, dass im Rahmen von 1180 überprüften Lebertransplantationen in 220 Fällen Auffälligkeiten angemahnt wurden, was einem Anteil von 19% entspreche. Bei der Herztransplantation fanden sich nach ihren Ergebnissen in 87 von 597 überprüften Fällen Verstöße und damit in 15% der Fälle. Bei der Lungentransplantation beliefe sich dieser Anteil auf 14% (47 Fälle mit Verstößen bei einer Anzahl von 343 geprüften Fällen). Insgesamt seien daher in 354 von 2120 überprüften Fällen Verstöße angemahnt worden, und damit in 17% der überprüften Fälle. Die Anteile liegen damit insgesamt unterhalb der vorliegend gefundenen Werte.

haben alle 14 Zentren, in denen systematische Manipulationen festgestellt wurden, Gebrauch gemacht. Dabei hat lediglich ein Zentrum sämtliche Vorwürfe bestritten, während sich 5 Zentren weitgehend den Feststellungen und Bewertungen der PÜK angeschlossen haben. 3 Zentren haben weit überwiegend oder sogar umfassend davon abgesehen, Ausführungen zu Einzelfällen zu treffen (in einem Fall im Hinblick auf das bereits laufende gerichtliche Verfahren). 4 Zentren haben sich insbesondere gegen die Bewertung gewehrt, bei den festgestellten Auffälligkeiten handele es sich um systematische Manipulationen, da dies eine planvolle Verletzung der einschlägigen Vorgaben impliziere. 2 weitere Zentren wehrten sich gegen den Vorwurf, sie hätten Manipulationen vertuschen wollen oder die Aufklärungsarbeit der PÜK behindert. 3 Zentren wünschten sich eine differenzierte Betrachtung ihrer jeweiligen Kooperationspartner, da insoweit unterschiedliche Verantwortungsbereiche bestanden hätten. Dies betraf Fälle, in denen etwa ein Universitätsklinikum mit einem nahegelegenen weiteren Klinikum derart kooperierte, dass in beiden Kliniken selbstständig Patienten betreut wurden, während lediglich in einem Klinikum verstärkt Auffälligkeiten festgestellt wurden. Die PÜK stützte sich jedoch auf den in den Richtlinien verankerten Begriff des Transplantationszentrums, wonach zwar auch eng in örtlicher Nähe kooperierende, dieselben medizinischen Therapierichtlinien anwendende Krankenhäuser erfasst werden. Die Verantwortlichkeit für die Richtigkeit der im Rahmen des Audit-Prozesses übermittelten Daten sowie die Einhaltung der Vorgaben der Richtlinien verbleibt jedoch beim anmeldenden Transplantationszentrum.[7]

Im Einzelnen stellten sich die Reaktionen der Zentren zu einzelnen Auffälligkeiten wie folgt dar: In 180 Fällen wurden Richtlinienverstöße ausdrücklich eingeräumt. Dagegen wurden sie in 42 Fällen ausdrücklich bestritten. In weiteren 84 Fällen räumten die Zentren zwar ein, dass die Feststellungen der PÜK zutreffend seien. Sie wehrten sich jedoch gegen die daraus gezogenen Schlussfolgerungen (z.B., dass in dem Vorgehen eine Manipulation oder Umgehung gelegen habe) oder boten einen medizinischen Erklärungsansatz an. Insbesondere auf die letzte Fallgruppe wird bei der folgenden Darstellung der einzelnen Auffälligkeiten noch näher einzugehen sein.

Damit zeigen sich insgesamt eine hohe Bereitschaft der Transplantationszentren, an der Aufdeckung etwaiger Missstände mitzuwirken, und gleichzeitig ein relativ hohes Maß an Einsicht, nachdem Auffälligkeiten festgestellt wurden.

---

[7] Vgl. dazu etwa Gliederungspunkt II.1.2.1. der Richtlinien Vermittlung Herz vom 24. Oktober 2009.

II. Ergebnisse der Überprüfung der Lebertransplantationsprogramme

1. Prüfungsumfang

Die Prüfungen der 24 Lebertransplantationsprogramme bildeten den Ausgangspunkt der flächendeckenden Prüfungen der PÜK nach Bekanntwerden der ersten Auffälligkeiten im Universitätsklinikum Göttingen im Jahr 2012. Da die Prüfungen bereits Mitte 2012 begannen, konnte der Prüfungszeitraum abweichend von den Herz- und Lungenprogrammen nicht die Jahre 2010 bis einschließlich 2012 umfassen, sondern bezog sich im Grundsatz auf die Jahre 2010 und 2011. Allerdings wurden die Prüfungen vielfach auf Transplantationen weiterer Jahre ausgeweitet, zum Teil aufgrund geringer Fallzahlen, überwiegend jedoch, da bereits die Prüfung des ursprünglichen Prüfungszeitraums eine hohe Anzahl an Auffälligkeiten erkennen ließ und daher die Vermutung bestand, dass auch in weiteren Zeiträumen Verstöße stattgefunden haben. Dabei wurden in 8 Fällen mitunter Transplantationen aus den Jahren 2007 bis 2013 in die Prüfungen aufgenommen. Aufgrund des insoweit uneinheitlichen Prüfungszeitraums soll darauf verzichtet werden, die Anzahl der überprüften Transplantationen sowie der festgestellten Auffälligkeiten zur Gesamtzahl aller durchgeführten Transplantationen ins Verhältnis zu setzen.

Zudem ist vorab noch einmal darauf hinzuweisen, dass die Stichprobenauswahl der PÜK nicht repräsentativ ist und keine Rückschlüsse auf die Gesamtheit der durchgeführten Transplantationen zulässt, da die überprüften Fälle jeweils nach einem festen Schema gewählt wurden. Dabei wurden gerade die Vorgänge überprüft, in denen das Auftreten von Unregelmäßigkeiten als wahrscheinlich(er) angesehen wurde, namentlich Fälle, in denen der Patient eine Dialyse erhielt oder von Eurotransplant auffällige Laborwerte gemeldet wurden. Weiterhin wurden Fälle überprüft, in denen eine Standard-Exception aufgrund eines Hepatozellulären Karzinoms (vom englischen Hepatocellulare carcinoma, kurz HCC) beantragt worden war oder eine Organzuteilung im beschleunigten Verfahren stattgefunden hatte (vornehmlich bei Patienten mit einem geringen MELD-Score). Bei alkoholinduzierten Erkrankungen wurde die Einhaltung der vorgeschriebenen Karenzzeit nachgefragt. In späteren Prüfungen wurden zudem HU-Anträge untersucht. Das Audit der jeweiligen Patienten erfolgte punktuell im Hinblick auf die genannten Kriterien. So wurde beispielsweise bei einem HCC-Patienten lediglich geprüft, ob die Voraussetzungen der Standard-Exception erfüllt waren. Hatte dieser Patient sein Organ zudem im beschleunigten Verfahren erhalten, wurde dessen Auswahl nicht zwingend überprüft. Im Gegensatz dazu fanden im Rahmen der Herz- und Lungentransplantationsprogramme umfassendere Überprüfungen der einzelnen Patienten statt. Die internen Kommissionsberichte zu den

Leberprogrammen sind daher sehr viel weniger aussagekräftig als die zeitlich nachfolgenden Berichte zu den Herz- und Lungentransplantationsprogrammen.

Die PÜK hat die an 1136 Patienten durchgeführten Lebertransplantationen überprüft und dabei in 24,3 % der Fälle Auffälligkeiten festgestellt (n=277). Die weit überwiegende Anzahl der Lebertransplantationsprogramme arbeitete ordnungsgemäß. 5 Programme wurden als unauffällig, weitere 14 trotz einzelner Auffälligkeiten als ordnungsgemäß bewertet. In nur 5 der 24 Programme enthüllte die PÜK systematische Verstöße.[8] Insgesamt entfielen 78,3 % der Fälle, in denen Auffälligkeiten ausgemacht wurden, auf diese 5 Transplantationszentren und deren Leberprogramme (n=217).

Tabelle 2

Anzahl der festgestellten Auffälligkeiten in den Lebertransplantationsprogrammen

Leber	*Überprüfte Fälle*	*Fälle mit Auffälligkeiten*	*Anteil*	*Systematische Verstöße*
Aachen	46	8	17,4 %	nein
Berlin	20	0	0,0 %	nein
Bonn	29	3	10,3 %	nein
Erlangen	29	3	10,3 %	nein
Essen	*69*	*17*	*24,6 %*	*ja*
Frankfurt am Main	28	3	10,7 %	nein
Göttingen	*104*	*62*	*59,6 %*	*ja*
Hamburg-Eppendorf	19	0	0,0 %	nein
Hannover	30	0	0,0 %	nein
Heidelberg	22	5	22,7 %	nein
Homburg / Saar	29	5	17,2 %	nein
Jena	62	9	14,5 %	nein

(Fortsetzung nächste Seite)

[8] Hinsichtlich eines Programms fehlt die Bewertung der PÜK. Aufgrund der Häufigkeit der festgestellten Verstöße ist jedoch auch hier von einer Einordnung als manipulativem Vorgehen auszugehen.

(Fortsetzung Tabelle 2)

Leber	*Überprüfte Fälle*	*Fälle mit Auffällig-keiten*	*Anteil*	*Systematische Verstöße*
Kiel	23	4	17,4%	nein
Köln	18	4	22,2%	nein
Leipzig	*235*	*74*	*31,5%*	*ja*
Magdeburg	19	0	0,0%	nein
Mainz	21	3	14,3%	nein
München r. d. I.	*134*	*39*	*29,1%*	*ja*
München-Großhadern	36	7	19,4%	nein
Münster	*67*	*25*	*37,3%*	*ja*
Regensburg	29	2	6,9%	nein
Rostock	18	2	11,1%	nein
Tübingen	37	2	5,4%	nein
Würzburg	12	0	0,0%	nein
Gesamt	*1136*	*277*	*24,4%*	

2. Allgemeine Patientendaten

Vorab sollen einige allgemeine Patientendaten vorgestellt werden, namentlich die der Transplantation zugrundeliegende Diagnose, das Alter sowie der Versicherungsstatus der Patienten. Denn im Folgenden wird die Diagnose mitunter einen Ansatzpunkt für die Beurteilung von Richtlinienverstößen bilden. Das Alter sowie der Versicherungsstatus kommen als relevante Bezugspunkte einer Bevorzugung bestimmter Patientengruppen in Betracht.

Von den diversen zu einer Lebertransplantation führenden Grunderkrankungen sollen hier nur die vielfach in den Berichten genannten aufgegriffen werden. Die am häufigsten zugrunde liegende Diagnose war das HCC, das in 211 Fällen isoliert und in 165 Fällen kombiniert mit einer weiteren Erkrankung als Grund für die Transplantation angegeben wurde. Es folgen die alkoholinduzierte Leberzirrhose bzw. andere alkoholinduzierte Erkrankungen in 198 Fällen isoliert bzw. in 127 Fällen kombiniert mit weiteren Erkrankungen. Insbesondere litten 86 Patienten sowohl an einer alkoholinduzierten Leberzirrhose als auch an einem HCC. Andere Formen der Leberzirrhose stellten in 112 Fällen die Indikation zur Lebertransplantation dar (davon in 73 Fällen kombiniert mit einer weiteren Erkrankung, oftmals einem Hepatitis B oder C Virus). Außerdem handelte es sich in 170 Fällen um eine Retransplantation.

In der weit überwiegenden Anzahl der Fälle wurde das Geburtsdatum des Transplantationskandidaten nicht in den internen Bericht aufgenommen, sodass das Alter der Patienten nicht ermittelbar war. Daher war eine Untersuchung einzelner Altersgruppen bei diesem Organ nicht möglich.

Bei 38,7% der überprüften Patienten wurde ausdrücklich angegeben, dass sie gesetzlich versichert waren (n=440), während nur 5,5% der Patienten einen privaten Versicherungsstatus hatten (n=63). Bei mehr als der Hälfte der Patienten wurde dagegen keine Aussage zum Versicherungsstatus getroffen.

3. Die Organvermittlung

a) Allgemeines

Im Fokus der Untersuchung durch die PÜK standen die Wartelistenführung und das Meldeverfahren der Transplantationszentren im Hinblick auf eine Organzuteilung im Standardverfahren. Anders als im beschleunigten Vermittlungsverfahren, in dem die Patientenauswahl letztlich durch das betreuende Transplantationszentrum erfolgt, wirken sich Falschmeldungen hinsichtlich allokationsrelevanter Patientendaten im Standardverfahren direkt auf die durch Eurotransplant getroffene Vermittlungsentscheidung aus. Bei 73,6% der Patienten fand(en) eine (oder mehrere) Organzuteilung(en) im Standardverfahren statt (n=836).[9] Daneben wurden 30,4% der Patienten im beschleunigten Vermittlungsverfahren berücksichtigt (n=345).[10]

12,9% aller Patienten hatten zum Zeitpunkt der Organzuteilung den HU-Status (n=146). Soweit ersichtlich wurde nur einer dieser Patient im beschleunigten Verfahren transplantiert, während die übrigen ein Organ im Standardverfahren erhielten. In der Regel hat die PÜK bei HU-Patienten lediglich einen HU-Antrag überprüft, namentlich in 87% der Fälle (n=127). In

---

[9] Soweit sich den internen Berichten nicht entnehmen ließ, dass die Transplantation im beschleunigten Verfahren stattfand, war davon auszugehen, dass es sich um eine Standardzuteilung handelte.

[10] Die Überschreitung der Gesamtzahl aller überprüften Lebertransplantationskandidaten ergibt sich daraus, dass einige der Patienten im Prüfungszeitraum eine oder sogar mehrere Retransplantationen erhielten. Hat ein Patient ein oder einen Teil seiner Organe im Standardverfahren, einen anderen Teil dagegen im beschleunigten Vermittlungsverfahren erhalten, wurde er an dieser Stelle doppelt erfasst.

9% der Fälle wurden 2 (n=13), in lediglich einem Fall 3 Anträge geprüft.[11] Der Grund dafür, dass der HU-Status bei der Lebertransplantation keine so große Rolle spielt wie etwa bei der Herztransplantation, liegt darin, dass mit dem MELD-Score bereits ein System besteht, dass auch besonders gefährdete Patienten berücksichtigt und die besondere Dringlichkeit bei Lebensgefahr (denn genau das drückt der MELD ja aus) angibt, sodass der HU-Status darüber hinaus nur im Einzelfall relevant wird.

In etwa der Hälfte der Fälle führte der labMELD des Patienten zur Allokation (n=571). Fast einem Drittel der Organzuteilungen lag dagegen ein SE-MELD zugrunde (n=338). Lediglich 4 Fällen ließ sich entnehmen, dass ein Non-SE-MELD zur Organzuteilung führte.[12] Der niedrigste labMELD lag dabei bei einem Wert von 6 (n=8, davon 7-mal Zuteilung im beschleunigten Verfahren). Der höchste erhobene Wert lag bei 40 (n=102), was den maximal möglichen zu berücksichtigenden MELD-Score darstellt.[13] Im Durchschnitt erfolgte die Organzuteilung bei einem labMELD von 27. Davon nur geringfügig abweichend lag der Median bei 30.[14]

In 94% der Fälle, in denen der labMELD des Patienten zum Zeitpunkt der Transplantation einen Wert von maximal 15 Punkten erreichte, fand die Organzuteilung im Wege des beschleunigten Verfahrens statt (140 von 149 Fällen). Bei Patienten mit einem labMELD über 15 betrug diese Rate dagegen nur 18,8% (78 von 414 Fällen). Dennoch lässt sich daraus nicht ohne Weiteres schließen, dass Patienten mit einem geringeren MELD höhere Chancen haben, ein Organ im Wege des beschleunigten Verfahrens zu erhalten. Insoweit ist nämlich zu beachten, dass die von der PÜK gewählte Stichprobe nicht repräsentativ ist, da im Bereich des beschleunigten Verfahrens gerade die Fälle überprüft wurden, in denen die Patienten einen labMELD unter 15 aufwiesen. Rückschlüsse auf die Gesamtheit aller Transplantationen lassen sich daher aus diesen Zahlen nicht ziehen.

b) Das beschleunigte Vermittlungsverfahren

Das beschleunigte Vermittlungsverfahren steht nach wie vor in der Kritik. Anders als im Standardverfahren, das strengen Verteilungsregeln unterliegt,

[11] In 4 Fällen ließen sich den Berichten entsprechende Angaben nicht entnehmen.

[12] Bei 265 Patienten fanden sich keine Angaben zu Art des MELD-Scores bei der Organzuteilung. Die Überschreitung der Gesamtzahl aller Patienten ergibt sich erneut aufgrund der erfolgten Retransplantationen.

[13] Zwar ist rechnerisch ein MELD-Score bis zu 42 möglich. Der errechnete Wert wird jedoch auf maximal 40 begrenzt, Gliederungspunkt III.5.2.2.1. der Richtlinien Leber vom 26. März 2011.

[14] Unberücksichtigt blieben an dieser Stelle 8 Fälle, in denen die Höhe des labMELD nicht benannt war.

existieren im beschleunigten Verfahren keine konkreten Vorgaben zur Patientenauswahl. Diese wird vielmehr weitgehend in das Entscheidungsermessen der zuständigen Ärzte des behandelnden Transplantationszentrums gelegt.[15] Daher galt es vorliegend zu untersuchen, inwieweit auch im beschleunigten Verfahren eine einheitliche Patientenauswahl gegeben ist und ob die angewandten Kriterien tatsächlich stark von den im Standardverfahren geltenden Algorithmen abweichen.

Hinsichtlich der 345 Patienten, die ihr Organ über das beschleunigte Vermittlungsverfahren erhielten, wurde nur in 147 Fällen die Auswahl des Patienten durch das jeweils behandelnde Transplantationszentrum geprüft bzw. diese Auswahl in den internen Kommissionsberichten näher dargelegt. Die Auswahlkriterien der Zentren sowie deren Bewertung durch die PÜK sollen im Folgenden näher dargestellt werden.

aa) Angewandte Auswahlkriterien bzw. Indikation

Ursprüngliches Anliegen dieser Arbeit war, zu untersuchen, anhand welcher Kriterien die Transplantationszentren im beschleunigten Verfahren gerade den schließlich transplantierten Kandidaten ihrer internen Warteliste ausgewählt und ob sie ihm zu Recht den Vorrang gegenüber anderen ebenfalls in Betracht kommenden Patienten gegeben haben. Während diese Auswahlentscheidung bei den Organen Herz und Lunge anhand der internen Kommissionsberichte nachvollzogen werden konnte, war dies bei dem Organ Leber nur teilweise möglich. Denn insoweit haben die Kommissionen überwiegend nicht die Auswahl eines Patienten im Verhältnis zu anderen Patienten der internen Warteliste überprüft, sondern seine Auswahl vielmehr isoliert betrachtet, d.h. geprüft, ob bei diesem Patienten eine Indikation zur Transplantation dargelegt werden konnte.

Als echte Abwägungskriterien wurden lediglich genannt, dass ein alternativ in Betracht gekommener Patient die Durchführung einer Transplantation ablehnte, aufgrund eines fortgeschrittenen HCC nicht in Betracht kam oder nicht erreichbar war (jeweils in einem Fall benannt).

Daneben wurden eine Vielzahl an Indikationskriterien genannt, die ganz überwiegend – aber nicht ausschließlich – medizinischer Natur waren. Wenn die Blutgruppe des ausgewählten Patienten auch nur selten genannt wurde (n=4), ist davon auszugehen, dass die Kompatibilität zum Spender – als Grundvoraussetzung des Erfolgs einer jeden Transplantation – stets beachtet wurde. Die am Häufigsten genannten Kriterien waren das Vorliegen von Enzephalopathien (n=47), Aszites (n=53), Varizenblutungen (n=31) sowie

---

[15] Vgl. dazu bereits Gliederungspunkt C.I.2.b)cc).

einer Dekompensation (n=26).[16] Daneben wurden oftmals ein reduzierter Allgemeinzustand bzw. ein schlechter klinischer Zustand (n=23) sowie die eingeschränkte Leistungsfähigkeit des Patienten als Grund für die Auswahl genannt (n=9). Vielfach führte zudem eine HCC Erkrankung des Patienten zu seiner Auswahl (n=16). Auch die Übereinstimmung zwischen Spender und Empfänger hinsichtlich Größe und/oder Gewicht (n=8) bzw. Alter (n=3) war relevant. In anderen Fällen wurde dagegen nicht auf eine Übereinstimmung, sondern auf ein relativ junges Alter des Empfängers abgestellt (n=3). Weiterhin floss der MELD-Score auf unterschiedliche Weise in die Auswahlentscheidungen der Zentren ein. Während in einem Fall gerade auf einen niedrigen MELD abgestellt wurde, wurde in anderen Fällen ein hoher (oder jedenfalls höherer) MELD-Wert genannt (n=6). In weiteren Fällen hieß es, der MELD habe den Gesundheitsstatus des Patienten nicht richtig abgebildet (n=3). Soweit daneben auf schlechte Laborwerte (Bilirubin, Kreatinin und Quick-Wert) der Patienten verwiesen wurde (n=7), handelte es sich dabei ebenfalls um Werte, die in der Höhe des MELD-Score des Patienten zum Ausdruck gekommen sein müssten. In einigen Fällen spielte außerdem die räumliche Nähe des ausgewählten Patienten eine Rolle bzw. die Tatsache, dass er sich bereits in stationärer Behandlung befand (n=7). Auch die Erfolgsaussichten einer Transplantation wurden berücksichtigt (n=6). Schließlich wurde vereinzelt angegeben, der Patient sei deshalb ausgewählt worden, da das beschleunigte Verfahren die einzige Chance auf eine (baldige) Organzuteilung darstellte (n=4).[17]

bb) Bewertung und Nachweis der Kriterien

Die Patientenauswahl anhand der genannten Kriterien wurde seitens der PÜK überwiegend als nachvollziehbar bewertet. Der Nachweis durch eine interne Warteliste des jeweiligen Transplantationszentrums spielte hier keine Rolle, da überwiegend nur eine isolierte Begründung der Auswahl des Patienten erfolgte. Insofern genügte die Einsicht in die Patientenunterlagen, um die genannten Kriterien nachzuvollziehen.

In 22 Fällen äußerte die PÜK jedoch Bedenken an der Indikation zur Transplantation, in einem weiteren Fall stellte sie Kontraindikationen fest. Zwar wurden in diesen Fällen mitunter die gleichen Auswahlkriterien angegeben, die in den übrigen Fällen als ausreichend bewertet wurden wie etwa

[16] Die genannten Kriterien führten jeweils nicht isoliert, sondern in Kombination mit weiteren der aufgeführten Kriterien zur Patientenauswahl.

[17] Daneben wurden insgesamt 40 weitere verschiedene Kriterien vereinzelt genannt, etwa die Länge der Wartezeit, eine gute Compliance des Patienten oder das Vorliegen von Ödemen. In einem Fall gab das Transplantationszentrum an, die Patientenauswahl nicht mehr nachvollziehen zu können.

das Vorliegen von Varizenblutungen oder Aszites.[18] Vielfach führte die PÜK in diesen Fällen jedoch aus, dass der Patient lediglich einen niedrigen MELD-Wert hatte, dieser teilweise sogar noch gesunken sei, und der Verdacht bestehe, dass nicht alle möglichen alternativen Therapieoptionen genutzt wurden. Auch waren die Laborwerte der betroffenen Patienten mitunter nicht so schlecht oder hatten sich sogar noch verbessert, sodass nicht ersichtlich war, weshalb überhaupt (schon) eine Lebertransplantation durchgeführt worden war. 17 dieser Indikationsfälle fanden dabei an einem einzigen Transplantationszentrum statt.

cc) Abweichende Organzuteilung

An dieser Stelle sollte untersucht werden, ob Transplantationszentren bestimmte Patienten ihrer Warteliste als „Staubsauger" benutzen, um im Wege des beschleunigten Verfahrens Organe zu erhalten, die sie dann intern anderen Patienten der eigenen Warteliste zuteilen können. Es bestand der Verdacht, dass Zentren bei einem kompetitiven Zentrumsangebot einen Patienten als den am besten geeigneten an Eurotransplant gemeldet haben könnten, obwohl dieser tatsächlich von vornherein zu diesem Zeitpunkt nicht transplantabel oder nicht erreichbar war, um zunächst einmal den Zuschlag für das Organ zu erhalten und dann erst zu prüfen, welcher Patient der eigenen Warteliste das Organ stattdessen erhalten soll.[19]

Tatsächlich stellte die PÜK in 15 Fällen fest, dass das Organ abweichend von dem ursprünglichen Organangebot von Eurotransplant an einen bestimmten Patienten letztlich einem anderen Patienten des gleichen Zentrums im Wege des beschleunigten Verfahrens implantiert wurde. Allerdings konnten die Zentren die abweichende Implantation jeweils unter Hinweis auf Inkompatibilitäten (Gewichtabweichung, Marginalität des Spenderorgans) oder Komplikationen bei der Operation des ursprünglichen Empfängers (etwa Herzversagen, inoperables HCC) begründen. Es war daher nicht ersichtlich, dass der ursprüngliche Patient als „Staubsauger" eingesetzt worden wäre und die Zentren versucht hätten, die Bedingungen des beschleunigten Verfahrens auszunutzen, um mehr Organe für die eigenen Patienten zu erhalten.

---

[18] In 12 dieser Fälle ließen sich die Auswahlkriterien dagegen nicht den Berichten entnehmen.

[19] Dieses Vorgehen war in der zweiten Prüfungsperiode der PÜK bezogen auf Lebertransplantationen der Jahre 2012 bis 2015 offenbar geworden, vgl. dazu den Kommissionsbericht der PÜK zur Prüfung des Lebertransplantationsprogrammes des Universitätsklinikums Essen am 9. und 10. Mai 2016 sowie am 12. und 13. Dezember 2016, abrufbar unter http://www.bundesaerztekammer.de/fileadmin/user_upload/downloads/pdf-Ordner/Transplantation/KB_GESTP_Le_mG_2016-05-09-10-12-12-13_final_schwarz.pdf (letzter Abruf am 17. Juni 2018).

dd) Auffälligkeiten und Vergleich zum Standardverfahren

Teilweise scheint sich die Kritik an der Handhabung des beschleunigten Vermittlungsverfahrens[20] nach den obigen Ergebnissen zu bestätigen, da es mitunter zu einer unterschiedlichen Berücksichtigung desselben Kriteriums durch die Zentren kommt. So wurden das Alter des Empfängers sowie dessen MELD-Score auf unterschiedliche bzw. sogar gegensätzliche Weise herangezogen. Wenn die Auswahlentscheidungen für sich betrachtet jeweils auch nachvollziehbar waren, so zeigt sich dennoch in der Gesamtschau eine gewisse Uneinheitlichkeit des Verfahrens. Zudem weicht insbesondere die Auswahl aufgrund eines geringen MELD-Score deutlich von den im Standardverfahren zugrunde gelegten Kriterien – wonach grundsätzlich der Patient mit dem höchsten MELD-Score das Organ erhält – ab. In diesem Zusammenhang erscheint auch die vereinzelt angeführte Argumentation bedenklich, der Patient sei ausgewählt worden, da er außerhalb des beschleunigten Verfahrens keine Chance auf eine (baldige) Organzuteilung habe. Soweit dadurch der Eindruck entsteht, es würden im beschleunigten Verfahren im Gegensatz zum Standardverfahren gerade und vermehrt Patienten mit einem geringen MELD ausgewählt, ist erneut darauf hinzuweisen, dass durch die PÜK vorrangig Auswahlentscheidungen geprüft wurden, in denen der Patient einen MELD von unter 15 aufwies. Beachtlich sind an dieser Stelle jedoch die Ausführungen zweier Transplantationszentren, die ausdrücklich darauf hinwiesen, sie würden im beschleunigten Verfahren Patienten mit geringem MELD den Vorzug geben, da diese bei den in diesem Verfahren vermittelten marginalen Organen eine bessere Erfolgsaussicht hätten als Patienten mit einem hohen MELD.

4. Auffälligkeiten im Rahmen der Führung der Warteliste

Kernstück der vorliegenden Auswertung bildete die Frage, ob und auf welchem Weg die Transplantationszentren versucht haben, die jeweiligen Vorgaben zur Führung der Warteliste zu umgehen, um den eigenen Patienten bei der Organzuteilung einen Vorteil zu verschaffen. Es soll daher näher beleuchtet werden, inwiefern allokationsrelevante Patientendaten manipuliert oder jedenfalls unzutreffend an Eurotransplant gemeldet wurden und weshalb dies einen Vorteil für die jeweiligen Patienten darstellte. Dabei ist zunächst irrelevant, ob die Organzuteilung schließlich im Standard- oder im beschleunigten Vermittlungsverfahren erfolgte, da alle Transplantationskandidaten auf einer einheitlichen Warteliste geführt werden und zum Zeitpunkt der Meldung der Patientendaten an Eurotransplant nicht ersichtlich ist, in welchem Verfahren die Organzuteilung schließlich erfolgen wird. Relevant wird diese

[20] Vgl. etwa *Schroth*, NStZ 2013, 437, 439; *Höfling*, medstra 2015, 85, 89.

Unterscheidung erst bei der Beurteilung der Allokationsrelevanz der festgestellten Verstöße.

Insgesamt wurden in 277 Fällen – und damit in fast einem Viertel der überprüften Fälle – Auffälligkeiten bei der Führung der Warteliste bzw. Meldung an Eurotransplant durch die Transplantationszentren festgestellt. In 83 % und damit in der ganz überwiegenden Anzahl dieser Fälle trat lediglich eine Art von Auffälligkeiten (n = 230), in 15 % zwei verschiedene (n = 84) und in 2 % der Fälle 3 verschiedene Auffälligkeiten auf (n = 15), sodass sich die Gesamtzahl der festgestellten Auffälligkeiten auf 329 beläuft.[21]

a) Art der festgestellten Auffälligkeiten

Die Art dieser Auffälligkeiten ist vielfältiger Natur und reicht von der unberechtigten Aufnahme in die Warteliste zur Lebertransplantation über Manipulationen zur Erreichung eines höheren labMELD oder eines exceptional-MELD bis hin zu Versuchen, den HU-Status für Patienten zu erlangen, die die nach den Richtlinien der Bundesärztekammer vorgeschriebenen Kriterien für die Anerkennung dieser Dringlichkeitsstufe nicht erfüllen.

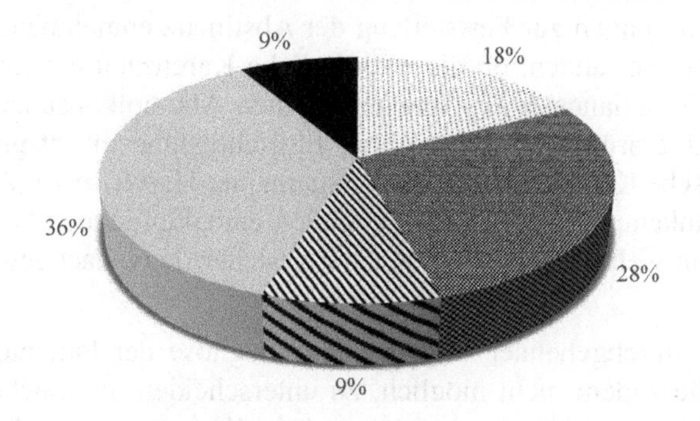

Abbildung 1: Art der festgestellten Auffälligkeiten Leber

---

[21] Soweit in einem Fall dieselbe Art von Auffälligkeiten mehrmals festgestellt wurde – was keine Seltenheit darstellte –, wurde dies nicht gesondert erfasst.

aa) Aufnahme in die Warteliste ohne Einhaltung der sechsmonatigen Alkoholkarenzzeit

Nach den Richtlinien der Bundesärztekammer zur Lebertransplantation erfolgt die Aufnahme in die Warteliste bei Patienten mit einer alkoholbedingten Leberzirrhose erst dann, wenn sie eine Alkoholkarenzzeit von mindestens sechs Monaten eingehalten haben.[22] Liegt der Indikation zur Lebertransplantation eine andere Grunderkrankung zugrunde, sehen die Richtlinien zwar keine zwingende Karenzzeit vor. Ein fortdauernder Alkoholkonsum kann in diesen Fällen jedoch eine Kontraindikation zur Transplantation darstellen, wenn sich daraus eine mangelnde Compliance des Patienten ergibt.[23]

(1) Feststellungen der PÜK

In 51 Fällen rügte die PÜK die Aufnahme in die Warteliste unter Verstoß gegen das Erfordernis dieser Abstinenzzeit, da der letzte Alkoholkonsum des Patienten weniger als sechs Monate zurücklag oder jedenfalls ein entsprechender Verdacht bestand. In weiteren 7 Fällen ließen sich den Krankenunterlagen trotz alkoholinduzierter Genese der Erkrankung des Patienten gar keine Ausführungen zur Feststellung der Abstinenz entnehmen, sodass ebenfalls Zweifel bestanden, ob die erforderliche Karenzzeit eingehalten worden bzw. die Compliance trotz vorangegangenen Alkoholkonsums anzunehmen war. Die Überprüfung erfolgte durch Einsichtnahme in entsprechende psychosomatische Konsile oder anhand allgemeiner Hinweise zur Alkoholkarenz in den Krankenunterlagen. Die Richtlinien enthalten jedoch keinerlei Vorgaben dazu, in welcher Weise die Karenz gesichert bzw. nachgewiesen werden muss.[24]

Mangels durchgehender Angaben zur Diagnose der Patienten, war es an dieser Stelle zudem nicht möglich, zu unterscheiden, in welchen Fällen tatsächlich die Einhaltung der sechsmonatigen Karenzzeit erforderlich war, die die Richtlinien nur bei Patienten mit einer alkoholinduzierten Leberzirrhose vorschreiben. Bei Patienten mit anderen Grunderkrankungen könnte die Compliance auch bei einer kürzeren Abstinenzzeit bejaht werden. Ob die Abstinenzzeit im Einzelfall aufgrund des Vorliegens einer alkoholinduzierten Leberzirrhose oder im Hinblick auf eine möglicherweise mangelnde Compli-

---

[22] Gliederungspunkt III.2.1. der Richtlinien Leber vom 26. März 2011.

[23] Gliederungspunkt I.4. der Richtlinien Leber vom 26. März 2011; dazu bereits Gliederungspunkt C.I.1.b)aa).; sowie *Bader*, Organmangel, S. 209 und 247, der das Erfordernis der Alkoholkarenz als Sonderfall der Compliance bezeichnet.

[24] Vgl. zu den nunmehr konkretisierenden Vorgaben hinsichtlich der Anamnese der Alkoholabstinenz Gliederungspunkt E.II.4.a)aa)(3).

ance geprüft wurde, lässt sich den Ausführungen der Kommissionsberichte nicht entnehmen.

(2) Verfassungsrechtliche Einwände gegen die Abstinenzklausel

Das Erfordernis der Einhaltung einer sechsmonatigen Abstinenzzeit bei Patienten, die an einer alkoholinduzierten Leberzirrhose leiden, sieht sich im Schrifttum erheblicher verfassungsrechtlicher Kritik ausgesetzt.[25] Zuletzt hatten sich auch das LG Göttingen in seinem Urteil im Strafverfahren wegen des sog. Göttinger Organallokationsskandals gegen den Leiter der Transplantationsmedizin des Universitätsklinikums Göttingen[26] sowie nachfolgend der BGH[27] mit dieser Frage auseinanderzusetzen. Ausgangspunkt der verfassungsrechtlichen Bewertung bildet die Tatsache, dass allen Patienten, die eine Organtransplantation benötigen, ein derivativer Teilhabeanspruch an dem vorhandenen Organaufkommen zusteht. Die Realisierung dieses Anspruchs setzt zwingend die Aufnahme in die Warteliste eines Transplantationszentrums voraus, da die Patienten nur dann auf die einheitliche Warteliste der Vermittlungsstelle aufgenommen werden und am Allokationsverfahren teilnehmen. Diesen Anspruch beeinträchtigt die Regelung zur sechsmonatigen Abstinenzzeit. Patienten, die an einer alkoholinduzierten Leberzirrhose leiden, werden zudem anders behandelt als Patienten, die aufgrund einer anderen Erkrankung zur Lebertransplantation angemeldet werden und denen der Zugang in die Warteliste insoweit uneingeschränkt offen steht. Aufgrund dieser Ungleichbehandlung im grundrechtsrelevanten Bereich kann sich ein Verstoß gegen Art. 2 Abs. 1 S. 1 i.V.m. Art. 1 Abs. 1 i.V.m. Art. 3 Abs. 1 GG ergeben, weshalb die Regelung materiell verfassungswidrig und damit rechtlich unverbindlich sein könnte.[28]

Es kommt dagegen nicht darauf an, ob die Abstinenzklausel bereits deshalb verfassungswidrig ist, weil es ein Kriterium der Erfolgsaussicht darstellt und deshalb gegen das Gebot der Lebenswertindifferenz verstoßen könnte. Zwar wird vertreten, dass die Berücksichtigung der Erfolgsaussicht stets zu einer quantitativen Bewertung des Patienten(über)lebens führe und damit eine unzulässige Abwägung Lebens gegen anderes Leben darstelle, weshalb sich die Organallokation allein an der Dringlichkeit der Transplantation auszurichten habe, während die Erfolgsaussichten jenseits einer Minimalnutzen-

[25] Vgl. statt vieler *Bader*, Organmangel, S. 248 ff.; *Höfling*, medstra 2015, 85, 91 f.; *Weigel*, Organvermittlung und Arzthaftung, S. 98 ff.

[26] LG Göttingen, Urteil vom 06. Mai 2015 – 6 Ks 4/13 –, juris.

[27] BGH NJW 2017, 3249 ff.

[28] So im Ergebnis LG Göttingen, Urteil vom 06. Mai 2015 – 6 Ks 4/13 –, juris, Rn. 1832; dem folgend BGH NJW 2017, 3249, 3252.

schwelle nicht berücksichtigt werden dürften.[29] Das Kriterium der Erfolgsaussicht ist in den §§ 10 Abs. 2 Nr. 2 sowie 12 Abs. 4 S. 2 Nr. 3 TPG gesetzlich normiert. Da es sich bei diesen Vorschriften um formelle Gesetze handelt, liegt das Verwerfungsmonopol insoweit beim BVerfG. Solange das BVerfG nicht die Verfassungswidrigkeit und folglich die Nichtigkeit dieser Vorgaben festgestellt hat, beanspruchen sie weiterhin Geltung. Daher kann sich aus dieser Argumentation keine Unverbindlichkeit der Abstinenzklausel für die Transplantationszentren ergeben.[30] Eine solche kann nur dann angenommen werden, wenn die Richtlinienregelung selbst materiell verfassungswidrig und aus diesem Grund rechtlich unverbindlich ist.[31]

Es stellt sich also die Frage, ob eine nicht gerechtfertigte Ungleichbehandlung dadurch vorliegt, dass Patienten, die an einer alkoholinduzierten Leberzirrhose leiden, erst nach sechsmonatiger Alkoholabstinenz in die Warteliste zur Lebertransplantation aufgenommen werden dürfen. Der Maßstab für die Beurteilung einer möglichen Rechtfertigung beurteilt sich nach der Rechtsprechung des BVerfG bei Ungleichbehandlungen, die an Personengruppen und nicht lediglich an Sachverhalte anknüpfen, nicht bloß nach dem Willkürverbot, sondern ist streng an den Verhältnismäßigkeitsgrundsatz gebunden.[32] Vorliegend bedeutet dies, dass das Ausmaß der Posteriorisierung von Patienten mit einer alkoholinduzierten Leberzirrhose gegenüber anderen Patienten nicht außer Verhältnis zu dem Grund für die Ungleichbehandlung, insbesondere also zur Größe der Differenz der Erfolgsaussichten dieser beiden Personengruppen stehen darf.[33]

(a) Selbstverschulden

Die Ungleichbehandlung kann zunächst nicht unter Hinweis darauf gerechtfertigt werden, dass Patienten mit einer alkoholinduzierten Leberzirrhose ihre Erkrankung selbst verschuldet hätten. Zum einen ist es unzutreffend, dass alkoholabhängige Patienten ihre Krankheit stets selbst zu verantworten haben. Vielmehr spielen hier etwa auch genetische Faktoren eine Rolle.[34] Zum anderen steht der derivative Teilhabeanspruch am vorhandenen Organ-

---

[29] Vgl dazu grundlegend *Gutmann/Fateh-Moghadam*, Rechtsfragen der Organverteilung II, S. 80 ff.; bei der Beurteilung der Abstinenzklausel auf diese Erwägungen abstellend *Weigel*, Organvermittlung und Arzthaftung, S. 98 f.

[30] So zutreffend *Vieser*, medstra 2016, 249, 256.

[31] Vgl. dazu bereits die Differenzierung zwischen formeller und materieller Verfassungswidrigkeit unter Gliederungspunkt B.I.3.dd).

[32] BVerfGE 90, 46, 56; BverfGE 91, 346, 362f.; BverfGE 99, 367, 388; BverfGE 100, 195, 205; BVerfGE 103, 310, 318f.; BVerfGE 116, 135, 160.

[33] *Dannecker/Streng-Baunemann*, NStZ 2014, 673, 677.

[34] *Alleman et al.*, SWM 2002, 296, 296; *Vieser*, medstra 2016, 249, 256.

aufkommen wegen des Gebots der Lebenswertindifferenz auch Patienten zu, die ihre Erkrankung selbst verschuldet haben.[35]

(b) Rückgang der Spenderzahlen

Auch der vom LG Göttingen kurz erwähnte – aber zu Recht schnell verworfene – Gedanke, es könne zu einem Akzeptanzverlust in der Bevölkerung und einem weiteren Rückgang der Spenderzahlen kommen, wenn man „jeden von der Theke auf den Tisch" transplantieren würde, kann nicht zu einer Rechtfertigung führen. Insoweit fehlt es bereits an gesicherten, diese These stützenden Erkenntnissen.[36]

(c) Erhöhte Gefahr von Rückfall und Transplantatverlust

Es kann mithin nur eine medizinische Begründung für die Ungleichbehandlung durchgreifen. Dabei kommen zwei Argumentationsansätze in Betracht. Das erste Argument knüpft an die Erfolgsaussicht im Sinn von § 10 Abs. 2 Nr. 2 TPG an und besagt, dass die Rückfallgefahr – und folglich die Gefahr eines Transplantatverlustes – geringer ist, wenn ein Patient vor seiner Aufnahme in die Warteliste eine sechsmonatige Alkoholabstinenz eingehalten hat.[37] Die Studienlage zu einem möglichen Rückfall eines Patienten mit einer alkoholinduzierten Lebererkrankung nach einer Lebertransplantation ist allerdings höchst uneinheitlich. Die Rückfallraten variieren in verschiedenen Studien zwischen 10 und 95 %, abhängig vom jeweiligen Studiendesign, der Dauer des Beobachtungszeitraums und insbesondere der Definition dessen, ab wann überhaupt von einem Rückfall auszugehen ist.[38] Im Vergleich der Patienten, die vor der Transplantation eine sechsmonatige Abstinenzzeit eingehalten hatten, gegenüber solchen, die lediglich eine kürzere Abstinenzzeit vorweisen konnten, weisen einige Studien allerdings auf eine signifikant höhere Rückfallrate der zweiten Gruppe hin, woraus von einem Teil des einschlägigen Schrifttums geschlussfolgert wird, dass die Einhaltung der sechsmonatigen Abstinenzzeit die Wahrscheinlichkeit eines Rückfalls jedenfalls verringert.[39] Umgekehrt existieren aber auch Studien, die einen entsprechen-

[35] *Dannecker/Streng-Baunemann*, NStZ 2014, 673, 677; *Vieser*, medstra 2016, 249, 256; LG Göttingen, Urteil vom 06. Mai 2015 – 6 Ks 4/13 –, juris, Rn. 1855 f.

[36] *Vieser*, medstra 2016, 249, 256.

[37] LG Göttingen, Urteil vom 06. Mai 2015 – 6 Ks 4/13 –, juris, Rn. 1842.

[38] *Iruzubieta et al.*, WJG 2013, 9198, 9199; auf die unterschiedlichen Rückfall-Definitionen verweist auch *Spree*, Lebertransplantation bei äthyltoxischer Lebererkrankung, S. 9.

[39] *Spree*, Lebertransplantation bei äthyltoxischer Lebererkrankung, S. 25 und 35; auch *Iruzubieta et al.* verweisen auf einige Studien, die einen entsprechenden Zusam-

den Zusammenhang nicht festzustellen vermochten, weshalb ein anderer Teil des Schrifttums die präoperative Abstinenz als nicht geeignetes Kriterium bzw. hinreichenden Indikator für die Rückfallwahrscheinlichkeit einstuft.[40] Es müssten vielmehr weitere Faktoren berücksichtigt werden, die ebenfalls Einfluss auf einen möglichen Rückfall hätten, wie etwa psychiatrische Begleiterkrankungen, Länge des Alkoholmissbrauchs, Höhe des Alkoholgebrauchs und der soziale Rückhalt im Umfeld des Betroffenen.[41]

Mit dem Nachweis einer höheren Rückfallwahrscheinlichkeit bei kürzerer Abstinenzzeit wäre es aber ohnehin nicht getan. Entscheidend ist vielmehr die Beurteilung, ob es im Falle eines Rückfalls sodann mit höherer Wahrscheinlichkeit zu einem Transplantatverlust kommt. Denn nur in diesem Fall ist tatsächlich die Erfolgsaussicht im Sinn des § 10 Abs. 2 Nr. 2 TPG betroffen. Während die 5-Jahres-Überlebensrate bei Patienten, die aufgrund einer alkoholinduzierten Lebererkrankung eine Lebertransplantation erhalten haben und nach der Transplantation erneut Alkohol konsumierten, vergleichbar ist mit der 5-Jahres-Überlebensrate derer Patienten, die abstinent blieben, liegt die 10-Jahres-Überlebensrate ersterer Gruppe signifikant unterhalb letzterer.[42] Eine Untersuchung an über 300 Patienten zeigte, dass das 10-Jahres-Überleben bei Patienten, die abstinent blieben, um 35 Prozentpunkte über dem der Patienten lag, die erneut Alkohol konsumierten (82% vs. 47%) und sogar 62 Prozentpunkte über dem der Patienten, die wieder abhängig wurden (82% vs. 20%). Der Vergleich von 198 abstinenten Patienten mit 73 rückfälligen Patienten zeigte eine Differenz des 10-Jahres-Überlebens von 13 Prozentpunkten (80% vs. 67%).[43] Abgesehen davon, dass diese Zahlen erneut stark differieren, ist bei der Betrachtung des 10-Jahres-Überlebens zu beachten, dass bereits die 5-Jahres-Transplantatfunktionsrate aller postmortal gespendeten Lebern – unabhängig der zugrundeliegenden Erkrankung – bei ledig-

menhang zwischen Abstinenzzeit und Rückfallwahrscheinlichkeit bejahen, *dies.*, WJG 2013, 9198, 9201; im Ergebnis ebenso *Strassburg*, Der Chirurg 2013, 363, 367; sowie Gliederungspunkt B.II.2.2. der Richtlinienbegründung der Richtlinien Leber vom 23. April 2015, abrufbar unter https://www.aerzteblatt.de/pdf.asp?id=171473 (letzter Abruf am 17. Juni 2018).

[40] Auf entsprechende Studien verweisen wiederum *Spree*, Lebertransplantation bei äthyltoxischer Lebererkrankung, S. 35; sowie *Iruzubieta et al.*, WJG 2013, 9198, 9201; die sechsmonatige Abstinenzzeit als Indikator lehnen im Ergebnis ab *Alleman et al.*, SWM 2002, 296, 296; *Webb/Neuberger*, BMJ 2004, 63, 63; *Iruzubieta et al.*, WJG 2013, 9198, 9202.

[41] *Iruzubieta et al.*, WJG 2013, 9198, 9201; dies erkennt auch *Strassburg*, Der Chirurg 2013, 363, 367 an.

[42] *Iruzubieta et al.*, WJG 2013, 9198, 9201; *Alleman et al.*, SWM 2002, 296, 296.

[43] Auf diese Studien verweisen *Strassburg*, Der Chirurg 2013, 363, 367; sowie Gliederungspunkt B.II.2.2. der Richtlinienbegründung der Richtlinien Leber vom 23. April 2015.

lich 52,6% liegt.[44] In Anbetracht dieser Zahlen erscheint es fraglich, bei der Beurteilung der Erfolgsaussichten der Transplantation von Patienten mit einer alkoholinduzierten Lebererkrankung nicht auf das 5-, sondern das 10-Jahres-Überleben abzustellen und damit Maßstäbe anzulegen, die auch Patienten mit anderen Grunderkrankungen mitunter nicht erfüllen könnten. Nach fünf Jahren gehen weniger als 5% der Transplantate als direkte oder indirekte Folge erneuten Alkoholmissbrauchs verloren. Im Vergleich dazu gehen 10% der Transplantate aufgrund einer wiederkehrenden Hepatitis C Infektion verloren.[45]

Dies leitet über zu einem weiteren Aspekt, der Berücksichtigung finden muss. Um die präoperative Abstinenz rechtfertigen zu können, wäre es erforderlich, dass das Transplantatversagen gerade auf einem erneuten Alkoholgebrauch/-missbrauch beruhte. Todesursachen, die mit einem Rückfall nicht in Verbindung stehen, könnten durch die präoperative Abstinenz nicht verhindert werden. Ein Transplantatverlust, der gerade auf dem erneuten Alkoholkonsum beruht, wird in Studien dagegen als selten ausgewiesen und liegt nur in bis zu 5% der Fälle, in denen ein Patient rückfällig wurde, vor.[46] Patienten mit alkoholinduzierten Lebererkrankungen gelten jedoch als anfälliger für andere Erkrankungen wie etwa maligne Tumore sowie kardiorespiratorische Krankheiten, die zu einer höheren Sterblichkeit dieser Patientengruppe führen.[47]

Im Ergebnis ist also die Studienlage dazu, ob die Dauer der präoperativen Alkoholkarenzzeit einen Einfluss auf die Rückfallwahrscheinlichkeit hat und ob es im Falle eines Rückfalls häufiger zu einem Transplantatverlust kommt, höchst uneindeutig. Die Bundesärztekammer stand damit vor der schwierigen Aufgabe anhand dieser uneinheitlichen Datenlage dennoch den Stand der Erkenntnisse der medizinischen Wissenschaft im Sinn von § 10 Abs. 2 Nr. 2 i.V.m. § 16 Abs. 1 S. 2 Nr. 2 TPG zu formulieren.[48] Aufgrund der bestehen-

---

[44] DSO Jahresbericht 2013, S. 79, abrufbar unter https://www.dso.de/uploads/tx_dsodl/2013_Jahresbericht.pdf (letzter Abruf am 17. Juni); Auf diesen Umstand verwies bereits *Bader*, Organmangel, S. 249.

[45] *Webb/Neuberger*, BMJ 2004, 63, 63; vgl. dazu auch LG Göttingen, Urteil vom 06. Mai 2015 – 6 Ks 4/13 –, juris, Rn. 1812.

[46] *Iruzubieta et al.*, WJG 2013, 9198, 9201; dazu auch das sachverständig beratene LG Göttingen, Urteil vom 06. Mai 2015 – 6 Ks 4/13 –, juris, Rn. 1851 f.; *Spree* stellte dagegen fest, dass die Häufigkeit des Todes an den Folgen eines postoperativen Alkoholabusus in den Gruppen der Patienten mit einer Abstinenzzeit von weniger als einem halben Jahr und nicht dokumentierter Abstinenzzeit signifikant höher als in den Vergleichsgruppen mit längeren Abstinenzzeiten war, *ders.*, Lebertransplantation bei äthyltoxischer Lebererkrankung, S. 26 und 35. Er bezog sich dabei jedoch lediglich auf eine geringe Fallzahl.

[47] *Iruzubiete et al.*, WJG 2013, 9198, 9202; *Alleman et al.*, SWM 2002, 296, 296.

[48] So auch *Rissing-van Saan/Verrel*, NStZ 2018, 57, 60.

den Unsicherheit über das Vorhandensein eines relevanten Einflusses der Abstinenzzeit auf die Erfolgsaussichten einer Transplantation und der gleichzeitig hohen Grundrechtsrelevanz eines Ausschlusses der Aufnahme in die Warteliste bei nicht eingehaltener Karenz, kann diese Begründung die durch die Ausschlussklausel bewirkte Ungleichbehandlung ebenfalls nicht tragen. Dies gilt nicht nur für den absoluten Ausschluss auch der Patienten, die die Einhaltung der sechsmonatigen Karenzzeit voraussichtlich nicht überleben würden, sondern für alle Patienten mit einer alkoholinduzierten Grunderkrankung. Denn eine Einschränkung der Aufnahme in die Warteliste aufgrund einer unsicheren Tatsachengrundlage erscheint unverhältnismäßig im Sinn der Anforderungen, die das BVerfG an personenbezogene Ungleichbehandlungen stellt.[49]

(d) Verbesserung der Leberfunktion

Es bleibt somit die zweite medizinische Begründung zu prüfen, wonach sich die Leberfunktion innerhalb der sechsmonatigen Karenzzeit so weit verbessern könnte, dass eine Transplantation im Einzelfall entbehrlich werden kann, sodass das Kriterium der Notwendigkeit im Sinn von § 10 Abs. 2 Nr. 2 TPG einer Aufnahme in die Warteliste entgegensteht.[50] Tatsächlich weist die Leber eine große Erholungsfähigkeit auf und kann sich auch bei alkoholinduzierten Erkrankungen in großem Maße regenerieren.[51] Dieses Argument kann jedoch ersichtlich nicht eingreifen, wenn ein Patient die vorgesehene sechsmonatige Abstinenzzeit aufgrund des Fortschritts seiner Erkrankung voraussichtlich nicht überleben würde.[52] In Bezug auf die übrigen Patienten kann dies nach der Neuregelung der Richtlinien zwar anders zu beurteilen sein.[53] An dieser Stelle ist jedoch zunächst festzuhalten, dass der absolute Ausschluss aller Patienten mit einer alkoholinduzierten Leberzirrhose vom Zugang in die Warteliste, die keine sechsmonatige Abstinenzzeit eingehalten haben, medizinisch nicht mit hinreichender Sicherheit zu begründen ist, sodass eine nicht gerechtfertigte Ungleichbehandlung im Hinblick

---

[49] Im Ergebnis ebenso *Bader*, Organmangel, S. 250; *Dannecker/Streng-Baunemann*, NStZ 2014, 673, 677; *Höfling*, medstra 2015, 85, 92; *Weigel*, Organvermittlung und Arzthaftung, S. 102; LG Göttingen, Urteil vom 06. Mai 2015 – 6 Ks 4/13 –, juris, Rn. 1853.

[50] Vgl. dazu Gliederungspunkt B.II.2.2. der Richtlinienbegründung der Richtlinien Leber vom 23. April 2015.

[51] *Strassburg*, Der Chirurg 2013, 363, 367; *Webb/Neuberger*, BMJ 2004, 63, 63.

[52] LG Göttingen, Urteil vom 06. Mai 2015 – 6 Ks 4/13 –, juris, Rn. 1845; *Vieser*, medstra 2016, 249, 256; dies betonen auch *Rissing-van Saan/Verrel*, NStZ 2018, 57, 60.

[53] Vgl. dazu sogleich Gliederungspunkt E.II.4.a)aa)(3).

auf Art. 2 Abs. 2, Art. 3 Abs. 1 GG vorliegt. Hinsichtlich dieser Klausel ist – anders als dies bzgl. der formellen Verfassungswidrigkeit der Richtlinien vertreten wurde[54] – auch nicht von einer Weitergeltung auszugehen, da bei Wegfall der Wartelistenzugangsbeschränkung kein Zustand eintreten würde, der der verfassungsmäßigen Ordnung noch ferner stünde, als der bislang geregelte.[55] Ein Verhalten der Transplantationszentren stellte daher jedenfalls insoweit keinen relevanten Richtlinienverstoß dar, als dass sie Patienten ohne Einhaltung der Abstinenz in die Warteliste zur Lebertransplantation aufnahmen, die sich in akuter Lebensgefahr befanden, da die zugrunde liegende Richtlinienbestimmung materiell verfassungswidrig und damit rechtlich unverbindlich ist.

(3) Neuregelung der Richtlinien

Die Richtlinien zur Führung der Wartelisten zur Lebertransplantation sowie zur Organvermittlung haben seit Bekanntwerden der ersten Manipulationen eine Reihe von Änderungen erfahren. Insbesondere wurde die Regelung zur eingeschränkten Aufnahme in die Warteliste von Patienten mit einer alkoholinduzierten Leberzirrhose modifiziert und konkretisiert. Zunächst wurde klargestellt, dass eine alkoholinduzierte Zirrhose auch mit anderen Erkrankungen gemeinsam oder als Bestandteil einer anderen Erkrankung vorliegen kann.[56] Diese gelten dann als primär alkoholinduziert, wenn ein Suchtverhalten oder schädlicher Gebrauch vorliegen, sodass auch bei diesen Patienten die Einhaltung der sechsmonatigen Karenzzeit erforderlich ist.[57] Zudem wurden konkretisierende Vorgaben zur Anamnese der Alkoholabstinenz getroffen. Sowohl vor der Aufnahme des Patienten in die Warteliste – bei jeder Vorstellung des Patienten – als auch fortlaufend nach seiner Aufnahme in die Warteliste – mindestens alle drei Monate – ist seine Abstinenz anhand von Laborproben von Urin/Haaren sowie ergänzend einer beurteilenden Stellungnahme der Transplantationspsychologie, Psychosomatik oder Psychiatrie festzustellen.[58]

---

[54] Vgl. dazu erneut Gliederungspunkt B.I.3.b)dd).

[55] *Bornhauser*, Die Strafbarkeit von Listenplatzmanipulationen, S. 163 f.

[56] Gliederungspunkt A.III.2.1. der Richtlinien Leber in der aktuellen Fassung vom 20. Juni 2017, bekanntgemacht im DÄBl. Jg. 114, Heft 24, A-1214, abrufbar unter http://www.bundesaerztekammer.de/fileadmin/user_upload/downloads/pdf-Ordner/RL/RiliOrgaWlOvLeberTx20170616.pdf (letzter Abruf am 17. Juni 2018).

[57] Schädlicher Gebrauch liegt vor, wenn kein Abhängigkeitssyndrom gegeben ist, jedoch körperliche oder psychische Schäden durch den Alkoholkonsum entstanden sind, vgl. Gliederungspunkt B.II.1. der Begründung der Richtlinien Leber vom 23. April 2015.

[58] Gliederungspunkt A.III.2.1. der Richtlinien Leber vom 20. Juni 2017.

Im Grundsatz bleibt die Aufnahme in die Warteliste weiterhin von der Einhaltung einer sechsmonatigen Karenzzeit abhängig. Kernstück der Änderungen bildet aber die nunmehr vorgesehene Ausnahmeregelung, wonach die Möglichkeit besteht, in besonders begründeten Fällen von dem Erfordernis der sechsmonatigen Abstinenzzeit abzusehen, insbesondere wenn der Patient diese Karenzzeit aufgrund einer akuten Dekompensation seiner alkoholischen Lebererkrankung voraussichtlich nicht überleben würde.[59] Die Aufnahme in die Warteliste bedarf der Stellungnahme einer Sachverständigengruppe, deren Mitglieder von der StäKO benannt und im Einzelfall zur Beurteilung von Ausnahmefällen von der Vermittlungsstelle herangezogen werden. Zum Zweck der Beurteilung wird ein Patient der Vermittlungsstelle gemeldet und erhält bis zu der endgültigen Listungsentscheidung den Status „NT".[60] Unklar bleibt, wer diese Entscheidung letztlich trifft. Ausweislich des Richtlinientextes gibt die Sachverständigengruppe lediglich eine Stellungnahme ab. Die Vermittlungsstelle dokumentiert den Vorgang und leitet ihn an die StäKO weiter. Dies legt den Schluss nahe, dass entweder die Vermittlungsstelle oder die StäKO abschließend über die Listung entscheidet. Würde die Vermittlungsstelle bereits verbindliche Entscheidungen über den Zugang in die Warteliste treffen, würde ihr Tätigkeitsbereich erheblich erweitert, obwohl das TPG ihr in § 12 TPG lediglich die Vermittlungsentscheidung überträgt. Dies spricht eher dafür, die Entscheidungsbefugnis bei der StäKO anzusiedeln. Fraglich ist dann, ob die StäKO an die Stellungnahme der Sachverständigengruppe gebunden ist oder von dieser abweichen darf.

Das Festhalten an dem grundsätzlichen Erfordernis einer sechsmonatigen Abstinenzzeit wird in der Richtlinienbegründung auf die beiden bereits zuvor angesprochenen medizinischen Ansätze gestützt. Zum einen wird weiterhin darauf abgestellt, dass sich die Rückfallwahrscheinlichkeit bei einer kürzeren Abstinenzzeit erhöhe und gleichzeitig das Risiko eines Transplantatverlustes bei erfolgtem Rückfall steige.[61] Aus den bereits oben genannten Gründen kann dieser Ansatz, der lediglich auf unsicherer Studienlage beruht, die Ungleichbehandlung von Patienten mit alkoholinduzierter Lebererkrankung jedenfalls dann nicht rechtfertigen, wenn diese die sechsmonatige Abstinenzzeit voraussichtlich überleben werden.[62]

Eine Rechtfertigung der Ungleichbehandlung kann sich auch hinsichtlich der Neuregelung nur aus dem Argument ergeben, dass sich die Leber innerhalb der sechsmonatigen Abstinenzzeit so weit regenerieren kann, dass eine

---

59 Gliederungspunkt A.III.2.1. der Richtlinien Leber vom 20. Juni 2017.

60 Gliederungspunkt A.III.9. der Richtlinien Leber vom 20. Juni 2017.

61 Gliederungspunkt B.II.2. der Begründung der Richtlinien Leber vom 23. April 2015.

62 Vgl. dazu soeben Gliederungspunkt E.II.4.a)aa)(2)(c).

Transplantation entbehrlich wird.[63] Zwar wurde dies zuvor für die Patientengruppe abgelehnt, die die Einhaltung der Abstinenzzeit voraussichtlich nicht überleben würde. Nach Einführung der Ausnahmeregelung für eben diese Patienten, kann jedoch im Hinblick auf die Patienten, die die Abstinenzzeit voraussichtlich sehr wohl überleben werden, eine andere Beurteilung angebracht sein. Die Bundesärztekammer macht die grundsätzliche Therapierbarkeit der Leberzirrhose zum Ausgangspunkt der Begründung der Abstinenzklausel und stellt darauf ab, dass eine völlige Abstinenz des Patienten die besten Möglichkeiten bietet, das natürliche Regenerationspotential auszuschöpfen.[64]

Auch das LG Göttingen räumt ein, dass die Nichtaufnahme von Patienten in die Warteliste, die nach Einhaltung einer strikten Abstinenzzeit, trotz irreversibler Leberzirrhose keine Lebertransplantation benötigen, gerechtfertigt wäre, da keine Notwendigkeit für die Transplantation im Sinn von § 10 Abs. 2 Nr. 2 TPG bestünde.[65] Es stützt sich sodann jedoch – sachverständig beraten – auf den Umstand, dass sich nicht die Leber*zirrhose* verbessere, sondern lediglich die Leber*funktion*. Die Zirrhose selbst sei irreversibel und bleibe auch nach einer Verbesserung der Funktion durch die Alkoholkarenz bestehen. Dies berge diverse Risiken. Es könne sich etwa auf dem Boden der Leberzirrhose eine HCC-Erkrankung entwickeln sowie jederzeit eine akute lebensbedrohliche Dekompensation auftreten.[66] Insofern stelle trotz Verbesserung der Leberfunktion die Transplantation die einzige Möglichkeit einer kurativen Behandlung der betroffenen Patienten dar. Im Übrigen handele es sich nur um die Behandlung der Folgen der Leberzirrhose (etwa von Varizenblutungen oder Aszites), nicht jedoch der Ursache selbst.[67]

Dass sich durch die Einhaltung der Abstinenz lediglich die Leberfunktion bessert, nicht dagegen die Zirrhose selbst, und weiterhin etwa die Gefahr einer akuten Dekompensation besteht, wird nicht bestritten. Allerdings weisen *Rissing-van Saan* und *Verrel* zutreffend darauf hin, dass die abstrakte Gefahr des Eintretens einer Dekompensation trotz Verbesserung der Leberfunktion und anhaltender Alkoholabstinenz nicht gleichzusetzen ist mit dem bereits erfolgten Eintritt einer solchen unter bestehendem Alkoholmissbrauch.[68] Außerdem besteht durch die etablierte Ausnahmeregelung jederzeit

[63] Gliederungspunkt B.II.1. der Begründung der Richtlinien Leber vom 23. April 2015.

[64] Gliederungspunkt B.II.1. und B.II.2.3. der Begründung der Richtlinien Leber vom 23. April 2015.

[65] LG Göttingen, Urteil vom 06. Mai 2015 – 6 Ks 4/13 –, juris, Rn. 1844.

[66] LG Göttingen, Urteil vom 06. Mai 2015 – 6 Ks 4/13 –, juris, Rn. 1843.

[67] LG Göttingen, Urteil vom 06. Mai 2015 – 6 Ks 4/13 –, juris, Rn. 369 f.

[68] *Rissing-van Saan/Verrel*, NStZ 2018, 57, 60.

die Möglichkeit, den Patienten in die Warteliste aufzunehmen, sobald eine Dekompensation konkret droht oder eintritt. Erst ab diesem Zeitpunkt besteht die Notwendigkeit einer Transplantation im Sinn von § 10 Abs. 2 Nr. 2 TPG.

Im Ergebnis ist damit festzuhalten, dass die Ungleichbehandlung von Patienten mit einer alkoholinduzierten Leberzirrhose durch das Erfordernis der sechsmonatigen Abstinenzzeit gerechtfertigt ist, solange diese die vorgesehene Abstinenzzeit voraussichtlich überleben werden, da eine Verbesserung der Leberfunktion eine Transplantation entbehrlich machen kann, sodass die Notwendigkeit im Sinn von § 10 Abs. 2 Nr. 2 TPG entfallen würde. Die etablierte Ausnahmeregel ist somit geeignet, die zuvor geltend gemachten verfassungsrechtlichen Bedenken weitgehend auszuräumen.[69] Auch das Landgericht Göttingen sowie der BGH haben ausdrücklich lediglich die Verfassungswidrigkeit der zuvor geltenden Regelungen im Hinblick auf Patienten festgestellt, die die sechsmonatige Abstinenzzeit nicht überleben würden, die Bewertung hinsichtlich der übrigen Patienten unter dem Aspekt der Verbesserung der Leberfunktion dagegen offen gelassen.[70] Erwägenswert wäre jedoch eine Ausweitung der Ausnahmeregelung auf solche Fälle, in denen bereits absehbar ist, dass eine Verbesserung der Leberfunktion innerhalb der vorgegebenen Abstinenzzeit nicht eintreten wird, da es insoweit an einem sachlichen und verhältnismäßigen Grund für die Ungleichbehandlung fehlt.

bb) Fehlende Indikation oder Kontraindikation zur Transplantation

In weiteren 20 Fällen bestanden ebenfalls bereits gegen die Aufnahme der jeweiligen Patienten in die Warteliste grundsätzliche Bedenken, da entweder die Indikation zur Transplantation fraglich erschien (n=12) oder aber eine Kontraindikation gegeben war (n=7). In einem Fall hielt die PÜK speziell die Compliance des Patienten für nicht sicher gegeben (n=1).

cc) Auffälligkeiten im Zusammenhang mit einer Dialysebehandlung

Patienten, die eine Dialysebehandlung erhalten, haben bei der Berechnung des labMELD insofern einen „Vorteil“, da ihr Kreatininwert auf den maximalen zu berücksichtigenden Wert von 4,0 mg/dl festgesetzt wird.[71] Die

---

[69] *Bornhauser*, Die Strafbarkeit von Listenplatzmanipulationen, S. 151, geht – jedoch ohne nähere Begründung – davon aus, dass die Verfassungswidrigkeit „teilweise“ beseitigt wurde.

[70] LG Göttingen, Urteil vom 06. Mai 2015 – 6 Ks 4/13 –, juris, Rn. 1847; BGH NJW 2017, 3249, 3252.

[71] Gliederungspunkt III.5.2.2.1. der Richtlinien Leber vom 26. März 2011; zur Berechnung des MELD vgl. bereits Gliederungspunkt C.I.2.a)bb)(2)(a).

Angabe einer Dialysebehandlung führt daher in vielen Fällen zu einem höheren labMELD im Vergleich zu dem labMELD-Score, der sich aus den tatsächlich gemessenen Werten ergäbe. Das ET-Manual konkretisiert die Anforderungen an eine Dialyse dahingehend, dass diese innerhalb der Woche vor dem Test zur Bestimmung des Serum-Kreatinin-Wertes zweimal stattgefunden haben und es sich zudem um eine Dialyse im Sinn eines Nierenersatzverfahrens handeln muss.[72] Hintergrund dieser Regelungen ist, dass eine Lebererkrankung bei Dialysepatienten nur über die Werte von Bilirubin und INR abgebildet wird, während der Kreatininwert Ausdruck einer leberbedingten Nierenfunktionsstörung ist. Der Kreatininwert wird durch die Richtlinien für Dialysepatienten deshalb auf den maximalen zu berücksichtigenden Wert festgelegt, weil davon auszugehen ist, dass er ohne die Dialyse auf eine solche Höhe ansteigen würde. Diese Regelung haben die Transplantationszentren auf verschiedenste Weise zum Vorteil ihrer Patienten zu nutzen versucht.

(1) Unzutreffende Angabe einer Dialysebehandlung

Zunächst wurde in 67 Fällen schlichtweg angegeben, der Patient sei dialysepflichtig, obwohl tatsächlich keine Dialyse stattfand oder es bestand ein entsprechender Verdacht. Dieser ergab sich bei der Prüfung daraus, dass weder Dialyseprotokolle für diese Patienten vorhanden waren, noch eine solche in den Rechnungsunterlagen ausgewiesen war. Die unrichtige Angabe einer Dialyse erhöhte den MELD-Score im Einzelfall um bis zu mehr als 10 Punkte. In einem Fall wurde eine derartige Falschangabe jedoch nicht als Verstoß gewertet, weil der Patient auch ohne diese Angabe einen MELD-Score in entsprechender Höhe erreicht hätte. Dies ändert jedoch nichts an dem Vorliegen eines Verstoßes, sondern hat lediglich Auswirkungen auf die Frage der Allokationsrelevanz.[73] Umgekehrt wurde in einem Fall (möglicherweise) zu Lasten des Patienten eine Dialysebehandlung nicht gegenüber Eurotransplant gemeldet, obwohl sie tatsächlich durchgeführt wurde.

(2) Fehlende Indikation für eine Dialysebehandlung

Daneben wurde in 8 Fällen zwar tatsächlich wie gegenüber Eurotransplant angegeben eine Dialyse durchgeführt. Allerdings ließen die Krankenunterlagen dieser Patienten eine Indikation für die Durchführung einer Dialyse (etwa mangelnde Diurese o. Ä.) vermissen. Vielmehr entstand der Eindruck,

---

72 Gliederungspunkt 5.1.1.1. des ET-Manuals vom 01. März 2010, Fn. 2.

73 Vgl. dazu sogleich unter Gliederungspunkt E.II.4.b).

die Dialysebehandlung sei allein zu dem Zweck durchgeführt worden, den MELD-Score der jeweiligen Patienten in die Höhe zu treiben.

(3) Leberersatzverfahren

Schließlich traten einige Fälle auf, in denen der Patient zwar eine Dialyse erhalten hatte, es sich dabei allerdings um ein Leber- und nicht um ein Nierenersatzverfahren handelte.

(a) Beurteilung durch die PÜK

In 16 Fällen handelte es sich bei der tatsächlich durchgeführten Dialyse um ein Leberersatzverfahren. Dabei fand in einem Fall eine Albumin-Dialyse, in 11 Fällen eine MARS-Dialyse und in 4 Fällen eine Prometheus-Therapie statt. Die Meldung von Patienten, die ein Leberersatzverfahren erhielten, als Dialysepatienten gegenüber Eurotransplant wurde durch die PÜK uneinheitlich beurteilt. Während sie in einer Prüfung feststellte, dass MARS-Therapie und Dialyse gleich zu behandeln seien, führte sie in zwei weiteren Prüfungen aus, dass die Angabe einer MARS-Therapie sowie einer Albumin-Dialyse als Dialysebehandlung jedenfalls nicht als Richtlinienverstoß gewertet werden könne, da es an einer eindeutigen Bestimmung in den Richtlinien fehle.[74] In wieder anderen Prüfungen stellte sie dagegen darauf ab, dass es sich bei der Prometheus- sowie der MARS-Therapie gerade nicht um ein Nierenersatzverfahren handele, da die Behandlung nicht auf einer wesentlichen Nierenfunktionsstörung beruhe. Eine Meldung der Patienten als dialysepflichtig hätte nur dann erfolgen dürfen, wenn eine Indikation zu einer isolierten Nierendialyse bestanden hätte, was bei den betreffenden Patienten mangels fortgeschrittener Niereninsuffizienz aber nicht der Fall gewesen sei. Zwar enthielten die Richtlinien zur Lebertransplantation zu diesem Punkt keine eindeutigen Vorgaben. Dies stünde der Annahme eines Richtlinienverstoßes jedoch nicht entgegen, da sich vorstehende Wertung deutlich aus dem Sinn und Zweck der Regelungen ergebe. Denn wie bereits oben ausgeführt wird der Kreatininwert bei Dialysepatienten deshalb auf den maximalen zu berücksichtigenden Wert festgelegt, weil davon auszugehen ist, dass er ohne die Dialyse aufgrund der bereits eingetretenen Nierenfunktionsstörung auf eine solche Höhe ansteigen würde. Erfolgt dagegen ein Leberersatzverfahren, ohne dass gleichzeitig eine Niereninsuffizienz vorliegt, ist bei Absetzen der Therapie nicht mit einem derartigen Anstieg des Kreatininwertes zu rechnen, sodass eine Gleichsetzung nicht gerechtfertigt erscheint. Deshalb könne die Regelung der Richtlinien nur dahingehend verstanden werden, dass es sich

[74] Darauf verweist auch *Gutmann*, Rechtswissenschaftliches Gutachten, S. 27.

bei den Dialysepatienten um Patienten mit einer leberbedingten Nierenfunktionsstörung handelt.[75]

Dem ET-Manual kann dagegen eindeutig entnommen werden, dass es sich bei der Dialysebehandlung um ein Nierenersatzverfahren handeln muss.[76] Außerdem ist die Unterscheidung bei der Anmeldung bei Eurotransplant dadurch klargestellt, dass sowohl die Durchführung einer Dialyse als auch die einer MARS-Therapie (separat) angekreuzt werden kann.[77]

(b) Stellungnahme der Transplantationszentren

Vornehmlich ein Transplantationszentrum wehrte sich gegen die Annahme eines Richtlinienverstoßes aufgrund der Angabe einer MARS-Dialyse als Dialysebehandlung gegenüber Eurotransplant. Nach Auffassung dieses Zentrums sei weder die Regelung in den Richtlinien noch die im ET-Manual eindeutig. Zwar präzisiere das ET-Manual die Richtlinien dahingehend, dass es sich um eine renale Dialyse handeln müsse. Allerdings stelle nach der Interpretation des Zentrums die MARS-Dialyse als kombinierte Leber-Nieren-Dialyse ebenfalls eine renale Dialyse dar. Erst im Jahr 2012 sei zur weiteren Konkretisierung in das Manual aufgenommen worden, dass nunmehr ein ärztlicher Brief die Indikation der Nierendialyse gesondert darlegen müsse.[78] Das Zentrum stützte seine Interpretation darauf, dass mithilfe der MARS-Therapie das Mortalitätsrisiko des Patienten verringert und seine Überlebenschancen bis zu einem Organangebot gesteigert werden könnten. Diese Therapieform stelle eine geeignete frühzeitige Reaktion bei Leberversagen bzw. fortgeschrittener Leberzirrhose dar, da die Prognose umso besser sei, je früher eine Nierenfunktionsstörung behandelt werde.[79]

Der Einwand, dass eine MARS-Therapie somit eine Prophylaxe eines hepatorenalen Syndroms darstelle, wird von der PÜK jedoch als zweifelhaft beurteilt. Es sei bislang weder empirisch noch wissenschaftlich bewiesen, dass durch eine derartige Therapie ein hepatorenales Syndrom tatsächlich

---

[75] Kritisch insoweit *Gutmann*, Rechtswissenschaftliches Gutachten, S. 10.

[76] Gliederungspunkt 5.1.1.1. des ET-Manuals vom 1. März 2010, Fn. 2.

[77] Dies erachtet *Gutmann* als nicht durchgreifend. Dass zwei getrennte Felder für Dialyse und MARS-Dialyse ankreuzbar seien, zeige lediglich, dass eine MARS-Dialyse nicht automatisch auch eine Dialyse zur Behebung einer Nierenfunktionsstörung darstelle, schließe dies umgekehrt aber auch nicht aus, *ders.*, Rechtswissenschaftliches Gutachten, S. 18.

[78] Gliederungspunkt 5.5.1.1. des ET-Manuals vom 2. März 2012.

[79] Dazu auch *Gutmann*, Rechtswissenschaftliches Gutachten, S. 10 f. Er kritisiert, dass die PÜK die von dem Zentrum vorgelegten wissenschaftlichen Belege nicht hinreichend in ihre Bewertung einbezogen und damit die neuere medizinische Diskussion unberücksichtigt gelassen hat, S. 14 f.

verhindert werden könne. Zudem werde bei der Berechnung des MELD-Score gerade auf das gegenwärtige Krankheitsbild des Patienten abgestellt und nicht auf künftige Werte.

Weiterhin wurde in diesem Zusammenhang darauf hingewiesen, dass in den Fällen, in denen stets sowohl eine MARS-Therapie als auch eine Dialyse in der Eingabemaske von Eurotransplant angekreuzt worden waren, jeweils die Kreatininwerte der Patienten an Eurotransplant übermittelt und insoweit das Therapiekonzept der Klinik offen kommuniziert worden sei. Eurotransplant habe aber in keinem Fall auf einen Widerspruch zwischen den gemeldeten Werten und der Durchführung einer Dialyse hingewiesen.[80] Deshalb sei davon auszugehen, dass auch Eurotransplant die MARS-Therapie als Dialyse im Sinn der Richtlinien ansehe.[81] Diese Argumentation geht allerdings zu weit. Es ist bereits fraglich, ob man allein aufgrund der Übersendung der Kratininwerte tatsächlich davon ausgehen kann, dass das Klinikum die Therapieform „offengelegt" hat. Dafür müsste sich aus der Übersendung der Kreatininwerte zweifelsfrei ergeben, dass es sich „nur" um eine MARS-Therapie handelt. Folglich ist es auch fraglich, ob Eurotransplant ebenfalls von einer Gleichstellung der MARS-Therpaie mit der Nierendialyse ausgeht. Sollten die Kreatininwerte dagegen tatsächlich einen Rückschluss darauf nahelegen, dass lediglich eine MARS-Dialyse durchgeführt wurde, sodass Eurotransplant dies hätte auffallen können, wird an dieser Stelle ein Mangel des Auditverfahrens bei Eurotransplant offenbar.

Ergänzend führte das Zentrum aus, die Leber-Nieren-Dialyse sei nicht zu dem Zweck durchgeführt worden, den MELD-Score der betreffenden Patienten in die Höhe zu treiben, sondern sei jeweils indiziert gewesen. Das Vorliegen der Indikation eines Leberersatzverfahrens bestreitet die PÜK jedoch gar nicht. Sie verlangt aber daneben die isolierte Indikation einer Nierendialyse, die in den geprüften Fällen nicht gegeben war.

(c) Neuregelung der Richtlinien

Die Bundesärztekammer ist der Kritik an der mangelnden Eindeutigkeit der Richtlinien in diesem Punkt mittlerweile entgegengetreten und hat klargestellt, dass der Kreatininwert zur Bestimmung des MELD-Scores nur dann auf 4 mg/dl festgesetzt wird, wenn der Patient ein *Nierenersatzverfahren* erhält.[82] Außerdem finden die MARS-Therapie sowie vergleichbare Leberer-

---

[80] *Gutmann*, Rechtswissenschaftliches Gutachten, S. 24.

[81] *Gutmann*, Rechtswissenschaftliches Gutachten, S. 25. Jedenfalls habe Eurotransplant durch die unterlassene Beanstandung einen Vertrauenstatbestand geschaffen, S. 26.

[82] Gliederungspunkt A.III.6.2.2.1. der Richtlinien Leber vom 20. Juni 2017.

satzverfahren nunmehr eine ausdrückliche Erwähnung. Wird ein derartiges Verfahren angewandt, können in die Berechnung des MELD-Scores statt der aktuellen Werte diejenigen Laborwerte einbezogen werden, die vor Beginn der Therapie ermittelt wurden.[83] Denn bei Berücksichtigung der aktuellen Werte könnte eine Benachteiligung der Patienten einhergehen, da durch das Leberersatzverfahren Toxine und andere Substanzen aus dem Blut entfernt werden. Insbesondere kommt es auch zu einer Verringerung der Konzentration von Kreatinin und Bilirubin im Blutserum, was Einfluss auf die Berechnung des MELD-Scores haben kann.[84]

Durch die ausdrückliche Regelung zum Leberersatzverfahren wird im Umkehrschluss deutlich, dass dieses nicht als Nierenersatzverfahren im vorstehenden Sinn gilt, sodass die Angabe eines Leberersatzverfahrens als (Nieren-) Dialyse künftig einen eindeutigen Richtlinienverstoß darstellen wird.

dd) Verdacht auf Manipulation von Blutproben

Weiterhin äußerte die PÜK den Verdacht, dass Transplantationszentren Blutproben bewusst manipuliert hätten, um einen höheren MELD-Score für ihre Patienten zu erreichen. Der labMELD wird aus den Laborwerten von Serumkreatinin, Serumbilirubin und Prothrombinzeit (INR) berechnet.[85] Der MELD-Score ist nach der Berechnungsformel umso höher, je höher die Werte von Kreatinin, Bilirubin und INR sind.

(1) Art der Auffälligkeiten

Insgesamt äußerte die PÜK in 31 Fällen den Verdacht, dass die von den Transplantationszentren an Eurotransplant gemeldeten Laborwerte das Ergebnis manipulierter Blutproben sein könnten. Dabei bestünden verschiedene Möglichkeiten, die Blutwerte zugunsten der Patienten zu beeinflussen. So komme etwa in Betracht, der Blutprobe eines Patienten eine kleine Blutmenge eines entsprechend erkrankten anderen Patienten beizumischen oder die Blutproben insgesamt zu vertauschen, um erhöhte Bilirubin- und/oder Kreatininwerte zu erreichen. Die Gerinnungswerte eines Patienten könnten zudem durch eine Behandlung mit Medikamenten, die die Blutgerinnung

---

[83] Gliederungspunkt A.III.6.2.2.1. der Richtlinien Leber vom 20. Juni 2017.

[84] Gliederungspunkte B.II.1.1. und B.II.2. der Begründung der Richtlinien Leber vom 29. Oktober 2016, abrufbar unter https://www.aerzteblatt.de/pdf.asp?id=183184 (letzter Abruf am 17. Juni 2018).

[85] Gliederungspunkt III.5.2.2.1. der Richtlinien Leber vom 26. März 2011; Blutserum ist der flüssige Bestandteil des Blutes nach abgeschlossener Blutgerinnung, vgl. http://flexicon.doccheck.com/de/Blutserum (letzter Abruf am 17. Juni 2018).

hemmen, erhöht werden. Diesen Umstand machten sich manche Transplantationszentren etwa zum Vorteil, indem sie mitunter einen INR-Wert an Eurotransplant meldeten, der unter Gabe von Blutverdünnungsmitteln (z. B. Marcumar) zustande gekommen ist, ohne bei der Meldung diese Medikation offenzulegen. Daneben könne der INR-Wert in die Höhe getrieben werden, indem das Blut des Patienten mit Wasser verdünnt wird oder die Pufferlösung von zwei Blutentnahmeröhrchen, die zur Bestimmung der Gerinnungsparameter vorgesehen sind, zusammengegossen werden, um so die Pufferwirkung zu verdoppeln und die Gerinnungszeit des Blutes zu verlängern.

Die an Eurotransplant übersandten und so auch in den Krankenunterlagen wiederzufindenden Laborwerte waren nach Angaben der PÜK jeweils an sich schon auffällig. Der Verdacht, sie seien aufgrund von Manipulationen zustande gekommen, erhärtete sich dadurch, dass therapeutische Maßnahmen als Konsequenzen auf die vermeintlich schlechten Werte laut Krankenakten ausblieben, vermutlich weil die Ärzte wussten, dass diese Werte nicht den tatsächlichen Gesundheitszustand der Patienten abbildeten.

(2) Neuregelung der Richtlinien

Auch in diesem Punkt haben die Richtlinien seither eine Konkretisierung erfahren. Da Lebererkrankungen einerseits häufig eine Behandlung mit Blutgerinnungshemmern erforderlich machen – etwa zur Behandlung einer Pfortaderthrombose – diese jedoch andererseits den INR-Wert eines Patienten beeinflusst, was wiederum einen direkten Einfluss auf die Höhe des MELD-Scores hat, war eine Regelung erforderlich, die den festgestellten Manipulationen vorbeugt.[86] Daher ist der INR-Wert nunmehr nur gültig, wenn innerhalb von zwei Wochen vor seiner Bestimmung keine Blutgerinnungshemmer eingesetzt wurden. Kann dies nicht gewährleistet werden, ist zur Berechnung des MELD-Scores die INR heranzuziehen, die vor Beginn der Therapie mit Blutgerinnungshemmern oder alternativ zwei Wochen nach deren Beendigung ermittelt wurde.[87]

Hinsichtlich der weiteren aufgeführten Manipulationsmöglichkeiten von Blutproben scheint ein darüber hinausgehender Änderungsbedarf der Richtlinien zum jetzigen Zeitpunkt nicht ersichtlich. Insoweit sollte selbstverständlich sein, dass derartige Täuschungsversuche nicht dem Stand der Erkenntnisse der medizinischen Wissenschaft entsprechen.

---

[86] Gliederungspunkt B.II.1.1.1. und B.IV. der Begründung der Richtlinien Leber vom 17. Mai 2016, abrufbar unter https://www.aerzteblatt.de/pdf.asp?id=175075 (letzter Abruf am 17. Juni 2018).

[87] Gliederungspunkt A.III.6.2.2.1. der Richtlinien Leber vom 20. Juni 2017.

ee) Auffälligkeiten bei der Beantragung einer Standard-Exception

Wird die Lebererkrankung eines Patienten im Einzelfall durch den labMELD nicht adäquat abgebildet, besteht die Möglichkeit, eine Standard-Exception (SE) zu beantragen. Liegt der SE-Wert der Höhe nach über dem Wert des labMELD, wird bei der Allokation dieser matchMELD oder exeptionalMELD herangezogen.[88] In insgesamt 121 Fällen wurde durch die Transplantationszentren die Anerkennung einer Standard-Exception erreicht, ohne dass deren Voraussetzungen im Einzelfall vorlagen. Die Mehrheit dieser Fälle betraf SE-Anträge aufgrund eines Hepatozellulären Karzinoms.

(1) Standard-Exception aufgrund eines Hepatozellulären Karzinoms

Der scheinbar häufigste und zugleich manipulationsanfälligste Fall einer Standard-Exception ist derjenige des Hepatozellulären Karzinoms (HCC).[89] Bei Patienten, die an einem HCC erkrankt sind, sehen die Richtlinien zur Lebertransplantation die Zuweisung eines matchMELD nicht uneingeschränkt vor, sondern machen diese insbesondere von einer bestimmten Tumorgröße und -anzahl – entsprechend den sog. „Mailand-Kriterien" – abhängig.[90] Ein Patient erhält den matchMELD danach nur dann, wenn er entweder einen singulären Tumor von einer Größe zwischen 2 und 5 cm oder alternativ bis zu 3 Tumore jeweils kleiner als 3 cm Größe hat. Zudem müssen Metastasen außerhalb der Leber und invasives Wachstum in den Blutgefäßen ausgeschlossen sein. Die Kriterien der Standard-Exception sind allerdings nicht erfüllt, wenn die vorgeschriebene Tumorgröße erst durch eine Resektion oder ein sog. Downstaging erreicht wird. Zusätzlich legen die Richtlinien fest, dass Patienten auch zum Zeitpunkt der Höherstufung in 3-Monats-Schritten die Mailand-Kriterien erfüllen müssen.

Die Diagnose des HCC kann nach den Richtlinien auf drei Arten erfolgen: 1. durch Biopsie, 2. bei einem AFP-Wert[91] über 400 ng/ml durch einen po-

---

[88] Vgl. dazu bereits C.I.2.a)bb)(2)(b).

[89] Das HCC ist eine Krebserkrankung der Leber, deren Entstehen durch Grunderkrankungen wie einer Leberzirrhose auf Basis der Virushepatitiden B und C sowie einer alkoholinduzierten Leberzirrhose begünstigt wird, *Trojan et al.*, Fortschritte in der bildgebenden Diagnostik und Therapie des HCC, A-3326.

[90] Vgl. dazu und zum Folgenden Gliederungspunkt III.5.2.2.2. der Richtlinien Leber vom 26. März 2011, Tabelle 3.

[91] Alpha-1-Fetoprotein (AFP) wird in der Onkologie als Tumormarker eingesetzt und kann bei einem HCC erhöht sein, vgl. http://flexikon.doccheck.com/de/AFP (letzter Abruf am 17. Juni 2018).

sitiven Befund mit Hypervaskularisation[92] mit Hilfe eines bildgebenden Verfahrens (Spiral-CT, MRT, Angiographie) oder 3. durch zwei positive Befunde mit Hypervaskularisation mit Hilfe zweier verschiedener bildgebender Verfahren (Spiral-CT, MRT, Angiographie).

(a) Art der festgestellten Auffälligkeiten

In insgesamt 76 Fällen wurde der matchMELD für Patienten beantragt, deren Tumorgröße außerhalb der Mailand-Kriterien lag. Aus den eingesehenen Bildgebungen ergab sich jeweils, dass entweder der singuläre Tumor zu groß oder zu klein war oder in der zweiten Variante zu viele oder zu große multiple Tumore vorlagen.[93] Mitunter ließ sich den Krankenunterlagen entnehmen, dass die Mailand-Kriterien erst durch eine Resektion des Tumors erreicht worden war. 2 weitere Fälle, in denen eine Standard-Exception beantragt worden war, ohne dass der Patient die Mailand-Kriterien erfüllte, wurden dagegen nicht als Richtlinienverstoß eingeordnet, da die Organzuteilung schließlich nicht im Standardverfahren, sondern im beschleunigten Verfahren erfolgt sei. Dies erscheint problematisch. Zum einen führt es zu einer uneinheitlichen Bewertung je nach Prüfergruppe und zum anderen wird die Frage des Vorliegens eines Richtlinienverstoßes mit der Frage der Allokationsrelevanz dieses Verstoßes vermengt. Konsequenterweise wäre also auch in den genannten Fällen ein Verstoß anzunehmen gewesen.

Weiterhin waren bei 8 Patienten die Mailand-Kriterien deshalb nicht erfüllt, weil eine makrovaskuläre Invasion bzw. intra- oder extrahepatisches Tumorwachstum vorlagen.

Schließlich traten 30 Verstöße im Zusammenhang mit der Diagnose des HCC auf. In 17 Fällen bestand lediglich der Verdacht eines HCC, ohne dass dies eindeutig gesichert war. In 3 Fällen war gar kein HCC vorhanden. Zudem fehlte in 10 Fällen die zweite erforderliche bzw. – bei einer Befundung über den AFP-Wert – die einzig erforderliche Bildgebung. Dabei lag mitunter zwar eine (weitere) Bildgebung vor. Sie war jedoch ohne Kontrastmittel erfolgt, sodass sie als nicht ausreichend bewertet wurde. Den Richtlinien ist jedoch nicht ausdrücklich zu entnehmen, dass die Bildgebung zwingend unter dem Einsatz von Kontrastmitteln zustande gekommen sein muss. Dies kann sich wiederum lediglich aus allgemein anerkannten Standards ergeben.

[92] Vaskularisation bedeutet Gefäßbildung, Gefäßversorgung, Neubildung von Gefäßen, *Pschyrembel*, Klinisches Wörterbuch, S. 2222. Ein HCC Tumor weist häufig eine vermehrte Vaskularisation auf, was einen Anknüpfungspunkt für die Diagnostik bietet, *Trojan et al.*, Fortschritte in der bildgebenden Diagnostik und Therapie des HCC, A-3327.

[93] Eingesehen wurden dazu MRT-, CT-, Pathologie- sowie Biopsie-Befunde.

Diese Fälle sind auch vor dem Hintergrund weniger streng zu gewichten, dass die vorhandenen Herde die Mailand-Kriterien erfüllt hätten. Außerdem ist das Erfordernis der zweiten Bildgebung bei Tumoren mit einer Größe über 2 cm mittlerweile entfallen, sodass das Vorgehen teilweise nunmehr nicht mehr als Richtlinienverstoß gewertet werden würde.[94]

In den übrigen vorstehenden Fällen ergibt sich die Bewertung als Verstoß eindeutig aus dem oben angeführten Inhalt der Richtlinien zur Lebertransplantation. Anderes gilt für die folgende Fallkonstellation. In 5 Fällen stellte die PÜK einen Richtlinienverstoß fest, weil bei einem HCC mit multiplen Tumoren die erforderliche Mindestgröße nicht erreicht gewesen sei. So hatte ein Patient etwa einen Herd mit einer Größe von 1 cm sowie einen weiteren Herd von 0,5 cm. Die PÜK stellte darauf ab, dass bei der Diagnose eines HCC Herde von einer Größe unter 1 cm nicht berücksichtigt werden dürften. Dies sei dem Wortlaut der Richtlinien, die in der zweiten Variante – anders als bei Vorliegen eines solitären Tumors – gerade keine Mindestgröße vorschreiben, zwar nicht zu entnehmen, ergebe sich aber aus den „international akzeptierten Leitlinien zum HCC".

(b) Stellungnahme der Transplantationszentren

Ein Zentrum, in dem die Anmeldung einer Standard-Exception aufgrund eines solitären Tumors mit einer Größe unter 2 cm als Verstoß gegen die Richtlinien gerügt wurde, bestritt das Vorliegen eines Richtlinienverstoßes unter Bezugnahme auf eine alternative Auslegung der zweiten Begründungsvariante der Mailand-Kriterien (bis zu 3 Tumore kleiner als 3 cm Größe) dahingehend, dass auch ein einzelner kleinerer Tumor genüge, um diese Anforderungen zu erfüllen. Die PÜK hält den Wortlaut der Richtlinien in diesem Punkt dagegen zu Recht für eindeutig. Dies ergibt sich aus einem Umkehrschluss der ersten Begründungsvariante, die ausdrücklich einen solitären Tumor einer bestimmten Größe genügen lässt, woraus sich ergibt, dass ein solcher in der zweiten Variante gerade keine Standard-Exception rechtfertigen kann.

Überzeugender erscheinen dagegen die Einwände zweier Transplantationszentren, die sich ebenfalls in der zweiten Begründungsvariante der Mailand-Kriterien gegen das von der PÜK geforderte Kriterium einer Mindestgröße wehren. Während eine solche in der ersten Variante in den Richtlinien festgeschrieben ist (ein Tumor zwischen 2 und 5 cm), fehlt eine Untergrenze in der zweiten Variante (bis zu 3 Tumore kleiner als 3 cm Größe). Zwar stützt

94 Gliederungspunkt A.III.6.2.2.2. der Richtlinien Leber vom 20. Juni 2017, Tabelle 3.

die PÜK die Begründung der Annahme eines Richtlinienverstoßes in diesen Fällen auf allgemeine Leitlinien zur Diagnose und Behandlung des HCC. Seitens eines Zentrums wird aber zum einen darauf hingewiesen, dass die zur Begründung herangezogenen Leitlinien mitunter im relevanten Prüfungszeitraum (2010 bis 2012) noch gar nicht erschienen waren und zum anderen mangels Verweises o. ä. im Richtlinientext nicht als Bestandteil der Richtlinien angesehen werden könnten. Ihnen kann daher in diesem Zusammenhang keine Normqualität zukommen.[95] Dem folgend hätte in der genannten Fallkonstellation kein Verstoß gegen die Richtlinien angenommen werden dürfen. Auch nach den Vorgaben des ET-Manuals – das in diesem Punkt nicht über die Richtlinien hinausgeht[96] – ergibt sich vorliegend keine andere Bewertung.[97]

(c) Neuregelung der Richtlinien

Auch auf diesen letztgenannten Kritikpunkt ist die Bundesärztekammer mittlerweile eingegangen und hat in Bezug auf die zweite Begründungsvariante einer Standard-Exception wegen eines HCC eine Mindestgröße als Voraussetzung statuiert. Tumore mit einer Größe unter 1 cm dürfen bei der Beurteilung nicht mehr herangezogen werden.[98] Die Richtlinien wurden damit der aktuellen S3-Leitlinie zum HCC angepasst.[99] Zwar wird eine Lebertransplantation grundsätzlich als aussichtsreich angesehen, wenn die Mailand-Kriterien erfüllt sind. Bei Patienten mit einem solitären HCC Herd unter 2 cm bestehen dagegen alternative Therapieoptionen, während eine Transplantation ihre Prognose kurzfristig nicht verbessert. Ähnliches gilt bei HCC-Herden unter 1 cm. Bei ihnen kommt hinzu, dass diese kleinen Knoten häufig nicht sicher von sog. Regenaratorknoten[100] abzugrenzen sind. Deshalb sollen

---

[95] Vgl. dazu auch *Gutmann*, Rechtswissenschaftliches Gutachten, S. 31 ff.

[96] Gliederungspunkt 5.8.2. des ET-Manuals vom 1. März 2010.

[97] *Gutmann*, Rechtswissenschaftliches Gutachten, S. 40.

[98] Gliederungspunkt A.III.6.2.2.2. der Richtlinien Leber vom 20. Juni 2017, Tabelle 3.

[99] Diagnostik und Therapie des hepatozellulären Karzinoms, Version 1.0 – Mai 2013, AWMF-Registernummer: 032/053O, abrufbar unter http://leitlinienprogramm-onkologie.de/uploads/tx_sbdownloader/S3-HCC-OL-Langversion-V1.0.pdf (letzter Abruf am 17. Juni 2018). Herausgeber dieser Leitlinie sind das Leitlinienprogramm Onkologie der AWMF, der Deutsche Krebsgesellschaft e. V. und der Deutsche Krebshilfe e.V, die sich das Ziel gesetzt haben, gemeinsam die Entwicklung und Fortschreibung und den Einsatz wissenschaftlich begründeter und praktikabler Leitlinien in der Onkologie zu fördern und zu unterstützen.

[100] Regeneratknoten treten im Rahmen einer Leberzirrhose auf und stellen knotige Gewebeveränderungen dar. Sie sind der Versuch der Leber, verloren gegangenes

diese Tumore künftig bei der Beurteilung, ob Patienten mit einem HCC eine Standard-Exception erhalten, unberücksichtigt bleiben.[101]

Auch die Diagnoseanforderungen bei bildgebenden Verfahren wurden dahingehend konkretisiert, dass sie jeweils kontrastmittelverstärkt durchgeführt werden müssen.[102] Erst nach dieser Konkretisierung dürfte eine Diagnose, die sich auf nicht kontrastmittelverstärkte Bildgebungen stützt, als Richtlinienverstoß gewertet werden.

Schließlich weisen die Richtlinien nun ausdrücklich darauf hin, dass HCC-Patienten, deren Tumore außerhalb der SE-Kriterien liegen, durchaus dennoch für eine Lebertransplantation gelistet werden können. Die Allokation erfolgt für diese Patienten jedoch nicht anhand eines matchMELD, sondern unter Zugrundelegung ihres regulären labMELD. In bestimmten Ausnahmefällen komme zudem die Anerkennung einer Non-Standard-Exception in Betracht.[103]

(2) Sonstige Standard-Exceptions

Bei der Beantragung anderer Standard-Exceptions kam es nur vereinzelt zu Falschmeldungen. In einem Fall führte die unrichtige Angabe eines akuten Leberversagens im Rahmen einer Standard-Exception wegen Morbus Osler zur Anerkennung des maximalen matchMELD.[104] In 4 Fällen wurde ein matchMELD aufgrund einer Primär sclerosierenden Cholangitis (PSC) beantragt und bewilligt, obwohl tatsächlich eine andere Erkrankung vorlag. In einem weiteren Fall war die Standard-Exception wegen eines Klatskin-Tumors (in den Richtlinien Cholangiokarzinom genannt) nicht gerechtfertigt, weil bei dem Patient entgegen der Vorgaben eine zweite Raumforderung festgestellt worden war.[105]

Funktionsgewebe wieder zu regenerieren, vgl. http://flexikon.doccheck.com/de/Regeneratknoten (letzter Abruf am 17. Juni 2018).

[101] Gliederungspunkt B.II.2.1.1. und B.II.2.2.1. der Begründung der Richtlinien Leber vom 17. Mai 2016.

[102] Gliederungspunkt A.III.6.2.2.2. der Richtlinien Leber vom 20. Juni 2017, Tabelle 3.

[103] Gliederungspunkt A.III.6.2.2.2. der Richtlinien Leber vom 20. Juni 2017, Tabelle 3.

[104] Vgl. zu den Voraussetzungen der Anerkennung einer SE bei Morbus Osler Gliederungspunkt III.5.2.2.2. der Richtlinien Leber vom 26. März 2011, Tabelle 3. Gleichzeitig wurden die Anforderungen an die Diagnose konkretisiert.

[105] Vgl. zu den Voraussetzungen der Anerkennung einer SE bei einem Cholangiokarzinom Gliederungspunkt III.5.2.2.2. der Richtlinien Leber vom 26. März 2011, Tabelle 3.

ff) Auffälligkeiten im Zusammenhang mit der Beantragung des HU-Status

Lediglich in 2 Fällen äußerte die PÜK Bedenken hinsichtlich der Angaben im Rahmen von HU-Anträgen. Diese wurden auf das Vorliegen eines akuten Leberversagens gestützt, was die Beantragung des HU-Status zwar grundsätzlich rechtfertigt.[106] Allerdings wurde im Rahmen dieser Anträge scheinbar nicht offengelegt, dass der Erkrankung eine alkoholbedingte Leberzirrhose zugrunde lag.

Im Ergebnis nicht beanstandet hat die PÜK 8 Fälle, in denen die King's College Kriterien zwar nicht erfüllt waren, weshalb der HU-Status eigentlich nicht hätte gewährt werden dürfen.[107] Diese Anträge wurden jedoch von den Eurotransplant-Auditoren bewilligt. Ein Fehlverhalten der Transplantationszentren lag dabei nicht vor, da die zugrunde liegenden Angaben korrekt gemeldet wurden. Kritisch zu hinterfragen ist an dieser Stelle damit nicht das Verhalten der Transplantationszentren, sondern vielmehr die Praxis der Bearbeitung von HU-Anträgen bei Eurotransplant.

gg) Sonstige Auffälligkeiten

In einem weiteren Fall fand eine Lebertransplantation im Wege einer Lebendspende statt, obwohl zwischen Spender und Empfänger Blutgruppeninkompatibilität bestand. Dies unterfällt jedoch nicht dem hier angewandten Prüfungsschema, da sich dieses lediglich mit postmortalen Organspenden befasst.

b) Allokationsrelevanz

Ursprünglich sollte im Rahmen dieser Auswertung auch der Frage der Allokationsrelevanz der einzelnen Verstöße nachgegangen werden, also der Frage, ob sich ein Verstoß auf die Organallokation konkret ausgewirkt hat. Dies war jedoch nicht möglich, da diese Frage innerhalb der Prüfungen durch die PÜK nicht einheitlich bewertet wurde. In einigen Fällen fanden sich gar keine Ausführungen zur Allokationsrelevanz. Unterschiedlich beurteilt wurde sie insbesondere in Fällen, in denen die Organzuteilung schließlich im beschleunigten Verfahren erfolgte sowie bei Verstößen im Rahmen von HU-

[106] Gliederungspunkt III.5.2.1. der Richtlinien Leber vom 26. März 2011.

[107] Bei Patienten mit einem akuten Leberversagen stellt die Erfüllung der King's College Kriterien bereits eine Voraussetzung für die Aufnahme in die Warteliste dar, Gliederungspunkt III.2.4. der Richtlinien Leber vom 26. März 2011.

Anträgen,[108] wenn dem fehlerhaften Antrag weitere korrekte Anträge zeitlich nachfolgten, bevor es zu einer Organzuteilung an den Patienten kam. Während einige Prüfergruppen einen Verstoß auch in diesen Fällen als allokationsrelevant einstuften, lehnten andere die Allokationsrelevanz hier ausdrücklich ab. Teilweise wurde sie zudem verneint, wenn lediglich eine geringfügige Abweichung gegenüber den tatsächlichen Werten vorlag oder im Rahmen von HU-Anträgen, weil diese bereits durch andere Kriterien begründet gewesen seien oder von Eurotransplant abgelehnt worden waren.

Legt man diese unterschiedlichen Bewertungen zugrunde, ergeben sich grundsätzlich zwei Möglichkeiten, die Allokationsrelevanz näher zu definieren. Zum einen könnte die Allokationsrelevanz nur dann zu bejahen sein, wenn sich ein Verstoß direkt auf die Organzuteilung an diesen Patienten ausgewirkt hat, also auf das konkrete bei diesem Patienten zur Organzuteilung führenden Match Einfluss hatte. Fand die Organzuteilung im beschleunigten Verfahren statt oder folgten einer fehlerhaften Meldung an Eurotransplant weitere, wiederum korrekte Meldungen, entfiele die Allokationsrelevanz eines Verstoßes.

Möglich wäre jedoch auch ein etwas weiteres Begriffsverständnis in dem Sinn, dass ein Verstoß bereits dann allokationsrelevant ist, wenn er auf die Warteliste Einfluss genommen hat, also grundsätzlich in Matches zur Organzuteilung eingeflossen ist, ohne dass er letztlich ursächlich für die konkrete Zuteilung an den betroffenen Patienten gewesen sein muss. Denn ab diesem Zeitpunkt konnte der Verstoß sich auf die Organallokation im Allgemeinen auswirken. Nach diesem Verständnis wäre es unbeachtlich, dass eine Organzuteilung an den betroffenen Patienten schließlich im Wege des beschleunigten Verfahrens stattfand oder korrekte Meldungen an Eurotransplant nachfolgten. Die Allokationsrelevanz wäre dagegen auch nach diesem Verständnis zu verneinen, wenn etwa ein fehlerhafter HU-Antrag von Eurotransplant abgelehnt wurde, da der Verstoß dann keinen Einfluss auf die Warteliste nehmen konnte.

Wenn auch sowohl die enge als auch die weite Definition vertretbar sind, erscheint letztere vorzugswürdig. Denn nach dem engeren Begriffsverständnis ließe sich das Verhalten der Transplantationszentren stets erst ex post als allokationsrelevant beurteilen und hinge zudem von dem zufälligen Umstand ab, wann und in welchem Verfahren eine Organzuteilung an den betroffenen Patienten erfolgt. So könnte es in gleich gelagerten Fällen zu einer unterschiedlichen Beurteilung kommen. Die Allokationsrelevanz bereits dann anzunehmen, wenn ein Verstoß grundsätzlichen Einfluss auf die Warteliste genommen hat, entspricht zudem der Wertung des TPG, wie sie in dem neu

[108] Ebenso bei Herz und Lunge, dort entsprechend bei den LAS-Anträgen.

eingeführten § 19 Abs. 2a TPG zum Ausdruck kommt. Auch diese Vorschrift differenziert nicht danach, ob es aufgrund der unrichtigen Meldung an Eurotransplant zu einer Organzuteilung an den Patienten gekommen ist, sondern lässt die abstrakte Gefährdung genügen.[109]

5. Bevorzugung bestimmter Patientengruppen

Die PÜK resümierte in ihren Jahresberichten, dass bei der Vergabe von Spenderorganen bzw. der Führung der Warteliste keine Bevorzugung von privatversicherten Patienten stattgefunden habe.[110] Diesen Schluss zieht sie anscheinend in erster Linie aufgrund der geringen absoluten Anzahl an Privatpatienten innerhalb der auditierten Patienten. Um eine Bevorzugung von Privatpatienten tatsächlich ausschließen zu können, muss deren Anzahl jedoch mit weiteren Variablen in Verbindung gesetzt werden. Dabei scheint eine Bevorzugung auf zweierlei Weise möglich. Zunächst könnten Privatpatienten den Vorrang bei der Vergabe von Organen im beschleunigten Vermittlungsverfahren erhalten haben. Darüber hinaus ist zu untersuchen, ob bei Privatpatienten häufiger Manipulationen allokationsrelevanter Daten im Rahmen der Führung der Warteliste bzw. der Meldung an Eurotransplant stattfanden. In gleicher Weise soll eine Bevorzugung der Altersgruppe der Kinder und Jugendlichen geprüft werden.

a) Privatversicherte Patienten

Aufgrund der sehr unregelmäßigen Angaben zum Versichertenstatus der Patienten in den internen Berichten ist eine Prüfung nur bedingt möglich. Von den 63 benannten privatversicherten Patienten erhielten 21 ein Organ im Wege des beschleunigten Verfahrens. In 12 dieser Fälle wurde die Indikation durch die PÜK überprüft und ausnahmslos als nachvollziehbar bewertet.

Bei 14 Privatpatienten wurden Auffälligkeiten im Zusammenhang mit der Führung der Warteliste festgestellt. Diese Zahlen lassen sich aber nur sehr bedingt zu den Gesamtzahlen ins Verhältnis setzen, da bei einer großen Anzahl an Patienten keine Aussage zum Versichertenstatus getroffen wurde. Außerdem wurden pro Zentrum nur bei einzelnen Privatpatienten Auffälligkeiten festgestellt.

---

[109] Ausführlich zu den Voraussetzungen des § 19 Abs. 2a TPG vgl. Gliederungspunkt F.II.1.c).

[110] Zuletzt Tätigkeitsbericht PÜK 2016/2017, S. 23.

b) Kinder und Jugendliche

Ausweislich der in diesem Bereich ebenfalls sehr spärlichen Angaben der internen Berichte wurden im Prüfungszeitraum 5 Kinder und ein Jugendlicher lebertransplantiert. Bei einem Kind fand die Organzuteilung über das beschleunigte Verfahren statt und wurde durch die PÜK als ordnungsgemäß bewertet. Auffälligkeiten traten in keinem dieser Fälle auf, sodass eine Bevorzugung dieser Patientengruppe fern liegt. Dies überrascht nicht, da die Richtlinien bereits ihrerseits Regelungen zur Bevorzugung von Kindern und Jugendlichen treffen, um eine zeitnahe Organzuteilung zu erreichen.[111]

6. Zusammenfassung

Die PÜK begann die erste Periode der flächendeckenden und verdachtsunabhängigen Überprüfungen der Transplantationsprogramme mit der Auditierung der 24 in Deutschland zugelassenen Lebertransplantationsprogramme und stellte dabei in ca. einem Viertel der auditierten Fälle Auffälligkeiten im Zusammenhang mit der Führung der Warteliste bzw. der Meldung allokationsrelevanter Patientendaten an Eurotransplant fest (n=277). In 5 Transplantationszentren bewertete sie die festgestellten Auffälligkeiten als systematische Richtlinienverstöße bzw. bewusste Manipulationen.

Insgesamt traten im Zusammenhang mit der Betreuung von 277 Patienten 329 Auffälligkeiten zu Tage. In 58 Fällen erfolgte eine Aufnahme der Patienten in die Warteliste zur Lebertransplantation, obwohl die erforderliche sechsmonatige Alkoholabstinenz nicht eingehalten worden war. Die Abstinenzklausel war in ihrer damaligen Ausgestaltung jedoch materiell verfassungswidrig, da sie auch Patienten den Zugang in die Warteliste versperrte, die die sechsmonatige Abstinenzzeit voraussichtlich nicht überleben würden. Daher kann ein Verhalten der Transplantationszentren jedenfalls dann nicht als relevanter Richtlinienverstoß gewertet werden, soweit sie Patienten in die Warteliste aufgenommen haben, die die Abstinenzzeit nicht überlebt hätten.

In weiteren 20 Fällen war die Indikation zur Lebertransplantation aus anderen Gründen nicht gegeben oder es bestand eine Kontraindikation. Einen großen Anteil der Auffälligkeiten machten zudem die Dialyse-Fälle aus (n=92). In 67 Fällen wurde angegeben, der Patient erhalte eine Dialyse, obwohl dies tatsächlich nicht der Fall war. Lediglich in einem Fall war es umgekehrt – eine tatsächlich durchgeführte Dialyse wurde nicht an Eurotransplant gemeldet. In weiteren 8 Fällen wurde zwar eine Dialyse durchgeführt, es ließ sich aber keine Indikation für diese Therapie feststellen. In 16 Fällen

[111] Vgl. dazu bereits Gliederungspunkt C.I.2.a)ee).

wurde zudem lediglich ein Leberersatzverfahren und keine Nierendialyse durchgeführt. In 31 Fällen äußerte die PÜK darüber hinaus den Verdacht, dass Blutproben manipuliert worden seien, um einen höheren labMELD der jeweiligen Patienten zu erreichen. Die größte Fehlergruppe bildeten die Anträge auf Anerkennung einer Standard-Exception aufgrund eines HCC (n=119). In 76 Fällen lagen die Tumore außerhalb der Mailand-Kriterien und konnten eine Standard-Exception daher nicht rechtfertigen. 5 Fälle wurden jedoch zu Unrecht als Richtlinienverstoß gewertet. In diesen Fällen waren die Mailand-Kriterien zwar erfüllt, die PÜK rügte jedoch, dass zur Beurteilung des HCC auch Tumore mit einer Größe unter 1 cm herangezogen worden waren. Dass derartige Tumore nicht heranzuziehen sind, ergab sich im Prüfungszeitraum jedoch nicht aus den Richtlinien. In lediglich zwei Fällen waren die HU-Kriterien trotz entsprechender Anträge nicht erfüllt. In einem Fall stellte die PÜK zudem die Durchführung einer blutgruppeninkompatiblen Lebendspende fest.

Die Richtlinien zur Lebertransplantation sehen mittlerweile eine Ausnahmeregelung vor, wonach Patienten mit einer alkoholinduzierten Leberzirrhose auch ohne Einhaltung der sechsmonatigen Abstinenzzeit in die Warteliste aufgenommen werden dürfen, wenn sie die Abstinenzzeit voraussichtlich nicht überleben würden. Die verfassungsrechtlichen Bedenken gegen diese Klausel wurden damit weitgehend ausgeräumt. Hinsichtlich der konkretisierungsbedürftigen Vorgaben zum Umgang mit Leberersatzverfahren sowie Patienten, die mit Blutgerinnungshemmern behandelt werden, und zur Anerkennung einer Standard-Exception aufgrund eines HCCs bei multiplen Tumoren mit einer Größe unter 1 cm hat die Bundesärztekammer mittlerweile Änderungen der Richtlinien umgesetzt, sodass sich in diesen Fällen fortan klare Richtlinienverstöße ergeben werden. In weiteren Bereichen, in denen sich viele Auffälligkeiten zeigten, waren die Richtlinien allerdings bereits zuvor eindeutig geregelt. Dies betrifft insbesondere die Fälle, in denen eine Nierendialyse gemeldet wurde, die tatsächlich nicht stattgefunden hatte, sowie solche, in denen ein HCC außerhalb der Mailand-Kriterien lag. Manipulationen in diesen Bereichen kann daher nicht durch eine weitere Richtlinienschärfung entgegengetreten werden. In Betracht kommen hier lediglich weitere Kontrollen, um derartiges Fehlverhalten aufzudecken.

III. Ergebnisse der Überprüfung der Herztransplantationsprogramme

1. Prüfungsumfang

Im Anschluss an die Überprüfung der Lebertransplantationsprogramme setzte die PÜK die Prüfperiode mit der Visitation der 23 in Deutschland zugelassenen Herztransplantationsprogramme fort. Von den im Prüfungszeitraum 2010 bis 2012 insgesamt durchgeführten 1055 Herztransplantationen wurden 56,5% der Fälle geprüft (n=596). Dabei wurden in 16,4% der überprüften Fälle Auffälligkeiten festgestellt (n=98). 13 Zentren wurden als vollständig unauffällig bewertet, weitere 5 trotz einzelner Auffälligkeiten insgesamt als ordnungsgemäß. Ebenfalls in 5 Zentren wurden dagegen systematische Richtlinienverstöße angenommen. An diesen Zentren wurden 246 von 328 Fällen überprüft, wobei in 37% der auditierten Fälle Auffälligkeiten festgestellt wurden (n=91). Somit fanden 92,9% der festgestellten Auffälligkeiten an lediglich 5 Zentren statt, während die übrigen 18 Zentren ordnungsgemäß arbeiteten.

Tabelle 3

Anzahl der festgestellten Auffälligkeiten in den Herztransplantationsprogrammen

Herz	*Transplantationen 2010–2012*	*Überprüfte Fälle*	*Fälle mit Auffälligkeiten*	*Anteil*	*Systematische Verstöße*
Aachen	19	10	0	0,0%	nein
Bad Nauheim	23	12	0	0,0%	nein
Bad Oeynhausen	212	53	0	0,0%	nein
Berlin	*106*	*83*	*15*	*18,1%*	*ja*
Dresden	4	4	0	0,0%	nein
Düsseldorf	23	23	0	0,0%	nein
Erlangen	38	20	0	0,0%	nein
Essen	14	10	1	10,0%	nein
Frankfurt am Main	4	4	0	0,0%	nein
Freiburg	55	28	1	3,6%	nein

(Fortsetzung nächste Seite)

(Fortsetzung Tabelle 3)

Herz	*Transplantationen 2010–2012*	*Überprüfte Fälle*	*Fälle mit Auffälligkeiten*	*Anteil*	*Systematische Verstöße*
Gießen und Marburg	31	21	0	0,0%	nein
Göttingen	20	10	0	0,0%	nein
Hamburg-Eppendorf	37	19	0	0,0%	nein
Hannover	51	26	0	0,0%	nein
Heidelberg	*80*	*57*	*33*	*57,9%*	*ja*
Jena	*32*	*27*	*17*	*63,0%*	*ja*
Kiel	18	11	3	27,3%	nein
Köln	*15*	*15*	*6*	*40,0%*	*ja*
Leipzig	89	45	0	0,0%	nein
Münster	36	19	2	10,5%	nein
München-Großhadern	*95*	*64*	*20*	*31,3%*	*ja*
Regensburg	40	22	0	0,0%	nein
Würzburg	13	13	0	0,0%	nein
Gesamt	*1055*	*596*	*98*	*16,4%*	

2. Allgemeine Patientendaten

Die zur Herztransplantation führenden Grunderkrankungen waren vielfältig. An dieser Stelle sollen wiederum nur die am häufigsten aufgetretenen Diagnosen genannt werden. 24,5% der auditierten Patienten litten an einer ischämischen Kardiomyopathie (n=146; 28 davon kombiniert mit einer weiteren Grunderkrankung). Bei 37% lag eine dilatative Kardiomyopathie vor (n=222; davon 25 kombiniert mit einer weiteren Grunderkrankung). Andere Arten der Kardiomyopathie waren in 7% der Fälle ausschlaggebend für die Transplantation (n=42; davon 5 kombiniert mit einer weiteren Grunderkrankung). Weiterhin litten 5,7% der Patienten an koronaren Herzerkrankungen (n= 34; davon 21 kombiniert mit einer weiteren Grunderkrankung). Schließlich handelte es sich in 6 Fällen um eine Retransplantation.[112]

---

[112] In 115 Fällen fanden sich keine Angaben zur Diagnose des Patienten.

Das Durchschnittsalter der Patienten zum Zeitpunkt der Transplantation lag bei 47 Jahren. Der Median lag davon abweichend höher bei 51 Jahren. Der älteste Patient war bereits 72 Jahre alt, während der jüngste im Alter von 2 Monaten transplantiert wurde.[113] Lediglich 4,9% der auditierten Patienten waren Kinder (bis zur Vollendung des 12. Lebensjahres, n=29) und 1,3% Jugendliche (12 bis einschließlich 15 Jahre, n=8). Auch die jungen Erwachsenen nahmen mit 6,7% eine vergleichsweise kleine Gruppe ein (16 bis einschließlich 29 Jahre, n=40). Die größeren Altersgruppen bildeten die Erwachsenen mit 22% (30 bis einschließlich 49 Jahre, n=131), die älteren Patienten mit 27% (50 bis einschließlich 59 Jahre, n=161) sowie die Senioren mit 18,8% (ab 60 Jahren, n=112).

Zudem wurde der Versicherungsstatus der Patienten erhoben. In etwa jeder zehnte überprüfte Patient war privatversichert.[114]

3. Die Organvermittlung

a) Allgemeines

Insgesamt wurden die an 596 Patienten durchgeführten Transplantationen überprüft, wobei 3 Patienten im Prüfungszeitraum zwei Spenderherzen erhielten. Ein Fünftel der Transplantationen fand im beschleunigten Vermittlungsverfahren statt (n=122). In den übrigen Fällen erfolgte die Organzuteilung im Standardverfahren.[115]

In 89% der Fälle befand sich der Patient zum Zeitpunkt der Organzuteilung im HU-Status (n=531) und lediglich in 10% im T-Status (n=57). Der bis April 2011 geltende U-Status wurde daneben scheinbar nur äußerst selten genutzt und lag nur bei 1% der überprüften Patienten vor (n=5).[116] Die HU-Patienten erhielten ihr Spenderorgan überwiegend über das Standardverfahren. Bei nur 14% kam das beschleunigte Vermittlungsverfahren zur Anwendung. Bei den elektiven Patienten stellt es sich umgekehrt dar. Dort nahm das beschleunigte Vermittlungsverfahren mit 70% den Großteil der Organzuteilungen ein. Die Patienten im U-Status erhielten ihr Organ alle im Wege des beschleunigten Vermittlungsverfahrens.

[113] Bei 115 Patienten war keine Altersangabe möglich, daher beziehen sich die vorstehenden Werte nur auf eine Gesamtmenge von 481 Patienten. In einem Fall war zudem lediglich angegeben, dass es sich um ein Kind handelt.

[114] In 10 Fällen wurden keine Ausführungen zum Versicherungsstatus getroffen.

[115] Ein Fall enthielt keine Angaben dazu, in welchem Verfahren die Transplantation stattfand.

[116] In 3 Fällen ließ sich nicht entnehmen, in welchem Status die Transplantation stattfand.

b) Das beschleunigte Vermittlungsverfahren

Von den 122 Transplantationen, die im beschleunigten Vermittlungsverfahren stattfanden, wurden 115 im Hinblick auf die Auswahl des jeweiligen Empfängers überprüft. Anders als bei den Lebertransplantationsprogrammen wurde hier die Auswahl nicht isoliert, sondern im Verhältnis zu anderen möglichen Patienten untersucht. Es lag also die Fragestellung zugrunde, ob statt des ausgewählten ein anderer Patient der internen Warteliste des jeweiligen Zentrums vorrangig bei der Zuteilung des Spenderorgans hätte berücksichtigt werden müssen.

aa) Angewandte Auswahlkriterien

Zunächst wurde in 44 Fällen die Blutgruppe als Auswahlkriterium benannt, wobei auch in den übrigen Fällen von einer Beachtung der Kompatibilitätsregeln auszugehen ist. Weiterhin führten ein größeres Maß an Übereinstimmung hinsichtlich Größe und Gewicht (n=79) bzw. Alter (n=7) zur Auswahl des jeweiligen Patienten. In 28 Fällen wurde Patienten aufgrund ihres HU-Status der Vorrang bei der Zuteilung eingeräumt. Auch die Länge der Wartezeit der in Betracht kommenden Patienten wurde berücksichtigt (n=16), mitunter speziell die Wartezeit im HU-Status (n=5). Ein schlechter (mitunter der schlechteste) Gesundheitszustand des Patienten sowie eine drohende weitere Verschlechterung wurde ebenfalls als Kriterium genannt (n=14). Insbesondere, wenn bei einem Patienten bereits ein Ersatzverfahren (VAD oder ECMO) eingesetzt wurde oder ein solches drohte, führte dies zu einer vorrangigen Berücksichtigung des Patienten (n=7). Umgekehrt wurde ein schlechter Gesundheitszustand aber auch als Grund für die Ablehnung eines alternativen Empfängers angeführt (n=1). Weiterhin wurden alternative Patienten unter Hinweis auf die Marginalität des Spenderorgans (n=4) oder aufgrund besonderer gesundheitlicher Faktoren (z.B. eine hohe Anzahl an Antikörpern) abgelehnt (n=3). Auch die Erreichbarkeit des jeweiligen Patienten spielte eine Rolle (n=6). In jeweils einem Fall erfolgte die Auswahl des Patienten mit dem besten Listenplatz bzw. mit der höchsten Dringlichkeit. In zwei Fällen befanden sich außer dem ausgewählten Patienten keine weiteren Patienten auf der zentrumsinternen Warteliste. Wiederum jeweils einmal erfolgte die Auswahl aufgrund des Geschlechts bzw. lag ein personenbezogenes Angebot vor. Schließlich erhielten zwei Patienten das Organ über das beschleunigte Verfahren, weil sie keine Chance auf eine HU-Listung hatten. In einem weiteren Fall konnte das Transplantationszentrum seine damalige Auswahl selbst nicht mehr nachvollziehen.

bb) Bewertung und Nachweis der Kriterien

Ganz überwiegend wurden die Auswahlkriterien, die die Transplantationszentren der Patientenauswahl im beschleunigten Verfahren zugrunde legten, durch die PÜK als nachvollziehbar bewertet. Lediglich in 3 Fällen äußerte sie Bedenken gegen die Auswahl. Dies betraf einerseits einen Fall, in dem das Transplantationszentrum selbst nicht mehr angeben konnte, nach welchen Kriterien der entsprechende Patient ausgewählt worden war. In einem weiteren Fall wäre nach den durch das Zentrum benannten Kriterien (Blutgruppe und Größen- und Gewichtsmatch) laut interner Warteliste ein weiterer Patient ebenso in Betracht gekommen, sodass jedenfalls nicht vollständig nachvollziehbar war, warum die Auswahl auf den genannten Patienten gefallen war. Darüber hinaus erachtete die PÜK die Patientenauswahl in einem Fall als fehlerhaft, da ein Patient im HU-Status ebenso für das Spenderorgan in Betracht gekommen wäre, während sich der ausgewählte Patient lediglich im T-Status befand.

Die Patientenauswahl konnte in der Regel durch entsprechende Dokumentation nachgewiesen werden. Zum Nachweis wurden interne Zentrumswartelisten oder ein ET-Donor-Report vorgelegt. Lediglich in 3 Fällen sahen die Kommissionen die angegebenen Kriterien als nur teilweise, in 2 weiteren Fällen als nicht nachgewiesen an.[117]

cc) Abweichende Organzuteilung

Mangels entgegenstehender Ausführungen in den internen Kommissionsberichten ist davon auszugehen, dass es stets auch zur Implantation des Organs bei dem zunächst durch das Transplantationszentrum vorgeschlagenen Patienten kam. Das bei späteren Prüfungen festgestellte Phänomen des „Staubsaugerpatienten“ scheint also in der hier betrachteten Prüfperiode keine Rolle gespielt zu haben.

dd) Auffälligkeiten und Vergleich zum Standardverfahren

Zunächst fallen einige Uneinheitlichkeiten bei der Anwendung der genannten Auswahlkriterien zwischen den verschiedenen Zentren auf. Teilweise wurde ein schlechter Allgemeinzustand des Patienten als Argument für, teilweise gegen seine Auswahl angeführt. Allerdings mag es eine Entscheidung des Einzelfalls sein, bis zu welchem Grad ein schlechter Allgemeinzustand

[117] In 39 Fällen enthielten die Berichte keine Ausführungen darüber, ob und wie der Nachweis getroffen worden war.

als Maß der Dringlichkeit der Transplantation dient, bzw. ab wann er der Durchführbarkeit einer Transplantation (jedenfalls mit einem im beschleunigten Verfahren ggf. marginalen Organ) entgegensteht.

Zudem fällt auf, dass das Verhältnis zwischen Wartezeit und HU-Status unterschiedlich bewertet wurde. Während der HU-Status häufig zu einer Auswahl des Patienten führte, lag insbesondere ein Fall vor, in dem ein alternativ in Betracht kommender Patient zwar den HU-Status hatte, dem elektiven Patienten aber aufgrund längerer Wartezeit der Vorrang eingeräumt wurde.

Besonders bedenklich erscheint die zweifach angeführte Argumentation, der Patient sei ausgewählt worden, da er keine Chance auf eine HU-Listung hatte. Dieser Umstand zeigt möglicherweise gerade an, dass eine Transplantation bei diesem Patienten (noch) nicht so dringlich war.

In den meisten Fällen wurden in Übereinstimmung zu den Bestimmungen im Standardverfahren die Blutgruppe sowie ein gutes Größen- und Gewichtsmatch als Auswahlkriterien benannt. Dies verwundert nicht, da diese Bedingungen die Grundvoraussetzungen für eine erfolgreiche Transplantation sind, bei deren Missachtung eine Organabstoßung droht. Während im Standardverfahren dann aber strikt auf die unterschiedlichen Dringlichkeitsstufen abgestellt wird und erst nachrangig auf die jeweilige Wartezeit, schien dies bei der Auswahl in den Transplantationszentren nicht durchgängig eine Rolle gespielt zu haben. Dies bemängelte auch die PÜK, indem sie in einem Fall rügte, dass ein geeigneter Patient im HU-Status dem ausgewählten Patienten im T-Status hätte vorgezogen werden müssen.

Dem Standardverfahren gänzlich fremd sind dagegen die – allerdings jeweils nur einmal genannten – Kriterien „Geschlecht“ und „personenbezogenes Angebot“. Möglicherweise war ersteres als Hinweis auf ein Größen- und Gewichts-Missmatch zu deuten. Was genau unter einem „personenbezogenen Angebot“ zu verstehen ist, bleibt hingegen unklar. Insoweit ist allerdings darauf hinzuweisen, dass eine empfängergerichtete Organspende im Rahmen des beschleunigten Vermittlungsverfahrens nicht zulässig ist.[118]

4. Auffälligkeiten im Rahmen der Führung der Warteliste

Bei der Überprüfung der Herztransplantationsprogramme traten sämtliche Auffälligkeiten im Rahmen der Anträge auf Zuerteilung des besonderen Dringlichkeitsstatus High Urgency zu Tage. Vor dem Hintergrund, dass der Allokation von Spenderherzen – anders als der Allokation von Lebern und Lungen – kein spezielles System im Sinne eines aus medizinischen Parame-

[118] Diese kennt das TPG eigentlich nur im Rahmen der Lebendspende, vgl. dazu § 8 Abs. 1 S. 2 TPG.

tern zu berechnenden Faktors, der die Dringlichkeit und/oder Erfolgsaussicht einer Transplantation anzeigt, zugrunde liegt, verwundert dies nicht. Vielmehr erfolgt die Priorisierung im Wesentlichen aufgrund der Wartezeit innerhalb der verschiedenen Dringlichkeitsstufen, sodass die Zuerkennung des HU-Status die Chancen eines Patienten auf Zuteilung eines Organs entscheidend vergrößert. Wurden für einen Patienten mehrere HU-Anträge gestellt, überprüften die Prüfergruppen häufig den ersten und den letzten HU-Antrag. Wiesen diese HU-Anträge Auffälligkeiten auf – insbesondere im Hinblick auf eine etwaige Intervalltherapie[119] – überprüften sie bisweilen bis zu 12 HU-Anträge pro Patient.

Insgesamt wurden 98 Fälle durch die PÜK abschließend als fehlerhaft bewertet. Dabei traten insgesamt 133 Auffälligkeiten im Rahmen der Führung der Wartelisten bzw. Meldungen an Eurotransplant auf. In 67 Fällen wurde lediglich eine Auffälligkeit, in 27 Fällen 2 und in 4 Fällen 3 Auffälligkeiten festgestellt.

a) Art der festgestellten Auffälligkeiten

Die festgestellten Auffälligkeiten bezogen sich überwiegend auf die erforderliche Medikamentengabe, die zum Zeitpunkt der HU-Antragsstellung erfolgen muss sowie auf (angebliche) Komplikationen bei Patienten mit einem kardialen Unterstützungssystem.

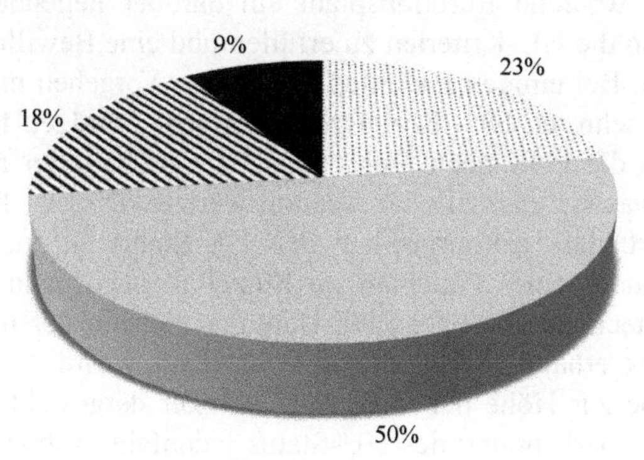

Abbildung 2: Art der festgestellten Auffälligkeiten Herz

119 Dazu sogleich unter Gliederungspunkt E.III.4.a)bb).

aa) Auffälligkeiten im Zusammenhang mit der Höhe der Katecholamin- oder PDE-Hemmer-Gabe

Nach den Richtlinien der Bundesärztekammer kommt die Zuteilung des HU-Status bei Patienten in Betracht, „die unter intensivmedizinischen Bedingungen stationär behandelt werden und nach Ausschöpfung aller alternativen Behandlungsmöglichkeiten (ausgenommen ventrikuläre Unterstützungssysteme) trotz hochdosierter Therapie mit Katecholaminen und/oder Phosphodiesterase-Hemmern nicht rekompensierbar sind und Zeichen des beginnenden Organversagens aufweisen.“[120] Wird ein Patient dagegen lediglich zur Beobachtung oder mit niedrig dosierten Katecholaminen intensivmedizinisch betreut, ist ein entsprechender HU-Antrag grundsätzlich abzulehnen.

Wann von einer hochdosierten Therapie im Sinne dieser Vorgaben auszugehen ist, wird durch das ET-Manual konkretisiert. Danach muss bei Antragsstellung seit mindestens 48 Stunden eine inotrope Therapie basierend auf der Gabe von mehr als 7.5 µg/kg/min Dobutamin (oder eines vergleichbaren Inotrops) oder von mehr als 0.5 µg/kg/min Milrinon (oder eines vergleichbaren PDE-Hemmers) erfolgen.[121] Werden diese Grenzwerte bei der Medikation nicht erreicht, ist der HU-Antrag grundsätzlich abzulehnen.

In 30 Fällen haben Transplantationszentren im Rahmen von HU-Anträgen unrichtige Angaben zur tatsächlichen Medikamentengabe gemacht. In 25 Fällen lag die tatsächliche Dosierung unterhalb der im ET-Manual festgelegten Grenzwerte, während Eurotransplant ein darüber liegender Wert gemeldet wurde, um so die HU-Kriterien zu erfüllen und eine Bewilligung des Antrags zu erreichen. Bei einigen Patienten war dieses Vorgehen nicht nur in einem, sondern in mehreren HU- bzw. Reevaluierungs-Anträgen festzustellen. Mitunter deckte die PÜK auch Falschangaben unterhalb der relevanten Grenzwerte auf, was sie ebenfalls als Verstoß wertete. Dies ist folgerichtig, wenn man bedenkt, dass Eurotransplant den HU-Status aufgrund des konkreten Krankheitsbildes eines Patienten im Einzelfall auch dann bewilligen kann, wenn er Katecholamine oder PDE-Hemmer nicht in der im ET-Manual genannten Höhe erhält. Auch in dieser Konstellation wird der Patient durch die Falschangabe zur Höhe der Dosierung kränker dargestellt als er tatsächlich ist, was die Anerkennung des HU-Status jedenfalls wahrscheinlicher macht. Daneben wurde gegenüber Eurotransplant in 5 Fällen eine Katecholamin- bzw. PDE-Hemmer-Gabe in allokationsrelevanter Höhe gemeldet, obwohl eine derartige Medikation (jedenfalls zum Zeitpunkt der Antragsstellung) überhaupt nicht stattfand.

---

[120] Gliederungspunkt III.3.1.1. der Richtlinien Herz und Herz-Lungen vom 23. April 2011.

[121] Gliederungspunkt 6.1.2.4. des ET-Manuals vom 23. April 2011.

In diesem Kontext sind auch Falschangaben zum Gewicht eines Patienten relevant. Die Dosierung der Katecholamine oder PDE-Hemmer ist bei Eurotransplant in Bezug auf das Körpergewicht des Patienten anzugeben (µg/kg/min). Bei einem geringeren Körpergewicht führt dieselbe absolute Medikamentengabe zu einer höheren Dosierung als bei einem höheren Körpergewicht. Daher führt die Angabe eines geringeren Körpergewichts als des tatsächlichen gegenüber Eurotransplant zum Anschein einer höheren Medikamentendosierung und der Patient erscheint wiederum kränker. Allerdings konnten lediglich in einem einzigen Fall Unklarheiten bezüglich der Gewichtsangaben nicht eindeutig ausgeräumt werden, da die Krankenunterlagen unterschiedliche Angaben dazu enthielten.

bb) Auffälligkeiten im Zusammenhang mit der Dauer der Katecholamin- oder PDE-Hemmer-Gabe

(1) Erläuterung der Verstöße

In weiteren 67 Fällen wurde die Höhe der Medikamentengabe im Zeitpunkt der HU-Anträge zwar zutreffend und oberhalb der geltenden Grenzwerte angegeben. Allerdings erfolgten unrichtige Angaben hinsichtlich der Dauer der jeweiligen Therapie. Das ET-Manual fordert zusätzlich zu den Grenzwerten betreffend die Höhe der Katecholamin- und PDE-Hemmer-Gabe eindeutig, dass diese seit mindestens 48 Stunden erfolgen muss und legt damit eine kontinuierliche Medikamentengabe zugrunde.[122] Auch aus den Richtlinien der Bundesärztekammer lässt sich dieses Verständnis bereits entnehmen, wenn sie bei der Begründung des HU-Status darauf abstellen, dass ein Patient trotz hochdosierter Therapie mit Katecholaminen und/oder PDE-Hemmern nicht rekompensierbar ist.[123] Kann die Medikamentengabe nach Antragsstellung reduziert oder sogar eingestellt werden, ist der Patient gerade doch rekompensierbar im Sinn dieser Vorgaben.

Die im Zuge der Vor-Ort-Prüfung eingesehenen Intensivverlaufskurven der Patienten ergaben in der oben genannten Anzahl an Fällen, dass jeweils lediglich eine kurzzeitige Steigerung der Katecholamin- oder PDE-Hemmer-Gabe bis zum Zielwert zum Zeitpunkt der HU-Antragsstellung erfolgte, wonach die Dosierung (teilweise bis zum Zeitpunkt der Reevaluation) reduziert oder die Medikamentengabe vollständig eingestellt wurde, obgleich sich keine medizinisch plausible Erklärung für den vorangehenden Anstieg oder die nachfolgende Reduktion finden ließ. In den an Eurotransplant gerichteten

---

[122] Gliederungspunkt 6.1.2.4. des ET-Manuals vom 23. April 2011.

[123] Gliederungspunkt III.3.1.1. der Richtlinien Herz und Herz-Lungen vom 23. April 2011.

HU-Anträgen wurde dieses Vorgehen im Sinn einer Intervall- oder intermittierenden Therapie jedoch nicht offengelegt. Vielmehr wurde in zahlreichen dieser Fälle ausdrücklich darauf hingewiesen, die angegebene Dosierung werde kontinuierlich gegeben und eine Reduktion sei nicht möglich. Zwar wurden den Anträgen in den meisten Fällen (zu den Ausnahmen sogleich) zutreffende Patientenkurven zum Beleg der Medikamentengabe beigefügt. Diese erfassten aber nur den Antragszeitpunkt und ließen ebenfalls nicht erkennen, dass die Medikation nachfolgend reduziert oder abgesetzt wurde.

(2) Einwände der Transplantationszentren

Zwar wurden die tatsächlichen Feststellungen der PÜK zur intermittierenden Medikamentengabe durch die Transplantationszentren nicht bestritten. Es wurden jedoch zweierlei Einwände gegen eine Bewertung dieses Vorgehens als Richtlinienverstoß geltend gemacht.

Zum einen wurde vorgetragen, die Voraussetzungen der Richtlinien bzw. des ET-Manuals für die Zuerkennung des HU-Status könnten dahingehend ausgelegt werden, dass die Katecholamine und/oder PDE-Hemmer zwar über einen Zeitraum von mindestens 48 Stunden verabreicht worden sein müssten. Die Dosierung müsse allerdings nicht die gesamte Zeit oberhalb des im ET-Manual angegebenen Grenzwerts liegen, sondern lediglich zum Antragszeitpunkt. Eine derartige Auslegung widerspricht jedoch sowohl dem eindeutigen Wortlaut als auch dem Inhalt der Bestimmungen. Dies ergibt sich nach zutreffender Auffassung der PÜK insbesondere unter Rückgriff auf die Richtlinien, da dort ausgeführt wird, der Patient müsse unter hochdosierter Therapie mit Katecholaminen und/oder PDE-Hemmern „nicht rekompensierbar" sein. Kann die Dosierung nach Antragsstellung herabgesetzt oder gänzlich eingestellt werden, ist der Patient gerade doch rekompensierbar. Soweit also die Richtlinien wie auch das ET-Manual auf eine kontinuierliche hochdosierte inotrope Therapie abstellen, fällt es bereits begrifflich schwer, einer Auslegung zu folgen, die versucht, eine Intervalltherapie in eine kontinuierliche Therapie umzudeuten.

Größere Beachtung verdient dagegen der Einwand, eine Intervalltherapie sei einer kontinuierlichen Gabe von Katecholaminen und/oder PDE-Hemmern aus medizinischer Sicht vorzuziehen, da nach spätestens drei Tagen einer kontinuierlichen Infusion mit Dobutamin ein hämodynamischer Toleranzeffekt eintrete. Dieser Sensitivitätsverlust könne aber durch eine 7- bis 10-tägige Pause wieder rückgängig gemacht werden. Die kontinuierliche Therapie sei zudem erwiesenermaßen mit Nebenwirkungen wie etwa schwerwiegenden ventrikulären Arrhythmien verbunden. Bei der Erstellung der Richtlinien zum HU-Status im Jahr 2005 sei man lediglich von einer Wartezeit bis zur Organzuteilung von ca. einer Woche im HU-Status ausgegangen. Nunmehr sei die Wartezeit jedoch auf ca. drei Monate angestiegen. Daher sei eine kontinuierliche Gabe nicht mehr vertretbar. Die intermittierende Therapie sei der kontinuierlichen in ihrer Wirkung ebenbürtig und aufgrund geringerer Nebenwirkungen vorzuziehen.[124]

Dieser Einwand wurde von der PÜK zum einen deshalb als nicht durchgreifend bewertet, da dennoch unrichtige Angaben gegenüber Eurotransplant gemacht wurden bzw. der Gesundheitszustand der Patienten unrichtig oder jedenfalls unvollständig dargestellt wurde und auch formal ein Verstoß gegen die Richtlinien bzw. das ET-Manual vorliege. Daher sei auch die Einholung eines Sachverständigengutachtens zur Klärung dieser Frage nach Auffassung der PÜK nicht erforderlich.

Das mag in Bezug auf die Tätigkeit der PÜK zunächst zutreffen, da diese ihren Prüfungen lediglich die aktuell geltenden Allokationsregeln zugrunde zu legen hat. Allerdings müssen die Richtlinien zur Organverteilung nach § 16 Abs. 1 S. 1 Nr. 5 TPG dem Stand der Erkenntnisse der medizinischen Wissenschaft entsprechen, um die Vermutungswirkung des Satz 2 auszulösen. Werden sie diesen Anforderungen nicht gerecht, ist auch deren Bindung fraglich. Gleichwohl hätten die Transplantationszentren in diesem Fall eine Widerlegung der Vermutungswirkung anstreben müssen, anstatt eine schlichte Umgehung der Vorgaben zu betreiben. Daneben könnte sich allerdings ein näherer Prüfungsbedarf in Bezug auf die Richtlinientätigkeit der Bundesärztekammer ergeben. Falls eine Intervalltherapie mit Katecholaminen und/oder PDE-Hemmern gegenüber einer kontinuierlichen Medikamentengabe aus medizinischer Sicht tatsächlich vorzugswürdig sein sollte, entsprächen die Richtlinien bzw. das ET-Manual in diesem Punkt nicht mehr wie von § 12 Abs. 3 S. 1 TPG gefordert dem aktuellen Stand der Erkenntnisse der medizinischen Wissenschaft und wären entsprechend anzupassen.

Bei der Bewertung des Fehlverhaltens der Transplantationszentren hinsichtlich der Intervalltherapie stellt die PÜK allerdings zum anderen heraus, dass die vorstehende Argumentation möglicherweise lediglich vorgeschoben ist. Auffällig sei nämlich, dass insbesondere ein Zentrum den Rhythmus der Intervalltherapie entsprechend der jeweiligen Vorgaben der Richtlinien zu den Fristen der Reevaluation des HU-Status geändert hat. Während der HU-Status bis April 2011 bereits nach 7 Tagen neu begründet werden musste,[125] betrug auch der Intervallrhythmus des Zentrums lediglich eine Woche. Nachdem die Richtlinien die Frist zur Reevaluation des HU-Status auf 8 Wochen

[124] Dieser Bewertung schließen sich *Schroth/Hofmann*, MedR 2017, 948, 950 an.

[125] Gliederungspunkt II.1.2.1. der Richtlinien Vermittlung Herz vom 24. Oktober 2009.

angehoben hatten,[126] hat auch das Zentrum seinen Rhythmus auf 8 Wochen erhöht, ohne dass geänderte medizinische Bedingungen oder weitere Einflüsse ersichtlich gewesen wären. Zwar begründete das Zentrum die Umstellung auf einen 8-Wochen-Rhythmus mit dem Auftreten von Nebenwirkungen bei den Patienten (etwa Rhythmusstörungen, Unruhezustände und psychische Belastung bei wöchentlicher Gabe der Medikamente). Die PÜK geht aber naheliegender Weise davon aus, dass es bereits vor der Änderung der Richtlinien im Einzelfall zu derartigen Nebenwirkungen gekommen war, ohne dass dies das Zentrum dazu bewegt hatte, das Intervall zu vergrößern.[127] Dies stärkt den Verdacht, dass die kurzzeitige Katecholamin- bzw. PDE-Hemmer-Gabe jedenfalls nicht ausschließlich Teil eines vorzugswürdigen Therapiekonzepts war, sondern auch zum Zweck der Erreichung des HU-Status erfolgte. Die intermittierende inotrope Therapie kann auf der Grundlage des einschlägigen Schrifttums in Deutschland auch nicht als Standardtherapie für Patienten mit einem akuten Herzversagen angesehen werden.[128]

cc) Auffälligkeiten im Zusammenhang mit eingereichten Krankenblättern im Rahmen von HU-Anträgen

Die zuvor beschriebenen Verstöße gingen in 24 Fällen mit einer Veränderung oder Fälschung von Krankenblättern einher. Dabei wurden den an Eurotransplant übersandten HU-Anträgen zum einen nach Auffassung der PÜK gezielt manipulierte Verordnungsbögen oder Intensivverlaufskurven beigefügt, um eine der Meldung entsprechende höhere Dosierung der Katecholamin- oder PDE-Hemmer-Gabe zu belegen. Zudem wurden veränderte Blutdruckwerte eingetragen. In einigen Fällen wurde das Datum auf der originalen Patientenkurve unkenntlich gemacht und diese als später entstanden ausgegeben, um den Eindruck zu vermitteln, der Patient habe die angegebene Dosierung zum relevanten Zeitpunkt erhalten. In den Intervalltherapie-Fällen wurde häufig eine von der Originalkurve abweichende Kurve an Eurotransplant übersandt, die das Vorliegen einer kontinuierlichen anstelle einer inter-

---

[126] Gliederungspunkt III.3.1.1. der Richtlinien Herz und Herz-Lungen vom 23. April 2011.

[127] Auch *Ensminger et al.*, Clin Res Cardiol 2015, 998, 998 f. erkennen keine durchgreifende Erklärung für die Umstellung des Intervalls. Es sei insbesondere nicht erwiesen, dass die intermittierende Therapie einen signifikanten Einfluss auf die hämodynamischen Parameter habe. Auch die sehr knappe nachgeschobene Begründung von *Weis et al.*, Clin Res Cardiol 2015, 1000, 1000, die ohne nähere Erläuterungen auf Studien zum Einsatz von Levosimendan in einem 4 bis 8 Wochen Intervall verweisen, vermag keine überzeugende Erklärung zu liefern.

[128] *Ensminger et al.*, Clin Res Cardiol 2015, 998, 998 f.; dies räumen auch *Weis et al.*, Clin Res Cardiol 2015, 1000, 1001 ein.

mittierenden Therapie suggerierte. Dabei bestand in 3 Fällen der Verdacht, dass gänzlich neue und zugleich unrichtige Patientenkurven zum Zweck der Übersendung an Eurotransplant angefertigt wurden, sowie in weiteren 5 Fällen der Verdacht der doppelten Aktenführung zu diesem Zweck.[129]

Zwar werden die an Eurotransplant im Rahmen einer HU-Antragsstellung zu übermittelnden Daten erst im ET-Manual näher bestimmt.[130] Es ergibt sich aber bereits aus dem Sinn und Zweck der Richtlinien der Bundesärztekammer, dass die zur Belegung des HU-Antrags übermittelten Patientenunterlagen keinen Fälschungen oder Veränderungen unterliegen dürfen, sodass eine ausdrückliche Regelung entbehrlich ist.

dd) Auffälligkeiten im Zusammenhang mit kardialen Unterstützungssystemen

Neben der Möglichkeit, einen HU-Antrag auf die Durchführung einer inotropen Therapie zu stützen, besteht eine alternative Begründung für Patienten, denen ein kardiales Unterstützungssystem (vom englischen Ventricular Assist Device, kurz VAD) implantiert wurde. Diese Patienten werden grundsätzlich auf der einheitlichen Warteliste mit normaler Dringlichkeit geführt. Nur dann, wenn sie sich nach der Implantation eines VAD zunächst erholen, später aber aufgrund von Komplikationen eine lebensbedrohliche Situation entsteht, kommt eine Listung als HU-Patient in Betracht.[131] Das ET-Manual nennt konkretisierend als mögliche Komplikationen etwa Fehlfunktionen oder den Ausfall des VADs, die lediglich durch einen Austausch behoben werden könnten, oder Infektionen des VAD, die anhand einer positiven Blutkultur oder in entsprechender Weise nachgewiesen werden müssen.[132]

In 6 Fällen erfolgten unrichtige Angaben zu tatsächlich nicht bestehenden Komplikationen bei der Beantragung des HU-Status für VAD-Patienten bzw. die im HU-Antrag angegebenen Komplikationen konnten zumindest nicht anhand der Krankenblätter belegt werden. Daneben ist bei einem weiteren Patienten, der bereits vor der Implantation eines VAD HU gelistet war, nach der Implantation eine Abmeldung von der HU-Liste unrichtiger Weise unterblieben.

---

[129] Ein Zentrum führte zum Vorwurf der doppelten Aktenführung aus, dass diese lediglich in der Einführungsphase der elektronischen Patientenakte stattgefunden habe. Die Behandlung habe primär anhand der Papierakte stattgefunden, während die elektronische Akte daneben nur punktuell geführt wurde. Das habe aber nicht dem Zweck gedient, unrichtige Kurven zum Zweck der HU-Anträge zu erstellen.

[130] Gliederungspunkt 6.1.2.6. des ET-Manuals vom 23. April 2011.

[131] Gliederungspunkt III.3.1.1. der Richtlinien Herz und Herz-Lungen vom 23. April 2011.

[132] Gliederungspunkt 6.1.2.4. des ET-Manuals vom 23. April 2011.

ee) Auffälligkeiten bei der Bewilligung des HU-Status seitens Eurotransplant

Wie bereits im Rahmen der Prüfungen der Lebertransplantationsprogramme, ergab sich auch aus den internen Kommissionsberichten der Herztransplantationsprogramme, dass in (mindestens) 4 Fällen der HU-Status durch die Auditgruppe bei Eurotransplant genehmigt wurde, obwohl die HU-Kriterien nach Ansicht der Sachverständigen der Prüfergruppe nicht erfüllt waren. Die zugrunde liegenden Patientendaten waren allerdings seitens der Transplantationszentren korrekt gemeldet worden, weshalb kein Fehlverhalten der Zentren auszumachen war. In einem Bericht wurde die Bewilligung eines HU-Antrags ausdrücklich als „Problem des unzureichenden Audits" bezeichnet.

ff) Sonstige Auffälligkeiten

In drei Fällen wurden veraltete Werte an Eurotransplant gemeldet. Dies ergab sich in einem Fall daraus, dass der angegebene Wert bereits durch eine nachfolgende Untersuchung überholt war. In den übrigen beiden Fällen überschritten die Ergebnisse einer Rechtsherzuntersuchung das im ET-Manual vorgeschriebene Höchstalter von fünf Tagen.[133] In den Richtlinien ist allerdings keine entsprechende Vorgabe zu finden. Weiterhin stellte die PÜK in einem Fall fest, dass das Datum auf einem HU-Antrag geändert wurde, wohl um die dort aufgeführten Daten aktueller erscheinen zu lassen.

5. Bevorzugung bestimmter Patientengruppen

a) Kinder und Jugendliche

Eine Bevorzugung von Kindern und Jugendlichen erscheint nach den gefundenen Ergebnissen fernliegend. Insgesamt wurden im Prüfungszeitraum 38 Kinder und Jugendliche herztransplantiert. Dabei erhielten lediglich 6 ein Organ im Wege des beschleunigten Vermittlungsverfahrens. In keinem dieser Fälle wurde gerügt, dass die Auswahl nicht nachvollziehbar oder gar fehlerhaft gewesen sei. Im Rahmen der Führung der Warteliste bzw. der Meldung an Eurotransplant wurde in dieser Altersgruppe keine einzige Auffälligkeit festgestellt.

---

[133] Gliederungspunkt 6.1.2.6. des ET-Manuals vom 23. April 2011.

b) Privatversicherte

Insgesamt wurden 67 privatversicherte Patienten im Prüfungszeitraum herztransplantiert. 14 von ihnen erhielten das Organ im Wege des beschleunigten Verfahrens.[134] In keinem dieser Fälle beurteilte die PÜK die Auswahlkriterien als teilweise nicht nachvollziehbar oder gar fehlerhaft. Auch die Häufigkeit der Auswahl lässt keine Rückschlüsse auf eine Bevorzugung von Privatpatienten über den Weg des beschleunigten Verfahrens zu. 11,5% der Patienten, die ihr Organ im beschleunigten Verfahren erhielten, waren privatversichert. Dies entspricht in etwa ihrem Gesamtanteil an der Anzahl der insgesamt transplantierten (und überprüften) Patienten (10,7%). Umgekehrt betrachtet wurden 21,9% der insgesamt überprüften privatversicherten Patienten im Wege des beschleunigten Verfahrens transplantiert. Der Anteil der insgesamt im beschleunigten Verfahren transplantierten Patienten lag ebenfalls bei 20,5%.

Von den 98 Fällen, in denen Auffälligkeiten im Zusammenhang mit der Führung der Warteliste bzw. Meldung relevanter Daten an Eurotransplant aufgedeckt wurden, handelte es sich in 15 Fällen um privatversicherte Patienten.[135] Insgesamt traten in 16,4% aller geprüften Fälle Auffälligkeiten auf. Bezogen auf Privatversicherte waren es dagegen 23,4%. Während diese relativen Zahlen den Eindruck vermitteln könnten, dass es bei Privatpatienten häufiger zu Manipulationen der Warteliste kommt, ist zu berücksichtigen, dass diese Werte aufgrund der niedrigen Basisrate stark verzerrt sind.

Auffällig erscheint bei näherer Betrachtung lediglich ein Transplantationszentrum im Umgang mit Privatpatienten. Die PÜK stellte bei diesem Zentrum in 33 von 57 auditierten Fällen Unregelmäßigkeiten fest (58%) und ordnete hierbei die Richtlinienverstöße als systematisch ein. Unter den überprüften Fällen fanden sich 11 Privatpatienten. Auffällig ist nun, dass 8 dieser Fälle, in denen der Patient privatversichert war, Auffälligkeiten zeigten (72%). Zwar ist die Fehlerrate an diesem Zentrum insgesamt sehr hoch, dennoch scheint eine Bevorzugung von Privatpatienten – anders als von der PÜK bewertet – hier nicht ausgeschlossen.

6. Zusammenfassung

Die PÜK überprüfte insgesamt 23 Herztransplantationsprogramme und stellte dabei in 16,8% der überprüften Fälle Auffälligkeiten im Zusammen-

[134] Insgesamt fanden 122 Transplantationen auf diesem Wege statt; in zwei dieser Fälle war der Versicherungsstatus in den Berichten nicht benannt.

[135] In zwei auffälligen Fällen ließ sich der Versicherungsstatus den Berichten nicht entnehmen.

hang mit der Führung der Warteliste bzw. der Meldungen an Eurotransplant fest (n=98). In 5 Transplantationszentren beurteilte sie diese Auffälligkeiten abschließend als systematische Richtlinienverstöße bzw. Manipulationen.

In 89% der überprüften Fälle befanden sich die Patienten zum Zeitpunkt der Organzuteilung im HU-Status. Zudem wurden sämtliche Auffälligkeiten, die die PÜK bei ihren Auditierungen feststellte, im Rahmen von HU-Anträgen aufgedeckt (n=133). Dies verwundert nicht, da die Priorisierung bei der Herzallokation vorranging anhand der verschiedenen Dringlichkeitsstufen erfolgt. Der Großteil der Auffälligkeiten trat im Zusammenhang mit der für die Beantragung des HU-Status relevanten inotropen Therapie auf. In 30 Fällen wurde die Höhe der Katecholamin- bzw. PDE-Hemmer-Gabe unzutreffend angegeben. In weiteren 67 Fällen bezogen sich die Falschangaben auf die Dauer dieser Medikation. Es fand lediglich eine intermittierende, nicht hingegen eine kontinuierliche Therapie statt, ohne dies gegenüber Eurotransplant offenzulegen. In 24 Fällen stellte die PÜK zudem eine Veränderung bzw. Verfälschung von Krankenunterlagen fest, die ihrer Auffassung nach vornehmlich den Zweck hatte, die fehlerhafte Meldung der inotropen Therapie zu unterstützen. Zudem traten in 7 Fällen Auffälligkeiten bei der Beantragung des HU-Status für Patienten mit einem kardialen Unterstützungssystem auf. Es wurden unzutreffender Weise Komplikationen gemeldet bzw. eine Implantation des VAD verschwiegen.

Insbesondere im Hinblick auf die Höhe der inotropen Therapie zog die PÜK bei ihrer Bewertung die vom ET-Manual aufgestellten Grenzwerte heran. Die Richtlinien enthalten hier lediglich allgemeinere Ausführungen. Eine Konkretisierung der Richtlinien ist in diesen Punkten bislang nicht erfolgt. Auffälligkeiten hinsichtlich der Dauer der Medikamentengabe kann dagegen bereits mit den Vorgaben der Richtlinien selbst begegnet werden. Erfolgte lediglich eine intermittierende Therapie mit Katecholaminen bzw. PDE-Hemmern, waren die Patienten gerade doch rekompensierbar im Sinne der Richtlinien, sodass sich das Erfordernis einer kontinuierlichen Therapie nicht erst aus dem ET-Manual, sondern bereits aus den Richtlinien selbst ergibt.

IV. Ergebnisse der Überprüfung der Lungentransplantationsprogramme

1. Prüfungsumfang

Den Abschluss der ersten Prüfperiode der PÜK stellten die Visitationen der 14 Lungentransplantationsprogramme dar. Von den im Prüfungszeitraum durchgeführten 999 Lungentransplantationen haben die Prüfergruppen 42% auditiert (n=421). Dabei stellten sie in etwa einem Viertel der Fälle Auffälligkeiten im Rahmen der Führung der Warteliste fest (n=111). 81,1% dieser Auffälligkeiten fanden an lediglich vier Transplantationszentren statt. Dort traten in ca. der Hälfte der auditierten Fälle Auffälligkeiten zu Tage. An den übrigen 10 Zentren fanden keine oder lediglich vereinzelte Verstöße gegen die Allokationsregeln statt.

Tabelle 4

Anzahl der festgestellten Auffälligkeiten in den Lungentransplantationsprogrammen

Lunge	*Transplantationen 2010–2012*	*Überprüfte Fälle*	*Fälle mit Auffälligkeiten*	*Anteil*	*Systematische Verstöße*
Berlin	83	42	5	11,9%	nein
Essen	50	26	0	0,0%	nein
Freiburg	39	20	1	5,0%	nein
Gießen	50	30	4	13,3%	nein
Hamburg-Eppendorf	*27*	*25*	*14*	*56,0%*	*ja*
Hannover	378	56	4	7,1%	nein
Homburg / Saar	52	26	0	0,0%	nein
Jena	*26*	*26*	*10*	*38,5%*	*ja*
Kiel	5	5	1	20,0%	nein
Köln	2	2	2	100,0%	nein
Leipzig	*69*	*53*	*29*	*54,7%*	*ja*
Mainz	22	11	0	0,0%	nein
München-Großhadern	*179*	*82*	*37*	*45,1%*	*ja*
Münster	17	17	4	23,5%	nein
Gesamt	*999*	*421*	*111*	*26,4%*	

2. Allgemeine Patientendaten

Im Bereich der Lungentransplantation wurde als häufigste Grunderkrankung die Gruppe der chronisch obstruktiven Lungenkrankheiten (vom englischen Chronic obstructive pulmonary disease, kurz COPD) genannt. Insgesamt wurde bei 108 Patienten eine COPD als Diagnose angegeben, bei 47 von ihnen lag diese in der schwersten Form (im sog. Stadium GOLD IV) vor. Eine weitere große Gruppe von Patienten litt unter einer Lungenfibrose (n=131), 66 davon an einer idiopathischen Lungenfibrose. Darüber hinaus machte in 46 Fällen eine zystische Fibrose (Mukoviszidose) eine Transplantation erforderlich. Schließlich führte in 15 Fällen ein chronisches Transplantatversagen bzw. eine Organabstoßung zu einer Retransplantation.[136]

Der jüngste Patient, der im Prüfungszeitraum eine Lungentransplantation erhielt, war 4 Jahre alt, der älteste 68 Jahre. Im Durchschnitt betrug das Patientenalter zum Zeitpunkt der Transplantation 49 Jahre. Der Median lag leicht abweichend bei 53 Jahren. In den Jahren 2010 bis 2012 wurden lediglich 3 Kinder (bis zur Vollendung des 12. Lebensjahres) und 5 Jugendliche (12 bis einschließlich 15 Jahre) lungentransplantiert. Auf die jungen Erwachsenen (16 bis einschließlich 29 Jahre) entfielen 42, auf die Erwachsenen (30 bis einschließlich 49 Jahre) 112 Transplantationen. Die größte Gruppe stellten die älteren Patienten (50 bis einschließlich 59 Jahre) mit 164 Transplantationen dar. Auf die Senioren (ab 60 Jahren) entfielen weiterhin 93 Transplantationen.

Die Mehrheit der überprüften Patienten war wiederum gesetzlich versichert. Insgesamt hatten im Prüfungszeitraum lediglich 7% der Lungenempfänger einen privaten Versicherungsstatus.[137]

3. Die Organvermittlung

Von den 421 auditierten Fällen fanden 78% der Transplantationen im Standardverfahren statt (n=327), während 22% der Organe im Wege des beschleunigten Verfahrens vermittelt wurden (n=91).[138] Mit der Einführung des LAS im Jahr 2011 hat sich das Vermittlungsverfahren und damit der Prüfungsmaßstab der PÜK geändert. 243 der überprüften Transplantationen fanden vor der Einführung des LAS statt, 178 danach.

[136] Die übrigen Patienten litten an selteneren Grunderkrankungen. In 8 Fällen war keine Angabe zur Diagnose möglich.

[137] Bei 3 Patienten war kein Versicherungsstatus angegeben.

[138] Ein Patient erhielt sein Organ über eine Lebendspende, bei zwei weiteren Patienten konnte das Verfahren nicht ermittelt werden.

a) Das alte Standardverfahren

Das bis Dezember 2011 geltende Vermittlungsverfahren stellte bei der Allokation ganz wesentlich auf die verschiedenen Dringlichkeitsstufen ab. In 70% der überprüften Transplantationen befand sich der Patient zum Zeitpunkt der Organzuteilung im HU-Status (n=170). Im Vergleich zur Herztransplantation wurde im Rahmen der Lungentransplantation wohl auch der U-Status häufiger genutzt und führte in immerhin 11% der Fälle zu einem Organangebot (n=27). In den übrigen 16% der Fälle handelte es sich um elektive Patienten (n=40).[139]

In Bezug auf die HU-Patienten hat die PÜK erneut eine Vielzahl an HU-Anträgen überprüft (n=293). Bei 35% der auditierten HU-Patienten wurde nur ein HU-Antrag geprüft (n=60). In 57% der Fälle wurden zwei (n=97), in 5% der Fälle drei (n=9) und in 0,2% der Fälle vier Anträge geprüft (n=3). Wurden für einen Patienten mehrere HU-Anträge gestellt, hat die PÜK auch hier häufig den ersten und den letzten HU-Antrag näher untersucht. Fielen bereits mehrere verschiedene Auffälligkeiten in den HU-Anträgen auf, wurden weitere Anträge in die Prüfung einbezogen.[140]

Im Geltungszeitraum des alten Standardverfahrens erhielten 47 der überprüften Patienten und damit fast ein Fünftel der in diesem Zeitraum überprüften Empfänger ihr Organ im beschleunigten Vermittlungsverfahren. Ein Viertel dieser Patienten befand sich im HU-Status (n=12), die übrigen drei Viertel dagegen im U- (n=10) bzw. im elektiven Status (n=24).[141]

b) Das LAS-Verfahren

Nach der grundlegenden Neuregelung des Vermittlungsverfahrens im Dezember 2011 bildete der LAS den entscheidenden Faktor für die Priorisierung im Rahmen der Lungenallokation. Im Durchschnitt lag der LAS der 178 im neuen Standardverfahren transplantierten und durch die PÜK auditierten Patienten bei einem Wert von 53,4.[142] Der höchste zur Transplantation führende LAS lag bei 100, wobei es sich um ein Kind handelte, das nach den Richt-

[139] In 4 Fällen war keine Angabe zum Status des Patienten bei der Organzuteilung möglich. In 2 Fällen wurde bereits der LAS zugrunde gelegt, obwohl die Transplantation kurz vor dessen Einführung stattfand.

[140] In einem Fall war nicht ausgeführt, wie viele Anträge die PÜK überprüft hatte.

[141] In einem Fall des beschleunigten Verfahrens fehlten Angaben zum Dringlichkeitsstatus des Patienten.

[142] Unberücksichtigt bleiben hier und im Folgenden die 21 Fälle, in denen die Höhe des LAS in den Berichten nicht benannt war.

linien automatisch den maximalen LAS erhielt.[143] Der geringste LAS betrug 31 und führte zu einer Organzuteilung im Standardverfahren. 39 % der auditierten Patienten hatten einen High LAS (ab einem Wert von 50; n = 69), während die Hälfte bereits mit einem Low LAS ein Organ erhielt (bei einem Wert unter 50; n = 88). Lediglich 2 Patienten hatten im Zeitpunkt der Organzuteilung einen Ausnahme LAS.

Das beschleunigte Vermittlungsverfahren wurde bei den Low LAS Patienten wesentlich häufiger genutzt als bei den High LAS Patienten. Während knapp ein Drittel der Low LAS Patienten ihr Organ auf diesem Weg erhielten (n = 29), waren es bei den High LAS Patienten lediglich 11,6 %.

c) Das beschleunigte Vermittlungsverfahren

Da im Rahmen der Prüfungen der Lungentransplantationsprogramme hinsichtlich aller 91 überprüften Patienten, die ein Organ im Wege des beschleunigten Verfahrens erhielten, auch die angewandten Auswahlkriterien erhoben wurden, lässt sich hier ein recht umfassendes Bild der Auswahlpraxis der Transplantationszentren darstellen.

Im Übrigen verliefen die Prüfungen der Fälle, in denen die Organzuteilung im beschleunigten Verfahren stattfand, jedoch uneinheitlich. Teilweise fand eine umfassende Überprüfung von Diagnose, etwaigen HU- oder LAS-Anträgen sowie der Auswahl im beschleunigten Verfahren statt. Bei weiteren Prüfungen wurden dagegen nur die Auswahlkriterien geprüft. Dies folgte möglicherweise der Ansicht, dass Fehler in den übrigen Bereichen ohnehin nicht allokationsrelevant gewesen sein konnten. Damit wurden jedoch erneut die Ebenen der Feststellung von Verstößen sowie der Bewertung dieser Verstöße als allokationsrelevant vermengt.

aa) Angewandte Auswahlkriterien

Auch im Bereich der Lungentransplantation gestalteten sich die Auswahlkriterien der Transplantationszentren als vielseitig. In 63 Fällen wurde ausdrücklich die Blutgruppe des Empfängers als Kriterium benannt. Daneben spielten oftmals die Körpergröße (n = 56; 2-mal speziell die Thoraxgröße) sowie das Gewicht (n = 30) eine Rolle. Zudem fand das Alter Berücksichtigung, wobei einerseits auf ein ähnliches Alter von Spender und Empfänger (n = 7), andererseits auf ein besonders junges Alter des Empfängers (n = 1) abgestellt wurde. Der Allgemeinzustand des ausgewählten bzw. des alternativen Patienten wurde in insgesamt 10 Fällen als Kriterium angeführt. Teil-

[143] Vgl. dazu bereits Gliederungspunkt C.III.3.a)dd).

weise führte dabei der Umstand, dass der ausgewählte Patient sich in einem schlechteren Zustand als der alternative Patient befand, zur Patientenauswahl (n=7), teilweise war es genau die entgegengesetzte Erwägung (n=3). In weiteren 9 Fällen erfolgte die Auswahl aufgrund der Marginalität des angebotenen Organs bzw. entsprechend des Donorprofils der in Betracht kommenden Patienten. Weiterhin berücksichtigt wurden die Wartezeit der Patienten (n=16) und deren räumliche Nähe bzw. Erreichbarkeit (n=8). In 12 Fällen wurde der HU-Status des Patienten herangezogen, in 22 Fällen die Höhe des LAS. Zudem wurde 5-mal allgemein auf die Dringlichkeit der Transplantation verwiesen. In einem Fall wurde das Geschlecht des Patienten genannt. Schließlich spielten in 9 Fällen Besonderheiten des Krankheitsbildes des ausgewählten oder des alternativen Empfängers bei der Entscheidung eine Rolle (etwa eine Übereinstimmung der Vorerkrankung zwischen Spender und Empfänger).

bb) Bewertung und Nachweis der Kriterien

Die PÜK bewertete die Auswahl der Patienten durch die Transplantationszentren anhand der genannten Kriterien weit überwiegend als nachvollziehbar. Lediglich in einem Fall äußerte sie Zweifel. Anders als das Transplantationszentrum in diesem Fall ausführte, befanden sich nicht nur ein, sondern 19 weitere Patienten mit geeigneter Blutgruppe auf der Warteliste. Die Auswahl konnte danach nicht plausibel begründet werden.

In 72% der Fälle konnte die Patientenauswahl durch entsprechende Dokumentation der Transplantationszentren nachgewiesen werden (n=66). Dies erfolgte wiederum überwiegend durch die Vorlage der internen Wartelisten. Soweit diese nicht vorgelegt werden konnten, wurde die Auswahl anhand der von Eurotransplant für diesen Zeitpunkt ermittelten Wartelisten geprüft.

In 3 Fällen konnte die Patientenauswahl dagegen nur teilweise belegt werden. Dies lag daran, dass sich mehr Patienten, die ebenfalls für eine Organzuteilung in Betracht gekommen wären, auf der internen Warteliste befanden als vom Transplantationszentrum angegeben. In weiteren 3 Fällen konnte die Auswahl dagegen nicht belegt werden.[144]

cc) Abweichende Organzuteilung

In zwei Fällen kam es zu einer von der ursprünglichen Zuteilung durch Eurotransplant abweichenden Implantation des Organs. Die Zuteilung erfolgte jeweils im Standardverfahren an einen anderen Patienten des Zen-

144 In 19 Fällen war erneut keine Angabe dazu enthalten.

trums. Aufgrund von Komplikationen während der Implantation musste diese jedoch abgebrochen werden, was entsprechend an Eurotransplant gemeldet wurde. Wohl um die Ischämiezeit der Organe nicht weiter zu verlängern, entschied Eurotransplant, dass das Organ am jeweiligen Zentrum verbleiben sollte und es kam zur Auswahl des auditierten Empfängers. Die Gründe für die Abweichung konnten durch die Zentren anhand der OP-Protokolle der ursprünglichen Empfänger sowie anhand entsprechender Dokumentationen seitens Eurotransplant nachvollzogen werden. Insoweit bestand auch im Rahmen der Lungentransplantationsprogramme kein Verdacht, Patienten würden als „Staubsauger" eingesetzt.

dd) Auffälligkeiten und Vergleich zum Standardverfahren

In zwei Fällen wurde der Dringlichkeitsstatus zugunsten des ausgewählten Patienten angeführt, obwohl er sich lediglich im T-Status befand. Dies hätte weiterer Erläuterungen bedurft, etwa dahingehend, ob keine Patienten im HU- oder U-Status für die Auswahl in Frage kamen. Die Höhe des LAS wurde einmal herangezogen, obwohl der LAS noch gar nicht galt. Umgekehrt diente in einem Fall der HU-Status als Begründung, obwohl bereits das LAS-System galt.

Zudem wurde das Alter der Patienten in zweierlei Weise herangezogen. Zum einen kam den Empfängern zu Gute, dass sie ein ähnliches Alter wie der Spender hatten. Andererseits wurde „der Jüngste" ausgewählt. Gleiches gilt für den Gesundheitszustand des ausgewählten Patienten im Vergleich zu alternativ in Betracht kommenden Patienten. In gegenläufiger Weise wurde argumentiert, der ausgewählte Empfänger sei in einem schlechteren Gesundheitszustand als der/die alternativen Empfänger gewesen, während dem ausgewählten Patienten in anderen Fällen dagegen gerade sein besserer Gesundheitszustand zugutekam und die alternativen Patienten aufgrund ihres schlechteren Zustands das Organ nicht erhielten. Es soll nicht bestritten werden, dass die Bewertungen im Einzelfall medizinisch nachvollziehbar und sachgerecht gewesen sein mögen. Die uneinheitliche und mitunter gegenläufige Bewertung der relevanten Kriterien zeigt jedoch den weiten Beurteilungsspielraum der behandelnden Ärzte im Rahmen des beschleunigten Verfahrens.

Auch zeigen sich Abweichungen gegenüber dem Standardverfahren. So wurde im beschleunigten Verfahren die Wartezeit mitunter dem Dringlichkeitsstatus bzw. der Höhe des LAS vorgezogen. Auch finden die Kriterien Alter und Geschlecht des Empfängers keine Entsprechung in den Vorgaben des Standardverfahrens.

4. Auffälligkeiten im Rahmen der Führung der Warteliste

In etwa einem Viertel der geprüften Lungentransplantationen stellte die PÜK Unregelmäßigkeiten bei der Führung der Warteliste und Meldung an Eurotransplant fest. Die Gesamtzahl der Auffälligkeiten belief sich dabei auf 231, wobei es häufig vorkam, dass derselbe Verstoß bei einem Patienten (etwa in unterschiedlichen HU- oder LAS-Anträgen) mehrmals auftrat, was hier nicht im Einzelnen erfasst wurde. Pro Fall deckten die Prüfergruppen bis zu 5 verschiedene Auffälligkeiten auf. In 34 Fällen wurde genau 1 Auffälligkeit festgestellt. In 41 Fällen wurden 2 verschiedene Auffälligkeiten festgestellt, in 30 Fällen 3, in 5 Fällen 4 und in einem Fall 5.

Zudem wurden gleichermaßen im alten Vermittlungsverfahren wie auch im Geltungszeitraum des LAS Auffälligkeiten festgestellt. Dabei stammten 64% der auffälligen Fälle aus dem alten und 36% aus dem neuen Prüfungszeitraum. In Bezug auf die Anzahl der jeweils überprüften Fälle ergibt sich, dass in 29% der Fälle im alten Verfahren und in 22% der Fälle im neuen Verfahren Auffälligkeiten auftraten. Während die Auffälligkeiten im alten Verfahren vornehmlich bei HU-Patienten festgestellt wurden (94%), waren im neuen Verfahren High und Low LAS Patienten gleichermaßen betroffen (jeweils ca. die Hälfte).

a) Art der festgestellten Auffälligkeiten

Die Art der Unregelmäßigkeiten gestaltete sich bei der Prüfung der Lungentransplantationsprogramme am vielseitigsten. Verschiedene Auffälligkeiten gingen häufig Hand in Hand und eine genaue Zuordnung der beschriebenen Umstände zu den gebildeten Fallgruppen erwies sich als schwierig und war nicht so eindeutig wie bei der Leber und dem Herzen möglich. Außerdem fehlte in den Ausführungen der internen Kommissionsberichte vielfach eine Rückbindung an die Vorgaben der Richtlinien bzw. des ET-Manuals, was die Einordnung weiter erschwerte (dazu Abbildung 3).

aa) Auffälligkeiten im Zusammenhang mit Blutgasuntersuchungen

Die Blutgasanalyse (BGA) stellt einen Teil der Lungenfunktionsdiagnostik dar. Mit ihrer Hilfe lassen sich Aussagen über die Gasverteilung von Sauerstoff (pO2) und Kohlendioxid (pCO2) sowie über den pH-Wert und den Säure-Basen-Haushalt im Blut eines Patienten treffen.[145] Insgesamt traten in 62 Fällen und damit in ganz erheblichem Umfang Auffälligkeiten im Zusam-

---

[145] *Bösch/Criée*, Lungenfunktionsprüfung, S. 138.

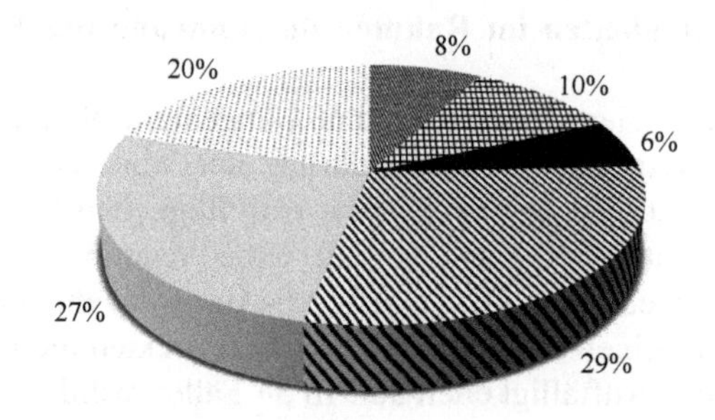

Abbildung 3: Art der festgestellten Auffälligkeiten Lunge

menhang mit der Durchführung von Blutgasanalysen auf und zwar sowohl im alten Verfahren als auch nach Einführung des LAS. Dabei flossen die Ergebnisse der BGA auf unterschiedliche Weise in die Ermittlung der Allokationsreihenfolge ein. Im alten Verfahren konnten sie zur Begründung des HU-Status (und teilweise auch des U-Status) relevant werden. Zwar enthielten die Richtlinien der Bundesärztekammer keine genauen Vorgaben in Form von konkreten medizinischen Parametern, bei deren Vorliegen der HU-Status zu gewähren war, sondern stellten allgemein auf eine akut lebensbedrohliche Situation sowie eine drohende oder bereits eingetretene Beatmungspflichtigkeit des intensivmedizinisch behandelten Patienten ab.[146] Dagegen legte das ET-Manual konkrete diagnoseabhängige Werte fest, die zur Begründung des HU-Status jeweils erreicht werden mussten.[147] Hierbei wurden mitunter Werte herangezogen, die durch eine BGA zu ermitteln und nachzuweisen waren. So war etwa bei einer Idiopathische Lungenfibrose – neben einer kontinuierlichen Sauerstoffabhängigkeit (über 4 l/min) – erforderlich, dass der Patient eine Hypoxämie (Sauerstoffmangel im arteriellen Blut) aufwies oder ein zunehmender Rückgang des Gasaustauschs dokumentiert war.[148]

146 Gliederungspunkt II.1.2.1. der Richtlinien Vermittlung Herz-Lungen und Lungen vom 24. Oktober 2009.

147 Vgl. zum Folgenden Gliederungspunkt 6.2.1.2.3.2. des ET-Manuals vom 26. November 2011.

148 Der HU-Status konnte bei dieser Diagnose alternativ auch über weitere Parameter begründet werden.

Bestand die Grunderkrankung in einer zystischen Fibrose wurde unter anderem ein Kohlendioxidpartialdruck (pCO2) über 65 mmHG vorausgesetzt. Bei einer COPD und einem Alpha-1-Antitrypsin-Mangel konnten eine atembedingte Azidose (Übersäuerung) mit einem arteriellen pH-Wert unter 7,320 sowie eine respiratorische Globalinsuffizienz mit einem pCO2 über 65 mmHg zur Begründung des HU-Status herangezogen werden. Aber auch bei den übrigen Grunderkrankungen, welche zur Indikation der Lungentransplantation führten, wurden die Ergebnisse der BGA in die Bewertung von HU-Anträgen einbezogen, was sich bereits dadurch manifestiert, dass das ET-Manual diese in den Datensatz der jedem HU-Antrag beizufügenden Dokumente aufnahm.[149] Seit der Einführung des LAS gehen die Ergebnisse der BGA (unter anderem aktueller, maximaler und minimaler Kohlendioxid-Partialdruck (mmHg) sowie dessen Anstieg in%) in die Berechnung des Scores ein und können daher Einfluss auf den Rang eines Patienten im Rahmen eines Organ-Matches nehmen.[150]

(1) Erläuterung der Auffälligkeiten

Zur Art der Auffälligkeiten im Einzelnen: In 2 Fällen wurden schlichtweg falsche Angaben in Bezug auf die Blutgaswerte der Patienten gemacht, die sich anhand der Krankenunterlagen nicht nachvollziehen ließen. In 18 Fällen ergab sich die Auffälligkeit aus den Angaben zur Sauerstoffgabe bei Durchführung der BGA. In 2 dieser Fälle war die BGA unter einer geringeren Sauerstoffgabe durchgeführt worden als gegenüber Eurotransplant angegeben. In 7 weiteren Fällen ergab sich ein entsprechender Verdacht oder die Sauerstoffgabe bei der BGA war aufgrund unterschiedlicher Vermerke in den Krankenunterlagen im Ergebnis unklar. In den übrigen 9 Fällen wurde die BGA gänzlich ohne Sauerstoffgabe durchgeführt, obwohl der Patient kontinuierlich sauerstoffpflichtig war. Wird ein Patient gegenüber Eurotransplant mit einer bestimmten Sauerstoffgabe als beatmungspflichtig gemeldet, sagt dies zugleich, dass eine durchgeführte BGA auch unter dieser Gabe zustande gekommen ist. Die Werte, die unter einer geringeren oder sogar gänzlich ohne Sauerstoffgabe zustande gekommen sind, erscheinen demnach in unzutreffender Weise schlechter, weil Eurotransplant davon ausgehen muss, dass sie bei höherer Sauerstoffgabe ermittelt wurden.

In 10 Fällen wurde die BGA mit venösem oder nicht arterialisiertem kapillaren Blut durchgeführt, statt mit arteriellem oder arterialisiertem kapillaren Blut. In weiteren 14 Fällen bestand jedenfalls ein derartiger Verdacht. Bei

---

[149] Gliederungspunkt 6.2.1.2.5. des ET-Manuals vom 26. November 2009.

[150] Anlage 1 der Richtlinien Lunge vom 10. Dezember 2011.

der BGA unterscheiden sich die gemessenen Werte je nach Abnahmeort.[151] Den „Goldstandard“ stellt die arterielle BGA dar. Kapillarblut, welches meist aus dem Ohrläppchen entnommen wird, kann ebenfalls zur Untersuchung verwendet werden, da es eine gute Korrelation zu den arteriellen Werten des pO2, pCO2 und pH aufweist. Voraussetzung ist jedoch, dass es sich um sog. arterialisiertes Kapillarblut handelt. Das heißt, das Ohrläppchen muss vor der Blutabnahme ausreichend hyperämisiert[152] werden, was mittels einer die Blutgefäße erweiternden Salbe geschieht.[153] Venöses Blut weist dagegen nur in Bezug auf den pH-Wert eine gute Korrelation zu arteriellem Blut auf und gibt die Lungenfunktion im Übrigen nur unzureichend wieder. Durch die Meldung venöser bzw. nicht arterialisierter kappilaren Blutwerte als vermeintlich arterielle bzw. arterialisierte erschienen die Patienten erneut kränker als sie waren.

In 5 Fällen wurde die BGA zudem unter Belastung durchgeführt, in 9 weiteren Fällen äußerte die PÜK einen entsprechenden Verdacht. Auch dieses Vorgehen führte zu schlechteren Blutgas-Werten im Vergleich zu Blutproben, die in Ruhe entnommenen wurden.

In 3 Fällen wurde der pCO2 Wert anhand einer transkutanen Messung ermittelt, ohne dies gegenüber Eurotransplant offenzulegen. Blutgaswerte können zwar grundsätzlich auch transkutan mithilfe eines nicht-invasiven Verfahrens an der Hautoberfläche gemessen werden.[154] Allerdings können sich Differenzen zwischen den Werten an der Hautoberfläche sowie den arteriellen Werten ergeben. So liegt der transkutane pCO2 Wert stets über dem arteriellen, was zum einen auf einen stoffwechselbedingten Kohlendioxidbeitrag der Haut und zum anderen darauf zurückzuführen ist, dass die transkutane Messung bei einer im Vergleich höheren Temperatur durchgeführt wird. Um den tatsächlichen arteriellen pCO2 Wert zu erhalten, müssen daher die transkutan ermittelten Werte über eine bestimmte Berechnungsformel angeglichen werden.[155] Unterbleiben diese Angleichung sowie die Offenlegung, dass es sich um transkutane Werte handelt, erscheint der Patient gegenüber Eurotransplant erneut kränker.

Schließlich wurde die BGA in einem Fall unter Raumluft durchgeführt. Auch die Raumtemperatur kann aber Einfluss auf die Ergebnisse einer BGA nehmen. Zum einen können sich die Werte der Blutgase bei (längerer)

---

[151] Vgl. dazu und zum Folgenden *Bösch/Criée*, Lungenfunktionsprüfung, S. 138.

[152] Als Hyperämisierung bezeichnet man die Steigerung der Durchblutung in einem Gewebe, vgl. http://flexikon.doccheck.com/de/Hyper%C3%A4misierung (letzter Abruf am 17. Juni 2018).

[153] Dazu auch *Renner*, Intensiv 2009, 204, 205.

[154] *Stücker/Memmel/Altmeyer*, Phlebologie 2000, 81, 81 und 89.

[155] *Stücker/Memmel/Altmeyer*, Phlebologie 2000, 81, 89.

Raumluftlagerung verändern, da der Stoffwechsel fortschreitet.[156] Zum anderen werden unterschiedliche Ergebnisse der BGA erzielt, je nach Raumtemperatur, bei der die Messungen durchgeführt werden. Diese werden in der Regel bei 37 °C, was der Körpertemperatur des Menschen entspricht, durchgeführt. Bei geringerer oder höherer Temperatur müssen die Ergebnisse über eine Korrekturformel angepasst werden, um entsprechend vergleichbare Werte zu erhalten.[157] Die in diesem Fall gemessenen Werte hätten also entweder rechnerisch angepasst werden müssen oder es hätte gegenüber Eurotransplant offengelegt werden müssen, dass es sich um eine Messung unter Raumluft handelt.

Die genannten Auffälligkeiten wurden teilweise anhand eindeutiger Vermerke in den Krankenunterlagen der jeweiligen Patienten erkannt. In den überwiegenden Fällen zog die PÜK jedoch Schlussfolgerungen aus auffällig schlechten Werten, die mitunter langfristig selbst bei gesunden Menschen nicht mit dem Leben vereinbar gewesen wären. Teilweise wichen die Werte auch erheblich von zeitlich kurz davor bzw. danach gemessenen Untersuchungsergebnissen ab und gerieten daher unter Verdacht. Zudem führte die PÜK bei einigen Patienten aus, dass bei derart schlechten Werten eigentlich mit entsprechenden medizinischen Behandlungen zu rechnen gewesen wäre. Derartige Reaktionen ließen sich den Krankenunterlagen jedoch nicht entnehmen, vermutlich weil die behandelnden Ärzte um den tatsächlich besseren Gesundheitszustand der Patienten wussten.

Problematisch erscheint, dass weder die für den hier relevanten Prüfungszeitraum geltenden Fassungen der Richtlinien noch das ET-Manual weder in Bezug auf das alte noch auf das LAS-Verfahren Vorgaben dazu trafen, auf welche Art und Weise eine BGA durchzuführen war. Zwar verweist die PÜK in ihren Berichten mitunter darauf, wie BGAs nach „einhelliger Auffassung" durchzuführen sind. Bestandteil des damaligen Regelwerks waren die Vorgaben damit jedoch nicht. Es war daher eine Konkretisierung der Richtlinien um Durchführungsbestimmungen zur BGA geboten, die mindestens beinhalten sollte, dass eine BGA von arteriellem Blut und in Ruhe durchzuführen ist. Außerdem war hinsichtlich beatmungspflichtiger Patienten zu ergänzen, dass die BGA unter der gemeldeten Sauerstoffgabe durchzuführen ist. Dieser Änderungsbedarf wurde mittlerweile bei der Aktualisierung der Richtlinien berücksichtigt.[158] Aufgrund der fehlenden Vorgaben, hat die PÜK teilweise – aber nicht durchgängig – von einer Bewertung als Fehlverhalten abgesehen.

---

[156] *Boemke/Willehad/Rossaint*, Der Anaesthesist 2004, 471, 486; *Renner*, Intensiv 2009, 204, 206. Zur Senkung der Stoffwechselaktivität muss eine Blutprobe bei 0–4 °C aufbewahrt werden, wenn eine sofortige Analyse nicht möglich ist.

[157] *Boemke/Willehad/Rossaint*, Der Anaesthesist 2004, 471, 489.

[158] Vgl. dazu sogleich unter Gliederungspunkt E.IV.4.a)aa)(2).

Mindestens 10 derartige Fälle wurden möglichweise aus diesem Grund gar nicht in die abschließenden Kommissionsberichte aufgenommen.

Hinsichtlich der Begründung des HU-Status ist darauf hinzuweisen, dass sich die diagnoseabhängigen Grenzwerte erneut erst aus dem ET-Manual ergaben. Die internen Kommissionsberichte stellten jedoch keinen eindeutigen Bezug der jeweiligen Diagnose zu den entsprechenden Grenzwerten fest (z.B. ob bei einer zystischen Fibrose erst durch die Manipulation der BGA ein pCO2 Wert über 65 mmHg erreicht wurde). Gerade die Feststellung der Überschreitung der Grenzwerte wäre indes für die Beantwortung der Frage der Allokationsrelevanz eines Verstoßes von Bedeutung gewesen. Eine Konkretisierung der Richtlinien um derartige Grenzwerte ist allerdings nach der Umstellung auf das LAS System nicht mehr notwendig, da die Dringlichkeitsstufe HU (ebenso wie U) damit entfallen ist.

(2) Stellungnahmen der Transplantationszentren

Bezüglich der festgestellten Verstöße haben die Transplantationszentren in verschiedener Weise Stellung bezogen. Zunächst wurde von einigen Zentren eingewandt, die BGA sei zwar mit venösen Blutgasen durchgeführt worden, dies habe sich aber eindeutig aus den dem HU-oder LAS-Antrag beigefügten und an Eurotransplant übersandten Unterlagen ergeben. Diese Argumentation hat die PÜK richtigerweise nicht zu einer Änderung ihrer Bewertung bewogen. Da die venös ermittelten Blutgaswerte in den jeweiligen Antragsformularen in dem Feld für (ausschließlich) arterielle Blutgasparameter („PaO2" und „PaCO2") eingetragen worden waren, wurden diese Werte ausdrücklich als arteriell deklariert, weshalb eine grundsätzlich allokationsrelevante Falschangabe vorliegt. Gleichzeitig zeigen sich hier jedoch einmal mehr Mängel im Auditoren-Verfahren bei Eurotransplant. Aufgrund der beigefügten Unterlagen hätten die Auditoren in der Tat erkennen können, dass die gemeldeten Werte nicht dem einheitlichen Standard entsprachen.

Ein Transplantationszentrum bestritt, dass die schlechten Blutgaswerte anhand venöser oder nicht arterialisierter kapillarer Blutproben ermittelt worden seien. Vielmehr beruhten diese Werte auf dem Umstand, dass eine „Sauerstoffmangeltherapie" durchgeführt worden sei. Bei zunehmender CO2-Erhöhung sollte durch den geringen Sauerstoffgehalt der Atemantrieb des Patienten angeregt werden, um so einen weiteren Anstieg des CO2 zu verhindern.[159] Diesen Begründungsansatz bewertete die PÜK ebenfalls als nicht überzeugend. Den Atemantrieb durch das mutwillige Erzeugen von Luftnot

159 Tatsächlich steuert der pCO2 den Atemantrieb maßgeblich, vgl. *Renner*, Intensiv 2009, 254, 257.

stimulieren zu wollen, sei kein durch die Leitlinien für die Sauerstofftherapie der DGP abgesichertes Therapiekonzept und zudem in hohem Maße unethisch. Es bestünden erhebliche Zweifel, dass dieses Therapiekonzept tatsächlich angewandt werde. Daher blieben die Zweifel an der richtigen Durchführung der BGA bestehen.

Ein weiteres Zentrum räumte zwar ein, dass die BGA trotz Beatmungspflicht der Patienten ohne die Gabe von Sauerstoff durchgeführt wurden. Dadurch seien die Patienten aber nicht „kränker" dargestellt worden. Zwar wiesen die so ermittelten Werte sehr niedrige Sauerstoffsättigungen und Sauerstoffpartialdrucke auf. Eine Sauerstofftherapie führe aber eher zu einem Anstieg der CO2-Werte, sodass bei einer Sauerstofftherapie die HU-Kriterien eher erfüllt werden würden als ohne die Gabe von Sauerstoff. Die an Eurotransplant übermittelten BGA würden die Patienten daher sogar eher „gesünder" erscheinen lassen. Auch dies überzeugte die PÜK jedoch nicht. Zwar bestehe bei einigen Krankheitsbildern tatsächlich die Gefahr, dass der CO2-Wert unter Sauerstofftherapie langfristig steige. Für den Großteil aller Patienten sei diese Gefahr jedoch zu vernachlässigen.

(3) Neuregelung der Richtlinien

Die Richtlinien zur Allokation von Spenderlungen wurden nach Bekanntwerden der Probleme in der Anwendungspraxis fortgeschrieben, was unter anderem zum Ziel hatte, eine standardisierte Erhebung der LAS-Parameter sicherzustellen.[160] Zu diesem Zweck werden nunmehr in Anlage 5 zum Richtlinientext nähere Vorgaben zur Durchführung der Testverfahren zur Ermittlung der jeweiligen LAS-Parameter festgelegt.[161] Für die Ermittlung von Partialdrücken anhand einer BGA muss nun ausdrücklich arterielles Vollblut oder arterialisiertes Kapillarblut verwendet werden, während Werte aus venösen Blutproben oder transkutanen Messungen nicht verwendet werden dürfen. Auch eine Belastungs-BGA wird nun ausdrücklich ausgeschlossen.[162] Außerdem muss die während der Durchführung einer BGA verabreichte Sauerstoffmenge ausdrücklich mitgeteilt werden.[163]

---

160 Gliederungspunkt B.II.1. und B.II.1.2. der Begründung der Richtlinien Lunge vom 7. November 2017, abrufbar unter http://www.bundesaerztekammer.de/fileadmin/user_upload/downloads/pdf-Ordner/RL/RiliOrgaWlOvLungeTx-ab20171107.pdf (letzter Abruf am 17. Juni 2018).

161 Gliederungspunkt A.III.7. der Richtlinien Lunge vom 7. November 2017.

162 Anlage 5 der Richtlinien Lunge vom 7. November 2017 zum Kohlendioxidbzw. Sauerstoffpartialdruck.

163 Anlage 5 der Richtlinien Lunge vom 7. November 2017 zur Sauerstoffbehandlung.

bb) Auffälligkeiten im Zusammenhang mit der Beatmungssituation und Sauerstoffbehandlung

Auch die Beatmungssituation und die Sauerstoffbehandlung des Patienten spielten sowohl im alten Verfahren als auch nach der Einführung des LAS eine große Rolle. So setzten die Richtlinien zur Begründung des HU-Status eine drohende oder bereits eingetretene Beatmungspflicht des Patienten voraus.[164] Eine Spezifizierung dessen findet sich einmal mehr im ET-Manual. Liegt der Indikation für eine Lungentransplantation eine idiopathische Lungenfibrose zugrunde, muss eine kontinuierliche Sauerstoffabhängigkeit von über 4 Litern pro Minute bestehen.[165] Außerdem regelt das ET-Manual ausdrücklich, dass jedem HU-Antrag Anlagen zum Sauerstofffluss und zu den Beatmungsparametern beizufügen sind.[166] Auch nach der Umstellung auf den LAS fließen die Angaben zur Beatmung (keine, CPAP, BiPAP, kontinuierlich invasiv, intermittierend invasiv) und zum Sauerstoffbedarf (kein, in Ruhe, nur nächtlich, nur bei Belastung sowie l/min oder %) in die Berechnung des Scores ein.[167]

(1) Erläuterung der Auffälligkeiten

Die PÜK stellte 67 Falschangaben in Bezug auf die Beatmungssituation bzw. Sauerstoffbehandlung der Patienten fest. In 14 Fällen haben die Transplantationszentren unzutreffende Angaben zur Beatmung des Patienten gemacht bzw. es bestand ein entsprechender Verdacht, da sich die Durchführung oder die Indikation einer angewandten Beatmungstechnik (u. a. NIV, BiPAP, High Flow, TNI) anhand der Patientendokumentation nicht nachvollziehen ließ. In 2 dieser Fälle wurde eine TNI-Beatmung angegeben, obwohl tatsächlich eine BiPAP stattgefunden hatte. Die Zentren führten dazu jedoch aus, dass die Angabe dieses Verfahrens zur Atemunterstützung im ET-Meldeverfahren zum damaligen Zeitpunkt noch nicht möglich gewesen sei, weshalb eine Annäherung versucht wurde. Hierin zeigt sich also kein manipulatives Vorgehen der Zentren, sondern vielmehr eine – mittlerweile wohl behobene – Schwäche der Eingabemaske von Eurotransplant.

In insgesamt 48 Fällen teilten die Transplantationszentren gegenüber Eurotransplant eine höhere kontinuierliche Sauerstoffgabe als die tatsächlich verabreichte mit. In einem Teil dieser Fälle bestand aufgrund uneinheitlicher

[164] Gliederungspunkt II.1.2.1. der Richtlinien Vermittlung Herz-Lungen und Lungen vom 24. Oktober 2009.

[165] Gliederungspunkt 6.2.1.2.3.2. des ET-Manuals vom 26. November 2009.

[166] Gliederungspunkt 6.2.1.2.5. des ET-Manuals vom 26. November 2009.

[167] Anlage 1 der Richtlinien Lunge vom 10. Dezember 2012.

Angaben zum Sauerstofffluss in den Originalunterlagen jedenfalls ein entsprechender Verdacht. Während die Beatmungssituation im Rahmen des alten Verfahrens bei allen übrigen Grunderkrankungen gleichsam allgemein in die Beurteilung eines HU-Antrags einfloss, weshalb jede wahrheitswidrige Angabe eines höheren Sauerstoffflusses die Chancen auf die Anerkennung des besonderen Dringlichkeitsstaus erhöhte, stellte das ET-Manual bei der idiopathischen Lungenfibrose auf die Grenze von 4 Litern Sauerstoff pro Minute ab. Bei der Beurteilung der Allokationsrelevanz unrichtiger Angaben zum Sauerstofffluss hätte bei dieser Grunderkrankung also stets geprüft werden müssen, ob durch die Falschangabe der genannte Grenzwert überschritten wurde. Andernfalls hätte zwar eine Falschangabe vorgelegen, diese hätte sich aber im Einzelfall nicht ausgewirkt. Dieser Bezug zum Grenzwert wurde durch die internen Berichte nicht durchgehend getroffen, kann aber anhand der mitgeteilten Daten nachvollzogen werden. Dabei ergibt sich Folgendes: Insgesamt wurden in 12 Fällen, in denen eine idiopathische Lungenfibrose zur Notwendigkeit der Transplantation führte, fehlerhafte Angaben zur Beatmungssituation der Patienten festgestellt. In 10 dieser Fälle wurde durch die fehlerhafte Angabe tatsächlich der Grenzwert von 4 l/m überschritten. In einem Fall führte jedoch auch die Falschangabe nicht zu einer Sauerstoffgabe von mehr als 4 l/m, sodass die Falschangabe für die Anerkennung des HU-Status nicht relevant gewesen sein dürfte. Schließlich lag in einem Fall auch die tatsächliche Sauerstoffgabe über der 4 Liter-Grenze, so dass die Falschangabe auch hier nicht relevant war.

Im LAS-Verfahren konnte sich dagegen grundsätzliche jede unzutreffende Angabe eines höheren Sauerstoffflusses auswirken, da ein entsprechend höherer Faktor in die Berechnung des LAS einfloss.

Weiterhin fanden sich in 5 Fällen unrichtige Angaben zum FiO2 Wert der Patienten. Dieser gibt den Anteil des Sauerstoffs im Inspirationsgas an (inspiratorische Sauerstoffkonzentration, Angabe in %).[168] Dabei lag mitunter jedoch lediglich eine fehlerhafte Umrechnung der absolut verabreichten Sauerstoffgabe in Litern in den entsprechenden FiO2 Wert in Prozent vor. In einem Fall erfolgte die Angabe zudem, um – in Absprache mit Eurotransplant – abzubilden, dass der Patient mit einem extrakorporalen Lungenunterstützungssystem (ECMO) behandelt wurde, was zu diesem Zeitpunkt im LAS-Antrag nicht entsprechend angegeben werden konnte.

---

[168] Vgl. http://flexikon.doccheck.com/de/FiO2?utm_source=www.doccheck.flexikon&utm_medium=web&utm_campaign=DC%2BSearch (letzter Abruf am 17. Juni 2018).

(2) Neuregelung der Richtlinien

Die neue Anlage 5 zum Richtlinientext zur Lungentransplantation konkretisiert auch die Vorgaben, auf welche Weise Angaben zur Beatmung und zur Sauerstoffbehandlung in die Berechnung des LAS einfließen. Zunächst werden die verschiedenen Auswahlmöglichkeiten bei der Angabe der Beatmungssituation des Patienten näher erläutert (z. B. BiPAP, kontinuierlich invasiv, intermittierend invasiv). Hinsichtlich einer Sauerstoffbehandlung des Patienten wird konkretisiert, dass die im Alltag verabreichte Sauerstoffbehandlung in den letzten 24 Stunden vor Erhebung des aktuellen Gesundheitszustands anzugeben ist. Im Rahmen des Sauerstoffbedarfs in Ruhe ist auf den sog. titrierten Sauerstoffbedarf abzustellen, der benötigt wird, um einen Sauerstoffpartialdruck von mindestens 60 mmHg zu erreichen.[169] Dadurch, dass auf den titrierten minimalen Sauerstoffbedarf abgestellt wird, der niedriger sein kann als die im klinischen Alltag tatsächlich verabreichte Menge, werden zwangsläufig niedrigere LAS-Werte als bisher entstehen. Dieses Vorgehen ermöglicht es jedoch, den Sauerstoffbedarf objektiv abzubilden.[170] Auch hier wird eine Angabe des Sauerstoffbedarfs unter Belastung ausdrücklich ausgeschlossen. Zudem sollen die Zentren keine eigene Umrechnung von % in Liter mehr vornehmen, sodass Umrechnungsfehler künftig vermieden werden.

cc) Auffälligkeiten im Zusammenhang mit Lungenfunktionsprüfungen/Spirometrie

Einen weiteren Bestandteil der Lungenfunktionsprüfung bildet die Spirometrie. Sie ermöglicht die Messung von Lungenvolumina sowie der in- und exspiratorischen Atemflussverhältnisse.[171] Unter anderem lassen sich anhand der Spirometrie folgende Werte ermitteln: Die forcierte Vitalkapazität (FVC), also das nach kompletter Inspiration unter größter Anstrengung schnellstmöglich ausgeatmete maximale Volumen, sowie die Einsekundenkapazität (forciertes exspiratorisches Volumen, kurz FEV1), also das nach maximaler Inspiration unter größter Anstrengung ausgeatmete Volumen der ersten Sekunde. Letztere kann absolut in Litern oder relativ im Verhältnis zur Vitalkapazität bzw. als Prozentanteil der FVC angegeben werden (in %).[172]

---

169 Anlage 5 der Richtlinien Lunge vom 7. November 2017 zu Beatmung, Sauerstoffbehandlung und Sauerstoffbedarf in Ruhe.

170 Gliederungspunkt B.II.1.2. der Begründung der Richtlinien Lunge vom 7. November 2017.

171 *Bösch/Criée*, Lungenfunktionsprüfung, S. 10.

172 *Bösch/Criée*, Lungenfunktionsprüfung, S. 4 und 5.

In beiden Lungenallokationsverfahren wurden Auffälligkeiten im Zusammenhang mit der Durchführung bzw. den Ergebnissen einer Spirometrie festgestellt, wesentlich häufiger jedoch nach Einführung des LAS. Zuvor trafen weder die Richtlinien noch das ET-Manual konkrete Bestimmungen, wie die Ergebnisse der Lungenfunktionsprüfung in das Allokationsschema einflossen. Sie wurden vielmehr allgemein zur Beurteilung des Gesundheitszustandes, etwa bei der Bewertung eines HU-Antrages, miteinbezogen. Seit Dezember 2011 fließen nun auch die Ergebnisse der Lungenfunktionsprüfung wie etwa die FVC ausdrücklich in die Berechnung des LAS ein.[173]

In insgesamt 8 Fällen wurden der FEV1 und/oder der FVC-Wert unzutreffend angegeben. So wurde etwa als FVC-Wert „0“ eingetragen, obwohl eine Lungenfunktionsprüfung aufgrund des Gesundheitszustandes des Patienten nicht durchführbar war, was entsprechend hätte eingegeben werden müssen. Teilweise wurden die Werte als Absolutwerte in Litern angegeben. Es hätte jedoch eine Umrechnung in Prozentwerte des Solls erfolgen müssen. Dies hatte zwar erhebliche Auswirkungen auf die Höhe des LAS. Allerdings waren die Angaben so offensichtlich falsch, dass nicht von einer Täuschungsabsicht ausgegangen wurde. Derart geringe Werte wären mit dem Leben nicht vereinbar gewesen. In einem weiteren Fall handelte es sich offensichtlich um einen Tippfehler, in einem anderen um eine Verwechselung beider Werte.

In einem Fall wurde daneben unzutreffend angegeben, eine Spirometrie habe stattgefunden, obwohl diese nicht mehr möglich war. In 2 weiteren Fällen wurde die Lungenfunktionsprüfung trotz Sauerstoffpflicht des Patienten ohne Sauerstoffgabe durchgeführt. Dies erweckte gegenüber Eurotransplant den Eindruck, die gewonnenen Ergebnisse seien unter der entsprechenden Sauerstoffgabe ermittelt worden, wodurch der Patient wiederum kränker erschien.

Nur diese letzten Verstöße lassen tatsächlich auf manipulatives Vorgehen schließen, während die übrigen Fälle wohl überwiegend auf Unkenntnis und Versehen beruhten. Insbesondere schien Unklarheit darüber zu bestehen, welche Daten in die Maske von Eurotransplant einzugeben sind, wenn eine Spirometrie nicht mehr durchführbar war.

Auch hinsichtlich der Spirometrie enthalten die Richtlinien nun Durchführungsbestimmungen.[174] Unter anderem wird geregelt, dass bei Patienten, bei denen aufgrund ihrer Beatmungssituation oder ihres aktuellen Gesundheitszustands keine Spirometrie durchgeführt werden kann, die letzte gemessene FVC verwendet werden kann. Falls auch eine solche nicht verfügbar ist, soll

173 Anlage 1 der Richtlinien Lunge vom 10. Dezember 2011.

174 Anlage 5 der Richtlinien Lunge vom 7. November 2017 zu Forcierte Vitalkapazität (FVC)/Ein-Sekunden-Kapazität (FEV1).

das entsprechende Feld ausdrücklich leer gelassen und der sogenannte Vorgabewert[175] verwendet werden.

dd) Auffälligkeiten im Zusammenhang mit dem 6-Minuten-Gehtest

Der 6-Minuten-Gehtest (kurz 6-MWT, vom englischen 6-Minute-Walking-Test) wird bei Patienten mit chronischen Lungenerkrankungen und Herzinsuffizienz angewandt, um deren Belastbarkeit im Alltag (bzw. deren Einschränkung) zu erfassen.[176] Dazu muss ein Patient auf einem 20 bis 50 Meter langen Korridor innerhalb von 6 Minuten so viel Strecke wie möglich zurücklegen. Das Einlegen von Pausen ist erlaubt.[177]

(1) Erläuterung der Auffälligkeiten

Soweit insgesamt in 8 Fällen Auffälligkeiten im Zusammenhang mit der Durchführung des 6-MWT festgestellt wurden, fanden diese ausschließlich im LAS-Verfahren statt.[178] Auch die Distanz, die ein Patient im Rahmen des 6-MWT erreicht, wird bei der Berechnung des LAS berücksichtigt.[179] In 5 Fällen fand der 6-MWT ohne Sauerstoffgabe statt – trotz Sauerstoffpflicht des Patienten – oder wurde unter bzw. nach Belastung durchgeführt, wodurch der Patient jeweils eine geringere Distanz erreichte, als er mit Sauerstoffgabe bzw. ohne Belastung erreicht hätte, und bereits weniger belastbar erschien, als er tatsächlich war. In 3 weiteren Fällen wurde die erreichte Distanz unzutreffend (mit „0" bzw. einer geringen Distanz) angegeben, obwohl der Test gar nicht stattgefunden hatte oder jedenfalls vorzeitig abgebrochen worden war. Allerdings räumte die PÜK in einem Kommissionsbericht selbst ein, dass weder die Richtlinien noch das ET-Manual Vorgaben zur Durchführung des 6-MWT treffen, weshalb unrichtige Angaben in diesem Bereich nicht bewertet werden könnten. Ein Transplantationszentrum wies ausdrücklich darauf hin, mehrfach telefonisch Rücksprache bei Eurotransplant gehalten, jedoch nur wenig konkrete bzw. widersprüchliche Angaben zur Durchfüh-

---

[175] Vorgabewerte sind stets dann anzugeben und in die Berechnung des LAS einzubeziehen, wenn tatsächlich gemessene/bestimmte Werte fehlen. Die jeweiligen Vorgabewerte sind in Anlage 2 der Richtlinien Lunge vom 7. November 2017 festgelegt.

[176] *Hien/Morr*, Pneumologie 2002, 558, 558.

[177] *Hien/Morr*, Pneumologie 2002, 558, 559.

[178] Der 6-MWT konnte bereits zuvor nach dem ET-Manual fakultativ zur Begründung des HU-Status bei idiopathischer Lungenfibrose herangezogen werden, Gliederungspunkt 6.2.1.2.3.2. des ET-Manuals vom 26. November 2009. Möglicherweise wurde diese Möglichkeit nicht häufig genutzt.

[179] Anlage 1 der Richtlinien Lunge vom 10. Dezember 2012.

rung des Tests erhalten zu haben. Eine Standardisierung der Durchführungsbedingungen habe es nicht gegeben. Darin liegt vermutlich der Grund dafür, dass mindestens 9 weitere Fälle, in denen Auffälligkeiten beim 6-MWT auftraten, gar nicht erst in die abschließenden Kommissionsberichte aufgenommen wurden.

(2) Neuregelung der Richtlinien

Es erschien daher dringend erforderlich, Durchführungsbestimmungen zum 6-MWT in die Richtlinien mit aufzunehmen, um die Einheitlichkeit und Vergleichbarkeit der gewonnenen Ergebnisse zu gewährleisten. Gleichzeitig musste im Rahmen der Eingabe in ENIS deutlich gemacht werden, welche Werte im Fall der Undurchführbarkeit des Tests einzugeben sind. Dem werden die Richtlinien nunmehr gerecht. Es soll grundsätzlich die in 6 Minuten inklusive Pausen zurückgelegte Gehstrecke dokumentiert werden. Bei starker Luftnot, Sturzgefahr u. Ä. kann der Test unterbrochen bzw. abgebrochen werden. Die Gründe für einen Abbruch sind zu dokumentieren. Kann ein 6-MWT nicht durchgeführt werden, soll die letzte gemessene Gehstrecke eingetragen oder der Vorgabewert verwendet werden. Eine Gehstrecke von 0 Metern soll nur bei Patienten eingetragen werden, die den Test zwar angetreten sind, tatsächlich aber eine Gehstrecke von 0 Metern zurückgelegt haben sowie bei Patienten, die den Test nicht angetreten sind, weil sie an ein extrakorporales Verfahren oder eine kontinuierliche Beatmung angeschlossen sind. Konnte der Test dagegen aus anderen Gründen nicht durchgeführt werden, etwa weil der Patient bettlägerig ist, ist der Vorgabewert einzutragen. Es ist jeweils eine schriftliche Begründung des Zentrums erforderlich. Zudem wird ausdrücklich geregelt, dass Patienten, die unter Belastung Sauerstoff benötigen, die verschriebene Flussrate auch während des 6-MWT erhalten sollen, um ihre Gesundheit nicht zu gefährden.[180]

ee) Auffälligkeiten im Zusammenhang mit der Mobilität und dem stationären Aufenthalt

In insgesamt 14 Fällen wurden unzutreffende Angaben zum funktionalen Status des Patienten bzw. zu dessen stationärem Aufenthalt gemacht. In 3 Fällen wurden Patienten trotz entsprechender Angabe nicht intensivmedizinisch behandelt. In einem weiteren Fall bestand zumindest ein entsprechender Verdacht. Diese Feststellungen wurden sowohl im alten als auch im LAS-Verfahren getroffen. Seit Geltung des LAS stellt die intensivmedizini-

[180] Anlage 5 der Richtlinien Lunge vom 7. November 2017 zum 6-Minuten-Gehtest.

sche Betreuung jedoch keinen relevanten Faktor mehr dar, sodass die in einem Fall vorliegende Falschangabe jedenfalls ohne Bedeutung blieb. Anders ist dies im Rahmen des alten Verfahrens zu beurteilen. Dort stellte die intensivmedizinische Behandlung des Patienten eine zwingende Voraussetzung für die Anerkennung des HU-Status dar.[181]

Um den U-Status zu erlangen, mussten Patienten zudem bis Dezember 2011 stationär behandelt werden.[182] Daher stellte es ein grundsätzlich relevantes Fehlverhalten von Transplantationszentren dar, die insgesamt 3 Patienten, die sich im U-Status befanden, aus dem Krankenhaus entlassen hatten, ohne dass eine entsprechende Meldung gegenüber Eurotransplant – die zu einem Verlust des U-Status und eine Einordnung als elektiv zur Folge gehabt hätte – erfolgte.

Zudem wurden in beiden Verfahren und insgesamt in 7 Fällen unrichtige Angaben über die Mobilität bzw. den funktionalen Status des Patienten gemacht. So wurden sie gegenüber Eurotransplant als bettlägerig beschrieben, während sich in den Krankenunterlagen mitunter Vermerke wie „Patient saß in Cafeteria und kam trotz Anruf nicht zurück“, „Spaziergang“ oder „Beginn Sportprogramm“ fanden. Insbesondere seit Dezember 2011 fließt der Grad des funktionalen Status des Patienten in die Berechnung des LAS mit ein,[183] sodass derartige Angaben geeignet waren, den LAS der Patienten zu Unrecht in die Höhe zu treiben.

Hinsichtlich letzterer Fallgruppe enthält wiederum die neue Anlage 5 der Richtlinien nähere Erläuterungen der verschiedenen Stadien des funktionellen Status eines Patienten.[184]

ff) Auffälligkeiten im Zusammenhang mit der Dokumentation

In ganz erheblichem Umfang wurden außerdem bezogen auf den gesamten Prüfungszeitraum Mängel bis hin zu Manipulationen im Rahmen der Dokumentation festgestellt, namentlich in 61 Fällen. So wurde zunächst in 11 Fäl-

---

[181] Gliederungspunkt II.1.2.1. der Richtlinien Vermittlung Herz-Lungen und Lungen vom 24. Oktober 2009. Darunter wird neben der Behandlung auf einer Intensivstation ebenfalls der Aufenthalt auf einer sog. IMCU oder IST/ICU Station akzeptiert. Mitunter wurde auch der Aufenthalt auf einer pneumologischen Normalstation nicht bemängelt, soweit nachgewiesen war, dass die Patienten auch dort intensivmedizinisch behandelt wurden.

[182] Gliederungspunkt II.1.2.2. der Richtlinien Vermittlung Herz-Lungen und Lungen vom 24. Oktober 2009.

[183] Anlage 1 der Richtlinien Lunge vom 10. Dezember 2011.

[184] Anlage 5 der Richtlinien Lunge vom 7. November 2017 zu Funktioneller Status.

len in den abschließenden Kommissionsberichten eine insgesamt sehr lückenhafte Dokumentation gerügt, welche eine abschließende Beurteilung der betreffenden Fälle kaum ermöglichte.[185] In weiteren 9 Fällen fehlten Originaldokumente zum Beleg einzelner an Eurotransplant gemeldeter Werte. In einem Fall bestanden Zweifel an der Richtigkeit der übermittelten Untersuchungsergebnisse aufgrund eines nicht unterschriebenen Rechtsherzkatheder-befunds.

Als besonders gravierende Verstöße und bei einigen Transplantationszentren aufgrund der Häufigkeit als manipulatives Vorgehen bewertet wurden die in 31 Fällen an Eurotransplant übersandten Intensivverlaufs-/Patienten-/Stationskurven, die gegenüber den Originalkurven offensichtlich verändert wurden. Die Veränderungen umfassten u. a. Sättigungswerte, Blutdruckwerte, weitere Vitalparameter, Angaben zum Sauerstofffluss sowie Mobilitätsvermerke. Dies ergab sich überwiegend aus einem Abgleich der übersandten Kurven mit den in den Patientenakten vorhandenen Originalkurven. Soweit den Patientenakten kein Original zu entnehmen war, schloss die PÜK aus den übrigen Krankenunterlagen, welche zeigten, dass der durch die Kurven suggerierte medizinische Zustand nicht adäquat durch medizinische Maßnahmen oder intensivere Kontrollen beantwortet worden war, dass diese Werte nicht den tatsächlichen Umständen entsprachen. Die Manipulation der Kurven erfolgte wohl mit dem Zweck, die unrichtig an Eurotransplant gemeldeten Werte zu untermauern.

Teilweise wurde eingewandt, es handele sich nicht um eine Fälschung, sondern aufgrund des Verlusts der Originalkurve sei die Anfertigung einer Ersatzkurve notwendig geworden. Da die vermeintlichen Ersatzkurven jedoch die Originalkurve nicht fortführten, sondern vielmehr den gleichen Zeitraum abbildeten, wurde dieser Einwand als vorgeschoben bewertet.

Ferner wurden in weiteren 9 Fällen andere Veränderungen an Originaldokumenten vorgenommen. So wurden etwa Datumsangaben auf Blutgasanalysen geschwärzt oder Sauerstoffgaben geändert.

---

[185] Allen voran in einem Transplantationszentrum wurde insgesamt eine unzureichende Dokumentation gerügt. In vielen der überprüften Fälle konnten entweder überhaupt keine Originalakten vorgelegt werden, da diese unauffindbar waren, oder sie waren unvollständig und enthielten lediglich wenige Originaldokumente. Die PÜK äußerte bei diesem Zentrum den Verdacht, dass die Dokumente bewusst vorenthalten würden, um systematisches Fehlverhalten zu verdecken. In die vorliegende quantitative Darstellung wurden dagegen nur die Fälle aufgenommen, in denen der anschließende Kommissionsbericht die mangelnde Dokumentation ausdrücklich aufgenommen hat.

gg) Weitere Auffälligkeiten

Darüber hinaus traten zwei weitere Arten von Auffälligkeiten auf, allerdings ausschließlich im Geltungszeitraum des LAS. Zum einen wurde in 7 Fällen eine falsche Diagnose an Eurotransplant gemeldet. Auch die Diagnose eines Patienten fließt in die Berechnung seines LAS mit ein.[186] Dabei werden verschiedenen Grunderkrankungen unterschiedliche Punktewerte zugeordnet, so dass die Angabe einer anderen als der tatsächlichen Diagnose zu einer Erhöhung des LAS führen kann. In zwei dieser Fälle stellte die PÜK jedoch ausdrücklich fest, dass die Angabe der unrichtigen Diagnose nicht zu einem Anstieg des LAS geführt habe. In einem Fall hatte das Transplantationszentrum die unrichtige Angabe deshalb gemacht, weil die tatsächliche Erkrankung des Patienten nicht im Anmeldeformular von Eurotransplant enthalten war und auf diesem Weg eine Annäherung versucht. Zwar besteht für genau solche Fälle die Möglichkeit, einen Ausnahme LAS zu beantragen. Dennoch wertete die PÜK dieses Vorgehen richtigerweise nicht als manipulativ.

In Anlage 4 der Richtlinien findet sich mittlerweile eine umfangreiche Auflistung der möglichen einer Lungentransplantation zugrundeliegenden Grunderkrankungen sowie die Zuordnung zu einer von vier für die Berechnung des LAS relevanten Diagnosegruppen.[187]

Zum anderen wurden in einem Fall zu alte Werte als Berechnungsgrundlage des LAS gemeldet. Die Richtlinien enthielten jedoch keine Angaben zu einem maximalen Alter der relevanten Parameter. Erneut legte erst das ET-Manual für bestimmte LAS-Parameter eine maximale Altersgrenze fest und differenzierte dabei zwischen High und Low LAS. Beispielsweise durften Angaben zur verabreichten Sauerstoffmenge bei einem High LAS maximal 7 Tage alt sein und bei einem Low LAS maximal 4 Wochen.[188] Diese Differenzierung samt Altersgrenzen greifen nun auch die Richtlinien auf.[189]

b) LAS-Übergangszeit

10 Auffälligkeiten wurden durch die PÜK zwar aufgenommen, aber nicht als Verstoß, sondern als Anlaufschwierigkeiten nach Einführung des LAS-

[186] Anlage 1 der Richtlinien Lunge vom 10. Dezember 2011.

[187] Anlage 4 der Richtlinien Lunge vom 7. November 2017.

[188] Gliederungspunkt 6.3.3.1. des ET-Manuals vom 27. Mai 2012 legt für bestimmte LAS-Parameter eine maximale Altersgrenze fest und differenziert dabei zwischen High und Low LAS. Z. B. dürfen Angaben zur verabreichten Sauerstoffmenge bei einem High LAS maximal 7 Tage alt sein und bei einem Low LAS maximal 4 Wochen.

[189] Gliederungspunkt A.III.6.2.6. der Richtlinien Lunge vom 7. November 2017.

Systems bewertet. Nach der Umstellung des Vermittlungsverfahrens zum 10. Dezember 2011 wurde den Transplantationszentren eine Lernphase bis zum 31. März 2012 zugestanden, um sich mit den besonderen Voraussetzungen des neuen Verfahrens vertraut zu machen. Dies betraf ausschließlich Fälle im Zusammenhang mit der Beatmungssituation (z.B. Angabe des FiO2-Wertes in Liter statt in Prozent). Es wurden jedoch nicht alle in diesem Zeitraum festgestellten Auffälligkeiten als der LAS-Übergangszeit geschuldet bewertet. Dies galt insbesondere dann, wenn gleichartige Fehlangaben bereits zuvor und auch später noch auftraten oder nach Art und insbesondere Häufigkeit davon auszugehen war, dass es sich nicht um ein auf Unkenntnis beruhendes Versehen handelte, sondern vielmehr ein täuschendes oder systematisches Element ersichtlich war.

5. Bevorzugung bestimmter Patientengruppen

a) Kinder und Jugendliche

In den Jahren 2010 bis 2012 wurden lediglich 3 Kinder lungentransplantiert. In keinem dieser Fälle fand die Transplantation im beschleunigten Verfahren statt. Auch wurden in keinem dieser Fälle Auffälligkeiten im Rahmen der Führung der Warteliste bzw. Meldung an Eurotransplant verzeichnet.

Von den 5 Jugendlichen, die im Prüfungszeitraum eine Spenderlunge erhielten, wurden 2 im Wege des beschleunigten Verfahrens berücksichtigt. In beiden Fällen bewertete die PÜK die Patientenauswahl als nachvollziehbar (in einem Fall war der Patient der „dringlichste“, in dem anderen der mit dem höchsten LAS), sodass auch hier nicht von einer „systematischen“ Bevorzugung die Rede sein kann. Daneben wurden ebenfalls in 2 Fällen Auffälligkeiten festgestellt. Einer dieser Verstöße wurde ausdrücklich der LAS-Lernphase zugeschrieben. Der andere wurde ebenfalls nicht als systematisch eingestuft, da an dem betroffenen Transplantationszentrum nur wenige Fehler aufgetreten waren, während die große Mehrheit aller Angaben korrekt gemeldet wurde. Eine Bevorzugung dieser Altersgruppen ist also insgesamt nicht ersichtlich.

b) Privatpatienten

Insgesamt erhielten 28 Patienten mit einem privaten Versicherungsstatus eine neue Lunge. 29% dieser Patienten wurde dabei im beschleunigten Vermittlungsverfahren transplantiert (n=8), während insgesamt nur 22% der insgesamt auditierten Patienten ihr Organ über dieses Verfahren erhielten (n=91). Die Auswahl wurde jedoch durchweg als nachvollziehbar bewertet (bzw. in einem Fall fehlte eine Bewertung).

Außerdem wies jeder vierte Fall, in dem der Patient privatversichert war, Auffälligkeiten im Bereich der Wartelistenführung auf (n=7). Dies deckt sich jedoch in etwa mit dem Anteil der Fälle, in denen Auffälligkeiten festgestellt wurden, an den insgesamt auditierten Fällen (111 von 421 Fällen und damit 26,4%). Zudem wurden in zwei dieser Fälle die Auffälligkeiten der LAS-Lernphase zugewiesen. Außerdem stammten – mit Ausnahme von zwei Patienten – alle Fälle aus unterschiedlichen Transplantationszentren. Eine Bevorzugung der Privatversicherten scheint damit nicht erfolgt zu sein.

6. Zusammenfassung

Die PÜK beendete ihre erste Prüfperiode mit der Auditierung der 14 in Deutschland zugelassenen Lungentransplantationsprogramme. In ca. einem Viertel der auditierten Fälle traten dabei Auffälligkeiten bei der Führung der Wartelisten zu Tage (n=111). Die Gesamtzahl der festgestellten Auffälligkeiten belief sich auf 231, wobei sowohl im alten Vermittlungsverfahren als auch im LAS-Verfahren überwiegend die gleichen Verstöße festgestellt wurden, wenn diese sich auch auf unterschiedliche Weisen auf die Allokationsreihenfolge auswirkten. Zunächst stellte die PÜK in 62 Fällen Auffälligkeiten im Zusammenhang mit der Durchführung von Blutgasanalysen fest. Diese wurden mitunter mit venösem oder nicht arterialisiertem Kapillarblut durchgeführt oder anhand einer transkutanen Messung. Teilweise handelte es sich um Belastungs-Blutgase. Häufig wurde dem Patienten trotz bestehender Sauerstoffpflicht zum Zeitpunkt der BGA kein Sauerstoff oder lediglich eine geringere Menge verabreicht. Auch im Zusammenhang mit der Beatmungssituation bzw. einer Sauerstoffbehandlung der Patienten traten in erheblichem Umfang Falschmeldungen auf, namentlich in 67 Fällen. Insbesondere wurde in 48 Fällen eine höhere Sauerstoffgabe an Eurotransplant gemeldet, als sie tatsächlich verabreicht wurde. In 61 Fällen wurde daneben die Dokumentation der Zentren gerügt. In ca. der Hälfte dieser Fälle wurden Intensivverlaufs-/Patienten-/Stationskurven hinsichtlich verschiedener Parameter wie etwa Sättigungswerte oder Blutdruckwerte verändert. Derartige Manipulationen führten in der Regel zu einer Bewertung der Richtlinienverstöße als systematisch. Daneben traten Auffälligkeiten im Zusammenhang mit der Spirometrie (n=11), der Durchführung des 6-MWT (n=8), dem funktionellen Status bzw. der Mobilität (n=14) sowie der Diagnose des Patienten auf (n=7). 10 Auffälligkeiten wurden ausdrücklich als Anlaufschwierigkeiten nach der Umstellung auf das LAS-Verfahren bewertet.

Problematisch war, dass die Richtlinien während des gesamten Prüfungszeitraums keinerlei Vorgaben zur Durchführung der den anzugebenen Werten zugrundeliegenden Untersuchungen trafen. Derartige Durchführungsbestimmungen werden mittlerweile in der Anlage 5 der aktuellen Fassung der

Richtlinien zur Lungentransplantation getroffen. Insbesondere werden nun genauere Vorgaben zur Durchführung von Blutgasuntersuchungen aufgestellt, ebenso wie zur Durchführung des 6-MWT sowie der Spirometrie. Es wird jeweils auch der Fall der Undurchführbarkeit einer Untersuchung gesondert aufgegriffen, sodass Unklarheiten in diesem Bereich nunmehr ausgeräumt sind. Auch unzutreffenden Angaben zur Höhe der Sauerstoffgabe versuchen die Richtlinien entgegenzuwirken, indem sie bei der Meldung an die Vermittlungsstelle auf den titrierten minimalen Sauerstoffbedarf und damit einen objektivierbaren Maßstab abstellen. Ein darüber hinausgehender Änderungs- bzw. Konkretisierungsbedarf der Richtlinien ist derzeit nicht ersichtlich.

V. Zusammenfassung der wesentlichen Erhebungs-Ergebnisse

Die Ergebnisse zu der Art der jeweils festgestellten Auffälligkeiten im Rahmen der Führung der Warteliste durch die Transplantationszentren bzw. bei der Meldung allokationsrelevanter Angaben an Eurotransplant sollen an dieser Stelle nicht wiederholt werden. Insoweit wird auf die vorstehenden organspezifischen Zusammenfassungen verwiesen. An dieser Stelle sollen vielmehr einige allgemeine Feststellungen zusammengefasst werden, die sich über alle Prüfungen hinweg zeigten.

Insgesamt erhielt jeder Vierte der überprüften Patienten ein Organ im Wege des beschleunigten Vermittlungsverfahrens (n=558). In 63% dieser Fälle wurde die Auswahl der Patienten durch das jeweils betreuende Transplantationszentrum seitens der PÜK überprüft (n=353). Die Überprüfung zeigte, dass der Patientenauswahl in diesem Verfahren eine Vielzahl verschiedener Kriterien zugrunde gelegt wurden, die die PÜK überwiegend als nachvollziehbar bewertete. In lediglich 3 Fällen wurde die Auswahl als nicht vollständig nachvollziehbar, in nur einem Fall als fehlerhaft bewertet. In immerhin 23 Fällen äußerte die PÜK jedoch Bedenken gegen die Indikation einer Transplantation bei dem überprüften Patienten. Im Rahmen der Auswertung fiel jedoch mitunter eine gegenläufige Anwendung der Auswahlkriterien auf. Dies betraf etwa das Verhältnis zwischen dem HU-Status und der Wartezeit, das Alter des Patienten sowie seinen Allgemeinzustand im Vergleich zum Gesundheitszustand alternativ in Betracht kommender Patienten. Zudem zeigten sich auch Abweichungen gegenüber den Kriterien des Standardverfahrens, soweit etwa die Wartezeit dem HU-Status bzw. der Höhe des LAS oder MELD vorgezogen wurde. Auch wurden Erwägungen dahingehend angestellt, dass Patienten ausgewählt wurden, da sie keine Chance auf eine reguläre Organzuteilung hätten. Dies zeigt den insgesamt sehr großen Ermessensspielraum, der den behandelnden Ärzten bei der Empfängerauswahl im beschleunigten Verfahren zukommt.

Eine Bevorzugung von Kindern und Jugendlichen sowie von Privatpatienten hat im Allgemeinen nicht stattgefunden. Lediglich in einem Transplantationszentrum scheint eine Bevorzugung von Privatpatienten entgegen der Bewertung der PÜK nicht fernliegend.

Es zeigten sich zudem mitunter Uneinheitlichkeiten in der Arbeitsweise der verschiedenen Prüfergruppen der PÜK. Dies betraf zum einen die Einordnung festgestellter Auffälligkeiten als Richtlinienverstöße. Teilweise wurde von einer entsprechenden Einordnung abgesehen, da der Richtlinientext in diesen Punkten als nicht konkret genug angesehen wurde. In anderen Fällen wurde dann jedoch das gleiche Verhalten als Verstoß gewertet. Auch bei der Einordnung festgestellter Verstöße als allokationsrelevant vertraten die Prüfergruppen keine einheitliche Linie, insbesondere in den Fällen, in denen einer unrichtigen Meldung weitere nunmehr korrekte Meldungen nachfolgten oder eine Organzuteilung schließlich im Wege des beschleunigten Verfahrens stattfand. Vor allem hinsichtlich ersterem Punkt erscheint eine stärkere interne Abstimmung erforderlich.

Darüber hinaus wurden Mängel des Auditverfahrens bei Eurotransplant offenbar. Die PÜK stellte zum einen fest, dass Eurotransplant HU-Anträge genehmigt hatte, die nach den Vorgaben der Richtlinien bzw. des ET-Manuals nicht hätten genehmigt werden dürfen, da die jeweiligen Kriterien nicht erfüllt waren. Außerdem stellten die Prüfergruppen mehrfach fest, dass Falschangaben seitens der Zentren im Auditverfahren hätten auffallen können und müssen, da sie entweder offensichtlich waren oder im Widerspruch zu eingereichten Dokumenten standen.

Soweit Richtlinienverstöße nicht eindeutig bewertet werden konnten, weil der Richtlinientext in dem jeweiligen Anknüpfungspunkt nicht konkret genug war, oder sich angewandte Grenzwerte nicht aus den Richtlinien, sondern erst aus dem ET-Manual ergaben, hat die Bundesärztekammer inzwischen in weiten Teilen nachgebessert und die Richtlinien entsprechend geschärft. Lediglich im Bereich der Herztransplantation stehen erforderliche Änderungen noch aus.

F. Anschlussfragen

Nach Bekanntwerden der Manipulationen in einigen Transplantationszentren rückte die Frage nach einer möglichen Strafbarkeit der verantwortlichen Ärzte in den Mittelpunkt der Diskussion. Außerdem wurde eine Reihe von Maßnahmen ergriffen, um derartige Vorkommnisse in Zukunft zu vermeiden. Im Folgenden soll nun zunächst erörtert werden, welche Sanktionsmöglichkeiten insbesondere das Strafrecht, aber auch das TPG, in den vorliegenden Fallkonstellationen bieten. Anschließend erfolgt eine Darstellung und Würdigung der seither erfolgten Änderungen im Transplantationswesen.

I. Sanktionsmöglichkeiten bei Manipulationen allokationsrelevanter Patientendaten

In 14 Zentren hat die PÜK systematische Richtlinienverstöße festgestellt. Entsprechend ihrer gesetzlichen Verpflichtung aus § 12 Abs. 5 S. 6 TPG hat sie ihre Erkenntnisse an die zuständigen Landesbehörden und damit u. a. an die zuständigen Staatsanwaltschaften weitergeleitet, sodass sich die Frage nach der strafrechtlichen Bewertung der vorliegenden Fallkonstellation stellt. Mittlerweile liegt das erste rechtskräftige Urteil zu dieser Fragestellung vor. Das LG Göttingen hat in seinem Urteil im Strafverfahren wegen des sog. Göttinger Organallokationsskandals den Leiter der Transplantationsmedizin des Universitätsklinikums Göttingen freigesprochen.[1] Der Freispruch wurde auf die Revision der Staatsanwaltschaft hin durch den BGH bestätigt.[2] Bei der Beurteilung der Strafbarkeit hat das LG Göttingen zwischen den sog. „Manipulationsfällen“, in denen der Angeklagte unter Verstoß gegen die geltenden Allokationsrichtlinien vermittlungsrelevante Patientendaten verfälscht bzw. unrichtige Daten an die Vermittlungsstelle Eurotransplant weitergeleitet hat, und den sog. „Indikationsfällen“ unterschieden, in denen eine Transplantation ohne medizinische Indikation bzw. ohne wirksame Einwilligung der Patienten vorgenommen worden sein soll.[3] Im Folgenden soll lediglich die erste Fallgruppe näher betrachtet werden, da diese bei der vorstehenden Auswertung die weitaus größere Fallgruppe bildete. Dadurch, dass die Anklage

---

1 LG Göttingen, Urteil vom 06. Mai 2015 – 6 Ks 4/13 –, juris.

2 BGH NJW 2017, 3249 ff.

3 LG Göttingen, Urteil vom 06. Mai 2015 – 6 Ks 4/13 –, juris, Rn. 14 ff. Letztere waren nicht Gegenstand der BGH Entscheidung.

der Staatsanwaltschaft Braunschweig auf einen versuchten Totschlag ausgerichtet war,[4] rückte das Kernstrafrecht in den Mittelpunkt der Diskussion. Doch auch das TPG selbst hält einige Straf- und Bußgeldtatbestände bei Verstößen gegen allokationsrelevante Vorgaben bereit. An dieser Stelle sollen – unter Berücksichtigung des Anliegens der vorliegenden Untersuchung und des Umstands, dass das erstinstanzliche Urteil selbst in der gekürzten und anonymisierten Fassung noch 598 Seiten umfasst – lediglich die wesentlichen Aspekte erörtert werden, auf die der Freispruch des LG Göttingen und dessen Bestätigung durch den BGH zurückzuführen sind.

1. Strafbarkeit nach dem StGB – (Versuchtes) Tötungsdelikt

Im Bereich des Kernstrafrechts hatte sich das LG Göttingen insbesondere mit der Frage auseinanderzusetzen, ob der Angeklagte sich durch die Verstöße gegen die Richtlinien der Bundesärztekammer, namentlich die Manipulation der Patientendaten und deren unrichtige Weitergabe an Eurotransplant, wegen eines vollendeten oder zumindest versuchten Tötungsdelikts strafbar gemacht hat. Insoweit rückten vorrangig fünf Problemfelder in den Blick: 1. Ob die manipulative Einwirkung auf das Allokationsgeschehen als aktive Tatbegehung oder als Unterlassen einzuordnen war. 2. Ob im Rahmen eines vollendeten Totschlags die Kausalität der Manipulation für den Eintritt des Todes eines bestimmten Patienten nachgewiesen werden konnte. 3. Ob der Angeklagte den Tod eines anderen Patienten wenigstens billigend in Kauf genommen hatte. 4. Ob ihm ein etwaiger Tötungserfolg bzw. -versuch auch objektiv zurechenbar war. Und 5. Ob der neue Tatbestand § 19 Abs. 2a TPG eine Sperrwirkung gegenüber der Anwendung der Tötungsdelikte bewirkt.[5]

a) Art der Täterschaft

Uneinigkeit besteht zunächst darüber, ob der Angeklagte den Tötungserfolg durch ein aktives Tun oder durch ein Unterlassen bewirkt hat. Der Angeklagte hat durch seine Manipulationen aktiv auf Eurotransplant eingewirkt. Diese hat es wiederum unterlassen, ein Organ an den ohne die durch die manipulative Einwirkung bedingte Fehlallokation berechtigten Patienten zu vergeben. Der überholte Patient wäre allerdings nicht aufgrund der Manipulation, sondern in Folge seiner Grunderkrankung verstorben. Daher ging der BGH nicht von einem aktiven Tun, sondern von einem Unterlassen aus.[6]

---

[4] StA Braunschweig, Az.: 405 Js 1933/12.

[5] Eine detailliertere Problemübersicht bietet *Bornhauser*, Die Strafbarkeit von Listenplatzmanipulationen, S. 26.

[6] BGH NJW 2017, 3249, 3254.

Das LG Göttingen stellte dagegen darauf ab, dass in Fällen, in denen eine Person mit Mitteln der mittelbaren Täterschaft – hier durch eine Täuschung – auf einen Handlungswilligen einwirke, um diesen zu einer Unterlassung zu veranlassen, eine unmittelbare Tatbegehung vorliege, da aktiv in den Geschehensablauf eingegriffen werde.[7] Der Angeklagte habe einen Rettungswilligen aktiv von dessen Handlung abgehalten.[8]

Vorab ist darauf hinzuweisen, dass eine Unterlassensstrafbarkeit, wie der BGH sie annimmt, lediglich in der Form der mittelbaren Täterschaft in Betracht käme. Es geht schließlich nicht um eine Strafbarkeit Eurotransplants, sondern um die der manipulierenden Ärzte.[9] Vorzugswürdig erscheint – nach dem Schwerpunkt der Vorwerfbarkeit, also der manipulativen Einwirkung – die Einordnung der hiesigen Konstellation als aktives Tun durch den Abbruch eines rettenden Kausalverlaufs.[10] Auf die nachfolgende Betrachtung der Kausalität der Einwirkung für einen etwaigen Tötungserfolg wirkt sich die abweichende Einordnung jedoch im Ergebnis nicht aus. Denn es ist anerkannt, dass auch bei dem Abbruch eines rettenden Kausalverlaufs die sog. „Quasi-Kausalität" erfüllt sein muss, sodass hypothetische Kausalverläufe in die Betrachtung miteinzubeziehen sind.[11] Es stellt sich also im Folgenden die Frage, ob der Tötungserfolg mit einer an Sicherheit grenzenden Wahrscheinlichkeit entfiele, wenn die manipulative Einwirkung durch den Arzt hinweggedacht würde.

b) Kausalitätsproblematik

Das LG Göttingen hat die Strafbarkeit wegen eines vollendeten Totschlags gemäß § 212 Abs. 1 StGB zutreffend bereits deshalb ausgeschlossen, weil der erforderliche Kausalitätsnachweis nicht zu erbringen ist. Es ist weder feststellbar, welcher Patient das jeweilige Organ ohne die manipulative Einwirkung auf die Rangfolge der Warteliste erhalten hätte, noch steht mit einer an Sicherheit grenzenden Wahrscheinlichkeit fest, dass dieser Patient eine durchgeführte Organtransplantation überlebt hätte bzw. eine Lebensverlängerung eingetreten wäre.[12] Zwar lässt sich anhand des computergestützten Al-

---

[7] LG Göttingen, Urteil vom 06. Mai 2015 – 6 Ks 4/13 –, juris, Rn. 1776.

[8] LG Göttingen, Urteil vom 06. Mai 2015 – 6 Ks 4/13 –, juris, Rn. 1777.

[9] *Jäger*, JA 2017, 873, 875; *Rissing-van Saan/Verrel*, NStZ 2018, 57, 63.

[10] Ebenso *Rosenau*, MedR 2016, 706, 708; *Jäger*, JA 2017, 873, 875; *Kraatz*, NStZ-RR 2017, 329, 329; *Hoven*, NStZ 2017, 701, 707; *Rissing-van Saan/Verrel*, NStZ 2018, 57, 63; a.A. *Schroth/Hofmann*, NStZ 2014, 486, 488.

[11] *Jäger*, JA 2017, 873, 875; *Rissing-van Saan/Verrel*, NStZ 2018, 57, 63; Darauf verweist auch der BGH NJW 2017, 3249, 3254; *Roxin*, Strafrecht AT I, § 11 Rn. 33.

[12] LG Göttingen, Urteil vom 06. Mai 2015 – 6 Ks 4/13 –, juris, Rn. 1384 sowie 1754.

lokationsalgorithmus in ENIS grundsätzlich rekonstruieren, welchem Patienten das Organ regulär, d.h. ohne die manipulationsbedingte Fehlallokation, zuerst angeboten worden wäre.[13] Es besteht aber stets die Möglichkeit, dass die zuständigen Ärzte das Organ für diesen Patienten abgelehnt hätten, sei es aufgrund mangelnder Qualität des Organs oder etwaiger organisatorischer Umstände im Transplantationszentrum, sodass es weiteren Patienten auf der Warteliste angeboten worden wäre. Wäre das Organ wiederholt abgelehnt worden, wäre es zu einer Vermittlung im beschleunigten Verfahren gekommen, in dem erst recht nicht mehr ohne Weiteres nachvollziehbar gewesen wäre, wer das Organ bekommen hätte, da die Patientenauswahl in diesem Verfahren in erhöhtem Maße von der Einschätzung des jeweils behandelnden Arztes abhängt.[14] Weiterhin hätte die Transplantation auch nicht mit an Sicherheit grenzender Wahrscheinlichkeit zu einer Lebensrettung des übergangenen Patienten geführt. Es besteht stets die Gefahr, dass der Patient aufgrund von Komplikationen bei der Transplantation verstirbt oder unmittelbar nach der Transplantation eine Organabstoßung erleidet.[15]

Ist es also bereits nicht möglich, die Identität des konkreten Opfers mit hinreichender Sicherheit festzustellen, bliebe nur eine Verurteilung auf Grundlage der sog. Opfer-Wahldeutung. Dies setzte aber voraus, dass für jeden in Betracht kommenden Patienten nachgewiesen würde, dass die Transplantation des Organs dessen Leben gerettet hätte. Dies dürfte angesichts der soeben benannten Schwierigkeiten allerdings kaum möglich sein.[16] Ohne Kausalitätsnachweis scheidet eine Strafbarkeit aufgrund eines vollendeten Tötungsdelikts aus. Eine andere Ansicht ließe sich wohl nur auf der Grundlage der sog. Risikoerhöhungslehre vertreten, da die Manipulation das Risiko des übergangenen Patienten, auf der Warteliste zu versterben, jedenfalls erhöht hat. Da diese Lehre im Ergebnis Erfolgsdelikte in Gefährdungsdelikte umwandelt, ist sie jedoch mit der überwiegenden Meinung abzulehnen.[17]

---

[13] Darauf verweist *Rissing-van Saan*, NStZ 2014, 233, 241.

[14] Ähnlich *Schroth*, NStZ 3013, 437, 442; *Verrel*, MedR 2014, 464, 465; *Rosenau*, MedR 2016, 706, 708; *Bornhauser*, Die Strafbarkeit von Listenplatzmanipulationen, S. 135; a.A. wohl *Rissing-van Saan*, NStZ 2014, 233, 241.

[15] *Verrel*, MedR 2014, 464, 466; *Rosenau*, MedR 2016, 706, 709.

[16] Vgl. dazu *Böse*, ZJS 2014, 117, 118.

[17] Ebenso *Verrel*, MedR 2014, 464, 466; *Rosenau*, MedR 2016, 706, 709; *Bornhauser*, Die Strafbarkeit von Listenplatzmanipulationen, S. 135f.

c) *Vorsatz und Tatentschluss*

Denkbar blieb eine Strafbarkeit wegen versuchten Totschlags. Doch auch diese begegnet erheblichen Bedenken, zunächst im Rahmen des Vorsatzes bzw. Tatentschlusses. Insoweit genügt ein bedingter Vorsatz hinsichtlich der Verwirklichung der objektiven Tatbestandsmerkmale, was nach der Rechtsprechung des BGH voraussetzt, dass der Täter den Eintritt des tatbestandlichen Erfolges als möglich und nicht ganz fernliegend erkennt (Wissenselement), weiter dass er ihn billigt oder sich um des erstrebten Zieles willen zumindest mit der Tatbestandsverwirklichung abfindet (Willenselement).[18] Das bedeutet hier, dass der die Patientendaten manipulierende Arzt zum einen erkannt haben muss, dass sein Handeln den Tod eines anderen Patienten auf der Warteliste nach sich ziehen könnte und dies zum anderen wenigstens billigend in Kauf genommen haben muss.

aa) Intellektuelles Vorsatzelement

Das LG Göttingen differenzierte bei der Beurteilung des Tatentschlusses zwischen dem erstüberholten und den nachfolgend verdrängten Patienten.[19] Hinsichtlich des erstverdrängten Patienten bejahte es zutreffend das intellektuelle Vorsatzelement, da dem Angeklagten als Transplantationsmediziner mit langjähriger Berufserfahrung sowohl der Organmangel als auch die hohe Wartelistensterblichkeit bekannt gewesen sei.[20] Aufgrund seiner Kenntnisse des Ablaufes der postmortalen Organspende sei ihm auch bewusst gewesen, dass das Organ ohne die Manipulation dem erstverdrängten Patienten sicher angeboten worden wäre.[21] Ähnlich hatte bereits das OLG Braunschweig in seiner Haftfortdauerentscheidung vom 20. März 2013 argumentiert. Die Manipulation habe jedenfalls zu einer Verzögerung der Transplantation der überholten Patienten geführt. Da der MELD-Score gerade die Dringlichkeit der Transplantation abbilde, habe zudem die Gefahr bestanden, dass die überholten Patienten versterben. Das Wissenselement lasse sich auch deshalb begründen, da der Angeklagte selbst ausgesagt habe, dass seine eigenen Patienten innerhalb weniger Tage, maximal 1–2 Wochen, ohne Transplantation verstorben wären. Handelte er also aus dieser Sorge um seine eigenen Pa-

---

18 Vgl. etwa BGH NStZ 2017, 342, 343 f.; NStZ 2018, 37, 38.

19 LG Göttingen, Urteil vom 06. Mai 2015 – 6 Ks 4/13 –, juris, Rn. 2097; kritisch hinsichtlich dieser Differenzierung *Bornhauser*, Die Strafbarkeit von Listenplatzmanipulationen, S. 238, 241.

20 LG Göttingen, Urteil vom 06. Mai 2015 – 6 Ks 4/13 –, juris, Rn. 2108; ebenso *Rissing-van Saan*, NStZ 2014, 233, 241 f.

21 LG Göttingen, Urteil vom 06. Mai 2015 – 6 Ks 4/13 –, juris, Rn. 2115.

tienten, müsse ihm bewusst gewesen sein, dass dies ebenfalls für die überholten mit höherem MELD galt.[22]

Hinsichtlich der nachfolgend verdrängten Patienten ist dagegen nach der Auffassung des LG Göttingen schon nicht sicher feststellbar, dass sie ohne die Manipulation ein Organangebot erhalten hätten, da nicht rekonstruierbar sei, ob das Organ für den erstverdrängten Patienten und ggf. weitere vorrangig gelistete Patienten abgelehnt worden wäre, sodass es insoweit bereits am Wissenselement fehle.[23]

bb) Insbesondere: Kongruenz zwischen objektivem und subjektivem Tatbestand

Diese letzten Ausführungen leiten über zu einem Ansatz des BGH, der anders als das LG Göttingen auch bezüglich der erstverdrängten Patienten bereits das intellektuelle Vorsatzelement abgelehnt hat. Dabei geht er davon aus, dass die Erwägungen, die zuvor zu einer Ablehnung des Kausalitätsnachweises bezüglich aller überholten Patienten geführt haben, auch im Rahmen des Tatentschlusses berücksichtigt werden müssen. Dem Täter müsse folglich bewusst gewesen sein, dass der Rettungserfolg ohne die Manipulation mit einer an Sicherheit grenzenden Wahrscheinlichkeit eintreten würde. Da dem Angeklagten jedoch das hohe Sterberisiko in oder unmittelbar nach einer Transplantation (5–10 %) sowie die Unwägbarkeiten des Allokationsprozesses, aufgrund derer nicht sicher festgestellt werden kann, ob ein Organ für einen Patienten tatsächlich angenommen worden wäre, bekannt gewesen seien, habe er nicht davon ausgehen können, dass bei dem erstüberholten Patienten im Fall des Angebots bzw. der Zuteilung und der Übertragung des konkreten Spenderorgans mit einer an Sicherheit grenzenden Wahrscheinlichkeit eine Lebensverlängerung eintreten werde.[24] In eine ähnliche Richtung argumentiert *Kraatz*, indem er darauf abstellt, dass andernfalls bereits das Wissen um eine Gefahrerhöhung des Todeseintritts des überholten Patienten zur Bejahung des kognitiven Vorsatzelements ausreichen gelassen würde. Dies entspräche allerdings der Risikoerhöhungslehre, die Verletzungsdelikte in Gefährdungsdelikte umwandele.[25]

---

[22] OLG Braunschweig, Beschluss vom 20. März 2013 – Ws 49/13, StV 2013, 749, 751 Rn. 39, 40, 41; ähnlich *Bornhauser*, Die Strafbarkeit von Listenplatzmanipulationen, S. 234.

[23] LG Göttingen, Urteil vom 06. Mai 2015 – 6 Ks 4/13 –, juris, Rn. 2142.

[24] BGH NJW 2017, 3249, 3254; im Ergebnis ebenso *Rosenau*, FS Schünemann, 689, 699; *ders.*, MedR 2016, 706, 710; ähnlich *Jäger*, JA 2017, 873, 875, der allerdings nicht den Vorsatz bzgl. der Kausalität, sondern bzgl. der objektiven Zurechnung aufgrund dieser Erwägungen scheitern lassen will.

[25] *Kraatz*, NStZ-RR 2017, 329, 329.

Hinter der Auffassung des BGH steht im Ausgangspunkt der Grundsatz, dass zwischen subjektivem und objektivem Tatbestand auch im Rahmen des Versuchs Kongruenz bestehen muss. Daher muss der Tatentschluss auch den Kausalverlauf erfassen. Denn die Strafbarkeit des Versuchs kann nicht weiter reichen, als die der Vollendung.[26] Die Kausalität der Manipulationen für einen Tötungserfolg war indes nicht nachweisbar, weil nicht mit an Sicherheit grenzender Wahrscheinlichkeit festgestellt werden konnte, welcher Patient das Spenderorgan bei einem unbeeinflussten Allokationsverfahren erhalten hätte und ob dieser Patient die Transplantation überlebt hätte.[27] Die entscheidende Frage lautet also, ob die Nachweisbarkeit des Kausalverlaufs ein materielles Merkmal des objektiven Tatbestandes bildet, auf das sich der Tatentschluss im Rahmen des Versuchs beziehen muss, oder ob diese lediglich bei der Beweiswürdigung im Rahmen der Vollendungsstrafbarkeit eine Rolle spielt, während sich der Tatentschluss des Täters nur auf die Kausalität als solche beziehen muss.[28]

Mit den überwiegenden Stimmen der Literatur, die sich mit dieser Thematik bereits auseinandergesetzt haben, ist vorliegend davon auszugehen, dass der BGH hier eine Beweisproblematik mit Fragen des Vorsatzes verwechselt hat. Während im Rahmen der Vollendungsstrafbarkeit der hypothetische Kausalverlauf sicher nachgewiesen werden muss, ist ein solcher Nachweis hinsichtlich der Quasi-Kausalität für eine Versuchsstrafbarkeit gerade nicht erforderlich.[29] Denn nach herrschender Meinung ist auch beim Abbruch eines rettenden Kausalverlaufs ein lediglich bedingter Vorsatz beim Versuch ausreichend.[30] Es genügt daher, dass sich der Tatentschluss des Täters auf Umstände bezieht, deren tatsächlicher sowie kausaler Eintritt nicht sicher nachweisbar ist.[31] Dieses Ergebnis wird durch eine Kontrollüberlegung ge-

---

26 *Rosenau*, FS Schünemann, 689, 699; *ders.*, MedR 2016, 706, 710; ähnlich bereits *Kudlich*, NJW 2013, 917, 919.

27 Vgl. dazu bereits Gliederungspunkt F.I.1.b).

28 *Bornhauser*, Die Strafbarkeit von Listenplatzmanipulationen, S. 225.

29 *Hoven*, NStZ 2017, 701, 708; ähnlich bereits *Verrel*, MedR 2014, 464, 467; vgl. grundlegend zu der parallel ausgestalteten Problematik im Rahmen der Unterlassungsdelikte *Freund*, in: MüKo StGB, § 13 Rn. 250 ff.; in diesem Zusammenhang ist auch darauf hinzuweisen, dass auch die Möglichkeit eines untauglichen Versuchs des Unterlassungsdelikts von der h.M. anerkannt wird, obwohl ein Kausalitätsnachweis hier sicher nicht zu erbringen ist, vgl. etwa *Kühl*, in: Lackner/Kühl, StGB, § 22 Rn. 17 m.w.N.

30 *Rissing-van Saan/Verrel*, NStZ 2018, 57, 65 unter Verweis auf u.a. *Kühl*, in: Lackner/Kühl, StGB, § 22 Rn. 2 m.w.N.

31 *Kudlich*, NJW 2013, 917, 919; ähnlich *ders.*, NJW 2017, 3249, 3256; *Bornhauser*, Die Strafbarkeit von Listenplatzmanipulationen, S. 229; a.A. wohl *Jäger*, JA 2017, 873, 875, der in der Nachweisbarkeit ein eigenständiges objektives Zurechnungskriterium sieht.

stützt, wenn man sich vor Augen führt, welche Konsequenzen die Auffassung des BGH nach sich ziehen würde: Denn die Auffassung des BGH würde sowohl in der Konstellation des Abbruchs rettender Kausalverläufe als auch bei den Unterlassungsdelikten dazu führen, dass der bedingte Vorsatz abgeschafft würde und der Täter stets mit direktem Vorsatz handeln müsste.[32] „Ein bloßes Für-Möglich-Halten des Rettungserfolges würde nicht mehr ausreichen, weil der Täter davon ausgehen müsste, dass die von ihm unterbrochene oder verhinderte rettende Kausalkette bei ungehindertem Verlauf mit an Sicherheit grenzender Wahrscheinlichkeit Erfolg gehabt hätte."[33] Es erscheint jedoch sehr fraglich, dass der BGH mit seiner Entscheidung eine neue Vorsatzdogmatik schaffen wollte.[34]

Vorliegend kommt es daher für das kognitive Vorsatzelement allein darauf an, dass der Angeklagte weiß, dass ein anderer Patient möglicherweise stirbt, weil er durch die Manipulation überholt wurde und aufgrund dessen kein Organ zugeteilt bekommt. Der potentielle Kausalverlauf muss dabei lediglich in seinen Grundzügen erfasst sein, was hinsichtlich der Kenntnis des Angeklagten von den Abläufen des Allokationsverfahrens sowie seiner Variationen bejaht werden kann. Richtigerweise ist daher das kognitive Vorsatzelement nicht nur in Bezug auf den erstverdrängten, sondern auf alle überholten Patienten gegeben.[35]

cc) Voluntatives Vorsatzelement

Das LG Göttingen verneinte zudem sowohl hinsichtlich des erstverdrängten als auch aller weiteren überholten Patienten das voluntative Vorsatzelement. Der Angeklagte habe vielmehr ernsthaft darauf vertrauen dürfen, dass der (erstverdrängte) Patient durch die Manipulation nicht geschädigt, sondern rechtzeitig ein anderes Organ erhalten werde.[36] Denn er habe gewusst, dass

---

[32] *Rissing-van Saan/Verrel*, NStZ 2018, 57, 65; *Hoven*, NStZ 2017, 701, 707, führt dazu aus, dass eine Strafbarkeit selbst bei einem dolus directus 1. Grades entfiele, wenn der Täter nicht zugleich über sicheres Wissen der kausalen Erfolgsherbeiführung verfüge.

[33] *Rissing-van Saan/Verrel*, NStZ 2018, 57, 65.

[34] *Hoven*, NStZ 2017, 701, 707 f. geht vielmehr davon aus, dass der BGH einem Missverständnis unterliege, was sich daran zeige, dass die zur Begründung herangezogenen BGH-Entscheidungen jeweils gänzlich andere und mit den Manipulationen im Transplantationswesen nicht vergleichbare Sachverhalte beträfen. Sie führt zudem weitere BGH-Entscheidungen auf, in denen die Senate sehr wohl eine Versuchsstrafbarkeit angenommen haben, obwohl sich der Erfolg einer hypothetischen Rettungshandlung nicht zweifelsfrei nachweisen ließ.

[35] Ebenso *Rissing-van Saan/Verrel*, NStZ 2018, 57, 64.

[36] LG Göttingen, Urteil vom 06. Mai 2015 – 6 Ks 4/13 –, juris, Rn. 1988.

im MELD-Score-Bereich zwischen 30 und 40 ein Überangebot an Lebern bestehe und für einzelne Patienten ohnehin eine Vielzahl angebotener Organe abgelehnt werde, um auf das optimale Spenderorgan zu warten.[37] Die Wahrscheinlichkeit, dass ein solcher Patient innerhalb von zwei Tagen transplantiert werde, betrage 12%, während die Wahrscheinlichkeit, dass er innerhalb dieses Zeitraumes versterbe, lediglich bei 4% liege.[38] Schließlich hätten an den jeweiligen Zuteilungs-Matches auch weitere Patienten des Angeklagten teilgenommen und seien durch die Manipulationen ebenfalls überholt worden, was ebenfalls gegen das Willenselement spreche.[39]

Der BGH bescheinigte dem LG Göttingen zwar eine „sorgfältige […] Gesamtschau“ der Umstände, die für und gegen die Annahme des voluntativen Vorsatzelements sprechen. Hinsichtlich des gefundenen Ergebnisses stellte er allerdings fest: „Dieser Schluss ist möglich, zwingend muss er nach allgemeinen Regeln nicht sein.“[40] Die Annahme des voluntativen Vorsatzelementes wäre im Ergebnis „nicht durchgreifend rechtsfehlerhaft“.[41]

Im einschlägigen Schrifttum ist das Vorliegen des Willenselements unterschiedlich beurteilt worden. Dies betrifft zunächst die Einschätzung, der manipulierende Arzt habe darauf vertrauen können, dass die überholten Patienten rechtzeitig ein anderes Spenderorgan erhalten werden. Teilweise wurde im Einklang mit dem LG Göttingen vertreten, dass dies nicht lediglich eine vage Hoffnung darstelle, da dem Arzt bekannt gewesen sei, dass Organe nicht nur an sog. HU-Patienten, sondern auch an Patienten auf niedrigeren Wartelisteplätzen verteilt würden. Insbesondere habe er gewusst, dass stets die zusätzliche Möglichkeit bestehe, dass die überholten Patienten im Wege des beschleunigten Vermittlungsverfahren ein Organ erhalten, welches unbestritten einen großen Anteil an der Organvermittlung einnimmt.[42] Es könne daher lediglich ein Gefährdungs-, nicht hingegen ein Verletzungsvorsatz angenommen werden.[43]

Dem kann jedoch entgegengehalten werden, dass die Organzuteilung bereits im Standardverfahren neben der Höhe des MELD-Score von einer

---

[37] LG Göttingen, Urteil vom 06. Mai 2015 – 6 Ks 4/13 –, juris, Rn. 1989.

[38] LG Göttingen, Urteil vom 06. Mai 2015 – 6 Ks 4/13 –, juris, Rn. 1992; ebenso *Rosenau*, FS Schünemann, 689, 700f.; *ders.*, MedR 2016, 706, 710; *Schroth/Hofmann*, NStZ 2014, 486, 489 bezweifeln aus diesem Grund bereits die kognitive Seite des Vorsatzes.

[39] LG Göttingen, Urteil vom 06. Mai 2015 – 6 Ks 4/13 –, juris, Rn. 2166.

[40] BGH NJW 2017, 3249, 3255.

[41] BGH NJW 2017, 3249, 3254.

[42] *Schroth*, NStZ 2013, 437, 442; *Schroth/Hofmann*, NStZ 2014, 486, 489; *Schroth/Hofmann*, FS Kargl, 523, 529.

[43] *Schroth*, NStZ 2013, 437, 442.

Vielzahl weiterer Faktoren abhängt, wie etwa der medizinischen Übereinstimmung zwischen Spender und Empfänger und der Qualität des jeweiligen Spenderorgans. Im beschleunigten Verfahren kommen weitere Unwägbarkeiten hinzu, insbesondere die räumliche Entfernung zwischen Entnahmekrankenhaus und Transplantationszentrum.[44] Ausgerechnet das beschleunigte Verfahren als Stütze für ein berechtigtes Vertrauen des Arztes auf einen guten Ausgang heranzuziehen, erscheint zudem insoweit widersprüchlich, als gerade unter Verweis auf dieses Verfahren begründet wurde, dass der für ein vollendetes Tötungsdelikt erforderliche Kausalitätsnachweis nicht zu erbringen ist, weil es maßgeblich dazu beiträgt, dass nicht nachvollziehbar ist, welchem Patienten ein bestimmtes Organ zugeteilt worden wäre.[45] Dann müsste jedoch in gleicher Weise ungewiss sein, wer künftig ein Spenderorgan erhalten wird, sodass dies eher dafür spricht, dass der Arzt nicht darauf vertrauen durfte, dass der Patient insbesondere über das beschleunigte Verfahren noch rechtzeitig ein Organ erhalten wird. Er hat dem übergangenen Patienten durch seine Manipulation vielmehr eine sichere Zuweisung vereitelt und ihn stattdessen auf ein Verfahren verwiesen, dessen Ausgang völlig ungewiss ist.[46] Diese Beurteilung wird auch durch die vorliegenden Erhebungsergebnisse gestützt. Zum einen sind die Auswahlkriterien im Rahmen des beschleunigten Vermittlungsverfahrens mitunter sehr uneinheitlich. Zum anderen erfolgt die Patientenauswahl abweichend von der Organzuteilung im Standardverfahren nicht vorrangig nach der Höhe des MELD. Vielmehr haben zwei Transplantationszentren in ihren Stellungnahmen zu den vorläufigen Kommissionsberichten der PÜK ausdrücklich darauf hingewiesen, dass vermehrt Patienten mit einem geringen MELD-Score ausgewählt würden, da bei diesen Patienten eine bessere Erfolgsaussicht bei einer Transplantation mit einem marginalen Organ bestünde.[47] Die durch die Manipulation überholten Patienten werden dagegen häufig bereits einen höheren MELD-Score aufweisen, sodass danach erst Recht ungewiss ist, ob sie über das beschleunigte Verfahren rechtzeitig ein Spenderorgan erhalten werden.

Es wäre weiterhin bereits allgemein widersprüchlich, dem Arzt zuzugestehen, er habe hinsichtlich der anderen Patienten auf einen guten Ausgang vertraut, während er bzgl. der eigenen Patienten gerade nicht auf eine rechtzeitige Organzuteilung vertraut hat und diese deshalb durch die Manipulation

---

[44] OLG Braunschweig StV 2013, 749, 752 Rn. 48; *Rissing-van Saan*, NStZ 2014, 233, 242.

[45] Vgl. dazu Gliederungspunkt F.I.1.b).

[46] *Koppe*, Zur strafrechtlichen Verantwortlichkeit der Wartelistenmanipulation, S. 154.

[47] Vgl. dazu bereits Gliederungspunkt E.II.3.b)dd).

beschleunigen wollte.[48] Darauf stützt sich auch ein Aspekt, den das OLG Braunschweig angeführt hat. Die Sorge um das Wohl der eigenen Patienten führt im Medizinstrafrecht zwar grundsätzlich zu einem Vorsatzausschluss. In der hiesigen Konstellation wirke sie dagegen geradezu als vorsatzbegründendes Element: Gerade die Sorge um die eigenen Patienten führe nämlich dazu, dass der manipulierende Arzt an dem Schicksal der anderen Patienten, die für ihn lediglich eine anonyme Nummer auf der Warteliste darstellen, keinen Anteil nimmt.[49] Der BGH führte in diesem Zusammenhang zwar aus, dass aus dem Bewusstsein der Gefährdung der überholten Patienten (Wissenselement) nicht notwendig auch die billigende Inkaufnahme eines Tötungserfolges (Willenselement) folge.[50] Diese Überlegung kann aber jedenfalls ein Indiz für das voluntative Vorsatzelement begründen, da sie eine gewisse Gleichgültigkeit des Arztes gegenüber fremden Patienten offenbart.[51]

Weiterhin wird gegen den Umkehrschluss vorgebracht, dass gerade durch die Sorge des Arztes um die eigenen Patienten andere Patienten aus seinem Motivationsgefüge verdrängt werden. Ärzte hätten häufig ein Helfersyndrom gegenüber den eigenen Patienten, weshalb sie negative Folgen für andere Patienten ausblendeten. Sie würden handeln, um ihren Patienten zu helfen, nicht um anderen Patienten zu schaden.[52] Es erscheint allerdings nicht nachvollziehbar, warum die anderen Patienten nunmehr aus dem Motivationsgefüge des Arztes verschwunden sein sollen, zumal es ihm doch gerade darum ging, diese anderen Patienten durch seine Manipulationen auf der Warteliste zu überholen.[53] Auch das LG Göttingen konnte dieser Ansatz nicht überzeugen. Es wies zutreffend darauf hin, dass ein Täter während der Tatbegehung nicht bewusst über sämtliche Tatumstände reflektieren muss, sondern vielmehr ein „sachgedankliches Mitbewusstsein“ genüge.[54] Ein Bewusstsein des Arztes, dass ein Patient ohne die Manipulation bei regulärer Organzuteilung hätte gerettet werden können, wurde bereits im Rahmen des intellektuellen Vorsatzelementes bejaht.

---

[48] *Bornhauser*, Die Strafbarkeit von Listenplatzmanipulationen, S. 249; ebenso bereits *Böse*, ZJS 2014, 117, 119; sowie *Verrel*, MedR 2014, 464, 466.

[49] OLG Braunschweig StV 2013, 749, 751 Rn. 45; zustimmend *Böse*, ZJS 2014, 117, 119; sowie *Verrel*, MedR 2014, 464, 466.

[50] BGH NJW 2017, 3249, 3255; ebenso *Kraatz*, NStZ-RR 2017, 329, 329.

[51] *Bornhauser*, Die Strafbarkeit von Listenplatzmanipulationen, S. 248.

[52] *Schroth*, NStZ 2013, 437, 442; *Schroth/Hofmann*, NStZ 2014, 486, 489; *Schroth/Hofmann*, FS Kargl, 523, 528.

[53] Vgl. dazu auch *Verrel*, MedR 2014, 464, 466; *Bornhauser*, Die Strafbarkeit von Listenplatzmanipulationen, S. 250.

[54] LG Göttingen, Urteil vom 06. Mai 2015 – 6 Ks 4/13 –, juris, Rn. 2109.

Soweit darüber hinaus vorgebracht wird, dass Ärzte grundsätzlich Leben retten, nicht zerstören wollen und sich dieses Ziel nicht auf die eigenen Patienten beschränke,[55] ist dem entgegenzuhalten, dass es vor diesem Hintergrund erst Recht unwahrscheinlich erscheint, dass sich der Arzt gar keine Gedanken darüber gemacht haben soll, welche Folgen sein Handeln für andere Patienten hat.[56] Jedenfalls ging es dem Arzt in dem Moment, in dem er bewusste Manipulationen vorgenommen hat, um seine eigenen Patienten an anderen Patienten auf der Warteliste vorbeiziehen zu lassen, wodurch er das Überleben der eigenen Patienten über das Überleben der anderen stellte, wohl kaum darum, das Leben eben dieser anderen Patienten zu retten.[57] Im Ergebnis war es daher entgegen der Auffassung des LG Göttingen nicht mehr als eine vage Hoffnung des Arztes, dass es aufgrund der Manipulationen nicht zu einem tödlichen Ausgang kommen werde, die der Annahme eines bedingten Vorsatzes indes nicht entgegensteht.[58]

d) Objektive Zurechnung

Demnach kann eine Strafbarkeit wegen versuchten Totschlags in den vorliegenden Konstellationen nach hier vertretener Ansicht allein unter Rückgriff auf die objektive Zurechnung überzeugend abgelehnt werden. Die objektive Zurechnung eines Erfolgs setzt voraus, dass der Täter ein rechtlich relevantes Risiko gesetzt, das sich im tatbestandlichen Erfolg realisiert hat.[59] An der Schaffung eines rechtlich relevanten Risikos könnte es vorliegend zum einen aufgrund der Verfassungswidrigkeit jedenfalls einzelner Allokationsrichtlinien sowie zum anderen deshalb fehlen, weil die Verteilungsregeln nicht den Zweck haben, individuelle Rechtsgüter zu schützen.[60]

---

[55] *Rosenau*, FS Schünemann, 689, 702; *ders.*, MedR 2016, 706, 711.

[56] *Koppe*, Zur strafrechtlichen Verantwortlichkeit der Wartelistenmanipulation, S. 152.

[57] Ebenso *Bornhauser*, Die Strafbarkeit von Listenplatzmanipulationen, S. 250 f.

[58] Ebenso OLG Braunschweig StV 2013, 749, 751 Rn. 45; *Böse*, ZJS 2014, 117, 119; *Rissing-van Saan*, NStZ 2014, 233, 241 f.; *Verrel*, MedR 2014, 464, 466; *Bornhauser*, Die Strafbarkeit von Listenplatzmanipulationen, S. 255 f.; *Rissing-van Saan/Verrel*, NStZ 2018, 57, 64; a.A. *Schroth*, NStZ 2013, 437, 442; *Schroth/Hofmann*, NStZ 2014, 486, 489; *dies.*, FS Kargl, 523, 528 f.; *Rosenau*, FS Schünemann, 689, 700 f.; *ders.*, MedR 2016, 706, 710; *Kraatz*, NStZ-RR 2017, 329, 329.

[59] *Roxin*, Strafrecht AT I, § 11 Rn. 47 ff.

[60] Die Frage der objektiven Zurechnung erlangt auch im Rahmen der Versuchsstrafbarkeit Relevanz: Weiß der Täter um die Umstände, aus denen sich der Mangel der Zurechnung ergibt, handelt er ohne den erforderlichen Tatvorsatz, vgl. *Bülte*, StV 2013, 749, 753.

aa) Verfassungswidrigkeit des Allokationssystems

Mitunter wird vorgebracht, dass die geltenden Allokationsregeln, die in den Richtlinien der Bundesärztekammer ausgestaltet sind, ohnehin verfassungswidrig seien, daher allenfalls eine faktische, nicht aber eine rechtliche Bindung entfalteten und damit ein Verstoß gegen diese Vorgaben kein strafrechtlich relevantes Unrecht begründen könnte.[61] Zur Frage der Verfassungswidrigkeit der Richtlinien wurde bereits zuvor Stellung genommen.[62] Nach hier vertretener Ansicht ist zwischen der formellen und der materiellen Verfassungswidrigkeit der Richtlinien zu differenzieren. Soweit lediglich ihre formelle Verfassungswidrigkeit geltend gemacht wird, ist davon auszugehen, dass die Richtlinien selbst nach einer Befassung des BVerfG nicht als nichtig, sondern lediglich als unvereinbar mit den verfassungsrechtlichen Vorgaben einzuordnen wären, jedoch weiterhin – bis zu einer Neuregelung durch den Gesetzgeber – Geltung beanspruchen müssten, da ein gänzlich ungeregelter Zustand im Bereich des Transplantationswesens der verfassungsmäßigen Ordnung noch ferner stünde als der bislang geregelte.[63]

Die nun relevante Frage ist aber, ob es aufgrund dieser Weitergeltung auch zu einer strafrechtlichen Ahndung von Verstößen gegen die Allokationsrichtlinien kommen kann. Dies wird mitunter verneint, da die bloße Weitergeltung keine strafrechtliche Absicherung eines verfassungswidrigen Systems und damit durch das „schärfste Schwert" der Rechtsordnung rechtfertige.[64] Zunächst ist einzuräumen, dass es auf den ersten Blick widersprüchlich erscheint, einen Bürger wegen eines Verstoßes gegen eine Norm zu sanktionieren, die ihrerseits gegen verfassungsrechtliche Vorgaben verstößt.[65] Allerdings ist zu berücksichtigen, dass die Weitergeltung gerade den Zweck verfolgt, einen Zustand zu verhindern, der der verfassungsmäßigen Ordnung noch ferner stünde als der bislang geregelte. Die strafrechtliche Absicherung des zwar verfassungswidrigen Systems stellt daher noch immer die Absicherung des verfassungsgemäßeren Systems dar.[66] Würde man eine derartige Absicherung verneinen, hinge die Befolgung der Allokationsregeln weitgehend von der freiwilligen Bereitschaft der beteiligten Akteure ab. Es bedarf also des Strafrechts, um das vorgegebene System praktisch durchzusetzen und so schützenswerte Rechtsgüter im Transplantationswesen wirksam zu verteidigen.[67]

---

[61] *Schroth*, NStZ 2013, 437, 444.

[62] Vgl. zum Folgenden bereits Gliederungspunkt B.I.3.b)dd).

[63] Eine Übergangsgeltung halten auch *Schroth/Hofmann* grundsätzlich für eine plausible Erwägung, *dies.*, FS Kargl, 523, 542.

[64] *Schroth/Hofmann*, FS Kargl, 523, 542.

[65] *Bornhauser*, Die Strafbarkeit von Listenplatzmanipulationen, S. 156.

[66] *Bornhauser*, Die Strafbarkeit von Listenplatzmanipulationen, S. 157.

[67] *Bornhauser*, Die Strafbarkeit von Listenplatzmanipulationen, S. 162.

Der BGH hat im Ergebnis – mit Ausnahme der Regelung des Wartelistenzugangs für Patienten mit alkoholinduzierter Leberzirrhose, dazu sogleich – offengelassen, ob eine Strafbarkeit des Angeklagten bereits wegen Unbeachtlichkeit der Richtlinienbestimmungen ausscheiden müsste.[68] Wären die Richtlinienbestimmungen von vornherein keiner Strafbewährung zugänglich, hätte der BGH seine Prüfung bereits unter Hinweis hierauf beenden können. Soweit wollte er anscheinend nicht gehen und hat diesen Aspekt daher im Ergebnis offengelassen.[69]

Zu einer eindeutigen Einschätzung gelangt der BGH allerdings im Hinblick auf den eingeschränkten Wartelistenzugang für Patienten mit alkoholinduzierter Leberzirrhose. Zum einen bestünden durchgreifende Bedenken im Hinblick auf das Gesetzlichkeitsprinzip des Art. 103 Abs. 2 GG, da die Regelungen des TPG keinen „annähernd bestimmten gesetzgeberischen Auftrag für die Normierung eines strikten und mit repressiver Sanktion zu bewehrenden Ausschlusstatbestandes bestreffend Alkoholkranke" enthalten.[70] Zudem schließt er sich den durch das LG Göttingen[71] geltend gemachten inhaltlichen Einwänden gegen die Regelung an und verneint auch aus diesem Grund eine strafbarkeitsbegründende Wirkung eines Verstoßes gegen diese Richtlinienbestimmung.[72] In diesem Punkt ist dem LG Göttingen und dem BGH zuzustimmen. Da hier die materielle Verfassungswidrigkeit der Richtlinie im Vordergrund steht und zudem eine Weitergeltung der Wartelistenbeschränkung für Alkoholkranke nicht erforderlich ist, um einen Zustand zu vermeiden, der der verfassungsmäßigen Ordnung noch ferner stünde als der derzeitige, ist die Regelung rechtlich unverbindlich. Damit kann ein Verstoß gegen diese Vorgaben kein rechtlich missbilligtes Risiko schaffen und eine Strafbarkeit muss am Erfordernis der objektiven Zurechnung scheitern.[73]

bb) Schutzzweck der Norm

Weiterhin bestehen Bedenken hinsichtlich des Schutzzwecks des TPG sowie der Allokationsrichtlinien. § 212 StGB legt selbst keine bestimmte Tötungshandlung fest, sodass der Tatbestand grundsätzlich auch durch einen Verstoß gegen die Allokationsregeln durch die Manipulation von Patienten-

---

[68] BGH NJW 2017, 3249, 3252.

[69] *Rissing-van Saan/Verrel*, NStZ 2018, 57, 59.

[70] BGH NJW 2017, 3249, 3251.

[71] LG Göttingen, Urteil vom 06. Mai 2015 – 6 Ks 4/13 –, juris, Rn. 1832 ff.; dazu bereits Gliederungspunkt E.II.4.a)aa)(2).

[72] BGH NJW 2017, 3249, 3252.

[73] Ebenso *Bornhauser*, Die Strafbarkeit von Listenplatzmanipulationen, S. 163 f.

daten erfüllt werden könnte.[74] Die Verletzung der Allokationsregeln kann jedoch nur dann strafbares Tötungsunrecht darstellen, wenn diese Regeln Sorgfaltsnormen statuieren, die konkret – und nicht lediglich als Reflex – dem Schutz individuellen menschlichen Lebens dienen.[75] Das LG Göttingen hat einen solchen Schutzzweck des TPG und der auf ihm beruhenden Richtlinien im Ergebnis zutreffend verneint. Es hat zur Begründung zunächst auf den Gesetzeswortlaut sowie die Begründung des Regierungsentwurfs zum TPG abgestellt. Gemäß § 1 TPG sei es Ziel dieses Gesetzes, die Bereitschaft der Bevölkerung zur Organspende in Deutschland zu fördern. Nach dem Regierungsentwurf bestehe es darin, die zivil- und strafrechtliche Absicherung der Organspende und der Organentnahme zum Zwecke der Übertragung auf andere Menschen, die gesundheitsrechtliche Absicherung der Organübertragung sowie das strafbewehrte Verbot des Organhandels zu regeln.[76] Auch aus den §§ 12 Abs. 3 S. 1 und 16 Abs. 1 S. 1 Nr. 5 TPG ergebe sich nicht, dass die Allokationsregeln den Tod eines bestimmten Patienten verhindern sollten. „Die Zuteilungsregeln bezwecken vielmehr den allgemeinen Schutz menschlichen Lebens und der Verteilungsgerechtigkeit als Ausdruck der Menschenwürde."[77] Zwar könne angenommen werden, dass das Kriterium der Dringlichkeit dem Schutz eines individuellen Patienten diene. Dies würde jedoch voraussetzen, dass tatsächlich festgestellt werden könnte, welcher Patient von den auf der Match-Liste stehenden Patienten die Organtransplantation am dringlichsten benötigt.[78] Dies könne jedoch nicht gewährleistet werden, da bei der Ermittlung des MELD-Score mitunter eine hohe Interlaborvariabilität bestehe und bestimmte Patienten aufgrund ihrer körperlichen Konstitution benachteiligt würden, weil ihr MELD-Score tendenziell geringer ausfalle (etwa bei Frauen mit geringerer Muskelmasse). Daher spiegele der MELD-Score die Dringlichkeit der Transplantation nicht in allen Fällen exakt wider. Dass die Allokation dennoch strikt – ohne Abweichungsmöglichkeit – nach der Höhe des MELD erfolge, zeige, dass die Verteilungsregeln eben nicht den Schutz individuellen Lebens bezwecken, sondern eine transparente und nachvollziehbare Allokation nach objektiven Kriterien und damit den Schutz der Verteilungsgerechtigkeit.[79] Der BGH hat diesen Punkt dagegen erneut offengelassen.[80]

---

[74] *Bülte*, StV 2013, 749, 753 f.; *Rissing-van Saan*, NStZ 2014, 233, 239.

[75] *Bülte*, StV 2013, 749, 755.

[76] LG Göttingen, Urteil vom 06. Mai 2015 – 6 Ks 4/13 –, juris, Rn. 2047 unter Verweis auf BT-Drs. 13/4355, S. 11.

[77] LG Göttingen, Urteil vom 06. Mai 2015 – 6 Ks 4/13 –, juris, Rn. 2051.

[78] LG Göttingen, Urteil vom 06. Mai 2015 – 6 Ks 4/13 –, juris, Rn. 2072.

[79] LG Göttingen, Urteil vom 06. Mai 2015 – 6 Ks 4/13 –, juris, Rn. 2074 ff.

[80] BGH NJW 2017, 3249, 3250.

Wenn dem LG Göttingen im Ergebnis auch zuzustimmen ist, so mag die Begründung, die sich in der Hauptsache auf die Unzulänglichkeiten des MELD-Scores gründet, nicht zu überzeugen. Denn der MELD-Score hat gerade den Zweck, die Dringlichkeit einer Transplantation abzubilden, indem er die Patienten anhand ihrer 3-Monats-Mortalitäts-Wahrscheinlichkeit priorisiert. Allein aufgrund praktischer Probleme bei der einheitlichen Bestimmung dieses Indikators der Dringlichkeit kann nicht auf eine anderweitige Zwecksetzung geschlossen werden.[81]

Relevanter erscheinen dagegen die von dem einschlägigen Schrifttum geäußerten Erwägungen, die sich im Übrigen nicht auf den Bereich der Leberallokation beschränken, sondern weitgehend auf andere postmortal gespendete Organe übertragen lassen. Zunächst ist zuzugestehen, dass der Gesetzgeber mit der Schaffung des TPG und der damit einhergehenden Organverteilungsregeln seiner Schutzpflicht für das menschliche Leben aus Art. 2 Abs. 2 i.V.m. Art. 1 Abs. 1 GG nachgekommen ist, weshalb der grundsätzliche Lebensschutz-Zweck dieser Regeln wohl nicht zu bestreiten ist.[82] Allerdings kann den einzelnen Patienten aufgrund des anhaltenden Organmangels kein subjektives Recht auf Zuteilung eines Organs zukommen. Vielmehr steht ihnen lediglich ein derivatives Teilhaberecht zu, an dem vorhandenen Organaufkommen in gleichberechtigter Weise beteiligt zu werden, was dafür spricht, den Schutz des individuellen Lebens abzulehnen.[83] Hinzu kommt, dass die Verteilungsregeln zwar die Dringlichkeit der Transplantation berücksichtigen und eine Organzuteilung vorrangig an diejenigen Patienten vorsehen, die eine Transplantation am dringendsten benötigen. Sie müssen aber auch für den Fall eine Regelung vorsehen, dass zwei Patienten die gleiche Dringlichkeit aufweisen.[84] *Bülte* geht davon aus, dass die Dringlichkeit in dieser Situation zu einem „formalen Kriterium“ wird, das seinen relevanten Bezug zum Rechtsgut verliert. Denn der Gesetzgeber dürfe keine inhaltliche Abwägung treffen, welchem Patienten bei gleicher Dringlichkeit der Vorrang einzuräumen ist. Dies stelle andernfalls eine Abwägung der betroffenen Leben gegeneinander und damit einen Verstoß gegen das Gebot der Lebenswertindifferenz (Art. 2 Abs. 2 S. 1 i.V.m. Art. 1 Abs. 1 GG) dar. Es bliebe daher

[81] *Bornhauser*, Die Strafbarkeit von Listenplatzmanipulationen, S. 187 f.

[82] *Bülte*, StV 2013, 749, 755.

[83] *Bülte*, StV 2013, 749, 756; *Schroth/Hofmann*, FS Kargl, 523, 537. Auf die Frage, ob die Verwirklichung von Tötungsunrecht voraussetzen würde, dass den überholten Patienten ein rechtlich gesicherter Anspruch oder zumindest eine Art Anwartschaftsrecht auf ein Organ zugestanden hätte, und ob ein solches durch ein derivatives Teilhaberecht vermittelt werden könnte, soll an dieser Stelle aus Raumgründen nicht weiter nachgegangen werden. Vgl. dazu etwa *Böse*, ZJS 2014, 117, 120; *Schroth/Hofmann*, NStZ 2014, 486, 490 ff.

[84] *Bülte*, StV 2013, 749, 757.

nur der „Rückzug auf ein formales Gerechtigkeitskriterium".[85] In diesem Zusammenhang ist auch mit *Verrel* darauf hinzuweisen, dass neben dem Kriterium der Dringlichkeit weitere Kriterien die Allokationsreihenfolge beeinflussen, namentlich Kriterien der Erfolgsaussicht sowie der Chancengleichheit.[86] So findet im Rahmen der Leber- sowie der Herzallokation insbesondere auch das Kriterium der Wartezeit Anwendung. Das LAS-System, nach dem Patienten, die für eine Lungentransplantation gelistet sind, priorisiert werden, stellt von vornherein auf ein „net-benefit-Prinzip" ab und berücksichtigt Erfolgsaussicht und Dringlichkeit gleichermaßen. Es sprechen damit gute Gründe dafür, den Schutz individuellen Lebens durch die Allokationsregeln lediglich als Reflex, nicht hingegen als Zweck anzusehen und einen Verstoß gegen die Allokationsvorgaben durch eine Manipulation von Patientendaten ausschließlich als „eine äußerst gefährliche Verletzung der Verteilungsgerechtigkeit und des Vertrauens der Allgemeinheit in die Lauterkeit und Funktionsfähigkeit des Organverteilungssystems, aber keine zurechnungsgeeignete Tötungshandlung im Sinne des § 212 StGB" einzuordnen.[87]

e) Sperrwirkung des § 19 Abs. 2a TPG

Weiterhin wurde diskutiert, ob einer Strafbarkeit wegen versuchten Totschlags die neu eingeführte Vorschrift § 19 Abs. 2a TPG entgegenstehen könnte.[88] In den hier vorliegenden Sachverhalten der Jahre 2010 bis 2012 kann dieser Tatbestand zwar nicht zu einer Strafbarkeit der handelnden Ärzte führen, da einer Anwendung das strafrechtliche Rückwirkungsverbot aus Art. 103 Abs. 2 GG entgegensteht.[89] Möglich erscheint indes, dass der Tat-

---

[85] *Bülte*, StV 2013, 749, 757; kritisch zu diesem Ansatz *Böse*, ZJS 2014, 117, 120: „Umgekehrt ließe sich fragen, ob angesichts der Prämisse, dass einem menschlichen Leben kein Vorrang vor einem anderen Leben gewährt werden könne, überhaupt noch Raum für eine rechtliche Ausgestaltung und Verteilung von Spenderorganen besteht."

[86] *Verrel*, MedR 2014, 464, 468.

[87] *Bülte*, StV 2013, 749, 755; a.A. *Rissing-van Saan*, NStZ 2014, 233, 240f.: An dem Schutzzweck der Regelungen des TPG und der Richtlinien zur Leberallokation, konkret gefährdete individuelle Leben zu retten, könne eigentlich niemand ernsthaft zweifeln; ebenso *Haas*, HRRS 2016, 384, 390f.; *Koppe*, Zur strafrechtlichen Verantwortlichkeit der Wartelistenmanipulation, S. 156ff.; *Bornhauser*, Die Strafbarkeit von Listenplatzmanipulationen, S. 197; hinsichtlich der erstverdrängten Patienten ebenfalls *Kudlich*, NJW 2013, 917, 918; *ders.*, NJW 2017, 3249, 3255; die Verfassungsmäßigkeit der Organverteilungsregeln vorausgesetzt ebenfalls *Streng-Baunemann,* FS Streng, 767, 775.

[88] Zu den Tatbestandvoraussetzungen vgl. im Einzelnen Gliederungspunkt F. II. 1. c).

[89] *Schroth/Hofmann*, NStZ 2014, 486, 493, die § 19 Abs. 2a TPG als lex specialis sehen, weisen dagegen darauf hin, dass § 19 Abs. 2a TPG über die Meistbegünstigungsklausel des § 2 Abs. 3 StGB zur Anwendung kommen könnte.

bestand als speziellere Norm eine Sperrwirkung gegenüber der Anwendung der insoweit allgemeineren Tötungstatbestände entfalten könnte. In diese Richtung argumentiert der BGH, indem er feststellt, dass zur strafrechtlichen Erfassung der aufgedeckten „Manipulationen" in § 19 Abs. 2a TPG ein Sonderdelikt für Ärzte und von ihnen beauftragte Personen geschaffen worden sei.[90] Das LG Göttingen führte dagegen aus, dass eine Sperrwirkung im Hinblick auf § 212 StGB abzulehnen ist[91] und stützt dies auf die unterschiedlichen Tathandlungen. § 19 Abs. 2a TPG sei bereits mit der unrichtigen Erhebung und Dokumentation des Gesundheitszustandes eines Patienten bzw. der Übermittlung unzutreffender Daten an Eurotransplant vollendet. Ein unmittelbares Ansetzen zum versuchten Totschlag käme dagegen erst mit der Organannahme durch den manipulierenden Arzt in Betracht, während die Datenmanipulation bzw. Übermittlung lediglich eine Vorbereitungshandlung darstelle.[92]

Ausschlaggebend für die Ablehnung einer Sperrwirkung dürfte dagegen die Tatsache sein, dass § 19 Abs. 2a TPG und § 212 StGB gänzlich unterschiedliche Rechtsgüter schützen sollen. Die Tötungsdelikte schützen Individualrechtsgüter, namentlich das Leben der betroffenen Patienten, § 19 Abs. 2a TPG dagegen die Zuverlässigkeit der Wartelistenführung in den Transplantationszentren bzw. das Vertrauen in die Lauterkeit des Organspendesystems.[93] Letzterer verfolgt damit eine ähnliche Schutzrichtung wie die Urkundendelikte, bei denen die Strafbarkeit weitergehender bzw. mitverwirklichter Tatbestände – wie etwa § 263 StGB – auch nicht angezweifelt wird.[94] Eine Sperrwirkung stünde danach der Strafbarkeit nach den §§ 212, 22, 23 Abs. 1 StGB nicht entgegen.

---

[90] BGH NJW 2017, 3249, 3250.

[91] LG Göttingen, Urteil vom 06. Mai 2015 – 6 Ks 4/13 –, juris, Rn. 2040.

[92] LG Göttingen, Urteil vom 06. Mai 2015 – 6 Ks 4/13 –, juris, Rn. 2041; *Rissing-van Saan*, NStZ 2014, 233, 243 geht dagegen überzeugender Weise davon aus, dass bereits die Datenmanipulation das unmittelbare Ansetzen darstellt. Folgt man dieser Auffassung, fallen die Tathandlungen zusammen, sodass die Argumentation des LG Göttingen (aa.O.) nicht greift.

[93] *Bornhauser*, Die Strafbarkeit von Listenplatzmanipulationen, S. 267 f., 269; *Rissing-van Saan/Verrel*, NStZ 2018, 57, 62; anders noch *Verrel*, MedR 2014, 464, 469, der darauf hinwies, dass beide Tatbestände den gleichen Sachverhalt erfassten, allerdings eine erhebliche Diskrepanz der Strafandrohungen bestehe. Diese Ungereimtheit lasse sich nur vermeiden, wenn man Wartelistenmanipulationen nicht als Tötungsunrecht einordne oder aber § 19 Abs. 2a TPG als abschließende Regelung für derartige Fälle ansehe.

[94] *Rissing-van Saan/Verrel*, NStZ 2018, 57, 62.

2. Sanktionen des TPG

Kommt man also mit dem LG Göttingen und dem BGH zu dem Ergebnis, dass die vorliegenden Fälle keinen vollendeten oder versuchten Totschlag darstellen, bleiben die Vorschriften des Nebenstrafrechts und damit des TPG selbst zu prüfen. Die Manipulationen der Patientendaten könnten einerseits einen strafbaren Organhandel gemäß §§ 17, 18 TPG und andererseits eine Ordnungswidrigkeit nach § 20 Abs. 1 Nr. 4 TPG darstellen. Zudem existiert mittlerweile ein spezielles Verbot von Wartelistenmanipulationen in § 19 Abs. 2a i. V. m. § 10 Abs. 3 S. 2 TPG.

a) Organhandel gemäß §§ 17, 18 TPG

Lediglich in einem Fall hat sich das LG Göttingen der Frage gewidmet, ob die Manipulationen der Patientendaten als strafbarer Organhandel im Sinn der §§ 17 und 18 TPG zu qualifizieren sind. Nach diesen Vorschriften ist es verboten, mit Organen, die einer Heilbehandlung eines anderen zu dienen bestimmt sind, Handel zu treiben. Der Begriff des Handeltreibens wird von der Rechtsprechung dabei – entsprechend der Auslegung zu § 29 BtMG – weit ausgelegt und umfasst alle eigennützigen Bemühungen, die darauf gerichtet sind, den Umsatz der gehandelten Objekte zu ermöglichen oder zu fördern. Kurz gesagt ist unter Handeltreiben im TPG die Hingabe eines Organs gegen Geld gemeint.[95] Ob daneben auch immaterielle Vorteile ein eigennütziges Handeltreiben begründen können, ist umstritten.[96] Von dem weiten Begriff des Handeltreibens würden zunächst auch all diejenigen Personen erfasst, die beruflich in die Organentnahme und –übertragung eingebunden sind. Denn sie erhalten für diese Tätigkeit im Rahmen ihres Arbeitsverhältnisses ihr reguläres Gehalt und damit einen geldwerten Vorteil. Um nun solche Fälle an sich ordnungsgemäß durchgeführter Transplantationen vom Organhandelsverbot auszunehmen, enthält § 17 Abs. 1 S. 2 Nr. 1 TPG eine Entgeltklausel, wonach die Gewährung oder Annahme eines angemessenen Entgelts für die zur Erreichung des Ziels der Heilbehandlung gebotenen Maßnahmen nicht als Handeltreiben im Sinn dieser Vorschrift gelten.[97]

---

[95] *Hilgendorf*, Medizinstrafrecht, 8. Kapitel Rn. 81 f.; kritisch hinsichtlich der Übertragung des Begriffes des Handeltreibens aus dem Betäubungsmittelrecht auf das Transplantationsrecht *Schroth*, NStZ 2013, 437, 444 f., da Organe kein gefährliches Produkt, sondern ein gesundheitsförderndes und lebenserhaltendes Gut seien.

[96] Dies bejahend, sofern ein objektiv messbarer Inhalt vorhanden sei *König*, in: Schroth/König/Gutmann/Oduncu, TPG, § 17, 18 Rn. 31; zweifelnd dagegen *Bernsmann/Sickor*, in: Höfling, TPG, § 18 Rn. 34.

[97] *König*, in: Schroth/König/Gutmann/Oduncu, TPG, § 17, 18 Rn. 34 und 38.

Als ein solches angemessenes Entgelt ordnete aber das LG Göttingen sowohl den Brutto-Festbetrag, den der Angeklagte für seine allgemeine ärztliche Tätigkeit – nicht im Besonderen für die Durchführung von Lebertransplantationen – erhielt, als auch die Zielvereinbarungsprämie, die ab Erreichen einer bestimmten Anzahl pro Transplantation gesondert gezahlt wurde, ein. Insbesondere sei letztere als Zeitaufwandsentschädigung für die Bereitschaft des Angeklagten, Transplantationen durchzuführen, und die damit einhergehenden Überstunden einzuordnen. Es sei nicht ersichtlich, dass der Angeklagte Geld oder andere materielle Vorteile gerade für die Vornahme von Falschangaben oder Manipulationen erhalten habe.[98] Dem folgend kann ein Handeltreiben im Sinn des TPG richtigerweise erst dann angenommen werden, wenn gerade für die Manipulation der Patientendaten und somit für die Bevorzugung als solche bzw. für ein konkretes Organ ein zusätzliches Entgelt bezahlt wird.[99]

b) Ordnungswidrigkeit nach § 20 Abs. 1 Nr. 4 TPG

Weiterhin kam für die Ahndung der Allokationsverstöße eine Ordnungswidrigkeit nach § 20 Abs. 1 Nr. 4 TPG in Betracht. Danach handelt ordnungswidrig, wer entgegen § 9 Abs. 2 S. 3 TPG (in der Fassung des TPG vom 4. September 2007 war es noch § 9 Abs. 1 S. 2 TPG) ein Organ überträgt. Nach dieser Vorschrift ist die Übertragung vermittlungspflichtiger Organe nur zulässig, wenn sie durch die Vermittlungsstelle unter Beachtung der Regelungen nach § 12 Abs. 3 S. 1 TPG vermittelt worden sind.

Das LG Göttingen verneinte auch das Vorliegen dieses Tatbestandes, da nicht nachgewiesen sei, dass die Spenderorgane – aufgrund der Manipulationen – im Einzelfall nicht nach Erfolgsaussicht und Dringlichkeit vermittelt wurden und die Patienten nicht geeignet im Sinn von § 12 Abs. 3 S. 1 TPG waren. Die Regelungen dieser Vorschrift seien daher nicht nachweislich im Sinn des § 9 Abs. 1 S. 2 TPG (in der Fassung vom 4. September 2007) missachtet worden.[100] Dieser Nachweis sei aber erforderlich, um eine Ordnungswidrigkeit nach § 20 Abs. 1 Nr. 4 TPG anzunehmen, da eine solche nicht durch jeden Verstoß gegen die Richtlinien der Bundesärztekammer, für die das TPG lediglich eine Vermutungswirkung in § 16 Abs. 1 S. 2 TPG konsti-

---

[98] LG Göttingen, Urteil vom 06. Mai 2015 – 6 Ks 4/13 –, juris, Rn. 2007 f.; ebenso *Schroth*, NStZ 2013, 437, 445 f.

[99] Ebenso *Kudlich*, NJW 2013, 917, 919; *Schroth*, NStZ 2013, 437, 445 f.; *Temmuz Oglakcioglu*, HRRS 2012, 381, 387; *Augsberg*, Gesetzliche Regelungen zur Organ- und Gewebespende, S. 83 f.

[100] LG Göttingen, Urteil vom 06. Mai 2015 – 6 Ks 4/13 –, juris, Rn. 2220.

tuiere, begründet werde.[101] In den zu beurteilenden Fällen habe aber trotz der Falschangaben eine Allokation nach Dringlichkeit und Erfolgsaussicht an einen geeigneten Patienten stattgefunden. Insbesondere könne allein aus der Tatsache, dass der Patient, dessen Daten manipuliert wurden, regulär einen geringeren MELD-Score gehabt hätte als die überholten Patienten, nicht gefolgert werden, dass diese anderen Patienten das Spenderorgan dringender benötigt hätten. Denn aufgrund der bereits angesprochenen Unzulänglichkeiten des MELD-Scores (wie etwa Interlaborvariabilitäten) könne dieser nicht stets feststellen, welcher Patient die Transplantation tatsächlich am dringendsten benötigt.[102]

Auf diese zweifelhafte Argumentation des LG Göttingen soll hier nicht weiter eingegangen werden. Es sei lediglich erneut darauf hingewiesen, dass es gerade der Zweck des MELD-Scores ist, die Dringlichkeit der Transplantation bei den zu priorisierenden Patienten abzubilden. Auch der BGH bezog hinsichtlich der vorstehenden Ausführungen nicht abschließend Stellung. Es sei dagegen entscheidend, dass die Bußgeldbewährung an eine regelwidrige Organzuteilung durch die Vermittlungsstelle und damit eindeutig an ein Fehlverhalten der Vermittlungsstelle anknüpft, nicht dagegen der Transplantationszentren.[103] Fälle der regelwidrigen Veränderung von Patientendaten und deren Übermittlung an Eurotransplant waren also auch durch die Vorschriften des TPG nicht erfasst.

c) Strafbarkeit von Wartelistenmanipulationen nach § 19 Abs. 2a i. V. m. § 10 Abs. 3 S. 2 TPG

Seit Juli 2013 besteht durch das neu eingeführte strafbewehrte Verbot des § 19 Abs. 2a i. V. m. § 10 Abs. 3 S. 2 TPG die Möglichkeit, Manipulationen allokationsrelevanter Patientendaten zu bestrafen, die in der Absicht erfolgt sind, einen Patienten zu bevorzugen.[104] In den hier vorliegenden Sachverhalten der Jahre 2010 bis 2012 konnte dieser neue Tatbestand jedoch nicht zu

---

[101] LG Göttingen, Urteil vom 06. Mai 2015 – 6 Ks 4/13 –, juris, Rn. 2222.

[102] LG Göttingen, Urteil vom 06. Mai 2015 – 6 Ks 4/13 –, juris, Rn. 2224, 2226 f.

[103] BGH NJW 2017, 3249, 3255; ebenso *Bernsmann/Sickor*, in: Höfling, TPG, § 20 Rn. 14; *Rissing-van Saan*, NStZ 2014, 233, 238; a.A. *Temmuz Oglakcioglu*, HRRS 2012, 381, 386, der davon ausgeht, dass der Arzt durch die Manipulation jedenfalls mittelbar eine nach § 9 Abs. 2 S. 3 i. V. m. § 12 Abs. 3 S. 1 TPG unrechtmäßige Transplantation bewirke, die er kraft Organisations- und Wissensherrschaft auch zu verantworten habe. Dieser Verstoß sei gem. § 20 Abs. 1 Nr. 4 TPG als Ordnungswidrigkeit zu ahnden.

[104] Vgl. zu den Voraussetzungen des neuen Straftatbestandes ausführlich unter Gliederungspunkt F.II.1.c).

einer Strafbarkeit der handelnden Ärzte führen, da seiner Anwendung das strafrechtliche Rückwirkungsverbot aus Art. 103 Abs. 2 GG entgegensteht.

3. Zusammenfassung

Insgesamt kommt man damit zu dem Ergebnis, dass das bisherige Straf- und Ordnungswidrigkeitenrecht keinerlei Möglichkeiten bietet, auf die bekanntgewordenen Manipulationen in den Transplantationszentren zu reagieren. Im Bereich des Kernstrafrechts scheidet insbesondere eine Strafbarkeit wegen eines (versuchten) Tötungsdelikts aus. Die manipulierende Einwirkung des Arztes auf das Allokationsverfahren war zunächst als Abbruch eines rettenden Kausalverlaufes einzuordnen, in dessen Rahmen auch hypothetische Kausalverläufe – die sog. „Quasi-Kausalität" – zu beachten sind. Der Vollendungsstrafbarkeit steht nun bereits entgegen, dass der erforderliche Kausalitätsnachweis nicht erbracht werden kann. Denn es kann nicht mit einer an Sicherheit grenzenden Wahrscheinlichkeit festgestellt werden, welchem Patienten das Spenderorgan ohne die Manipulation zugeteilt worden wäre. Weiterhin kann nicht sicher nachgewiesen werden, dass die Organzuteilung bei den überholten Patienten zu einer Lebensverlängerung geführt hätte.

Eine Versuchsstrafbarkeit scheiterte zwar nicht daran, dass dem Arzt der entsprechende Tatentschluss gefehlt hätte. Vielmehr ist entgegen der Auffassung des LG Göttingen sowie des BGH davon auszugehen, dass sowohl das intellektuelle als auch das voluntative Vorsatzelement vorlagen. Aufgrund seiner Kenntnisse des Allokationsverfahrens sowie der hohen Wartelistensterblichkeit war davon auszugehen, dass dem Arzt bewusst war, dass es für die überholten Patienten zu einer Verzögerung der Organzuteilung kommen würde und die Gefahr bestand, dass sie nicht rechtzeitig ein anderes Spenderorgan erhalten würden. Er nahm einen tödlichen Ausgang für die verdrängten Patienten auch billigend in Kauf, da sich sein „Vertrauen" darauf, dass diese rechtzeitig ein anderes Spenderorgan erhalten würden, bei näherer Betrachtung lediglich als vage Hoffnung herausstellte. Der Annahme des Tatentschlusses steht auch nicht entgegen, dass er sich auch auf die Kausalität beziehen muss, diese aber wie vorstehend erörtert nicht nachweisbar ist. Denn die Nachweisbarkeit des Kausalitätsverlaufs stellt nur eine Beweisanforderung im Rahmen der Vollendungsstrafbarkeit dar. Beim Versuch reicht dagegen ein bedingter Vorsatz hinsichtlich der Kausalität, auch wenn diese im Einzelfall nicht erwiesen ist.

Ein versuchtes Tötungsdelikt scheitert aber schließlich daran, dass die Vorgaben des TPG sowie die auf ihm beruhenden Richtlinien der Bundesärztekammer nicht dem Zweck dienen, das individuelle Leben der Patienten zu schützen. Sie dienen vor dem Hintergrund des anhaltenden Organmangels vielmehr dem Schutz der Verteilungsgerechtigkeit und dem Vertrauen in die Funktion und die Lauterkeit des Allokationssystems. Ein Verstoß gegen die Allokationsvorgaben begründet daher mangels objektiver Zurechnung kein Tötungsunrecht.

Auch die Sanktionsmöglichkeiten des TPG konnten vorliegend nicht eingreifen. Die Manipulation allokationsrelevanter Patientendaten stellt nur dann einen strafbaren Organhandel i. S. v. §§ 17, 18 TPG dar, wenn gerade für diese regelwidrige Beeinflussung des Allokationsprozesses eine gesonderte (unangemessene) Vergütung erfolgte. Davon war vorliegend jedoch nicht auszugehen. Auch der Ordnungswidrigkeitentatbestand des § 20 Abs. 1 Nr. 4 TPG war nicht erfüllt, da dieser an ein Fehlverhalten der Vermittlungsstelle und nicht der Transplantationszentren anknüpft. Mögen die festgestellten Manipulationen noch so verwerflich gewesen sein, so kann ihnen mit dem geltenden Straf- und Ordnungswidrigkeitenrecht nicht wirksam begegnet werden. Daher erscheinen der Freispruch des Göttinger Transplantationsmediziners durch das LG Göttingen und die Bestätigung durch den BGH im Ergebnis durchaus gerechtfertigt. Die Begründung konnte dagegen nicht in allen Punkten überzeugen.

II. Wesentliche Änderungen im Transplantationssystem

Nach diesem eher unbefriedigenden Ergebnis hinsichtlich der Möglichkeiten, das Vorgehen der manipulierenden Ärzte zu sanktionieren, stellt sich die Frage, welche Maßnahmen seither ergriffen wurden, um derartigem Fehlverhalten künftig effektiver zu begegnen. Der Gesetzgeber, die Bundesregierung und die Selbstregulierungsinstanzen des Transplantationssystems haben unverzüglich auf die bekanntgewordenen Manipulationen reagiert. Im August 2012 lud der damalige Bundesminister für Gesundheit, Daniel Bahr (FDP), alle am Transplantationsgeschehen wesentlich Beteiligten zu einem Spitzengespräch ein, um den Erkenntnisstand zu den Manipulationsvorwürfen zu beraten und erforderliche Maßnahmen zu diskutieren.[105] Ergebnis dieses Spitzengesprächs war der Maßnahmenkatalog „Kontrolle verstärken, Transparenz schaffen, Vertrauen gewinnen", der einerseits der Aufarbeitung der „Transplantationsskandale" dienen und andererseits dazu beitragen sollte, das Vertrauen der Bevölkerung in das Transplantationssystem zurückzugewin-

105 An dem Spitzengespräch nahmen teil: der Spitzenverband Bund der Krankenkassen, die Bundesärztekammer, die Deutsche Krankenhausgesellschaft, die Vermittlungsstelle Eurotransplant, die Koordinierungsstelle DSO, die Deutsche Transplantationsgesellschaft, Vertreter der Gesundheitsminister- und der Kultusministerkonferenzen sowie der Patientenbeauftragte der Bundesregierung.

nen.[106] Dieser Maßnahmenkatalog zog einige Neuregelungen sowohl im TPG als auch in den Richtlinien der Bundesärztekammer sowie eine Reihe weiterer Änderungen nach sich. Zudem wurde die Bundesregierung durch Beschluss des Deutschen Bundestags vom 27. Juni 2013 beauftragt, dem Deutschen Bundestag in den folgenden drei Jahren jährlich über den Fortgang der eingeleiteten Reformprozesse, mögliche Missstände und sonstige aktuelle Entwicklungen in der Transplantationsmedizin zu berichten.[107]

1. Änderungen des TPG

Einige der relevanten Änderungen des TPG wurden bereits im Rahmen der Vorstellung des Kontrollsystems im Transplantationswesen erwähnt, sollen aber der Vollständigkeit halber in diesem Zusammenhang noch einmal kurz aufgeführt werden.

a) Ausweitung der Tätigkeit der PÜK

Bereits mit der am 1. August 2012 in Kraft getretenen TPG-Novelle[108] – und damit zeitgleich mit und unabhängig von dem Bekanntwerden der ersten Auffälligkeiten – wurden die Prüfungs- und die Überwachungskommission gesetzlich in § 11 Abs. 3 S. 4 und § 12 Abs. 5 S. 4 TPG verankert und ihre Kontrollbefugnisse erweitert.[109] Zudem wurde in § 11 Abs. 3 S. 5 und § 12 Abs. 5 S. 5 TPG eine Auskunftspflicht sowohl der Vermittlungsstelle als auch der Transplantationszentren, der Entnahmekrankenhäuser sowie der Koordinierungsstelle normiert. Die genannten Akteure sind seither verpflichtet, der PÜK gegenüber die erforderlichen Auskünfte zu erteilen, um dieser zu ermöglichen, die Einhaltung der Vorgaben für die Wartelistenführung und die Organvermittlung umfassend prüfen zu können und so eine effektive Überwachung der Transplantationszentren, der Entnahmekrankenhäuser so-

---

[106] Maßnahmenkatalog „Kontrolle verstärken, Transparenz schaffen, Vertrauen gewinnen“, abrufbar unter http://www.bundesaerztekammer.de/fileadmin/user_upload/downloads/Massnahmenkatalog_Transplantationsmedizin_27082012.pdf (letzter Abruf am 17. Juni 2018).

[107] Beschlussempfehlung, Buchstabe a, auf BT-Drs. 17/14200 zum Antrag auf BT-Drs. 17/13897 vom 11. Juni 2013. Der erste Bericht wurde dem Deutschen Bundestag am 11. Dezember 2014 zugeleitet (BT-Drs. 18/3566 vom 12. Dezember 2014). Der zweite Bericht wurde dem Deutschen Bundestag am 6. Januar 2016 zugeleitet (vgl. BT-Drs. 18/7269 vom 11. Januar 2016). Der dritte Bericht wurde dem Deutschen Bundestag am 11. Januar 2017 zugeleitet (BT-Drs. 18/10854 vom 13. Januar 2017).

[108] Gesetz zur Änderung des Transplantationsgesetzes vom 21. Juli 2012, BGBl. I, S. 1601.

[109] Vgl. dazu bereits Gliederungspunkt B.II.2.b)bb).

wie der DSO und von Eurotransplant durch die TPG-Auftraggeber sicherzustellen.[110] Die Transplantationszentren wurden damit jedoch nicht zum primären Kontrollobjekt gemacht, sondern lediglich zu Kontrollmitwirkungspflichtigen.[111] Durch die seither nicht mehr nur anlassbezogenen, sondern auch verdachtsunabhängigen flächendeckenden Prüfungen der Transplantationsprogramme durch die PÜK können (systematische) Richtlinienverstöße erkannt und öffentlich gemacht werden.[112]

b) Begründungs- und Genehmigungspflicht der Richtlinien der Bundesärztekammer nach § 16 TPG

Seit dem 1. August 2013 sieht § 16 Abs. 2 S. 2 TPG vor, dass die Richtlinien der Bundesärztekammer nach Abs. 1 zu begründen sind, wobei insbesondere die Feststellung des Standes der Erkenntnisse der medizinischen Wissenschaft nachvollziehbar darzulegen ist. Zudem begründet § 16 Abs. 3 TPG seither einen Genehmigungsvorbehalt der Richtlinien sowie jeder Richtlinienänderung durch das BMG.[113] Diese Änderungen dienen zum einen einer Steigerung des Verständnisses der Richtlinien und sollen gleichzeitig eine höhere Transparenz der Allokationsvorgaben schaffen.[114] Durch die Genehmigung findet eine präventive Kontrolle der Einhaltung der Vorgaben des TPG statt. Damit wurde eine vielfach geäußerte Forderung nach einer Verbreiterung der Legitimationsgrundlage der Richtlinien der Bundesärztekammer nach § 16 Absatz 1 TPG aufgegriffen.[115] Der Genehmigungsvorbehalt erstreckt sich allerdings nur auf Richtlinien bzw. Richtlinienänderungen nach § 16 TPG, die seit Inkrafttreten dieser Vorschrift vom Vorstand der Bundesärztekammer beschlossen wurden, das heißt die Vorschrift entfaltet keine Rückwirkung auf bereits erlassene Richtlinien; diese müssen nicht nachträglich genehmigt werden.[116]

---

[110] Vgl. dazu den ersten Bericht der Bundesregierung über den Fortgang der eingeleiteten Reformprozesse, mögliche Missstände und sonstige aktuelle Entwicklungen in der Transplantationsmedizin, BT-Drs. 18/3566, S. 9.

[111] Vgl. dazu bereits Gliederungspunkt B.II.2.b)bb).

[112] Vgl. dazu den zweiten Bericht der Bundesregierung über den Fortgang der eingeleiteten Reformprozesse, mögliche Missstände und sonstige aktuelle Entwicklungen in der Transplantationsmedizin, BT-Drs. 18/7269, S. 4.

[113] Die Änderungen wurden eingeführt durch Artikel 5d des Gesetzes zur Beseitigung sozialer Überforderung bei Beitragsschulden in der Krankenversicherung vom 15. Juli 2013, BGBl. I, S. 2423; vgl. dazu bereits Gliederungspunkt B.II.1.b).

[114] BT-Drs. 17/13947, S. 40.

[115] BT-Drs. 18/3566, S. 13. Das Legitimationsdefizit kann damit allerdings nicht beseitigt werden, vgl. Gliederungspunkt B.I.3.b)cc).

[116] BT-Drs. 18/3566, S. 13.

c) Einführung eines strafbewehrten Verbots von Wartelistenmanipulationen gemäß § 19 Abs. 2a i. V. m. § 10 Abs. 3 S. 2 TPG

Im selben Zuge wurde die vorstehend festgestellte Strafbarkeitslücke durch die Einführung der neuen §§ 10 Abs. 3 und 19 Abs. 2a TPG geschlossen. Das neue strafrechtlich sanktionierte Verbot ergibt sich dabei allerdings aus einem wahren „Verweisungsdschungel“:[117] Nach § 19 Abs. 2a TPG wird nunmehr mit Freiheitsstrafe bis zu zwei Jahren oder mit Geldstrafe bestraft, wer absichtlich entgegen § 10 Abs. 3 S. 2 TPG den Gesundheitszustand eines Patienten erhebt, dokumentiert oder übermittelt. § 10 Abs. 3 S. 2 TPG verbietet seinerseits Ärzten oder von diesen beauftragten Personen, für eine Meldung nach § 13 Abs. 3 S. 3 TPG den Gesundheitszustand eines Patienten unrichtig zu erheben oder unrichtig zu dokumentieren (Nr. 1) oder bei der Meldung nach § 13 Abs. 3 S. 3 TPG einen unrichtigen Gesundheitszustand eines Patienten zu übermitteln (Nr. 2), um Patienten bei der Führung der einheitlichen Warteliste nach § 12 Abs. 3 S. 2 TPG zu bevorzugen. Nach § 13 Abs. 3 S. 3 TPG wiederum melden die Transplantationszentren die für die Organvermittlung erforderlichen Angaben über die in die Wartelisten aufgenommenen Patienten nach deren schriftlicher Einwilligung an die Vermittlungsstelle. Welche die für die Organvermittlung relevanten Angaben sind, ergibt sich sodann aus § 12 Abs. 3 S. 1 TPG, der normiert, dass die vermittlungspflichtigen Organe von der Vermittlungsstelle nach Regeln, die dem Stand der Erkenntnisse der medizinischen Wissenschaft entsprechen, insbesondere nach Erfolgsaussicht und Dringlichkeit für geeignete Patienten zu vermitteln sind. Diese Regeln wurden schließlich gemäß § 16 Abs. 1 S. 1 Nr. 5 TPG in den Richtlinien der Bundesärztekammer ausgestaltet.

Das Ziel der neuen Vorschrift ist damit die Kriminalisierung einer Dokumentation von für die Organvermittlung relevanten Patientendaten oder deren Übermittlung an Eurotransplant, die gegen die Regelungen des TPG und die Richtlinien der Bundesärztekammer verstößt. Insbesondere sollen – parallel zu § 278 StGB – auch Fälle der „schriftlichen Lüge“ erfasst werden.[118] Dadurch soll das Vertrauen in ein gerechtes Verteilungssystem zurückgewonnen und nachhaltig gestärkt werden.[119] § 19 Abs. 2a TPG ist dabei als ein abstraktes Gefährdungsdelikt ausgestaltet.[120] Dadurch, dass die Manipulationshandlung selbst kriminalisiert wird und nicht eine daraus resultierende konkrete Gefahr oder gar eine Rechtsgutschädigung, stellen sich hier die im

[117] *Schroth*, MedR 2013, 645, 645.

[118] *Schroth*, MedR 2013, 645, 645.

[119] BT-Drs. 17/13947, S. 41.

[120] *Bernsmann/Sickor*, in: Höfling, TPG, § 19 Rn. 111.

Bereich der Tötungsdelikte aufgetretenen Probleme beim Nachweis der Kausalität nicht.[121]

Ist die objektive Tatseite – hat man den „Verweisungsdschungel" einmal durchwunden – eindeutig, so ergeben sich Bedenken hinsichtlich des subjektiven Tatbestandes. § 19 Abs. 2a i.V.m. § 10 Abs. 3 S. 2 TPG verlangt ein Handeln des Arztes oder der von ihm beauftragten Person in der Absicht, einen Patienten zu bevorzugen. Als strafbarkeitsbegründende Motivation ist damit ausdrücklich und ausschließlich die Bevorzugung eines Patienten vorgesehen, während weitere denkbare Motivationslagen nicht erfasst werden. Dies gilt etwa für die – wenn auch fernliegende aber zumindest theoretisch mögliche – Absicht, einen Patienten zu benachteiligen. Praktische Relevanz dürfte dagegen die Motivation der Ärzte haben, die Fallzahlen an Transplantationen in ihren Transplantationszentren zu erhöhen oder generell vereinbarte Bonuszahlungen für jede durchgeführte Transplantation zu erlangen. Diese Absichten werden von § 19 Abs. 2a TPG eindeutig nicht erfasst, obwohl sie ebenso strafwürdig erscheinen.[122] Es wäre vielmehr sinnvoll und sachgerecht gewesen, regelwidrige Dokumentationen des Gesundheitszustands eines Patienten oder entsprechende Übermittlungen unabhängig vom Vorliegen einer bestimmten Absicht unter Strafe zu stellen, namentlich immer dann, wenn sie wider besseres Wissen erfolgen.[123]

Weitere Bedenken gegen den neuen Straftatbestand ergeben sich aus seinem sehr frühen Vollendungszeitpunkt. Denn § 19 Abs. 2a i.V.m. § 10 Abs. 3 S. 2 Nr. 1 TPG verlangt lediglich, dass der Gesundheitszustand unrichtig erhoben oder dokumentiert wurde. Damit tritt bereits zu diesem Zeitpunkt die Vollendung der Tat ein und zwar unabhängig davon, ob die Daten später tatsächlich an Eurotransplant übermittelt werden.[124] Eine Gefährdung geschützter Rechtsgüter kann aber richtigerweise erst nach der Übermittlung der unzutreffenden Daten an die Vermittlungsstelle angenommen werden, da sie sich erst ab diesem Zeitpunkt auf die Organallokation auswirken können. In der jetzigen Fassung des § 19 Abs. 2 a TPG wird dagegen bereits eine Vorbereitungshandlung kriminalisiert, was zur Folge hat, dass ein strafbefreiender Rücktritt schon frühzeitig – vor der Übermittlung der Daten – unmöglich wird.[125]

---

[121] *Koppe*, Zur strafrechtlichen Verantwortlichkeit der Wartelistenmanipulation, S. 200 f.

[122] Vgl. dazu *Schroth*, MedR 2013, 645, 645.

[123] So auch *Schroth*, MedR 2013, 645, 646.

[124] *Bernsmann/Sickor*, in: Höfling, TPG, § 19 Rn. 117.

[125] *Bernsmann/Sickor*, in: Höfling, TPG, § 19 Rn. 118, die aus diesem Grund an der Verfassungsmäßigkeit der Vorschrift zweifeln; auch *Rissing-van Saan* geht im Rahmen der Tötungsdelikte davon aus, dass ein unmittelbares Ansetzen im Sinn von § 22 StGB in derartigen Fällen erst mit der Dateneingabe in das ENIS-System und

Damit bleibt im Ergebnis festzuhalten, dass die Manipulation allokationsrelevanter Patientendaten seit Juli 2013 nach § 19 Abs. 2a TPG bestraft werden kann. Dies gilt allerdings nur, soweit der Manipulation die Absicht zugrunde lag, einen Patienten zu bevorzugen, während ein Handeln in anderen denkbaren Absichten weiterhin straffrei bleibt.

d) Errichtung eines Transplantationsregisters

Die letzte in diesem Zusammenhang wesentliche TPG-Novelle vom 1. November 2016 sah die Errichtung eines Transplantationsregisters vor.[126] Zweck des Transplantationsregisters ist nach § 15a TPG die Verbesserung der Datengrundlage für die transplantationsmedizinische Versorgung und Forschung sowie die Erhöhung der Transparenz in der Organspende und Transplantation. Bislang erheben unterschiedliche Akteure des Transplantationssystems zu verschiedenen Zeitpunkten des Verfahrens der Organspende und der Transplantation nach unterschiedlichen Vorgaben Daten des Organspenders, des Spenderorgans, des Organempfängers, zum Vermittlungsverfahren sowie zur Transplantation und Behandlung des Organempfängers und lebenden Organspenders.[127] Durch die Gesetzesänderung werden gemäß § 15e TPG nunmehr alle Stellen, die in Deutschland transplantationsmedizinische Daten erheben, verpflichtet, diese an das Transplantationsregister zu übermitteln.[128] Die Zusammenführung aller relevanten Daten in einem zentralen Transplantationsregister soll es ermöglichen, die Daten postmortaler Organspender sowie der Organempfänger miteinander zu verknüpfen.[129] So können wesentliche Erkenntnisse gewonnen werden, die insbesondere auch als Grundlage für eine Weiterentwicklung der Regeln zur Aufnahme in die Warteliste nach § 10 Abs. 2 S. 1 Nr. 2 TPG (§ 15a Nr. 1 TPG) sowie der Regeln für die Organvermittlung nach § 12 Abs. 3 S. 1 TPG (§ 15a Nr. 5 TPG) dienen können.[130]

---

somit mit Übermittlung eintritt, was hier ebenfalls gegen den sehr frühen Vollendungszeitpunkt angeführt werden kann, vgl. *dies.*, NStZ 2014, 233, 243.

[126] Gesetz zur Errichtung eines Transplantationsregisters und zur Änderung weiterer Gesetze vom 11. Oktober 2016, BGBl. I, S. 2233.

[127] BT-Drs. 18/8209, S. 28.

[128] Dies betrifft die Transplantationszentren nach § 10 TPG, die Koordinierungsstelle nach § 11 TPG, die Vermittlungsstelle nach § 12 TPG, den Gemeinsamen Bundesausschuss nach § 91 SGB V sowie die mit der Nachsorge betrauten Einrichtungen und Ärzte in der ambulanten Versorgung, vgl. BT-Drs. 18/8209, S. 18.

[129] Vgl. dazu den dritten Bericht der Bundesregierung über den Fortgang der eingeleiteten Reformprozesse, mögliche Missstände und sonstige aktuelle Entwicklungen in der Transplantationsmedizin, BT-Drs. 18/10854, S. 31.

[130] Vgl. dazu auch BT-Drs. 18/8209, S. 28; dies erkennt auch *Augsberg* grundsätzlich an. Er weist jedoch darauf hin, dass eine verbesserte Datenlage eine notwendige

Hinsichtlich der Beauftragung einer geeigneten Einrichtung mit der Errichtung und dem Betrieb einer Transplantationsregisterstelle knüpft die neue Regelung in § 15b Abs. 1 S. 1 TPG an die bereits für die Beauftragung der Koordinierungsstelle nach § 11 TPG und die Beauftragung der Vermittlungsstelle nach § 12 TPG bestehende Selbstverwaltungslösung an und überlässt sie erneut dem Spitzenverband Bund der Krankenkassen, der Bundesärztekammer und der Deutsche Krankenhausgesellschaft oder den Bundesverbänden der Krankenhausträger gemeinsam.[131] Der Aufbau der Transplantationsregisterstelle soll in einzelnen Schritten erfolgen, um sicherzustellen, dass alle zur Übermittlung von Daten an die Transplantationsregisterstelle verpflichteten Stellen technisch dazu in der Lage sind, dieser Pflicht nachzukommen.[132] Mitte des Jahres 2017 erfolgte die Ausschreibung für die Registerstelle durch die Auftraggeber.[133] Seinen regulären Betrieb soll das Transplantationsregister nach derzeitigem Stand der Planung erst Anfang des Jahres 2019 aufnehmen.[134]

2. Anpassung der Verträge mit der Koordinierungsstelle und der Vermittlungsstelle

Aufgrund der gesetzlichen Änderungen war es zudem erforderlich, die Verträge mit der Koordinierungsstelle nach § 11 TPG und der Vermittlungsstelle nach § 12 TPG zu überarbeiten und anzupassen. Zunächst haben die Vertragspartner den DSO-Vertrag grundlegend überarbeitet. Die Vertragsänderungen wurden am 7. Januar 2016 vom BMG genehmigt und am 26. Februar 2016 im Bundesanzeiger bekannt gemacht.[135] Der Vertrag greift nunmehr insbesondere die Verpflichtung der Koordinierungsstelle nach § 11 Abs. 5 S. 2 TPG auf, die transplantationsrelevanten Tätigkeiten der Entnahmekrankenhäuser und der Transplantationszentren zu dokumentieren und jährlich in einem Bericht zu veröffentlichen.[136] Auch die Kon-

Reform des § 12 TPG und eine nähere gesetzliche Vorsteuerung der Allokationsparameter nicht entbehrlich macht, *ders.*, MedR 2016, 699, 704.

[131] BT-Drs. 18/8209, S. 17; kritisch dazu *Augsberg*, MedR 2016, 699, 705, der anmerkt, damit werde eine „grundlegende Fehlkonstruktion des TPG fortgeführt und erweitert".

[132] BT-Drs. 18/8209, S. 17.

[133] Abrufbar unter https://ausschreibungen-deutschland.de/362388_Tx-Registerstelle_2017_Berlin (letzter Abruf am 17. Juni 2018).

[134] BT-Drs. 18/10854, S. 27.

[135] BAnz AT 18. Februar 2016 B2, Berichtigung in BAnz AT 26. Februar 2016 B3; vgl. zu den Änderungen des DSO-Vertrags BT-Drs. 18/10854, S. 27.

[136] § 5 des Koordinierungsstellen-Vertrags.

trolle der DSO durch die Überwachungskommission ist nun ausführlich geregelt.[137]

Die ebenfalls erforderliche Anpassung des Vermittlungsstellen-Vertrages ist bislang nicht abgeschlossen. Die TPG-Auftraggeber haben den Vertrag bereits überarbeitet und intern abgestimmt.[138] Danach soll der Vertrag die Möglichkeit einer stärkeren und effektiveren Kontrolle der Vermittlungsstelle durch die TPG-Auftraggeber bieten. Die TPG-Auftraggeber streben eine konkretere Regelung der Berichtspflichten von Eurotransplant sowie der Prüfkompetenzen der Kontrollinstanzen an. Außerdem soll die bisher nicht unumstrittene Verbindlichkeit der Anwendungsregeln von Eurotransplant (ET-Manual) für die Transplantationszentren präzisiert werden.[139]

3. Änderungen der Richtlinien der Bundesärztekammer

Auch die Richtlinien der Bundesärztekammer haben seither einige Änderungen erfahren. Dies betrifft nicht nur die inhaltliche Ausgestaltung der Richtlinien selbst, sondern daneben auch das Verfahren der Richtlinienerarbeitung.

a) Einführung einer interdisziplinären Transplantationskonferenz

In allen organbezogenen Richtlinien nach § 16 Abs. 1 S. 1 Nr. 2 und 5 TPG wurde ein „Mehraugenprinzip" eingeführt.[140] Über die Aufnahme eines Patienten in die Warteliste sowie alle weiteren Maßnahmen und Anordnungen im Zusammenhang mit der Führung der Warteliste – einschließlich der Abmeldung eines Patienten – entscheidet nunmehr eine ständige, interdisziplinäre und organspezifische Transplantationskonferenz des jeweiligen betreuenden Transplantationszentrums.[141] Die Transplantationskonferenz ist interdisziplinär besetzt, d. h., sie wird neben den direkt beteiligten operativen und konservativen Disziplinen von mindestens einer weiteren nicht unmittelbar in das Transplantationsgeschehen eingebundenen medizinischen Disziplin vertreten, die im Einzelfall von der ärztlichen Leitung des Klinikums benannt

---

[137] § 10 des Koordinierungsstellen-Vertrags.

[138] Vgl. dazu und zum Folgenden BT-Drs. 18/10854, S. 27 f.

[139] Vgl. zur Frage der Verbindlichkeit des ET-Manuals Gliederungspunkt G.II.

[140] Vgl. dazu *Siegmund-Schultze*, Das „Mehraugenprinzip" wird eingeführt, A-2218.

[141] Vgl. dazu und zum Folgenden jeweils Gliederungspunkt I.5. der aktuellen Richtlinien für die Wartelistenführung und die Organvermittlung gem. § 16 Abs. 1 S. 1 Nrn. 2 u. 5 TPG, abrufbar unter http://www.bundesaerztekammer.de/richtlinien/richtlinien/transplantationsmedizin/richtlinien-fuer-die-wartelistenfuehrung-und-die-organvermittlung/ (letzter Abruf am 17. Juni 2018).

wird. Genauere Anforderungen an die Zusammensetzung und den Aufgabenbereich der Konferenz sind jeweils in den besonderen Regelungen der organspezifischen Richtlinien festgelegt.[142] Die Mitglieder der interdisziplinären Transplantationskonferenz werden gegenüber der Vermittlungsstelle namentlich benannt. Sie unterzeichnen die Entscheidung über die Aufnahme eines Patienten in die Warteliste, übermitteln das Dokument als Grundlage für die Anmeldung der Vermittlungsstelle und tragen für alle vermittlungsrelevanten Meldungen und Entscheidungen die Verantwortung.

Die Gefahr von Manipulationen wird also dadurch verringert, dass nicht mehr ein einzelner Arzt allein Entscheidungen treffen kann, die Auswirkungen auf die organspezifische Warteliste haben. Durch die Einbeziehung mehrerer Entscheidungsträger wird eine wechselseitige interne Kontrolle gesichert. Gleichzeitig gewährleistet die Beteiligung einer Fachrichtung, die keine Verbindung zu dem Transplantationsgeschehen hat, eine unabhängige Prüfung der Vorgänge. Zudem können die verantwortlichen Ärzte über ihre Unterschrift identifiziert und Entscheidungen damit auch personell zurückverfolgt werden.[143]

b) Neuregelung des beschleunigten Vermittlungsverfahrens

Auch das vielfach kritisierte beschleunigte Vermittlungsverfahren hat eine Neuregelung erfahren, die es insgesamt transparenter gestaltet. Während zuvor das Transplantationszentrum, das ein kompetitives Organangebot durch Eurotransplant erhielt, selbst den am besten geeigneten Empfänger für dieses Organ auswählen konnte, entscheidet zukünftig auch im beschleunigten Verfahren vorrangig Eurotransplant über die Vergabe des Organs.[144] Wie bisher wird ein Organ im beschleunigten Vermittlungsverfahren zunächst allen Zentren einer Region der Koordinierungsstelle, in der sich das Organ zum Zeitpunkt des Angebotes befindet, sowie anderen nahegelegenen Zentren angeboten.[145] Die Zentren wählen dann aus ihrer Warteliste bis zu zwei geeignete

---

[142] Im Bereich der Lungentransplantation wurde die Anzahl der Mitglieder der Transplantationskonferenz zuletzt auf fünf erhöht, vgl. dazu Gliederungspunkt AIII.1.1. der Richtlinien Lunge vom 7. November 2017. Außerdem wurden ihre Aufgaben weiter ausgestaltet.

[143] Auch *Höfling*, GesR 2017, 549, 552 erkennt an, dass die interdisziplinäre Transplantationskonferenz ein wichtiger Akteur im Prozess der Organallokation sein kann. Er kritisiert jedoch, dass ihre Regelung in den Richtlinien in unsystematischer, unklarer und zum Teil widersprüchlicher Weise erfolgt sei.

[144] Vgl. dazu auch BT-Drs. 17/13897, S. 3.

[145] Vgl. dazu und zum Folgenden jeweils Gliederungspunkt II.3.3.2. der aktuellen Richtlinien für die Wartelistenführung und die Organvermittlung gem. § 16 Abs. 1 S. 1 Nrn. 2 u. 5 TPG.

Empfänger aus und melden diese an die Vermittlungsstelle. Die entscheidende Neuerung besteht nun darin, dass die Vermittlungsstelle das Organ innerhalb der Gruppe der so gemeldeten Patienten entsprechend der Reihenfolge vermittelt, wie sie sich aus den Verteilungsregeln, die auch im Standardverfahren gelten, ergibt. Erst wenn eine Vermittlung nach diesem Verfahren nicht gelingt, bietet die Vermittlungsstelle das Organ auch weiteren Zentren an, die wie bisher selbst den gegenwärtig am besten geeigneten Empfänger auswählen und gegenüber der Vermittlungsstelle benennen. Konkurrieren Patienten verschiedener Transplantationszentren miteinander, erhält wiederum der Patient das Organ, für den die Akzeptanzerklärung des zuständigen Transplantationszentrums als Erste bei der Vermittlungsstelle eingegangen ist.

Diese Neuregelung ist nachdrücklich zu begrüßen. Die Auswertungsergebnisse haben gezeigt, dass die Transplantationszentren bei der Patientenauswahl bislang eine Vielzahl verschiedener Kriterien zugrunde gelegt haben und es mitunter zu einer sehr unterschiedlichen Handhabung der einzelnen Kriterien gekommen ist. Die Organzuteilung stand damit weitgehend im Ermessen des jeweiligen Arztes. Dadurch, dass das beschleunigte Verfahren zukünftig vorrangig an den Vergabekriterien des Standardverfahrens ausgerichtet wird, gewinnt die Organzuteilung an Objektivität und Transparenz.

c) Organspezifische Änderungen

Daneben wurden die organspezifischen Vorgaben der Richtlinien zur Wartelistenführung und Organvermittlung überarbeitet. Die wesentlichen Änderungen, die als Reaktion auf die Art der aufgedeckten Unregelmäßigkeiten eingeführt wurden, wurden bereits im Rahmen der Darstellung der Auswertungsergebnisse erörtert und sollen hier nicht noch einmal im Einzelnen aufgelistet werden. Insoweit ist lediglich erneut zu resümieren, dass die Bundesärztekammer in den meisten Bereichen umfassende Konkretisierungen getroffen hat, die es künftig erlauben, ein Verhalten der Transplantationszentren eindeutig als Richtlinienverstoß auszumachen. Lediglich im Bereich der Herztransplantation besteht noch größerer Handlungsbedarf. Daher soll im Folgenden ein Überblick über die in diesem Bereich geplanten Änderungen gegeben werden. Außerdem soll vor dem Hintergrund, dass bereits die Regelung zur Einschränkung der Aufnahme in die Warteliste zur Lebertransplantation bei Patienten, die an einer alkoholbedingten Leberzirrhose leiden, höchst umstritten war und ist, darauf eingegangen werden, welche weitergehenden Einschränkungen des Wartelistenzugangs nun auch im Bereich der Lungentransplantation etabliert wurden.

aa) Einführung eines Cardiac Allocation Score (CAS)

Obwohl sich im Rahmen der vorstehenden Auswertung der Kommissionsberichte zu den Überprüfungen der Herztransplantationsprogramme gezeigt hat, dass die PÜK bei ihrer Bewertung auf die vom ET-Manual aufgestellten Grenzwerte hinsichtlich der für die Zuteilung des HU-Status erforderlichen Dauer der inotropen Therapie sowie der Höhe der Medikation abgestellt hat und sich das Verhalten der Transplantationszentren erst anhand dieser Vorgaben eindeutig als Regelverstoß ausmachen ließ, haben die Richtlinien in diesem Punkt bislang keine Konkretisierung erfahren. Zwar ergibt sich die Unzulässigkeit einer intermittierenden inotropen Therapie für die Beantragung des HU-Status bereits aus dem Richtlinientext selbst, wonach die Patienten trotz hochdosierter Katecholamin- bzw. PDE-Hemmer-Gabe nicht rekompensierbar sein dürfen, also eine kontinuierliche inotrope Therapie verlangt wird. Soweit die PÜK in den Prüfungen aber konkret auf die im ET-Manual festgelegte Therapiedauer von mindestens 48 Stunden abgestellt hat, ist auch eine Übernahme dieses Grenzwertes in die Richtlinien notwendig.[146] Dass bisher eine entsprechende Anpassung der Richtlinien nicht stattgefunden hat, mag dadurch zu erklären sein, dass die StäKO plant, langfristig möglichst für die Vergabe aller Organe medizinische Kriterienkataloge (Scores) zu entwickeln, wie dies mit dem MELD im Rahmen der Leber- und dem LAS im Rahmen der Lungentransplantation bereits geschehen ist.[147] Im Bereich der Herzallokation ist die Einführung eines Cardiac Allokation Score (CAS) geplant.

Derzeit ist die Herzallokation an der Dringlichkeit und der Wartezeit der Patienten orientiert, weshalb vorrangig die Patienten ein Spenderorgan erhalten, die bereits besonders krank sind. Dies führt zu Einbußen des Erfolges der Transplantationen.[148] Mit dem CAS soll dagegen ein Modell geschaffen werden, dass – ebenso wie der LAS im Bereich der Lungentransplantation – sowohl die Dringlichkeit als auch die Erfolgsaussicht einer Herztransplantation berücksichtigt. Die Wahrscheinlichkeit eines Patienten, auf der Warteliste zu versterben, soll dabei zu seiner erwarteten Prognose nach der Transplantation ins Verhältnis gesetzt werden. Dadurch sollen Organe künftig an Patienten alloziert werden, die eine hohe Wartelisten-Mortalitäts-Wahrscheinlichkeit, aber gleichzeitig eine gute Überlebensprognose nach der Transplantation aufweisen.[149]

---

146 Vgl. dazu bereits Gliederungspunkt E.III.4.a)bb)(2).

147 BT-Drs. 18/3566, S. 14.

148 *Smits et al.*, JHLT 2013, 873, 874; *Claes et al.*, Journal of Cardiothoratic Surgery 2017, S. 2.

149 *Smits et al.*, JHLT 2013, 873, 874; *Claes et al.*, Journal of Cardiothoratic Surgery 2017, S. 5 f.

Eine von Eurotransplant anhand einer 448 Patienten umfassenden Kohorte durchgeführte Studie hat gezeigt, welche Modelle zur Prognostizierung der Wartelisten- bzw. Posttransplantations-Mortalitäts-Wahrscheinlichkeit grundsätzlich geeignet erscheinen und damit dem CAS zugrunde gelegt werden könnten.[150] Keiner der untersuchten Scores war jedoch geeignet, die Wahrscheinlichkeiten für Patienten mit einem Herzunterstützungssystem (VAD) präzise auszudrücken.[151] Bei diesen Patienten fiel der CAS tendenziell geringer aus, weil ihr Mortalitätsrisiko nicht adäquat ausgedrückt wurde, da ein direktes Herzversagen häufig ausgeschlossen war. Es ist bislang offen, wie eine Benachteiligung dieser Patientengruppe durch den CAS vermieden werden kann.[152]

Eine weitere Studie zur Verifizierung eines möglichen CAS-Score, die durch das Universitäts-Herzzentrum Freiburg durchgeführt wurde, umfasste zwar lediglich 73 Patienten, dafür aber – anders als die zuvor beschriebene Kohorte – neben HU- und U-Patienten auch Patienten im elektiven Status. Die Untersuchung hat gezeigt, dass die Berücksichtigung des Posttransplantations-Benefits zu einer signifikanten Verschiebung zwischen den bisherigen Patientengruppen führen könnte. Denn der durchschnittliche CAS-Score der Patienten im elektiven Status war sogar höher als der der Patienten im HU-Status.[153]

Vor dem Hintergrund dieser bislang offenen Fragen ist zum jetzigen Zeitpunkt noch unklar, wann mit der Einführung des CAS in den Richtlinien der Bundesärztekammer zu rechnen ist. Auch wenn damit eine grundlegende Neuausrichtung der Regeln zur Herzallokation einhergehen wird, erscheint es dringend erforderlich, den bekanntgewordenen Konkretisierungsbedarf auf der Grundlage des bestehenden Verteilungssystems umzusetzen und wenigstens die Anforderungen an Dauer und Höhe der inotropen Therapie im Richtlinientext entsprechend der Vorgaben des ET-Manuals auszugestalten. Dies gilt umso mehr, als dass seit Bekanntwerden dieser Art von Verstößen bereits einige Jahre vergangen sind.

---

[150] Die Wartelistensterblichkeit könne grundsätzlich durch das SHFM (Seattle Heart Failure Model), die Sterblichkeit nach der Transplantation durch den IMPAC (Index for Mortalitiy Prediction After Cardiac Transplantation) präzise abgebildet werden, vgl. *Smits et al.*, JHLT 2013, 873, 875.

[151] *Smits et al.*, JHLT 2013, 873, 875.

[152] Dies stellten auch *Claes et al.*, Journal of Cardiothoratic Surgery 2017, S. 9 fest.

[153] *Claes et al.*, Journal of Cardiothoratic Surgery 2017, S. 7f.

bb) Einschränkung der Aufnahme in die Warteliste zur Lungentransplantation

Die im Folgenden vorzustellende Richtlinienänderung steht zwar nicht in einem direkten Zusammenhang mit den bekanntgewordenen Auffälligkeiten. Dennoch soll sie in diesem Zusammenhang erläutert werden, da sie eine parallele Ausgestaltung zu einer sehr umstrittenen und fehleranfälligen Regelung im Bereich der Lebertransplantation darstellt. Nach den Richtlinien zur Lebertransplantation war die Aufnahme in die Warteliste von Patienten mit alkoholinduzierter Leberzirrhose erst nach der Einhaltung einer strikten sechsmonatigen Karenzzeit zulässig.[154] Diese Karenzklausel war verfassungsrechtlich hoch umstritten und ohne eine Ausnahmeregelung für Patienten, die die sechsmonatige Abstinenzzeit voraussichtlich nicht überleben würden, im Ergebnis als verfassungswidrig einzustufen.[155] Die Transplantationszentren haben in großem Umfang gegen diese Regelung verstoßen und Patienten bereits vor Ablauf der sechs Monate in ihre Warteliste aufgenommen. Mittlerweile sehen die Richtlinien eine entsprechende Ausnahmeregelung vor.

Nun findet sich eine ähnliche Abstinenzklausel in den Richtlinien zur Lungentransplantation. Unabhängig von der Grunderkrankung, die die Indikation zur Lungentransplantation bildet, erfolgt die Aufnahme in die Warteliste von Patienten, bei denen ein schädlicher Substanzgebrauch oder ein Abhängigkeitssyndrom (z. B. Rauchen, Alkohol, andere Substanzen) festgestellt wurde, erst dann, wenn der Patient eine mindestens sechsmonatige Abstinenz eingehalten hat.[156] In begründeten Ausnahmefällen kann die interdisziplinäre Transplantationskonferenz unter Abwägung von Dringlichkeit und Erfolgsaussicht der Transplantation eine vorzeitige Aufnahme in die Warteliste befürworten.[157] Zur Begründung dieser Klausel führt die Bundesärztekammer ähnliche Aspekte wie im Bereich der Lebertransplantation heran. Zum einen hätten schädlicher Substanzgebrauch und Abhängigkeitssyndrome in der Regel einen negativen Einfluss auf den Transplantationserfolg, da sie die Therapietreue verschlechtern und gleichzeitig das Risiko von Folgeerkrankungen erhöhen. Sie stützt sich auf Untersuchungen, die belegen, dass die Wahrscheinlichkeit eines Rückfalls bei einer kürzeren Karenzzeit steigt. Gleichzeitig führe erneutes Rauchen nach der Transplantation zu einem erhöhten Risiko für (Lungen-)Tumore. Zum anderen könne es bei vollständigem

---

154 Gliederungspunkt III.2.1. der Richtlinien Leber vom 26. März 2011.

155 Vgl. dazu bereits Gliederungspunkt E.II.4.a)aa)(2).

156 Gliederungspunkt A.III.3.1. der Richtlinien Lunge vom 7. November 2017.

157 Über eine solche abweichende Entscheidung ist die StäKO zu unterrichten, vgl. Gliederungspunkt A.III.3. der Richtlinien Lunge vom 7. November 2017.

Rauchverzicht über einen Zeitraum von bis zu 6 Monaten – unter Ausnutzung aller suchttherapeutischen Möglichkeiten – zu einer Verbesserung der Lungenfunktion kommen.[158]

Es steht zu erwarten, dass sich diese Regelung den gleichen verfassungsrechtlichen Einwänden ausgesetzt sehen wird, die auch gegen die Abstinenzklausel im Rahmen der Lebertransplantation geltend gemacht werden. An dieser Stelle sei lediglich angemerkt, dass es fraglich erscheint, dass eine Verbesserung der Lungenfunktion durch Rauchabstinenz sowie ein erhöhtes Tumorrisiko durch postmortales Rauchen dazu geeignet sein soll, auch eine zwingend vorgeschriebene Alkoholabstinenz zu rechtfertigen.

d) Verfahren der Richtlinienerarbeitung

Zudem hat das Verfahren der Richtlinienerarbeitung durch die Bundesärztekammer, das bereits im Rahmen der Vorstellung der Rechtsgrundlagen der postmortalen Organspende erläutert wurde, seither eine nähere Ausgestaltung erfahren.[159] Wie dort bereits ausgeführt, legt die Bundesärztekammer gemäß § 16 Abs. 2 S. 1 TPG das Verfahren für die Erarbeitung der Richtlinien nach Abs. 1 und für die Beschlussfassung fest. Die Erarbeitung der Richtlinien erfolgt durch die StäKO. Im November 2014 hat der Vorstand der Bundesärztekammer das Statut der StäKO, das die Grundlage ihrer Aufgabenwahrnehmung bildet, neu beschlossen. In diesem Zuge wurden die Zusammensetzung und die Arbeitsweise der StäKO sowie ihrer Arbeitsgruppen wesentlich konkretisiert. Insbesondere ist in § 10 des Statuts das Verfahren zur Erarbeitung der Richtlinien nach § 16 Abs. 1 TPG geregelt. Daran anknüpfend hat der Vorstand der Bundesärztekammer im Dezember 2015 eine Verfahrensordnung der StäKO beschlossen, die die Bestimmungen des Statuts im Hinblick auf die Erarbeitung der Richtlinien näher ausgestaltet. Auch durch diese Maßnahmen wurde die Transparenz im Transplantationssystem weiter gesteigert.[160]

4. Weitere Maßnahmen

Auch außerhalb des TPG sowie der Richtlinien wurden Maßnahmen ergriffen, die den bekanntgewordenen Manipulationen künftig entgegenwirken sollen.

---

[158] Gliederungspunkt B.II.2.3.1. der Begründung der Richtlinien Lunge vom 7. November 2017.

[159] Vgl. dazu bereits Gliederungspunkt B.I.2.b)aa).

[160] Dazu auch BT-Drs. 18/7269, S. 12.

a) Einrichtung eines Arbeitsgruppen-Konsiliums

Eine solche Maßnahme enthält § 14 des Statuts der StäKO, der die Gründung eines sog. Arbeitsgruppen-Konsiliums vorsieht. Das Arbeitsgruppen-Konsilium berät die Transplantationszentren, die Koordinierungsstelle und die Vermittlungsstelle hinsichtlich eilbedürftiger Einzelfragen zur Auslegung der Richtlinien der Bundesärztekammer nach § 16 Abs. 1 S. 1 Nrn. 2 bis 7 TPG, die nicht bis zur nächsten Sitzung der StäKO aufgeschoben werden können.[161] Die Entscheidung und Verantwortung verbleibt jedoch bei der in dem Transplantationszentrum eingerichteten interdisziplinären Transplantationskonferenz bzw. der Koordinierungs- oder der Vermittlungsstelle. Seit der Errichtung des Konsiliums im Jahr 2014 bis zum 30. September 2016 wurden bereits 67 derartiger Anfragen beraten.[162] Die Ergebnisse dieser Beratungen werden bei den Arbeiten zur Fortentwicklung der Richtlinien berücksichtigt.[163]

b) Empfehlungen zum Umgang mit leistungsbezogenen Zielvereinbarungen

Schließlich soll eine gesetzliche Neuerung vorgestellt werden, die sich nicht ausschließlich auf das Transplantationswesen bezieht, sondern allgemein den Umgang mit sog. Bonusregelungen in Krankenhäusern betrifft. Bonusregelungen sind Zielvereinbarungen, die sich auf Art und Menge einzelner Leistungen beziehen. Ihnen haftet mitunter die Befürchtung an, dass sie die Unabhängigkeit der medizinischen Entscheidung über diese Leistungen gefährden können.[164] Um diese Unabhängigkeit medizinischer Leistungen zu sichern, wird die Deutsche Krankenhausgesellschaft in § 135c Abs. 1 S. 2 SGB V dazu verpflichtet, im Einvernehmen mit der Bundesärztekammer Empfehlungen abzugeben, die sicherstellen, dass Zielvereinbarungen ausgeschlossen werden, die auf finanzielle Anreize für einzelne Leistungen, Leistungsmengen, Leistungskomplexe oder Messgrößen hierfür abstellen.[165] Die

---

161 Das Arbeitsgruppen-Konsilium besteht aus der StäKO-Leitung und den Federführenden der jeweils fachlich betroffenen Arbeitsgruppen nach § 11 des Statuts, vgl. § 14 Abs. 2 des Statuts der StäKO.

162 BT-Drs. 18/10854, S. 16.

163 BT-Drs. 18/7269, S. 12.

164 BT-Drs. 17/12221, S. 24.

165 Diese Regelung wurde zunächst als § 136a SGB V durch Artikel 1 des Gesetzes zur Weiterentwicklung der Krebsfrüherkennung und zur Qualitätssicherung durch klinische Krebsregister vom 03. April 2013, BGBl. I, S. 617, eingeführt und trat am 9. April 2013 in Kraft. Durch Artikel 6 des Gesetzes zur Reform der Strukturen der Krankenhausversorgung vom 10. Dezember 2015, BGBl. I, S. 2229, in Kraft getreten am 1. Januar 2016, wurde die Regelung in § 135c SGB V überführt.

Deutsche Krankenhausgesellschaft hat am 24. April 2013 entsprechende Empfehlungen zu leistungsbezogenen Zielvereinbarungen verabschiedet und diese mit Beschluss vom 17. September 2014 zusätzlich verschärft. Ziffer 4 der Empfehlungen sieht vor, dass finanzielle Anreize für einzelne Operationen/Eingriffe oder Leistungen nicht vereinbart werden dürfen.[166] Denn gerade in dieser Situation kann ein Interessenskonflikt entstehen, der die Unabhängigkeit der medizinischen Entscheidung gefährden kann.[167]

Es ist jedoch zu beachten, dass die Empfehlungen zum Umgang mit leistungsbezogenen Zielvereinbarungen nicht verbindlich sind und Zielvereinbarungen auch bei einem Verstoß gegen die Empfehlungen gültig bleiben, sofern sie nicht als sittenwidrig einzuordnen sind.[168] Um trotzdem einen Anreiz für Krankenhäuser zu erzeugen, künftig auf Zielvereinbarungen zu verzichten, die im Widerspruch zu den Empfehlungen der Deutschen Krankenhausgesellschaft und der Bundesärztekammer stehen, wurde in § 135c Abs. 2 SGB V eine Verpflichtung zur Transparenz eingeführt.[169] Danach hat jedes Krankenhaus im Rahmen des jährlich zu veröffentlichenden Qualitätsberichts nach § 136b Abs. 1 S. 1 Nr. 3 SGB V offenzulegen, ob es sich bei Verträgen mit leitenden Ärzten an die Empfehlungen nach § 135c Abs. 1 S. 2 SGB V hält. Hält sich das Krankenhaus nicht an die Empfehlungen, hat es weiterhin anzugeben, welche Leistungen oder Leistungsbereiche von solchen Zielvereinbarungen betroffen sind.

Soweit die bekanntgewordenen Manipulationen allokationsrelevanter Patientendaten in den Transplantationszentren auch dadurch motiviert gewesen sein könnten, dass die Ärzte Bonuszahlungen für durchgeführte Transplantationen erhalten sollten, könnten derartige Fehlanreize durch die oben beschriebenen Regelungen künftig vermieden oder jedenfalls verringert werden.[170]

---

[166] Unberührt bleiben dabei Erlösvereinbarungen nach Ziffer 2 der Empfehlungen, die das gesamte Abteilungsspektrum betreffen. Die Empfehlungen gem. § 136a SGB V zu leistungsbezogenen Zielvereinbarungen sind abrufbar unter: http://www.dkgev.de/media/file/18100.Anlage_Empfehlungen_gem._%C2%A7_136a_SGB_V_zu_leistungsbezogenen_Zielvereinbarungen.pdf (letzter Abruf am 17. Juni 2018).

[167] Dazu auch *Hart*, MedR 2014, 207, 208.

[168] § 135c SGB V stellt auch kein Verbotsgesetz im Sinn von § 134 BGB dar, *Vossen*, in: Krauskopf, Soziale Krankenversicherung, Pflegeversicherung, § 135c SGB V, Rn. 8; *Roters*, in: KassKomm, SGB V, § 135c Rn. 5; ebenso *Hart*, MedR 2014, 207, 210.

[169] So die Entwurfsbegründung zur entsprechenden Vorgängerregelung in § 137 Abs. 3 Nr. 4 S. 2 SGB V, BT-Drs. 17/12221, S. 25.

[170] Eine weitere Maßnahme nach Bekanntwerden der Manipulationen bei der Wartelistenführung war zum einen die Gründung der unabhängigen Vertrauensstelle Transplantationsmedizin, vgl. dazu bereits Gliederungspunkt B.II.2.c). Außerdem wurden Maßnahmen zur Steigerung des Organspendeaufkommens ergriffen, die der Umsetzung der Entscheidungslösung in § 2 TPG dienen, vgl. dazu BT-Drs. 18/3566, S. 18 ff.

5. Bewertung der Änderungen

Die Bundesregierung resümierte in ihren jährlichen Berichten „über den Fortgang der eingeleiteten Reformprozesse, mögliche Missstände und sonstige aktuelle Entwicklungen in der Transplantationsmedizin“, dass der in den Jahren 2012 und 2013 eingeleitete Reformprozess Wirkung entfalte.[171] Verstöße und Unregelmäßigkeiten in den Transplantationszentren würden effektiv durch die Tätigkeit der PÜK aufgedeckt und an die Öffentlichkeit gelangen.[172] Gleichzeitig würden die Reformen dazu beitragen, das Vertrauen der Öffentlichkeit in das System der Organspende zu verbessern.[173] Auch die PÜK bewertete die Reformprozesse positiv und stellte fest, dass insbesondere die Einführung der interdisziplinären Transplantationskonferenz und mit ihr das Mehraugenprinzip sowie die flächendeckenden Überprüfungen der Transplantationszentren Wirkung entfalten.[174]

Tatsächlich bieten die bisherigen Ergebnisse der zweiten Prüfperiode der PÜK – bezogen auf die Herz-, Lungen-, Nieren- und Pankreastransplantationen der Jahre 2013 bis 2015 sowie die Lebertransplantationen der Jahre 2012 bis 2015 – ein grundsätzlich positives Bild. Die Mehrheit der überprüften Transplantationsprogramme war unauffällig; (erneute) systematische Falschangaben fanden sich lediglich in wenigen Zentren.[175] Bislang wurden jeweils 10 Leber- und Herztransplantationsprogramme sowie 4 Lungenprogramme erneut durch die PÜK auditiert.[176] In 4 der 24 überprüften Zentren traten systematische Richtlinienverstöße auf. In 3 dieser Zentren kamen die Verstöße jedoch nur bis zu einem bestimmten Zeitpunkt des Prüfungszeitraumes vor, weshalb die PÜK davon ausgeht, dass künftig mit richtlinienkonformen Verhalten zu rechnen ist. Unter den bislang überprüften Zentren fanden sich allerdings nur teilweise diejenigen Leber-, Herz-, und Lungentransplantationsprogramme, in denen in der vorangegangenen Prüfperiode systematische Richtlinienverstöße festgestellt wurden. Bei der Mehrheit der überprüften Zentren handelt es sich dagegen um Zentren, die bereits in der ersten Prüfrunde unauffällig waren. Ein abschließendes Urteil kann daher erst nach der Beendigung der zweiten Prüfperiode getroffen werden.

---

[171] BT-Drs. 18/3566, S. 20; BT-Drs. 18/7269, S. 22; BT-Drs. 18/10854, S. 30.

[172] BT-Drs. 18/7269, S. 22; BT-Drs. 18/10854, S. 30.

[173] BT-Drs. 18/3566, S. 20.

[174] Tätigkeitsbericht PÜK 2015/2016, S. 20; Tätigkeitsbericht PÜK 2016/2017, S. 24.

[175] Tätigkeitsbericht PÜK 2015/2016, S. 4, 14f.; Tätigkeitsbericht PÜK 2016/2017, S. 23.

[176] Vgl. dazu und zum Folgenden Tätigkeitsbericht PÜK 2015/2016, S. 14; Tätigkeitsbericht PÜK 2016/2017, S. 16f.

Bei der Bewertung ist indes weiterhin zu beachten, dass eine Vielzahl der inhaltlichen Richtlinienänderungen im Bereich der Leber- und Lungenallokation erst in den Jahren 2016 und 2017 in Kraft traten, sodass sie der aktuellen Prüfperiode der PÜK noch gar nicht zugrunde gelegt werden können. Diese Änderungen, die überwiegend bereits im Rahmen der Auswertung vorgestellt wurden, sind insgesamt positiv zu bewerten. Sie lassen im Bereich der Leber- sowie der Lungentransplantation derzeit keinen großen Änderungsbedarf erkennen. Anderes gilt im Bereich der Herztransplantation. Auch wenn langfristig die Einführung eines CAS-Score und damit eine grundlegende Umstrukturierung des Allokationssystems geplant ist, erscheint es erforderlich, für die Übergangszeit offenbar gewordene Regelungslücken – insbesondere im Bereich der inotropen Therapie als Voraussetzung für die Zuteilung des HU-Status – zu schließen. Einigen Verstößen kann jedoch nicht durch Richtlinienschärfungen entgegengewirkt werden, da die Richtlinien bereits eindeutig gefasst sind und die Verstöße schlichtweg mit Falschangaben einhergehen. Insoweit können allein eine verstärkte Kontrolle und die Ahndung von Verstößen durch Sanktionen derartigem Fehlverhalten entgegenwirken. Aus strafrechtlicher Sicht haben die – im Ergebnis zutreffenden – Urteile des LG Göttingen und des BGH insofern ein „falsches Signal“ gesendet, als dass die manipulierenden Ärzte aus dieser Richtung keine Konsequenzen zu befürchten haben bzw. hatten. Diese Strafbarkeitslücke wurde durch die Einführung des § 19 Abs. 2a TPG geschlossen. Rechtsprechung zu dieser neuen Vorschrift liegt bislang allerdings soweit ersichtlich noch nicht vor.

Auch wenn die getroffenen Maßnahmen durchaus geeignet sind, die Transparenz im Transplantationssystem insgesamt zu steigern, hat dies bislang nicht zu einem merklichen Vertrauenszuwachs in der deutschen Bevölkerung geführt. Während im Jahr 2011 noch 1176 Personen postmortal ein Organ spendeten, ging diese Anzahl bis zum Jahr 2013 auf 865 zurück und stagniert seither auf diesem Niveau.[177] Im Jahr 2017 betrug die Anzahl der postmortalen Organspender in Deutschland 797.[178] Die Spenderbereitschaft ist damit um ca. ein Viertel zurückgegangen. Vorsichtig positiv stimmen dagegen die Spenderzahlen des ersten Quartals 2018 im Vergleich zum Vorjahresquartal. Es war ein Anstieg der Zahl der postmortalen Organspender von 212 im Jahr 2017 auf 261 im Jahr 2018 zu verzeichnen.[179]

---

[177] *Eurotransplant*, Annual Report 2015, S. 41, Tabelle 4.1., abrufbar unter https://www.eurotransplant.org/cms/mediaobject.php?file=AR_ET_20153.pdf (letzter Abruf am 17. Juni 2018).

[178] *DSO*, Jahresbericht 2017, S. 58 f., Abbildung 25, abrufbar unter https://www.dso.de/uploads/tx_dsodl/JB_2017_web_01.pdf (letzter Abruf am 17. Juni 2018).

[179] Vgl. dazu die Statistik auf der Homepage der DSO, abrufbar unter https://www.dso.de/home.html (Stand 10. April 2018; letzter Abruf am 17. Juni 2018).

G. Rechtliche Grundlage und Bindungswirkung des ET-Manuals

Im Rahmen der Darstellung des für die Überprüfung der Transplantationszentren relevanten Prüfungsmaßstabes hat sich gezeigt, dass die Richtlinien zum einen an vielen Stellen durch die Anwendungsregeln von Eurotransplant konkretisiert werden und die Anwendungsregeln zum anderen Vorgaben enthalten, die gar nicht in den Richtlinien angelegt sind. Beispielhaft genannt seien hier die Vorgaben zum HU-Status für Patienten, die für eine Herztransplantation gelistet sind. Während die Richtlinien als HU-Kriterium u. a. lediglich eine „hochdosierte" inotrope Therapie vorschreiben,[1] benennt das ET-Manual konkrete Grenzwerte, ab wann von einer solchen auszugehen ist.[2] Ein Kriterium, das erst durch das ET-Manual eingeführt wird ohne eine grundlegende Entsprechung in den Richtlinien zu finden, ist etwa die sog. Angebotsverpflichtung bei der (internationalen) Vermittlung von Spenderlebern.[3] Diese bereits im Prüfungsmaßstab angelegte Feststellung setzte sich bei der Auswertung der internen Kommissionsberichte fort. Richtlinienverstöße und weitere Auffälligkeiten wurden konkret an die Vorgaben des ET-Manuals geknüpft. In Bezug auf das obige Beispiel wurde etwa dann ein Verstoß angenommen, wenn im Rahmen von HU-Anträgen durch eine unzutreffende Meldung seitens des Transplantationszentrums die durch das ET-Manual festgesetzten Grenzwerte der inotropen Therapie überschritten wurden.[4]

Daher gerät die Bedeutung des ET-Manuals verstärkt in den Blick und es erscheint geboten, eine nähere Betrachtung seiner Grundlagen und seiner Wirkungen vorzunehmen. Dabei stellen sich vorrangig zwei Fragen: Zum einen ist zu prüfen, ob Eurotransplant überhaupt zum Erlass eigener Allokationskriterien berechtigt ist und aus welchen Vorschriften sich diese Berechtigung ergeben könnte. Zum anderen ist anknüpfend daran zu untersuchen, ob die anderen Akteure des Transplantationswesens – hier soll der Blick vorrangig auf die Transplantationszentren gerichtet werden – an die von Eu-

---

[1] Gliederungspunkt II.1.2.1. der Richtlinien Vermittlung Herz vom 24. Oktober 2009.

[2] Gliederungspunkt 6.1.1.2.4 des ET-Manuals vom 26. November 2009.

[3] Gliederungspunkt 5.4.5.1. des ET-Manuals vom 1. März 2010.

[4] Vgl. dazu bereits Gliederungspunkt E.III.4.a)aa).

rotransplant aufgestellten Anwendungsregeln gebunden und somit zu deren Beachtung verpflichtet sind.

I. Berechtigung von Eurotransplant zum Erlass eigener Allokationskriterien

1. Verfassungsrechtlicher Ausgangspunkt

Aus verfassungsrechtlicher Sicht bestehen gegen eine eigene Normierungskompetenz von Eurotransplant bereits aufgrund von Art. 24 Abs. 1 GG Bedenken. Nach dieser Vorschrift können Hoheitsrechte nur auf zwischenstaatliche Einrichtungen übertragen werden. Bei Eurotransplant handelt es sich jedoch um eine private Stiftung niederländischen Rechts.[5] Sollte eine Rechtsetzungskompetenz Eurotransplants dennoch bejaht werden, ergäben sich ferner die gleichen Bedenken, die auch hinsichtlich der Richtlinientätigkeit der Bundesärztekammer angeführt werden. Es könnten namentlich die mangelnde Bestimmtheit der gesetzlichen Vorgaben zur Organvermittlung in § 12 Abs. 3 S. 1 TPG und daraus folgend die mangelnde sachlich-inhaltliche demokratische Legitimation der Normsetzung durch Eurotransplant geltend gemacht werden, die ebenso wenig wie bei der Bundesärztekammer durch entsprechende staatliche Aufsichts- und Kontrollrechte ausgeglichen werden würde.[6] Da dieses Problemfeld – zwar nicht mit Blick auf Eurotransplant, aber in Bezug auf die Richtlinientätigkeit der Bundesärztekammer – bereits umfassend Gegenstand der Auseinandersetzung der Literatur war und ist, soll an dieser Stelle eine nähere Darstellung unterbleiben und stattdessen eine Prüfung anhand der einfachgesetzlichen Regelungen vorgenommen werden.

2. Beurteilung auf einfachgesetzlicher Ebene

Ungeachtet der verfassungsrechtlichen Bedenken, die einer Normsetzung durch Eurotransplant bereits entgegenstehen, wirft auch die Ausgestaltung des TPG die Frage auf, ob sich den einfachgesetzlichen Vorgaben überhaupt eine entsprechende Kompetenz entnehmen lässt. Diese Frage ist im engen Zusammenhang mit der Richtlinientätigkeit der Bundesärztekammer zu betrachten, deren Grundlage sich für die Regelungen zur Organvermittlung in § 16 Abs. 1 S. 1 Nr. 5 TPG findet.

---

[5] Vgl. dazu bereits Gliederungspunkt B.I.3.c). Aus diesem Grund gegen die Annahme einer Bindungswirkung des ET-Manuals *Schroth/Hofmann*, Organverteilung als normatives Problem, S. 314; *dies.*, MedR 2017, 948, 949.

[6] Vgl. dazu *Krüger*, Die Organvermittlungstätigkeit Eurotransplants, S. 312 ff.; *Molnár-Gábor*, Die Regelung der Organverteilung durch Eurotransplant, S. 344 ff.

a) Abschließender Charakter der Richtlinien und grundsätzliche Befugnis zur Normsetzung

Insoweit ist zunächst zu klären, ob sich aus den Vorschriften des TPG eine (zusätzliche) Normsetzungskompetenz Eurotransplants ergibt oder nicht vielmehr die Richtlinien der Bundesärztekammer als abschließend anzusehen sind. Während die Richtlinienkompetenz der Bundesärztekammer in § 16 Abs. 1 S. 1 TPG ausdrücklich normiert wurde, sucht man im TPG vergeblich nach einer eindeutigen Entsprechung für die Anwendungsregeln von Eurotransplant.[7] Dennoch könnte sich eine solche Kompetenz indirekt aus dem Regelungsgefüge ergeben.

aa) Befürworter einer Normsetzungskompetenz

Eine solche „indirekte Regelungskompetenz“[8] könnte sich aus § 12 Abs. 4 S. 2 Nr. 3 TPG ergeben. Nach dieser Vorschrift sollen die Vertragspartner des Vermittlungsstellen-Vertrags in diesem u. a. die Vermittlung der Organe nach den Vorschriften des Abs. 3, also nach Regeln, die dem Stand der Erkenntnisse der medizinischen Wissenschaft entsprechen, insbesondere nach Erfolgsaussicht und Dringlichkeit, regeln. In Umsetzung dieser Vorgaben bestimmt § 5 Abs. 1 S. 2 des Vermittlungsstellen-Vertrags, dass Eurotransplant zu diesem Zweck Anwendungsregelungen für die Organvermittlung auf der Grundlage der jeweils geltenden Richtlinien der Bundesärztekammer (§ 16 Abs. 1 S. 1 Nr. 5 TPG) und der in dem Vertrag enthaltenen Bestimmungen erlässt.

Mitunter wird bereits diese vertragliche Regelung als ausreichende Kompetenzgrundlage angesehen.[9] Wenn der Erlass der Anwendungsregeln hier auch ausdrücklich benannt wird, kann sie dennoch nicht – jedenfalls nicht als alleineige – Ermächtigung angesehen werden, da es sich beim Vermittlungs-

[7] So auch *Molnár-Gábor*, Die Regelung der Organverteilung durch Eurotransplant, S. 339.

[8] *Krüger*, Die Organvermittlungstätigkeit Eurotransplants, S. 201.

[9] Diese Auffassung vertritt wohl zunächst die PÜK selbst, vgl. etwa die Ausführungen im Kommissionsbericht der PÜK zur Prüfung des Herztransplantationsprogramms des Universitätsklinikums Köln-Lindenthal am 13. Juli und 13. August 2015, S. 3 f., im Anhang des Tätigkeitsberichts der PÜK 2014/2015, abrufbar unter http://www.bundesaerztekammer.de/fileadmin/user_upload/downloads/pdf-Ordner/Transplantation/2015_09_26_BerPKUEK201415mitKB.pdf (letzter Abruf am 17. Juni 2018); so wohl auch *Verrel* MedR 2017, 597, 598, der darauf hinweist, dass das ET-Manual nicht in einem „rechtsfreien Raum“ schwebe, sondern über § 5 Abs. 1 S. 2 des Vertrags legitimiert würde; relativierend sodann *ders.*, MedR 2017, 951: Über die Bindungswirkung des ET-Manuals könne man durchaus unterschiedlicher Auffassung sein.

stellen-Vertrag lediglich um einen privatrechtlichen Vertrag zwischen den benannten Akteuren handelt. Erforderlich wäre vielmehr, dass eine derartige Kompetenz auch in der gesetzlichen Regelung selbst verankert ist.

Damit ist § 12 Abs. 4 S. 2 Nr. 3 TPG in den Fokus zu nehmen. Die Formulierung dieser Vorschrift legt auf den ersten Blick nahe, dass es zwar nach § 16 Abs. 1 TPG Aufgabe der Bundesärztekammer sei, *Richtlinien* für die Regeln der Organvermittlung bereitzustellen, die *Regeln* selbst aber durch die Vertragspartner als Gegenstand des Vermittlungsstellen-Vertrags festgelegt werden sollten.[10] Eine derartige Differenzierung wird häufig auch im Zusammenhang mit einer möglichen Kompetenzüberschreitung durch die Bundesärztekammer vorgenommen und vertreten, diese hätte lediglich die Richtlinien für die Regeln feststellen, nicht jedoch eigene Verteilungsregeln aufstellen dürfen.[11] Diese Differenzierung würde jedoch zu einer „unisinnige[n] Verdopplung" des Prozesses der Regelfeststellung führen.[12] Auch wenn der Gesetzgeber an dieser Stelle durch seine Wortwahl Raum zur Interpretation geschaffen hat, wird durch das Zusammenspiel der §§ 9 Abs. 2 S. 3, 12 Abs. 3 und 16 Abs. 1 Nr. 5 TPG deutlich, dass die Bundesärztekammer verbindliche Allokationsregeln für die Organvermittlung aufstellen soll, während Eurotransplant bei der Organvermittlung an diese Vorgaben gebunden sein soll.[13] Daher kann diese Differenzierung des Wortlauts nicht ohne weiteres zu der Annahme führen, dass den Vertragspartnern des Vermittlungsstellen-Vertrags eine Normsetzungskompetenz übertragen werden sollte. Schließlich haben die Vertragspartner im Vermittlungsstellen-Vertrag auch keine Allokationsregeln aufgestellt, sondern durch § 5 des Vertrags eine weitere Delegation an Eurotransplant vorgenommen, was von einem Teil der Literatur wohl auch als zulässig angesehen wird.[14] Wenn danach § 12 Abs. 4 S. 2 Nr. 3 TPG im Zusammenspiel mit § 5 des Vermittlungsstellen-Vertrags eine Ermächtigung Eurotransplants zum Erlass eigener oder ergänzender Allokationskriterien darstellen könnte, setzt dies voraus, dass die Richtlinien der Bundesärztekammer nicht bereits als abschließend bewertet werden dürften.

---

[10] So *Schreiber*, Richtlinien und Regeln für die Organallokation, S. 68, der jedoch selbst ausführt, dass die Vertragspartner diese Aufgabe in ihrer Zusammensetzung nur schwerlich wahrnehmen könnten; dem zustimmend *Gutmann/Fateh-Moghadam*, Rechtsfragen der Organverteilung I, S. 55: Die Vorstellung derart wesentliche und grundrechtsrelevante Fragen würden in Vertragsverhandlungen zwischen Körperschaften der Gesundheitsbürokratie ausgehandelt werden, sei horribel.

[11] So bereits *Conrads*, Rechtliche Grundsätze der Organallokation, S. 226; dem folgend etwa *Gutmann/Fateh-Moghadam*, Rechtsfragen der Organverteilung I, S. 52; *Gutmann*, in: Schroth/König/Gutmann/Oduncu, TPG, § 16 Rn. 19.

[12] *Schreiber*, Richtlinien und Regeln für die Organallokation, S. 68.

[13] *Krüger*, Die Organvermittlungstätigkeit Eurotransplants, S. 195 f.

[14] *Gutmann*, in: Schroth/König/Gutmann/Oduncu, TPG, § 12 Rn. 31; *Bader*, Organmangel, S. 144.

Insoweit wird zunächst auf die Konkretisierungsbedürftigkeit der Richtlinien hingewiesen, die einer weiteren Ausfüllung durch Eurotransplant bedürften, was dazu führe, dass Eurotransplant eben nicht lediglich Vollzugsentscheidungen treffe.[15] Zudem bestimmten § 12 Abs. 3 S. 1, Abs. 4 S. 2 Nr. 3 TPG sowie § 5 Abs. 1 S. 2 des Vermittlungsstellen-Vertrags, dass die Anwendungsregeln „nach" bzw. „auf Grundlage" der deutschen Regeln erstellt werden, woraus sich nicht ergebe, dass diese Regeln bereits abschließend sein sollen.[16] Daraus wiederum wird geschlussfolgert, dass sich den deutschen Vorschriften nicht entnehmen lasse, dass Eurotransplant nicht dazu berechtigt ist, eigene Allokationskriterien zu erlassen.[17] Es erscheint jedoch fraglich, ob es tatsächlich genügen soll, dass dem Gesetz kein entsprechendes Verbot zu entnehmen ist. Vielmehr wäre zu fordern, dass eine entsprechende Befugnis positiv normiert ist.

Weiterhin wird auf § 5 Abs. 7 des Vermittlungsstellen-Vertrags verwiesen, wonach Eurotransplant unter gewissen Umständen von den Richtlinien der Bundesärztekammer abweichen darf, was wiederum gegen einen abschließenden Charakter der Richtlinien und für eine Normierungsbefugnis Eurotransplants ins Feld geführt werden könne.[18] Auch das Kriterium der Austauschbilanzen zeige, dass Eurotransplant eigene Allokationskriterien erlassen dürfe, da ein Pendant weder im TPG noch in den Richtlinien enthalten sei, das Kriterium aber dennoch angewandt werde.[19] Bei dieser Argumentation handelt es sich jedoch um einen Zirkelschluss. Aus der Tatsache, dass Eurotransplant eigene Kriterien erlassen hat, kann nicht auf eine entsprechende Kompetenz geschlossen werden. Diese gilt es gerade anhand der gesetzlichen Vorgaben zu bestimmen.

Schließlich ergebe sich dies aus dem Hinweis auf „Erfolgsaussicht" und „Dringlichkeit" in § 12 Abs. 3 S. 1 TPG i.V.m. § 5 Abs. 1 des Vermittlungsstellen-Vertrags, da die Auflösung des Widerspruchs dieser beiden Kriterien somit Eurotransplant überlassen werde.[20] Auch dieser Schluss erscheint jedoch nicht zwingend. Ebenso könnte vertreten werden, dass diese Aufgabe

---

[15] So *Molnár-Gábor*, Die Regelung der Organverteilung durch Eurotransplant, S. 334 f., die aber im Ergebnis festhält, dass es an einer gesetzlichen Grundlage für eine Normierungskompetenz fehle.

[16] So *Bader*, Organmangel, S. 146; *Molnár-Gábor*, Die Regelung der Organverteilung durch Eurotransplant, S. 337.

[17] *Gutmann*, in: Schroth/König/Gutmann/Oduncu, TPG, § 12 Rn. 60; *Bader*, Organmangel, S. 146; wohl auch *Höfling*, in: Höfling, TPG, § 12 Rn. 46.

[18] *Molnár-Gábor*, Die Regelung der Organverteilung durch Eurotransplant, S. 334 f.; wohl auch *Schmidt-Aßmann*, Grundrechtspositionen, S. 106.

[19] *Molnár-Gábor*, Die Regelung der Organverteilung durch Eurotransplant, S. 336.

[20] *Molnár-Gábor*, Die Regelung der Organverteilung durch Eurotransplant, S. 337.

bereits der Bundesärztekammer in § 16 Abs. 1 S. 1 Nr. 5 TPG übertragen worden ist, da diese Vorschrift einen entsprechenden Verweis auf die genannten Kriterien enthält.

Die Argumentation der Befürworter einer Normierungskompetenz von Eurotransplant kann damit insgesamt nicht überzeugen. Neben den bereits genannten Einwänden ist insbesondere darauf hinzuweisen, dass die Begründungen in erster Linie auf der Ebene des Vermittlungsstellen-Vertrags ansetzen. Dieser kann für sich genommen jedoch keine Kompetenzen vermitteln, sondern allenfalls im Zusammenspiel mit der grundlegenden gesetzlichen Vorgabe in § 12 Abs. 4 S. 2 Nr. 3 TPG, wonach die Vertragspartner die Organvermittlung nach § 12 Abs. 3 TPG zu regeln haben. Dass diese Vorschrift überhaupt die Erstellung von Regeln zur Organallokation umfasst und zusätzlich die Delegation dieser Aufgabe an Eurotransplant zulässt, wird dagegen nicht direkt begründet, was allerdings erforderlich gewesen wäre, da sich dies aus dem Wortlaut der Vorschrift nicht ausdrücklich ergibt.

bb) Gegner einer Normsetzungskompetenz

Andere Stimmen sehen dagegen eine abschließende Normierungskompetenz bei der Bundesärztekammer verortet. Den Ausgangspunkt der Argumentation bildet die Feststellung, dass das TPG zwischen der Richtlinienerstellung zur Organvermittlung einerseits, die gemäß § 16 Abs. 1 S. 1 Nr. 5 TPG der Bundesärztekammer zugewiesen sei, und der faktischen Organvermittlung im Einzelfall gemäß § 12 TPG andererseits differenziere. Eine Ergänzung oder Erweiterung der Richtlinien durch die Vermittlungsstelle sei dagegen dem Gesetz nach nicht vorgesehen.[21] Damit sei Eurotransplant eine ausschließlich vollziehende Einrichtung und bei der Organvermittlung umfassend an die Richtlinien der Bundesärztekammer gebunden, ohne dass ihr dabei eine Befugnis zur Erstellung eigener Allokationskriterien zustehe.[22]

An dieser gesetzlichen Ausgestaltung ändere es auch nichts, dass die Zulässigkeit der Organübertragung durch § 9 Abs. 2 S. 3 TPG an die Vermittlung über die Vermittlungsstelle geknüpft ist. Denn die Vermittlung habe unter Beachtung der Regeln nach § 12 Abs. 3 S. 1 TPG zu erfolgen, wodurch die Richtlinien nach § 16 Abs. 1 S. 1 Nr. 5 TPG zum Zulässigkeitsmaßstab für die Organvermittlung erhoben würden, während eine Ergänzung dieser

---

[21] *Molnár-Gábor*, Die Regelung der Organverteilung durch Eurotransplant, S. 338 f.; *Krüger*, Die Organvermittlungstätigkeit Eurotransplants, S. 312; im Ergebnis geht auch *Schneider* davon aus, dass Eurotransplant Organe lediglich nach zuvor festgelegten, nicht aber nach eigenen Kriterien verteilen soll, vgl. *dies.*, Verfassungsmäßigkeit des Rechts der Organallokation, S. 268.

[22] *Krüger*, Die Organvermittlungstätigkeit Eurotransplants, S. 311.

Vorgaben durch Eurotransplant auch dieser Regelung nicht zu entnehmen sei.[23] Des Weiteren lasse sich auch den Gesetzgebungsmaterialien kein Hinweis darauf entnehmen, dass Eurotransplant eigene Allokationskriterien erlassen soll.[24]

Die Übertragung der Normierungskompetenz sei vielmehr erst durch § 5 Abs. 1 S. 2 des Vermittlungsstellen-Vertrags erfolgt. Da es für eine derartige Erweiterung des Aufgabenkreises der Vermittlungsstelle aber keine Grundlage im TPG gebe, hätten die Vertragspartner insoweit die ihnen zugewiesenen Kompetenzen überschritten. Die Regelung selbst stelle einen Gesetzesverstoß dar.[25] Doch auch aufgrund der vertraglichen Regelung selbst könne der abschließende Charakter der Richtlinien begründet werden. Dies ergebe sich aus einem Umkehrschluss aus § 5 Abs. 7 des Vertrags, wonach eine Abweichung von den Richtlinien der Bundesärztekammer nur im Ausnahmefall bei medizinischer Indikation und lediglich zeitlich befristet erfolgen dürfe, woraus zu schließen sei, dass eine solche grundsätzlich also nicht vorgesehen sei.[26] Dem könnte jedoch entgegengehalten werden, dass mit „Abweichung" Regelungen gemeint sein könnten, die im Widerspruch zu den Vorgaben der Richtlinien stehen, nicht dagegen solche, die eine Konkretisierung darstellen.

cc) Auslegung von § 12 Abs. 4 S. 1 Nr. 3 TPG

Nach dem zuvor Gesagten muss die entscheidende Frage damit lauten, was die Vorschrift des § 12 Abs. 4 S. 2 Nr. 3 TPG (i. V. m. Abs. 3 S. 1 der Vorschrift und § 5 des Vermittlungsstellen-Vertrags) hergibt oder eben nicht hergibt. Letztlich kann nur diese Vorschrift die Grundlage für eine Befugnis von Eurotransplant zum Erlass eigener Allokationskriterien darstellen. Der Wortlaut ist dabei nicht eindeutig. Ausdrücklich weist er Eurotransplant keine entsprechende Kompetenz zu. Fraglich ist aber, ob eine solche durch Auslegung ermittelt werden kann. Daher sollen im Folgenden neben dem Wortlaut der Vorschrift auch die Systematik sowie der Telos noch einmal grundlegend untersucht werden.

---

[23] *Krüger*, Die Organvermittlungstätigkeit Eurotransplants, S. 204.

[24] *Krüger*, Die Organvermittlungstätigkeit Eurotransplants, S. 311.

[25] *Krüger*, Die Organvermittlungstätigkeit Eurotransplants, S. 311 f.

[26] *Krüger*, Die Organvermittlungstätigkeit Eurotransplants, S. 204.

(1) Auslegung nach dem Wortlaut

Zunächst ist zu fragen, welche Bedeutung der Formulierung in § 12 Abs. 4 S. 2 Nr. 3 TPG nach dem Sprachgebrauch der Rechtsgemeinschaft beigemessen werden kann.[27] Eine Auslegung kann nur so weit gehen, wie es der mögliche Wortsinn zulässt.[28] Die Vorschrift bestimmt, dass die Vermittlung der Organe nach den Vorschriften des Absatzes 3, also nach Regeln, die dem Stand der Erkenntnisse der medizinischen Wissenschaft entsprechen, insbesondere nach Erfolgsaussicht und Dringlichkeit, geregelt werden soll. Der Begriff der Vermittlung könnte sowohl auf eine inhaltliche Ausgestaltung der Organvergabe als auch auf deren praktischen Vollzug hinweisen und steht der Annahme einer Normsetzungskompetenz Eurotransplants zunächst offen gegenüber. Dass die Vermittlung „nach den Vorschriften des Absatzes 3" und damit „nach Regeln" zu erfolgen habe bzw. geregelt werden soll, könnte bedeuten, dass diese bereits bestehenden Regeln lediglich umgesetzt werden sollten, ohne dass darüber hinausgehende Kriterien erlassen werden dürften. Zwingend ist eine derartige Interpretation indes nicht, sodass der Wortlaut des Gesetzes die Annahme einer eigenen Regelungskompetenz Eurotransplants weiterhin zuließe.

Daran anknüpfend bestimmt § 5 Abs. 1 des Vermittlungsstellen-Vertrags, dass Eurotransplant Anwendungsregeln „auf der Grundlage" der gesetzlichen Vorgaben und der Richtlinien erlässt. Diese sollen also den Ausgangspunkt bilden. Es wäre ein leichtes gewesen, ein „ausschließlich" hinzuzufügen. Dies spricht wiederum gegen einen abschließenden Charakter der Richtlinien.

(2) Systematische Auslegung

Im Rahmen der systematischen Auslegung ist die Einheit des Rechts zu wahren. Das Auslegungsergebnis muss auch im Zusammenhang zu gleich- und höherrangigen Normen ein logisches und widerspruchsfreies Bild liefern.[29] Insoweit verweisen die Gegner einer Normsetzungskompetenz Eurotransplants zutreffend auf den systematischen Zusammenhang zu § 16 Abs. 1 S. 1 Nr. 5 TPG, der der Bundesärztekammer ausdrücklich eine Regelungskompetenz zuweist, während dies aus § 12 Abs. 4 S. 2 Nr. 3 TPG nicht derart eindeutig hervorgeht.[30] In diesem Zusammenhang kann auf eine weitere Vorschrift des TPG hingewiesen werden. Durch § 11 Abs. 1a S. 2 TPG wurde

---

[27] Allgemein dazu *Zippelius*, Methodenlehre, S. 38 f.

[28] BVerfGE 71, 108, 115; 87, 209, 224.

[29] *Zippelius*, Methodenlehre, S. 43.

[30] Vgl. dazu bereits soeben unter Gliederungspunkt G.I.2.a)bb).

die Koordinierungsstelle dazu ermächtigt, Verfahrensanweisungen zu verschiedenen Bereichen des Spende-Prozesses zu erlassen. Hierin liegt eine weitere ausdrückliche Zuweisung einer Regelungskompetenz innerhalb des Transplantationssystems.[31] Der Gesetzgeber hat also zwei Akteuren des Transplantationswesens ausdrücklich Regelungskompetenzen zugeteilt, woraus sich schlussfolgern ließe, dass er – hätte er auch Eurotransplant eine Regelungskompetenz zuweisen wollen – dies ebenfalls ausdrücklich im Gesetzestext formuliert hätte.

Allerdings muss gleichzeitig die Systematik innerhalb der einzelnen Rechtsvorschrift selbst beachtet werden, mithin die Differenzierung zwischen der Regelung der *Vermittlung* und der Regelung des *Verfahrens* in § 12 Abs. 4 S. 2 Nr. 3 TPG. Hätten Eurotransplant bzw. die Vertragspartner lediglich die praktische Umsetzung der Richtlinien, also den Vollzug der Vermittlung regeln sollen, hätte auch insoweit auf die Regelung des Verfahrens abgestellt werden können. Dies könnte also wiederum einen Hinweis auf eine Normsetzungskompetenz Eurotransplants darstellen.

(3) Telos und Historie der Vorschrift

Schließlich ist bei der Auslegung auch der Telos der jeweiligen Vorschrift zu berücksichtigen. Gesetze sind so auszulegen, wie es dem Gesetzeszweck dient, wobei auch das historische Auslegungskriterium einen Hinweis auf diesen Zweck geben kann.[32] Die Gesetzesbegründung verhält sich zu diesem Aspekt jedoch nicht.[33] Allerdings führt sie in einem anderen Zusammenhang explizit aus, dass auch Eurotransplant als Vermittlungsstelle benannt werden könnte. Insgesamt herrscht die Auffassung, dass der Gesetzgeber bei der Schaffung des TPG das zuvor bereits ohne gesetzliche Vorgaben etablierte Transplantationssystem weitgehend abbilden wollte.[34] Vor der Einführung des TPG oblag die Organvermittlung – abgesehen von der Möglichkeit des lokalen Selbstbehalts – Eurotransplant, die diese nach eigenen Richtlinien durchführte.[35] Der Umstand, dass der Gesetzgeber wohl von vornherein Eurotransplant als Vermittlungsstelle im Blick hatte und zudem das vorgefundene System gesetzlich einbetten wollte, könnte als Indiz dafür gewertet werden, dass Eurotransplant auch weiterhin berechtigt sein sollte, Allokationskriterien aufzustellen. Sicher ist dies indes nicht.

31 So wohl auch *Lang*, in: Höfling, TPG, § 11 Rn. 24.

32 *Zippelius*, Methodenlehre, S. 41 f.

33 Vgl. bereits Gliederungspunkt G.I.2.a)bb).

34 So etwa *Bader*, Organmangel, S. 77.

35 *Bader*, Organmangel, S. 80 f. sowie 88 f.

Somit kann auch die Auslegung von § 12 Abs. 4 S. 2 Nr. 3 TPG nicht zu einem eindeutigen Ergebnis verhelfen. Eine Normierungskompetenz Eurotransplants scheint demnach aber jedenfalls nicht zwingend ausgeschlossen zu sein.[36]

b) Der Hinweis des Bundesministerium für Gesundheit (BMG) zur Genehmigung des Vermittlungsstellen-Vertrags

Der Vermittlungsstellen-Vertrag wurde am 27. Juni 2000 durch das BMG genehmigt und am 15. Juli 2000 im Bundesanzeiger bekanntgemacht.[37] Das BMG hat die Genehmigung mit einem „Hinweis" versehen, der bei der Frage nach einer Normsetzungskompetenz Eurotransplants ebenfalls zu beachten ist. Danach sollen die jeweils geltenden Richtlinien der Bundesärztekammer nach § 16 Abs. 1 S. 1 Nr. 5 TPG und die Bestimmungen des Vermittlungsstellen-Vertrags die „alleinige Grundlage" der von Eurotransplant zu erstellenden Anwendungsregeln für die Organvermittlung sein (§ 5 Abs. 1 S. 2 des Vertrages), während „andere Regelungen oder sonstige Vorgaben [...] in den Anwendungsregelungen nicht berücksichtigt und der Vermittlungsentscheidung nicht zugrunde gelegt werden [dürften]."[38]

Soweit ersichtlich haben sich bislang lediglich zwei Autoren mit der Frage nach der Rechtsnatur dieses Hinweises auseinandergesetzt. Beide gingen vorab von einem nicht abschließenden Charakter der Richtlinien der Bundesärztekammer und von einer Normsetzungskompetenz Eurotransplants aus. Während *Gutmann* die Auffassung vertritt, dass es sich um eine öffentlich-rechtliche Aussage des BMG handele,[39] ordnet *Bader* den Zusatz als unverbindlichen (und unzutreffenden) Hinweis auf die bestehende Rechtslage ein.[40]

---

[36] Weiterführend stellen sich einige Autoren in diesem Zusammenhang die Frage, ob Eurotransplant beim Erlass der Anwendungskriterien umfassend an die Richtlinien der Bundesärztekammer gebunden ist oder ob eine Bindung an solche Richtlinien, die die Bundesärztekammer in Überschreitung ihrer Kompetenzen erlassen habe, entfalle. Für eine umfassende Bindung an alle Richtlinien sprechen sich im Ergebnis aus *Bader*, Organmangel, S. 148 f.; wohl auch *Höfling*, in: Höfling, TPG § 16 Rn. 28; sowie *Norba*, Rechtsfragen der Transplantationsmedizin, S. 194; a.A. *Gutmann*, in: Schroth/König/Gutmann/Oduncu, TPG, § 12 Rn. 32; *Gutmann/Fateh-Mogdaham*, Rechtsfragen der Organverteilung I, S. 56.

[37] BAnz Nr. 131a vom 15. Juli 2000, S. 3.

[38] BAnz Nr. 131a vom 15. Juli 2000, S. 3.

[39] *Gutmann*, in: Schroth/König/Gutmann/Oduncu, TPG, § 12 Rn. 60.

[40] *Bader*, Organmangel, S. 147.

Gutmann erwägt insbesondere die Kategorisierung des Hinweises als Nebenbestimmung respektive Auflage im Sinn von § 36 Abs. 2 Nr. 4 VwVfG.[41] Insoweit stellt er zutreffend darauf ab, dass der Hinweis nach § 36 Abs. 1 VwVfG sicherstellen müsste, dass die gesetzlichen Voraussetzungen der Genehmigung erfüllt werden, da es sich bei dieser gemäß § 12 Abs. 5 S. 2 TPG um einen gebundenen Verwaltungsakt handele, während der Erlass von Nebenbestimmungen in dieser Vorschrift nicht vorgesehen sei. Die Genehmigung „ist" vielmehr „zu erteilen", wenn der Vertrag den Vorschriften des TPG und sonstigem Recht entspricht. Da jedoch § 12 Abs. 4 S. 2 Nr. 3 TPG gerade keine ausdrückliche Regelung der Organvermittlung durch die Vertragspartner fordere, sei eine solche nicht Voraussetzung der gesetzlichen Genehmigung. Daher kommt er folgerichtig zu dem Ergebnis, dass es sich um eine rechtswidrige Auflage handele, die jedoch mangels Anfechtung binnen der Monatsfrist gemäß §§ 68 Abs. 1 S. 2 Nr. 1, 74 Abs. 1 S. 2 VwGO in Bestandskraft erwachsen sei. Dem ist insoweit zuzustimmen, als dass § 5 Abs. 1 S. 2 des Vermittlungsstellen-Vertrages mit den Vorgaben des TPG nur dann in Einklang stünde, wenn dieses eine Befugnis von Eurotransplant zum Erlass eigener Kriterien zulässt, was wiederum voraussetzt, dass die Richtlinien der Bundesärztekammer nicht als abschließend anzusehen sind. Nach der obigen Auslegung erscheint diese Annahme jedenfalls als vertretbar.

Vorzugswürdig ist es nach hiesiger Ansicht jedoch mit *Bader* von einer Unverbindlichkeit des obigen Hinweises auszugehen. Anders als eine Nebenbestimmung, bei der die Behörde die bestehende Rechtslage mit unmittelbarer Rechtserheblichkeit konkretisieren oder gestalten will, besitzen Hinweise keine unmittelbare Rechtserheblichkeit, sondern stellen einen bloßen Verweis auf eine von Gesetzes wegen bestehende Beschränkung der erteilten Erlaubnis dar.[42] Sie bilden damit eine bloße Wiederholung des Gesetzeswortlauts, ohne eine konkret-individuelle Umsetzung vorzunehmen.[43] Als Indiz für eine derartige Einordnung spricht zunächst die Bezeichnung des Zusatzes als „Hinweis".[44] Problematisch erscheint, dass das BMG nicht lediglich die Rechtslage wiederholt hat, wenn man mit *Bader* davon ausgeht, dass die Richtlinien der Bundesärztekammer nicht abschließend sind und Eurotransplant darüber hinaus berechtigt ist, eigene Anwendungsregeln zu erlassen. Da sich das BMG allerdings konkret auf § 5 Abs. 1 S. 2 des Vermittlungsstellen-Vertrages beziehe, werde deutlich, dass das BMG davon ausgehe, dass sich

[41] Vgl. dazu und zum Folgenden *Gutmann*, in: Schroth/König/Gutmann/Oduncu, TPG, § 12 Rn. 60.

[42] Vgl. dazu *Ramsauer*, in: Kopp/Ramsauer, VwVfG, § 36 Rn. 15; dies aufgreifend *Bader*, Organmangel, S. 147.

[43] *Beckmann,* VR 2003, 148, 151.

[44] *Bader*, Organmangel, S. 147f.; vgl. zu dieser Indizwirkung der Bezeichnung auch OVG Münster, NVwZ-RR 2006, 86, 87 m.w.N.

seine Auffassung aus diesen Vorgaben ergebe, weshalb es nach „*eigenem* Bekunden“ lediglich auf die bestehende Rechtslage hinweisen und diese nicht etwa konkretisieren oder gestalten wollte.[45] Insoweit handele es sich um einen unzutreffenden Hinweis.[46] Da Hinweisen ein Regelungsgehalt fehlt, können diese nicht rechtmäßig oder rechtswidrig, sondern richtig oder falsch sein.[47] Ein „falscher“ Hinweis weicht zwangsläufig von der gesetzlichen Regelung ab. Aufgrund dessen aber von einer individuellen Konkretisierung auszugehen, mit der Folge der Annahme einer Regelung und entsprechend einer unmittelbar rechtsverbindlichen Nebenbestimmung, ginge fehl. Hinzu kommt, dass Unklarheiten im Ausdruck öffentlich rechtlicher Erklärungen zulasten der Behörde gehen,[48] was vorliegend ebenfalls für eine Einordnung als unverbindliche Anmerkung spricht.

Sollte man also eine Normierungskompetenz Eurotransplants bejahen, stünde der Hinweis des BMG zur Genehmigung des Vermittlungsstellen-Vertrags dieser nicht entgegen. Bezüglich der vorgelagerten Frage, ob eine solche Normierungskompetenz überhaupt besteht, vermag der Hinweis dagegen nicht weiterzuhelfen. Sollte eine solche nicht bestehen, sondern die Richtlinien der Bundesärztekammer abschließend sein, stellt der Hinweis eine bloße Wiederholung des Gesetzes dar. Sollte sie dagegen bestehen, würde der dann unzutreffende Hinweis an dieser Kompetenz nichts ändern. Mangels rechtsgestaltender Wirkung kann ihm in diesem Zusammenhang keine Bedeutung zukommen.

c) Zwischenergebnis

Das TPG enthält keine ausdrückliche Ermächtigung Eurotransplants zum Erlass eigener Allokationskriterien. Insbesondere kann eine solche nicht allein aus der vertraglichen Kompetenzzuweisung des § 5 Abs. 1 S. 2 des Vermittlungsstellen-Vertrages gefolgert werden, da es sich insoweit um eine privatrechtliche Vereinbarung der Vertragspartner handelt. Erforderlich wäre eine gesetzliche Rückanbindung dieser Kompetenz. Eine indirekte Zuweisung dieser Befugnis könnte sich aus § 12 Abs. 4 S. 2 Nr. 3 TPG i. V. m. Absatz 3 sowie § 5 Abs. 1 S. 2 des Vermittlungsstellen-Vertrags ergeben. Weder der Wortlaut der Vorschrift noch deren Systematik bieten jedoch einen eindeutigen Hinweis. Insbesondere die ausdrückliche Normierungskompetenz der Bundesärztekammer in § 16 Abs. 1 S. 1 Nr. 5 TPG sowie die Tatsache, dass das TPG

[45] *Bader*, Organmangel, S. 147.

[46] *Bader*, Organmangel, S. 147; dem folgend *Molnár-Gábor*, Die Regelung der Organverteilung durch Eurotransplant, S. 336.

[47] *Beckmann,* VR 2003, 148, 151.

[48] *Buschein,* in: MüKo, BGB, § 133 Rn. 46 m. w. N.

zwischen der Richtlinienerstellung einerseits und der praktischen Organvermittlung andererseits differenziert, sprechen jedoch eher dafür, eine Normierungskompetenz von Eurotransplant im Ergebnis zu verneinen.

II. Bindung der Transplantationszentren an das ET-Manual

Noch weniger beachtet als die Frage, ob Eurotransplant nach den Vorgaben des TPG tatsächlich dazu berechtigt ist, eigene Allokationskriterien zu erlassen, ist bislang die Frage, ob das in der Praxis zur Anwendung kommende ET-Manual Verbindlichkeit gegenüber den Transplantationszentren beanspruchen kann. Gerade vor dem Hintergrund der durch die PÜK festgestellten Auffälligkeiten, die sich erst durch die Konkretisierung der Richtlinien durch das ET-Manual eindeutig als Verstöße ausmachen ließen, gewinnt diese Thematik an Relevanz. Die PÜK selbst ging bei ihren Prüfungen von der Verbindlichkeit des ET-Manuals aus, da dieses Anwendungsregeln im Sinn von § 5 des Vermittlungsstellen-Vertrages enthalte und § 1 des Vertrages – aufgrund von § 12 Abs. 4 Satz 1 TPG – ausdrücklich bestimme, dass der Vertrag die Vermittlung der vermittlungspflichtigen Organe „mit Wirkung für die Transplantationszentren" regelt.[49] Dies soll nachfolgend näher untersucht werden.

1. Bindung aufgrund gesetzlicher Regelung

Eine ausdrückliche Verbindlichkeitsanordnung des ET-Manuals sucht man im TPG wiederum vergeblich.[50] Eine solche könnte sich daher ebenfalls lediglich indirekt aus den übrigen Vorgaben des Gesetzes ergeben.

a) Vergleich mit der Verbindlichkeitsanordnung der Richtlinien

Die Verbindlichkeit der Richtlinien der Bundesärztekammer ergibt sich in erster Linie aus § 16 Abs. 1 S. 2 TPG. Es gilt die Vermutung, dass der Stand der Erkenntnisse der medizinischen Wissenschaft eingehalten wurde, wenn die Richtlinien beachtet wurden.[51] Fraglich ist, ob sich diese Vorgaben auf

[49] Vgl. dazu ebenfalls die Ausführungen im Kommissionsbericht der PÜK zur Prüfung des Herztransplantationsprogramms des Universitätsklinikums Köln-Lindenthal am 13. Juli und 13. August 2015, S. 3 f.; auch das LG Essen hielt eine Verbindlichkeit des ET-Manuals für die Transplantationszentren in seinem Urteil vom 21. November 2007 – wenn auch ohne nähere Begründung – jedenfalls für möglich, Az.: 1 O 312/07 – BeckRS 2009, 3085.

[50] So auch *Krüger*, Die Organvermittlungstätigkeit Eurotransplant, S. 199.

[51] Vgl. dazu bereits Gliederungspunkt B.I.2.b)bb).

das ET-Manual erweitern lassen. Der Wortlaut, der die Grenze der Auslegung darstellt, erfasst eindeutig nur die Richtlinien. Zwar ist das ET-Manual gar nicht im TPG erwähnt, sodass insoweit kein strikter Umkehrschluss gezogen werden kann.[52] Allerdings ergibt sich die Differenzierung der verschiedenen am Allokationsprozess beteiligten Akteure aus dem Gesetz. Die Regelung der Organvermittlung ist in § 12 Abs. 4 S. 2 Nr. 3 TPG auf die Vertragspartner übertragen worden, ohne ein Pendant zu § 16 Abs. 1 S. 2 TPG für diese Vertragsregelungen zu schaffen. Zwar ordnet § 12 Abs. 4 S. 1 TPG die Verbindlichkeit des Vertrages an.[53] Dies stellt jedoch keine dem § 16 Abs. 1 S. 2 TPG vergleichbare Regelung in Bezug auf den Stand der Erkenntnisse der medizinischen Wissenschaft dar. Insoweit besteht zunächst nach dem TPG keine Vermutung, dass der Stand der Erkenntnisse der medizinischen Wissenschaft eingehalten wurde, wenn die Regelungen des ET-Manuals eingehalten wurden.[54]

b) Vergleich mit der Verbindlichkeitsanordnung der DSO Verfahrensregeln

In § 11 Abs. 1a S. 2 regelt das TPG – wie bereits gesehen – ausdrücklich, dass die DSO Verfahrensanweisungen erlassen darf.[55] Die Verbindlichkeit dieser Anweisungen regelt das TPG für die Entnahmekrankenhäuser in § 9a Abs. 2 Nr. 4 TPG, indem es ihnen die Verpflichtung auferlegt, die auf Grund des § 11 getroffenen Regelungen zur Organentnahme einzuhalten. Dadurch, dass der Gesetzgeber sich an dieser Stelle für einen Blankettverweis entschieden hat, wird deutlich, dass sich die Verbindlichkeitsanordnung nicht bloß auf den Koordinierungsstellen-Vertrag bezieht, dessen Verbindlichkeit sich bereits aus § 11 Abs. 2 S. 1 TPG ergibt, sondern darüber hinaus in einem weiteren Sinn auf alle Regeln verweist, die auf Grund von § 11 TPG erlassen wurden, insbesondere die Verfahrensanweisungen.[56]

Der Ansatz des Blankettverweises ließe sich auf das ET-Manual übertragen. § 10 Abs. 2 Nr. 3 TPG regelt, dass die Transplantationszentren dazu verpflichtet sind, die nach § 12 TPG erlassenen Regeln zur Organvermittlung

---

[52] A.A. ein Transplantationszentrum in seiner (durch juristischen Beistand verfassten) Stellungnahme zum vorläufigen Kommissionsbericht der PÜK, in der ein Umkehrschluss angenommen wird.

[53] Zu einer möglichen vertraglichen Bindung sogleich unter Gliederungspunkt G.II.2.

[54] Im Ergebnis ebenso *Sickor*, GesR 2014, 204, 206.

[55] Die Einführung dieser Regelungskompetenz diente der Umsetzung von Artikel 4 Absatz 2 der Richtlinie 2010/53/EU, die die Mitgliedstaaten dazu verpflichtete, ein System für Qualität und Sicherheit zu schaffen, BT-Drs. 17/7376, S. 22.

[56] *Lang*, in: Höfling, TPG, § 9a Rn. 7.

einzuhalten. Da die Verbindlichkeit des Vermittlungsstelen-Vertrags bereits in § 12 Abs. 4 S. 1 TPG angeordnet wird, könnte auch hier davon ausgegangen werden, dass der Verweis in einem weiteren Sinne auch Regelungen neben dem Vertrag umfasst. Als solche kämen nun insbesondere die Anwendungsregeln von Eurotransplant in Betracht. Allerdings ergibt sich die Kompetenz von Eurotransplant zum Erlass des ET-Manuals nach dem zuvor Gesagten nicht direkt aus § 12 TPG, sondern erst aus der weiteren Delegation durch den Vermittlungsstellen-Vertrag. Ein Verbindlichkeitsbefehl kann jedoch nur dann aus einem gesetzlichen Blankettverweis erwachsen, wenn die maßgebliche Regelung ihrerseits auf einer hinreichend gesetzlich fixierten Kompetenz beruht. Wenn eine eindeutige Verbindlichkeitsanordnung schon für Verfahrensregeln getroffen wird, ist eine solche wohl erst recht für die materiellen Verteilungsregeln, die das Manual ja auch enthält, zu fordern.

c) Verbindlichkeit über § 9 TPG

Teilweise wird angenommen, dass sich eine normative Wirkung des ET-Manuals aus § 9 Abs. 2 S. 3 TPG ergebe, wonach die Zulässigkeit einer Organvermittlung an eine Vermittlung durch Eurotransplant unter Beachtung der Regelungen nach § 12 Abs. 3 S. 1 TPG geknüpft wird.[57] Durch die Bindung der Zulässigkeit der Organvermittlung an Eurotransplant würden alle Festlegungen und Regelungen von Eurotransplant in einen normativen Status erhoben.[58]

Diese Argumentation wirkt zunächst schlüssig und es lässt sich nicht bestreiten, dass Eurotransplant der Vermittlungsentscheidung im Einzelfall das ET-Manual zugrunde legt. Faktisch kommt es damit bei jeder Organzuteilung zur Anwendung. Die Frage der Verbindlichkeit der Anwendungsregeln ist davon jedoch isoliert zu betrachten. Jedenfalls ist zwischen verschiedenen Arten von Anwendungsregeln zu unterscheiden. Verfahrensregelungen wie etwa die Austausch-Bilanz, auf die die Transplantationszentren durch ihr Meldeverhalten keinerlei Einfluss nehmen können, kommen faktisch in der Tat zur Anwendung. Aufgrund der fehlenden Einflussnahmemöglichkeiten könnte insoweit sogar von einer Verbindlichkeit dieser Regelungen gesprochen werden. Anders ist dies dagegen im Hinblick auf materielle Kriterien zu beurteilen, die von Eurotransplant bei der Vermittlung einbezogen werden, die sie jedoch nicht selbst ermittelt, sondern insoweit auf eine Mitteilung

[57] So *Krüger*, Die Organvermittlungstätigkeit Eurotransplants, S. 200, der davon ausgeht, über diese Zulässigkeitsregelung fänden die Anwendungsregeln „spätestens“ Geltung, S. 201; ebenso *Molnár-Gábor*, Die Regelung der Organverteilung durch Eurotransplant, S. 339.

[58] *Krüger*, Die Organvermittlungstätigkeit Eurotransplants, S. 259.

durch die Transplantationszentren angewiesen ist. Beispielsweise sei auf das eingangs aufgegriffene Problem der Höhe der inotropen Medikation hingewiesen. Rein faktisch betrachtet kommen die Regelungen des ET-Manuals zwar auch in diesem Punkt zur Anwendung, sodass der HU-Status erst bei Überschreitung der vorgegebenen Grenzwerte zugeteilt wird. Es stellt sich aber gerade die Frage, ob bei unzutreffender Meldung der Höhe der Katecholamin- oder PDE-Hemmer-Gabe ein relevanter Verstoß gegen die Allokationsregeln angenommen werden kann, was die Verbindlichkeit des ET-Manuals voraussetzen würde. Von der faktischen Anwendung auf die Verbindlichkeit zu schließen, kann bei derartigen Regelungen daher nicht weiterhelfen. Insoweit vermag die Argumentation über § 9 Abs. 2 S. 3 TPG vorliegend nicht weiterzuhelfen. Zweck der Vorschrift war und ist es lediglich, eine einheitliche Organvermittlung zu gewährleisten und gleichzeitig einen lokalen Selbstbehalt auszuschließen.[59] Eine Verbindlichkeitsanordnung lässt sich ihr dagegen nicht entnehmen.

d) Einleitung des ET-Manuals

An dieser Stelle ist außerdem die Außendarstellung des ET-Manuals selbst in die Bewertung einzubeziehen. Eurotransplant proklamiert seine Anwendungsregeln in der Einleitung des Manuals nämlich selbst als unverbindlich. Dort heißt es: „For the allocation of organs only the national provisions are legally binding.“[60] Eurotransplant selbst geht also lediglich von einer Verbindlichkeit der nationalen Regelungen aus. Wird erneut vergleichend auf die Verfahrensanweisungen der DSO abgestellt, so fällt auf, dass diese im Gegensatz zum ET-Manual, auf ihre eigene Verbindlichkeit verweisen. Dort heißt es: „ Die Verfahrensanweisungen sind bindend für alle Entnahmekrankenhäuser, Transplantationszentren, die Vermittlungsstelle und für die Koordinierungsstelle.“[61] Auch dies spricht im Ergebnis dagegen, das ET-Manual als verbindlich anzusehen.

---

[59] Vgl. dazu bereits Gliederungspunkt B.I.1.b)bb) sowie insbesondere Fn. 43.

[60] Gliederungspunkt I. des ET-Manuals in der aktuellen Fassung vom 28. Juli 2016, S. 3; abrufbar unter https://www.eurotransplant.org/cms/mediaobject.php?file=H1+Introduction+July+28+20161.pdf (letzter Abruf am 17. Juni 2018).

[61] Vgl. dazu die Verfahrensanweisungen der DSO gemäß §11 des Transplantationsgesetzes, S. 5; abrufbar unter https://www.dso.de/uploads/tx_dsodl/Verfahrens anweisungen_Maerz_2018_GES.pdf (letzter Abruf am 17. Juni 2018).

e) Der Bestimmtheitsgrundsatz des Art. 103 Abs. 2 GG

Auch wenn an dieser Stelle eine Beurteilung auf einfachgesetzlicher Grundlage erfolgen soll, muss dies insoweit eine verfassungsrechtliche Betrachtung miteinbeziehen, als sich aus dem strafrechtlichen Bestimmtheitsgrundsatz Anforderungen an eine einfachgesetzliche Verbindlichkeitsanordnung ergeben. Das Bestimmtheitsgebot verlangt nicht nur eine hinreichende Regelungsdichte (Bestimmtheit im Sinne von Regelungsdichte), sondern zudem, dass der Einzelne erkennen kann, welches Verhalten verboten ist (Bestimmtheit im Sinne von Normklarheit).[62] Der im August 2013 neu eingeführte Straftatbestand § 19 Abs. 2a TPG sanktioniert eine (absichtliche) unrichtige Erhebung, Dokumentation oder Übermittlung des Gesundheitszustandes eines Patienten im Hinblick auf die für die Organvermittlung relevanten Daten, die sich aus § 12 Abs. 3 S. 1 TPG ergeben.[63] Während der Bundesärztekammer in § 16 Abs. 1 S. 2 Nr. 5 TPG eindeutig die Aufgabe übertragen wurde, die Organvermittlung materiell weiter auszugestalten, sodass ein Verstoß gegen die Vorgaben der Richtlinien den Tatbestand des § 19 Abs. 2a TPG erfüllen würde, ist dies bei den Anwendungsregelungen von Eurotransplant wiederum fraglich. Die Annahme der Verbindlichkeit des ET-Manuals müsste bei einem Verstoß gegen dessen Vorgaben ebenfalls zu einer Strafbarkeit nach § 19 Abs. 2a StGB führen. Denn dann würde es ebenso wie die Richtlinien zu den § 12 Abs. 3 S. 1 TPG konkretisierenden Regelungen gehören. Unter dem Gesichtspunkt des Bestimmtheitsgrundsatzes wäre daher zu fordern, dass sich die Verbindlichkeit des ET-Manuals eindeutig aus dem TPG ergibt. Allerdings ließen sich sowohl die Regelungsbefugnis als auch die Verbindlichkeit dieser Regelungen lediglich über eine weitgehende Auslegung ermitteln, was vor dem Hintergrund der Anknüpfung strafrechtlicher Sanktionen nicht genügen kann. Dies führt insgesamt zu dem Ergebnis, dass das TPG keine Verbindlichkeit des ET-Manuals anordnet.

2. Vertragliche Bindung

Da sich die Verbindlichkeit des ET-Manuals damit nicht unmittelbar aus dem TPG ergibt, kann sie allenfalls indirekt aus der Verbindlichkeitsanordnung des Vermittlungsstellen-Vertrages folgen, der gemäß § 12 Abs. 4 S. 1 TPG „mit Wirkung für die Transplantationszentren“ geschlossen wird. Die Vertragspartner handelten in dieser Beziehung als Vertreter der Transplanta-

[62] *Remmert*, in: Maunz/Dürig, GG VI, Art. 103 Rn. 92.

[63] Zu der zugrundeliegenden Verweisungskette vgl. bereits Gliederungspunkt F.II.1.c).

tionszentren.[64] Da Eurotransplant durch den Vertrag die Aufgabe erhalten hat, Anwendungsregeln für die Organvermittlung zu erlassen, könnten diese damit ebenfalls Wirkung gegenüber den Transplantationszentren entfalten.

Die Vertretungsmacht der Vertragspartner gegenüber den Transplantationszentren kann jedoch nur soweit gehen, wie sich der Vertrag auf die in Absatz 4 benannten Bereiche beschränkt.[65] Wie bereits festgestellt, umfasst diese Vorschrift aber keine Kompetenzübertragung an Eurotransplant zum Erlass eigener Allokationskriterien. Diese Regelungskompetenz wurde in § 16 Abs. 1 S. 1 Nr. 5 TPG vielmehr bereits der Bundesärztekammer zugewiesen. Die Vertragspartner waren nicht berechtigt, Kompetenzen, die das TPG bereits anderweitig zuordnet, ohne gesetzliche Grundlage einem weiteren Akteur zuzuweisen. Sie haben daher in diesem Punkt als Vertreter ohne Vertretungsmacht gehandelt, sodass die Transplantationszentren auch über den Vermittlungsstellen-Vertrag nicht an das ET-Manual gebunden sind.[66] Es handelt sich bei dem ET-Manual daher lediglich um Ausführungsvorschriften, denen keine Außenwirkung, sondern lediglich eine Art interne Selbstbindung zugedacht ist.[67]

III. Zwischenergebnis

Bereits die Annahme einer Befugnis Eurotransplants zum Erlass eigener Allokationskriterien erscheint auf der Grundlage des TPG problematisch. Zwar stünde der Wortlaut des § 12 Abs. 4 S. 2 Nr. 3 TPG einer dahingehenden Auslegung grundsätzlich offen. Insbesondere die Systematik des TPG, das zwischen der Richtlinientätigkeit in § 16 TPG einerseits und der faktischen Organvermittlung in § 12 TPG andererseits unterscheidet, spricht jedoch gegen die Annahme einer Regelungsbefugnis Eurotransplants. Damit ergibt sich diese Kompetenz erst aus § 5 des Vermittlungsstellen-Vertrags. Ohne entsprechende gesetzliche Grundlage kann dies jedoch nicht genügen.

Darüber hinaus ergibt sich weder aus den gesetzlichen Regelungen noch indirekt über den Vermittlungsstellen-Vertrag die Verbindlichkeit des ET-Manuals. Zwar kommt es durch die Anordnung des § 9 Abs. 2 S. 3 TPG, der die Zulässigkeit der Organübertragung an eine Vermittlung durch die Ver-

[64] *Schroth/Hofmann*, Organverteilung als normatives Problem, S. 314.

[65] *Schroth/Hofmann*, Organverteilung als normatives Problem, S. 315.

[66] So überzeugend *Schroth/Hofmann*, Organverteilung als normatives Problem, S. 315; *dies.*, MedR 2017, 948, 949; zuvor bereits *Krüger*, Die Organvermittlungstätigkeit Eurotransplants, S. 312, der entsprechend feststellte, die Vertragspartner seien nicht befugt gewesen, den Umfang der Beauftragung Eurotransplants auf normative Regelungsbefugnisse zu erweitern.

[67] *Schroth/Hofmann*, Organverteilung als normatives Problem, S. 315.

mittlungsstelle knüpft, zur praktischen Anwendung und damit in Teilen zu einer faktischen Verbindlichkeit des ET-Manuals. Dies gilt jedoch nur insoweit, als dass Eurotransplant Ausführungsvorschriften erstellt hat, die über die nationalen Regelungen hinausgehen und von einer Meldung durch die Transplantationszentren unabhängig sind. Soweit dagegen materielle Allokationskriterien betroffen sind, die von den Meldungen durch die Transplantationszentren umfasst sind, kann von deren praktischer Anwendung nicht auf eine Verbindlichkeit für die Transplantationszentren geschlossen werden. Es fehlt insoweit an einer eindeutigen Verbindlichkeitsanordnung. Dies gilt erst recht nach der Einführung des neuen § 19 Abs. 2a StGB. Auch über die Verbindlichkeitsanordnung des Vermittlungsstellen-Vertrags in § 12 Abs. 4 S. 1 TPG kann sich keine indirekte Verbindlichkeit des ET-Manuals herleiten lassen. Die Vertragspartner handelten aufgrund der Überschreitung ihres Regelungsfeldes als Vertreter ohne Vertretungsmacht, als sie Eurotransplant in § 5 des Vertrags eigene Normierungsbefugnisse zuwiesen.

Mangels Verbindlichkeit des ET-Manuals hätte die PÜK dieses den Überprüfungen der Transplantationszentren nicht zugrunde legen dürfen. Soweit sich also Auffälligkeiten erst unter Heranziehung des ET-Manuals als „Verstoß“ ausmachen lassen, ist diese Einordnung nicht ohne Weiteres gerechtfertigt. Vielmehr wäre es erforderlich gewesen, darzulegen, dass sich gleichzeitig ein Verstoß gegen die Richtlinien der Bundesärztekammer oder das TPG ergibt. Zwar ist davon auszugehen, dass die Transplantationszentren die Vorgaben des ET-Manuals sehr wohl kennen, sodass die bewusste Umgehung dieser Vorgaben nicht weniger verwerflich erscheint. Es ist jedoch erforderlich, einen verbindlichen Anknüpfungspunkt für die Bewertung dieser Umgehung festzustellen. Als solcher können nur die Richtlinien der Bundesärztekammer dienen. Als Konsequenz zieht diese Bewertung nach sich, dass die Richtlinien in den Teilen, in denen sie derzeit noch durch das ET-Manual konkretisiert werden, ergänzt und näher ausgestaltet werden müssen, sodass es sich bei den Regeln von Eurotransplant tatsächlich nur um Ausführungsvorschriften handelt, nicht hingegen um eigene materielle Regelungen zur Organvermittlung. Der Einführung einer darüber hinausgehenden Normierungskompetenz Eurotransplants bedarf es dagegen hinsichtlich der materiellen Regelungen zur Organverteilung nicht. Diese Aufgabe kann abschließend durch die Richtlinien der Bundesärztekammer erfüllt werden.

Problematisch ist dies aber im Hinblick auf Regelungen, die quasi begriffsnotwendig erst durch Eurotransplant erfolgen und nicht durch die Richtlinien getroffen werden, namentlich die Regelungen, die den internationalen Organaustausch betreffen. Dabei handelt es sich ohnehin nicht um Kriterien der Erfolgsaussicht oder Dringlichkeit im Sinn von § 12 Abs. 3 S. 1 TPG, sondern um Gerechtigkeitskriterien, die der Funktion des international ausgestalteten Systems dienen.[68] Zudem ergeben sich aus diesen Regelungen keine Vorgaben an die Transplantationszentren. Es handelt sich nicht um medizinische Faktoren, die durch die Zentren beeinflusst werden können, sondern um anderweitige Faktoren, die in den Algorithmus der Organverteilung miteingehen. Andererseits haben auch diese Vorgaben erhebliche Auswirkungen auf die Organzuteilung im Einzelfall und müssten daher rückgekoppelt sein. In diesem Zusammenhang erschiene es ratsam, eine Ergänzung des § 12 TPG dahingehend vorzunehmen, dass für den Fall, dass eine internationale Stelle mit der Organvermittlung für Deutschland betraut werden sollte, diese dazu berechtigt ist, Regelungen für die Organvermittlung zu treffen, die den internationalen Organaustausch betreffen und der Akzeptanz und Gleichheit innerhalb des internationalen Systems dienen.

68 Vgl. dazu bereits Gliederungspunkt C.I.2.a)hh) sowie C.II.2.a)ff).

H. Schlussbetrachtung

1. Die vorliegende Untersuchung hat gezeigt, dass die Transplantationszentren erheblichen Einfluss auf die postmortale Organverteilung nehmen können, obwohl ihnen nach der Konzeption des TPG lediglich die Führung der internen Wartelisten obliegt, während die Vermittlungsstelle Eurotransplant die einheitliche Warteliste verwaltet und für die Organzuteilung im Einzelfall zuständig ist. Denn Eurotransplant legt den konkreten Organ-Matches die durch die Transplantationszentren gemeldeten Patientendaten zugrunde. *Durch eine regelwidrige Beeinflussung oder Meldung allokationsrelevanter Patientendaten können die Transplantationszentren daher die Zuteilungsreihenfolge erheblich beeinflussen.*

2. Während die Regeln zur Wartelistenführung und Organverteilung im TPG lediglich generalklauselartig ausgestaltet sind, werden sie durch die Richtlinien der Bundesärztekammer nach § 16 Abs. 1 S. 1 Nr. 2 und 5 TPG näher ausgestaltet. Auch wenn eine formale Zuordnung der Richtlinien zu den klassischen Formen exekutiver Rechtsetzung schwer möglich ist, sind sie jedenfalls materiell aufgrund der Vermutungswirkung des § 16 Abs. 1 S. 2 TPG sowie ihrer Verbindlichkeit für weitere Akteure des Transplantationssystems als Rechtsnormen zu qualifizieren. *Trotz der nicht von der Hand zu weisenden verfassungsrechtlichen Bedenken, die gegen die Richtlinientätigkeit der Bundesärztekammer erhoben werden, entfalten die Richtlinien grundsätzlich dennoch Wirksamkeit.* Soweit deren formelle Verfassungswidrigkeit – aufgrund eines Verstoßes gegen den Parlamentsvorbehalt durch die rudimentären Vorgaben des § 12 Abs. 3 S. 1 TPG sowie der mangelnden demokratischen Legitimation der Bundesärztekammer – geltend gemacht wird, war zunächst festzuhalten, dass das Verwerfungsmonopol für formelle Gesetze beim BVerfG liegt. Außerdem wäre eine Weitergeltung der Richtlinien selbst bei festgestellter (formeller) Verfassungswidrigkeit erforderlich, da andernfalls ein derart ungeregelter Zustand in dem höchst grundrechtsrelevanten Bereich der Organtransplantation entstehen würde, der der verfassungsrechtlichen Ordnung noch ferner stünde als der bislang geregelte.

3. Die repressive Kontrolle im Transplantationssystem wird vorrangig durch die Tätigkeit der PÜK gesichert. Den Schwerpunkt der Tätigkeit der PÜK bildeten in den vergangenen Jahren die flächendeckenden verdachtsunabhängigen Prüfungen der in Deutschland zugelassenen Transplantationsprogramme, obwohl die Transplantationszentren durch das TPG nicht als direk-

tes Kontrollobjekt, sondern lediglich als Kontrollmitwirkungspflichtige vorgesehen sind. *Den Prüfungen lag die Frage zugrunde, ob die Transplantationszentren bei der Führung der internen Wartelisten gegen Vorgaben des TPG oder die Richtlinien der Bundesärztekammer nach § 16 Abs. 1 S. 1 Nr. 2 und 5 TPG verstoßen haben.* Die internen Kommissionsberichte dieser Prüfungen bezogen auf die Jahre 2010 bis 2012 bildeten die Grundlage der vorliegenden Untersuchung.

4. In dieser ersten Prüfperiode auditierte die PÜK 61 Leber-, Herz- und Lungentransplantationsprogramme und untersuchte die an insgesamt 2153 Patienten durchgeführten Transplantationen. Dabei stellte sie zwar in immerhin 22,6 % der Fälle Auffälligkeiten im Zusammenhang mit der Führung der internen Wartelisten bzw. der Meldung vermittlungsrelevanter Daten an Eurotransplant fest. *In lediglich 14 Zentren bewertete sie diese Auffälligkeiten jedoch abschließend als manipulativ bzw. systematisch.* Die übrigen 47 Leber-, Herz- und Lungentransplantationsprogramme arbeiteten dagegen insgesamt regelkonform. Die Überprüfung der Nieren- und Pankreasprogramme bezogen auf den gleichen Zeitraum hatte ohnehin keine Anhaltspunkte für Regelverstöße ergeben, sodass sich resümieren lässt, dass die weit überwiegende Anzahl an Transplantationszentren und -programmen ordnungsgemäß arbeitetet.

5. Eine nähere Betrachtung der Art der festgestellten Auffälligkeiten hat im Bereich der Lebertransplantation gezeigt, dass die Aufnahme in die Warteliste von Patienten mit einer alkoholinduzierten Lebererkrankung ohne Einhaltung der durch die Richtlinien vorgeschriebenen *sechsmonatigen Alkoholkarenz* eine große Fallgruppe bildete. *Insoweit war allerdings festzustellen, dass die damalige Ausgestaltung der Regelung verfassungswidrig war, da sie eine nicht hinreichend gerechtfertigte Ungleichbehandlung der betroffenen Patientengruppe darstellte.* Da auch keine vorübergehende Weitergeltung der Regelung erforderlich war, um einen verfassungsgemäßeren Zustand aufrecht zu erhalten, musste die Regelung als unverbindlich angesehen werden. Nachdem die Bundesärztekammer eine Ausnahmeregelung geschaffen hat, nach der eine Aufnahme in die Warteliste abweichend von der sechsmonatigen Abstinenzzeit möglich ist, wenn ein Patient diese voraussichtlich nicht überleben würde, sind die Richtlinien in diesem Punkt nunmehr als verfassungsgemäß zu beurteilen.

6. Weiterhin wurde eine Vielzahl von Verstößen bei Lebertransplantationskandidaten im Zusammenhang mit einer *Dialysebehandlung* sowie bei der Beantragung einer *Standard-Exception aufgrund eines HCC* festgestellt. Zwar regeln die Richtlinien mittlerweile explizit auch den Umgang mit Leberersatzverfahren, und legen durchgängig erforderliche Mindestgrößen bei der Beurteilung eines HCC fest, sodass offenbar gewordene Ungenauigkeiten behoben wurden. *Den Großteil der Verstöße in diesen Bereichen bildeten jedoch schlichte Falschangaben, denen nicht durch eine Konkretisierung der*

Richtlinien, sondern nur mit verschärften Kontrollen und Sanktionen begegnet werden kann.

7. Im Bereich der Herztransplantation trat die große Mehrheit der Verstöße im Zusammenhang mit der für die Anerkennung des HU-Status erforderlichen *inotropen Therapie mit Katecholaminen oder PDE-Hemmern* auf. Dabei zeigte sich, dass die PÜK der Beurteilung der Verstöße die durch das ET-Manual festgelegten Grenzwerte zugrunde gelegt hat, während die Richtlinien in diesem Bereich lediglich allgemeine Ausführungen enthalten. Erst durch die Heranziehung der Grenzwerte des ET-Manuals ließ sich das Verhalten der Transplantationszentren eindeutig als (Richtlinien-)Verstoß ausmachen. Die Richtlinien zur Herzallokation bleiben in diesem Punkt auch heute noch hinter den Vorgaben des ET-Manuals zurück. *Auch wenn langfristig die Einführung eines dem LAS vergleichbaren Cardiac Allocation Scores geplant ist, erscheint es erforderlich, die Richtlinien für die Übergangszeit zu konkretisieren.*

8. Im Bereich der Lungentransplantation stellten sich die Auffälligkeiten am vielfältigsten dar. Sie betrafen insbesondere die regelwidrige Durchführung von BGAs, Falschangaben zur Beatmungssituation und zum Sauerstoffbedarf der Patienten sowie die Veränderung von eingereichten Krankenblättern. Derartige Verstöße traten sowohl im alten Vermittlungsverfahren als auch im LAS-System auf. *Problematisch war hierbei, dass die Richtlinien häufig keine Vorgaben zur Art und Weise der Durchführung von Untersuchungen trafen, aus denen sich die vermittlungsrelevanten Daten ergaben.* Dies wurde mittlerweile nachgeholt, sodass derzeit kein weiterer Änderungsbedarf der Richtlinien zur Lungentransplantation ersichtlich ist.

9. Im Rahmen der Betrachtung des *beschleunigten Vermittlungsverfahrens* zeigte sich, dass die Transplantationszentren bei der Auswahl des jeweils am besten geeigneten Patienten eine Vielzahl unterschiedlicher Kriterien heranzogen. Mitunter wurden Kriterien in verschiedenen Zentren in gegenläufiger Weise in die Bewertung einbezogen. Außerdem wichen die Kriterien teilweise von den Vorgaben ab, die der Organzuteilung im Standardverfahren zugrunde liegen. *Daher ist es ausdrücklich zu begrüßen, dass das beschleunigte Vermittlungsverfahren eine Neuregelung erfahren hat, die im ersten Schritt eine Organzuteilung durch die Vermittlungsstelle anhand der Vorgaben des Standardverfahrens vorsieht.* Dies trägt erheblich zur Steigerung der Objektivität und Transparenz des Verfahrens bei.

10. Schließlich hat die Auswertung der internen Kommissionsberichte gezeigt, dass die *Arbeitsweise der verschiedenen Prüfergruppen der PÜK mitunter uneinheitlich* war. *Dies betraf zum einen die Einordnung bestimmter Verhaltensweisen der Zentren als Richtlinienverstoß und zum anderen die Beurteilung, ob ein festgestellter Verstoß allokationsrelevant war.* Insbesondere Ersteres kann im Einzelfall zu einer bedenklichen Ungleichbehandlung

der Zentren führen und sollte durch eine verstärkte Kommunikation und Rücksprache der verschiedenen Prüfgruppen behoben werden, um insgesamt eine einheitliche Bewertungslinie zu sichern. Hinsichtlich der Beurteilung der Allokationsrelevanz von Verstößen erscheint nach hier vertretener Ansicht eine weite Begriffsdefinition vorzugswürdig. Ein Fehlverhalten ist danach bereits dann als allokationsrelevant einzustufen, wenn es sich potentiell auf die Organzuteilung auswirken konnte, was grundsätzlich ab der unrichtigen Meldung an die Vermittlungsstelle der Fall ist, unabhängig davon, ob im Nachgang wiederum korrekte Meldungen erfolgen oder letztlich eine Organzuteilung im beschleunigten Verfahren stattfindet.

11. Da die PÜK mitunter bei der Beurteilung von Verstößen auf die Vorgaben des ET-Manuals abstellte und sich teilweise erst aus diesem ein eindeutiger Regelverstoß der Transplantationszentren ergab, stellte sich die Frage nach einer entsprechenden *Rechtsetzungskompetenz von Eurotransplant* und der *Verbindlichkeit des ET-Manuals*. Es erscheint zwar nach dem Wortlaut sowie der Systematik des § 12 Abs. 4 S. 2 Nr. 3 TPG (i. V. m. § 5 des Vermittlungsstellen-Vertrags) möglich, eine Kompetenz Eurotransplants zur Konkretisierung der Vorgaben der Richtlinien der Bundesärztekammer anzunehmen. *Insbesondere der Umstand, dass das TPG der Bundesärztekammer durch § 16 Abs. 1 S. 1 TPG eine ausdrückliche Richtlinienkompetenz zuweist und zudem zwischen der Richtlinienerstellung einerseits und der praktischen Organvermittlung in § 12 TPG andererseits differenziert, spricht im Ergebnis gegen die Annahme einer Rechtsetzungskompetenz Eurotransplants. Weiterhin lässt sich weder aus dem TPG noch aus dem Vermittlungsstellen-Vertrag eine Verbindlichkeitsanordnung des ET-Manuals herleiten.* Zwar gelangen die Vorgaben des Manuals über § 9 Abs. 2 S. 3 TPG praktisch zur Anwendung. Daraus lassen sich aber keine Rückschlüsse auf ihre Bindungswirkung ziehen.

12. Es ist daher erforderlich, dass die Richtlinien der Bundesärztekammer derart konkret ausgestaltet sind, dass sich die materiellen Allokationsvorgaben allein aus diesen ergeben, während die Anwendungsregeln von Eurotransplant lediglich praktische Ausführungsvorschriften darstellen sollten. *Denn allein die Richtlinien der Bundesärztekammer sind – neben den Vorgaben des TPG – für die Transplantationszentren verbindlich und können als Maßstab für etwaiges Fehlverhalten herangezogen werden.* Eine andere Beurteilung kann lediglich im Hinblick auf derartige Verfahrensvorschriften getroffen werden, die begriffsnotwendig erst durch Eurotransplant als Vermittlungsstelle geregelt werden können, wie etwa die Regelungen zum internationalen Organaustausch. *Insoweit empfiehlt sich eine Ergänzung von § 12 Abs. 2 TPG dahingehend, dass im Falle der Beauftragung einer internationalen Vermittlungsstelle dieser die Befugnis zusteht, verbindliche Regelungen zum internationalen Organaustausch zu treffen, die ggf. ihrerseits an eine Genehmigung des BMG geknüpft werden könnten.*

J. Erhebungsbogen

A. Zentrumsbezogene Angaben		
Transplantationszentrum:		
Transplantatonsprogramm:		
Datum der Prüfung:		
Beginng der Prüfung:		
Ende der Prüfung:		
Dauer der Prüfung:		
I. Allgemeine Angaben		
1. Anzahl erfolgter Tranplantationen:		
2. Anzahl überprüfter Transplantationen:		
3. Anzahl festgestellter Auffälligkeiten durch die PÜK:		
4. Art der Durchführung der Prüfung:	☐	im schriftlichen Verfahren
	☐	im mündlichen Verfahren
5. Hat das Transplantationszentrum zu Beginn der Prüfung proaktiv Richtlinienverstöße eingeräumt?	☐	Ja, vollständig
	☐	Ja, teilweise
	☐	Nein
II. Fallbezogene Angaben (Die Angaben beziehen sich jeweils ausschließlich auf die auditierten Fälle)		
1. Anzahl transplantierter privatversicherter Patienten:		
2. Anzahl transplantierter Kinder (unter 12 Jahren):		
3. Anzahl transplantierter Jugendlicher (12 bis 16 Jahren):		
4. Anzahl der im HU-Status transplantierten Patienten:		
5. Anzahl der Transplantationen im beschleunigten Verfahren:		
III. Bewertung der Prüfung durch die PÜK		
1. Wie bewertete die PÜK die Prüfung?	☐	Als unauffällig
	☐	Trotz vereinzelter Auffälligkeiten insgesamt als ordnungsgemäß
	☐	Es wurden systematische Verstöße festgestellt
2. Falls systematische Verstöße festgestellt wurden, worauf beruhte diese Einschätzung?		
3. Weiterleitung der Akten an die Staatsanwaltschaft?	☐	Ja
	☐	Nein

B. Transplantationsbezogene Angaben			
Patienten-Nummer:			
Transplantationszentrum:			
I. Allgemeine Angaben			
1.	**Transplantiertes Organ:**	☐	Leber
		☐	Herz
		☐	Lunge
2.	**Diagnose:**		
3.	**Geburtsdatum des Patienten:**		
4.	**Datum der Transplantation:**		
5.	**Alter des Patienten z.Zt. der Transplantation:**		
6.	**War der Empfänger privatversichert?**	☐	Ja
		☐	Nein
7.	**Letzter MELD des Patienten vor der Transplantation:**	labMELD:	
		SE MELD:	
8.	**Letzter LAS des Patienten vor der Transplantation:**		
9.	**In welchem Dringlichkeitsstatus wurde der Patient transplantiert?**		
a)	Im Falle einer Lebertransplantation:	☐	High Urgency
		☐	Elektiv
b)	Im Falle einer Herztransplantation:	☐	High Urgency
		☐	Urgency
		☐	Elektiv
c)	Im Falle einer Lungentransplantation:	☐	High Urgency
		☐	Urgency
		☐	Elektiv
10.	**Im Falle eines High-Urgency Patienten: Wie viele HU-Anträge wurden überprüft?**		

II. Angaben zum Verfahren			
1.	**In welchem Verfahren fand die Transplantation statt?**	☑	Im Standardverfahren
		☐	Im beschleunigten Verfahren
2.	**Im Falle des beschleunigten Verfahrens: Welche Kriterien wurden der Patientenauswahl zugrunde gelegt?**		
3.	**Wie wurden diese Auswahlkriterien durch die PÜK bewertet?**	☐	Als nachvollziehbar
		☐	Als nicht nachvollziehbar
		☐	Als fehlerhaft
4.	**Konnte die nach den benannten Kriterien erfolgte Patientenauswahl durch vorhandene Dokumente belegt werden?**	☐	Ja, vollständig
		☐	Teilweise
		☐	Nein
5.	**Wurde das Organ dem zunächst durch das Transplantationszentrum vorgeschlagenen Patienten transplantiert?**	☐	Ja
		☐	Nein
6.	**Falls das Organ einem anderen als dem zunächst vorgeschlagenen Patienten transplantiert wurde: Wie wurde diese Abweichung bewertet?**	☐	Als nachvollziehbar
		☐	Als nicht nachvollziehbar
		☐	Als fehlerhaft
III. Angaben zu festgestellten Verstößen			
1.	**Wurden Auffälligkeiten festgestellt?**	☐	Ja
		☐	Nein
2.	**Falls Ja: Wie viele verschiedene?**		
3.	**Art der festgestellten Auffälligkeiten:**		
a)	Unrichtige Erhebung des Gesundheitszustands:		
aa)	Im Falle einer Lebertransplantation:	☐	Unzutreffende Angabe einer Dialyse-Behandlung
		☐	Nichteinhaltung der sechs monatigen Alkoholkarenzzeit
		☐	Im Rahmen einer SE: Tumor lag außerhalb der Mailand Kriterien
		☐	Sonstige SE-Kriterien nicht erfüllt
		☐	Manipulation von Blutproben
		☐	HU-Kriterien nicht erfüllt
		☐	Sonstiges, nämlich:

bb)	Im Falle einer Herztransplantation:	☐	Unrichtige Angaben zur Dauer der Katecholamin-Behandlung
		☐	Unrichtige Angaben zur Dosierung im Rahmen der Katecholamin-Behandlung
		☐	Veränderung / Fälschung von Krankenblättern im Rahmen von HU-Anträgen
		☐	Anmeldung zur Transplantation trotz Vorliegen einer Kontraindikation
		☐	Sonstiges, nämlich:
cc)	Im Falle einer Lungentransplantation:	☐	Unzutreffende Diagnose
		☐	Blutgasanalyse mit nicht arterialisiertem Kapillarblut oder mit venösem Blut
		☐	Sechs-Minuten-Gehtest ohne Sauerstoffzufuhr bzw. unter Belastung
		☐	Fehlerhaft durchgeführte Lungenfunktionsprüfung
		☐	Patient befand sich nicht in intensivmedizinischer Behandlung
		☐	Sonstiges, nämlich:
b)	Unrichtige Dokumentation oder Übermittlungs des Gesundheitszustands:	☐	Keine Originaldokumente vorhanden
		☐	Lediglich Kopien der Originaldokumente vorhanden
		☐	Handschriftliche Änderungen an maschinell erstellten Dokumenten vorgenommen
		☐	Diskrepanz zwischen Originaldokumenten und an Eurotransplant übermittelten Dokumenten
		☐	Gefälschte "Originaldokumente" erstellt
		☐	Übertragungsfehler ersichtlich
		☐	Sonstiges, nämlich:
	Die einzelnen Verstöße sind zu nummerieren, um eine Zuordnung der Anschlussfragen zu ermöglichen:		
	1.Verstoß:		
	2. Verstoß:		
	3. Verstoß:		

4.	**Die Auffälligkeiten stellten einen Verstoß dar gegen:**		
a)	1. Verstoß:	☐	Den ausdrücklichen Wortlaut der Richtlinien der BÄK
		☐	Den Sinn und Zweck der Richtlinien der BÄK
		☐	Die Arbeitsanweisungen von Eurotransplant
		☐	Sonstige geschriebene Regeln
		☐	Sonstige ungeschriebene Regeln
		☐	Es handelte sich um einen Fall unsorgfältiger / fehlender Dokumentation
b)	2. Verstoß:	☐	Den ausdrücklichen Wortlaut der Richtlinien der BÄK
		☐	Den Sinn und Zweck der Richtlinien der BÄK
		☐	Die Arbeitsanweisungen von Eurotransplant
		☐	Sonstige geschriebene Regeln
		☐	Sonstige ungeschriebene Regeln
		☐	Es handelte sich um einen Fall unsorgfältiger / fehlender Dokumentation
c)	3. Verstoß:	☐	Den ausdrücklichen Wortlaut der Richtlinien der BÄK
		☐	Den Sinn und Zweck der Richtlinien der BÄK
		☐	Die Arbeitsanweisungen von Eurotransplant
		☐	Sonstige geschriebene Regeln
		☐	Sonstige ungeschriebene Regeln
		☐	Es handelte sich um einen Fall unsorgfältiger / fehlender Dokumentation
	Nähere Ausführungen zur Einordnung der Auffälligkeiten:		
5.	**War der Verstoß allokationsrelevant?**		
a)	1. Verstoß:	☐	Ja
		☐	Nein
		☐	Keine Angaben
b)	2. Verstoß:	☐	Ja
		☐	Nein
		☐	Keine Angaben
c)	3. Verstoß:	☐	Ja
		☐	Nein
		☐	Keine Angaben

6.	**Im Geltungszeitraum des LAS: Fanden die Verstöße in der durch die PÜK eingeräumten Übergangszeit statt?**		
a)	1. Verstoß:	☐	Ja
		☐	Nein
b)	2. Verstoß:	☐	Ja
		☐	Nein
c)	3. Verstoß:	☐	Ja
		☐	Nein
7.	**Wie wurde der Verstoß durch die PÜK bewertet?**		
a)	1. Verstoß:	☐	Als schwerwiegender Verstoß
		☐	Als systematischer Verstoß
		☐	Sonstiges, nämlich
b)	2. Verstoß:	☐	Als schwerwiegender Verstoß
		☐	Als systematischer Verstoß
		☐	Sonstiges, nämlich
c)	3. Verstoß:	☐	Als schwerwiegender Verstoß
		☐	Als systematischer Verstoß
		☐	Sonstiges, nämlich
	Nähere Ausführungen zur Begründung dieser Einordnung:		
8.	**Wie verteidigte sich das Transplantationszentrum gegen die Feststellung der Auffälligkeiten bei diesem Patienten?**	☐	Es wurde keine Stellungnahme abgegeben
		☐	Ein Richtlinienverstoß wurde eingeräumt
		☐	Das Vorliegen eines Richtlinienverstoßes wurde bestritten
		☐	Die Sinnhaftigkeit der entsprechenden Richtlinien wurde bestritten
		☐	Es wurden Ausführungen gemacht, die über den Einzelfall hinausgingen
	Nähere Ausführungen zur Stellungnahme:		

Literaturverzeichnis

Ahlert, Marlies/*Granigg*, Wolfgang/*Greif-Higer*, Gertrud/*Kliemt*, Hartmut/*Otto*, Gerd: Prioritätsänderungen in der Allokation postmortaler Spender-Lebern – Grundsätzliche und aktuelle Fragen, Working Paper Nr. 8/2008 der DFG Forschungsgruppe FOR655, abrufbar unter http://www.priorisierung-in-der-medizin.de/documents/FOR655_Nr08_Ahlert_Granigg_Greif-H.pdf (letzter Abruf am 17. Juni 2018; zitiert: *Ahlert et al.*, Prioritätsänderungen in der Allokation).

Alleman, P./*Burckhardt*, Beat/*Dufour*, Jean-Francois: Transplantation for alcoholic liver disease: the wrong arguments, in: Swiss Medical Weekly 2002, S. 296–297 (zitiert: *Allemann et al.*, SWM 2002).

Angstwurm, Heinz: Einschätzung des Vorsitzenden der nach § 12 TPG bestellten Prüfungs- und der nach §§ 11 und 12 eingerichteten Überwachungskommission, in: Middel, Claus-Dieter/Pühler, Wiebke/Lilie, Hans/Vilmar, Karsten: Novellierungsbedarf des Transplantationsrechts – Bestandsaufnahme und Bewertung, Köln 2010, S. 239–243 (zitiert: *Angstwurm*, Einschätzung des Vorsitzenden der Prüfungs- und Überwachungskommission).

Augsberg, Steffen: Die Bundesärztekammer im System der Transplantationsmedizin, in: Höfling, Wolfram: Die Regulierung der Transplantationsmedizin in Deutschland – Eine kritische Bestandsaufnahme nach 10 Jahren Transplantationsgesetz, Tübingen 2008, S. 45–59 (zitiert: *Augsberg*, Die Bundesärztekammer im System der Transplantationsmedizin).

Augsberg, Steffen: HU-Allokation – vom Ausnahme- zum Regelfall? in: Middel, Claus-Dieter/Pühler, Wiebke/Lilie, Hans/Vilmar, Karsten: Novellierungsbedarf des Transplantationsrechts – Bestandsaufnahme und Bewertung, Köln 2010, S. 163–178 (zitiert: *Augsberg*, HU-Allokation – vom Ausnahme- zum Regelfall?).

Augsberg, Steffen: Gesetzliche Regelungen zur Organ- und Gewebespende – Rechtstatsächliches Gutachten auf Ersuchen der Bundesrepublik Deutschland, vertreten durch das Bundesministerium für Gesundheit, Juli 2013, abrufbar unter https://www.bundesgesundheitsministerium.de/fileadmin/Dateien/3_Downloads/O/Organspende/Gutachten_Manipulationsskandal/131125_Augsberg_Gutachten_TPG_Endfassung_ueberarbeitet_von_BMG_abgenommen.pdf (letzter Abruf am 17. Juni 2018; zitiert: *Augsberg*, Gesetzliche Regelungen zur Organ- und Gewebespende).

Augsberg, Steffen: Big Data im Recht der Transplantationsmedizin – Vom „Ende der Theorie" zum „Ende der Aporie"?, in: MedR 2016 S. 699–705 (zitiert: *Augsberg*, MedR 2016).

Bader, Mathis: Organmangel und Organverteilung, Tübingen 2010 (zitiert: *Bader*, Organmangel).

Bals, Patricia/*Bleckmann*, Felix: Die Publikation der Transplantations-Richtlinien, in: GesR 2017, S. 420–425 (zitiert: *Bals/Bleckmann*, GesR 2017).

Beckmann, Klaus: Sind Zusätze zum VA immer echte Nebenbestimmungen im Sinne von § 36 II VwVfG?, in: VR 2003, S. 148–151 (*Beckmann*, VR 2003).

Bergemann, Axel: Die rechtliche Stellung der Bundesärztekammer (Arbeitsgemeinschaft der Westdeutschen Ärztekammern), Würzburg 1968 (zitiert: *Bergemann*, Die rechtliche Stellung der Bundesärztekammer).

Berger, Andreas: Die Bundesärztekammer – Eine verfassungsrechtliche Studie zu Status, Organisation und Aufgaben, Baden-Baden 2005 (zitiert: *Berger*, Die Bundesärztekammer).

Boemke, Willehad/*Krebs*, Martin O./*Rossaint*, Rolf: Blutgasanalyse, in: Der Anaesthesist 2004, S. 471–494 (zitiert: *Boemke/Willehad/Rossaint*, Der Anaesthesist 2004).

Böning, Jochen: Kontrolle im Transplantationsgesetz – Aufgaben und Grenzen der Überwachungs- und der Prüfungskommission nach den §§ 11 und 12 TPG, Frankfurt am Main 2009 (zitiert: *Böning*, Kontrolle im TPG).

Bornhauser, Sonny Marc: Die Strafbarkeit von Listenplatzmanipulationen – Eine auf Tötungs- und Körperverletzungsdelikte bezogene Analyse von Täterschafts- und Verhaltensformen sowie Kausalitäts- und Zurechnungsfragen am Beispiel des „Göttinger Transplantationsskandals", Berlin 2017 (zitiert: *Bornhauser*, Die Strafbarkeit von Listenplatzmanipulationen).

Bösch, Dennis/*Criée*, Carl-Peter: Lungenfunktionsprüfung: Durchführung – Interpretation – Befunde, 3. Auflage, Berlin/Heidelberg 2013 (zitiert: *Bösch/Criée*, Lungenfunktionsprüfung).

Böse, Martin: Entscheidungsanmerkung zum versuchten Totschlag durch Manipulation der Zuteilung von Spenderorganen, in: ZJS 2014, S. 117–121 (zitiert: *Böse*, ZJS 2014).

Bülte, Jens: Manipulation der Zuteilungsreihenfolge eines Spenderorgans zur Ermöglichung einer Transplantationsbehandlung, in: StV 2013, S. 749–758 (zitiert: *Bülte*, StV 2013).

Claes, Sebastian/*Berchtholz-Herz*, Michael/*Zhou*, Qian/*Trummer*, Georg/*Bock*, Matthias/*Zirlik*, Andreas/*Beyersdorf*, Friedhem/*Bode*, Christoph/*Grundmann*, Sebastian: Towards a cardiac allocation score: a retrospective calculation for 73 patients from a German transplant center, in: Journal of Cardiothoratic Surgery 2017, abrufbar unter https://www.ncbi.nlm.nih.gov/pmc/articles/PMC5341187/pdf/13019_2017_Article_575.pdf (letzter Abruf am 17. Juni 2018; zitiert: *Claes et al.*, Journal of Cardiothoratic Surgery 2017).

Conrads, Christoph: Rechtliche Aspekte der Richtlinienfeststellung nach § 16 Absatz 1 Satz 1 Nr. 2 und 5 Transplantationsgesetz, in: Dierks, Christian/Neuhaus, Peter/Wienke, Albrecht: Die Allokation von Spenderorganen: Rechtliche Aspekte, Berlin/Heidelberg 1999, S. 35–52 (zitiert: *Conrads*, Rechtliche Aspekte der Richtlinienfeststellung).

Conrads, Christoph: Rechtliche Grundsätze der Organallokation – Verteilung eines Mangels oder Mängel der Verteilung?, Baden-Baden 2000 (zitiert: *Conrads*, Rechtliche Grundsätze der Organallokation).

Dannecker, Gerhard/*Streng-Baunemann*, Franziska: Verschaffung des Wartelistenzugangs für Alkoholiker entgegen den Organallokations-Richtlinien der Bundesärztekammer – (versuchter) Totschlag?, in: NStZ 2014, S. 673–680 (zitiert: *Dannecker/Streng-Baunemann*, NStZ 2014).

Degenhart, Christoph: Staatsrecht I. Staatsorganisationsrecht, 33. Auflage, Heidelberg 2017 (zitiert: *Degenhart*, Staatsrecht I).

Detterbeck, Steffen: Allgemeines Verwaltungsrecht mit Verwaltungsprozessrecht, 16. Auflage, München 2018 (zitiert: *Detterbeck*, Allgemeines Verwaltungsrecht).

Deutsch, Erwin: Das Transplantationsgesetz vom 5. 11. 1997, NJW 1998, S. 777–782 (zitiert: *Deutsch*, NJW 1998).

Eigler, Friedrich Wilhelm: Organ-Allokation aus ärztlicher Sicht, in: Lachmann, Rolf/Meuter, Norbert: Zur Gerechtigkeit der Organverteilung – Ein Problem der Transplantationsmedizin aus interdisziplinärer Sicht, Stuttgart/Jena/Lübeck/Ulm 1997, S. 1–6 (zitiert: *Eigler*, Organ-Allokation aus ärztlicher Sicht).

Engels, Andreas: Punktuelle gesetzgeberische Interventionen im Transplantationswesen – unendliche Geschichte oder Beseitigung fundamentaler Konstruktionsfehler? in: WzS 2013, S. 199–204 (zitiert: *Engels*, WzS 2013).

Ensminger, Stephan/*Schulz*, Uwe/*Schulze*, P. Christian/*Mohr*, Friedrich-Wilhelm/ *Gummert*, Jan: Intermittent inotrope therapy: evidence or belief?, Clinical research in cardiology: official journal of the German Cardiac Society 2015, S. 998–999 (zitiert: *Ensminger et al.*, Clin Res Cardiol 2015).

Galden, Daniel: Geschichte und Ethik der Verteilungsverfahren von Nierentransplantaten durch Eurotransplant, Tübingen 2007 (zitiert: *Galden*, Geschichte und Ethik).

Gerling, Till: Einführung des MELD score bei Eurotransplant, in: Lebenslinien aktuell 2/2006, S. 2–4 (zitiert: *Gerling*, Einführung des MELD).

Gottlieb, Jens/*Gwinner*, Wilfried/*Strassburg*, Christian C.: Allokationssysteme in der Transplantationsmedizin: Vor- und Nachteile, in: Der Internist 2016, S. 15–24 (zitiert: *Gottlieb/Gwinner/Strassburg*, Der Internist 2016).

Gutmann, Thomas: Für ein neues Transplantationsgesetz – Eine Bestandsaufnahme des Novellierungsbedarfs im Recht der Transplantationsmedizin, Berlin/Heidelberg 2006 (zitiert: *Gutmann*, Für ein neues TPG).

Gutmann, Thomas: Rechtswissenschaftliches Gutachten zu dem „Kommissionsbericht der Prüfungs- und der Überwachungskommission gemäß § 11 Abs. 3 und § 12 Abs. 5 TPG vom 28.08.2013 über das Lebertransplantationsprogramm des Universitätsklinikums Münster (nicht veröffentlicht, durch Prof. Gutmann auf Nachfrage zur Verfügung gestellt; zitiert: *Gutmann*, Rechtswissenschaftliches Gutachten).

Gutmann, Thomas: Organisierte Verantwortungslosigkeit. Die Hässlichkeit des deutschen Transplantationssystems, in: Haarhoff, Heike: Organversagen – Die Krise der Transplantationsmedizin in Deutschland, Frankfurt 2014, S. 143–178 (zitiert: *Gutmann*, Organisierte Verantwortungslosigkeit).

Gutmann, Thomas/*Fateh-Moghadam*, Bijan: Rechtsfragen der Organverteilung I: Wer entscheidet? Das Transplantationsgesetz, die „Richtlinien" der Bundesärztekammer und die Frage der Normsetzungskompetenz, in: Gutmann et al.: Grundlagen einer gerechten Organverteilung – Medizin, Psychologie, Recht, Ethik, Soziologie, Berlin/Heidelberg 2003, S. 37–57 (zitiert: *Gutmann/Fateh-Moghadam*, Rechtsfragen der Organverteilung I).

Gutmann, Thomas/*Fateh-Moghadam*, Bijan: Rechtsfragen der Organverteilung II: Verfassungsrechtliche Grundlagen für die Verteilung knapper medizinischer Güter – Das Beispiel Organallokation, in: Gutmann et al.: Grundlagen einer gerechten Organverteilung – Medizin, Psychologie, Recht, Ethik, Soziologie, Berlin/Heidelberg 2003, S. 59–103 (zitiert: *Gutmann/Fateh-Moghadam*, Rechtsfragen der Organverteilung II).

Haarhoff, Heike: Die Altherrensauna. Das System und seine Akteure, in: Haarhoff, Heike: Organversagen – Die Krise der Transplantationsmedizin in Deutschland, Frankfurt 2014, S. 237–266 (zitiert: *Haarhoff*, Die Altherrensauna).

Haas, Volker: Strafbarkeit wegen (versuchten) Totschlags durch Manipulation von Patientendaten im Bereich der Leberallokation: Zum Urteil des Landgerichts Göttingen vom 6. Mai 2015 (6 Ks 4/15), in: HRRS 2016, S. 384–396 (zitiert: *Haas*, HRRS 2016).

Hart, Dieter: „Wirtschaftliche Indikation" – zur haftungsrechtlichen Relevanz von Interessenkonflikten aufgrund von vertraglichen Zielvorgaben und Leistungskomponenten bei der Krankenhausbehandlung, in: MedR 2014, S. 207–213 (zitiert: *Hart*, MedR 2014).

Haverich, Axel/*Haller*, Hermann: Organtransplantation in Deutschland: Kritische Betrachtung in Zeiten knapper Ressourcen, in: Der Internist 2016, S. 7–14 (zitiert: *Haverich/Haller*, Der Internist 2016).

Haverkate, Görg: Verantwortung für Gesundheit als Verfassungsproblem, in: Häfner, Heinz: Gesundheit – unser höchstes Gut, Berlin/Heidelberg/New York 1999, S. 119–143 (zitiert: *Haverkate*, Verantwortung für Gesundheit als Verfassungsproblem).

Heintschel-Heinegg, Bernd von: Münchener Kommentar zum Strafgesetzbuch, Band 1, 3. Auflage, München 2017 (zitiert: *Bearbeiter*, in: MüKo, StGB I).

Hien, Peter/*Morr*, Harald: 6-Minuten-Gehtest in der pneumologischen und kardiologischen Diagnostik. Methodik, Bedeutung und Grenzen, in: Pneumologie 2002, S. 558–566 (zitiert: *Hien/Morr*, Pneumologie 2002).

Hilgendorf, Eric: Einführung in das Medizinstrafrecht, München 2016 (zitiert: *Hilgendorf*, Medizinstrafrecht).

Höfling, Wolfram: Verteilungsgerechtigkeit in der Transplantationsmedizin?, in: JZ 2007, S. 481–486 (zitiert: *Höfling*, JZ 2007).

Höfling, Wolfram: Aspekte der Richtlinienerstellung nach § 16 TPG in: Middel, Claus-Dieter/Pühler, Wiebke/Lilie, Hans/Vilmar, Karsten: Novellierungsbedarf des Transplantationsrechts – Bestandsaufnahme und Bewertung, Köln 2010, S. 63–68 (zitiert: *Höfling*, Aspekte der Richtlinienerstellung nach § 16 TPG).

Höfling, Wolfram: Transplantationsgesetz – Kommentar, 2. Auflage, Berlin 2013 (Der Nachtrag Stand September 2013 ist abrufbar unter https://www.esv.info/download/katalog/media/9783503129270/Nachtrag.pdf; letzter Abruf am 17. Juni 2018; zitiert: *Bearbeiter*, in: Höfling, TPG).

Höfling, Wolfram: Grundstrukturen des Rechts der Transplantationsmedizin – zugleich zur Verfassungsakzessorietät des Medizinstrafrechts, in: medstra 2015, S. 85–92 (zitiert: *Höfling*, medstra 2015).

Höfling, Wolfram: 20 Jahre Transplantations(verhinderungs)gesetz – eine kritische Bilanz, in: ZRP 2017, S. 233–236 (zitiert: *Höfling*, ZRP 2017).

Höfling, Wolfram: Die interdisziplinäre Transplantationskonferenz: kritische Rückfragen an die transplantationsmedizinische Selbstregulierung, in: GesR 2017, S. 549–552 (zitiert: *Höfling*, GesR 2017).

Höfling, Wolfram: Rechtsgutachtliche Stellungnahme zu einigen Aspekten (der Prüfung) des Lebertransplantationsprogramms des Universitätsklinikums Essen auf Ersuchen des Vorstandes des Universitätsklinikums Essen, Februar 2017, abrufbar unter https://www.uk-essen.de/fileadmin/Hauptklinik/PDF/Rechtsgutachtliche_Stellungnahme_Prof._H%C3%B6fling.pdf (letzter Abruf am 17. Juni 2018; zitiert: *Höfling*, Rechtsgutachtliche Stellungnahme).

Höfling, Wolfram/*Rixen*, Stephan: Verfassungsfragen der Transplantationsmedizin – Hirntodkriterium und Transplantationsgesetz in der Diskussion, Tübingen 1996 (zitiert: *Höfling/Rixen*, Verfassungsfragen der Transplantationsmedizin).

Holznagel, Bernd: Die Vermittlung von Spenderorganen nach dem geplanten Transplantationsgesetz. Möglichkeiten und Grenzen einer regulierten Selbstregulierung im Transplantationswesen, in: DVBl. 1997, S. 393–401 (zitiert: *Holznagel*, DVBl. 1997).

Hoven, Elisa: Freispruch im Göttinger Transplantations-Skandal – Praxiskommentar zu BGH, Urteil vom 28. Juni 2017 – 5 StR 20/16, in: NStZ 2017, S. 701–708 (zitiert: *Hoven*, NStZ 2017).

Iruzubieta, Paula/*Crespo*, Javier/*Fábrega*, Emilio: Long-term survival after liver transplantation for alcoholic liver disease, in: World Journal of Gastroenterology 2013, S. 9198–9208 (zitiert: *Iruzubieta et al.*, WJG 2013).

Jäger, Christian: Der Transplantationsskandal: Moralisch verwerflich, aber straflos?, in: JA 2017, S. 873–875 (zitiert: *Jäger*, JA 2017).

Jung, Gregor/*Encke*, Jens/*Schmidt*, Jan/*Rahmel*, Axel: Model for end-stage liver disease – Neue Grundlagen der Allokation für die Lebertransplantation, in: Der Chirurg 2008, S. 157–163 (zitiert: *Jung/Encke/Schmidt/Rahmel*, Der Chirurg 2008).

Junghanns, Ray: Verteilungsgerechtigkeit in der Transplantationsmedizin – Eine juristische Grenzziehung, Frankfurt am Main 2001 (zitiert: *Junghanns*, Verteilungsgerechtigkeit).

Kamler, Markus/*Pizanis*, Nikolaus: Aktueller Stand der Lungentransplantation. Indikationen, Technik, Ergebnisse, in: Zeitschrift für Herz-, Thorax- und Gefäßchirurgie 2013, S. 235–242 (zitiert: *Kamler/Pizanis*, Zeitschrift für Herz-, Thorax- und Gefäßchirurgie 2013).

Kingreen, Thorsten: Gesundheit ohne Gesetzgeber? Verfassungsrechtliche Vorgaben für Verteilungsentscheidungen im Gesundheitswesen, in: Kingreen, Thorsten/Laux, Bernhard: Gesundheit und Medizin im interdisziplinären Diskurs, Berlin/Heidelberg 2008, S. 147–175 (*Kingreen*, Gesundheit ohne Gesetzgeber?).

Kopp, Ferdinand O./*Ramsauer*, Ulrich: Verwaltungsverfahrensrecht Kommentar, 18. Auflage, München 2017 (zitiert: *Bearbeiter*, in: Kopp/Ramsauer, VwVfG).

Koppe, Christian: Zur strafrechtlichen Verantwortlichkeit als Folge der regelwidrigen Beeinflussung geltender Allokationskriterien im Bereich der Organzuteilung, Frankfurt am Main 2016 (zitiert: *Koppe*, Zur strafrechtlichen Verantwortlichkeit der Wartelistenmanipulation).

Körner, Anne/*Leitherer*, Stephan/*Mutscheler*, Bernd: Kasseler Kommentar Sozialversicherungsrecht, 91. Ergänzungslieferung, September 2016 (zitiert: *Bearbeiter*, in: KassKomm).

Kraatz, Erik: Aus der Rechtsprechung zum Arztstrafrecht 2016/2017 – 1. Teil, in: NStZ-RR 2017, S. 329–335 (zitiert: *Kraatz*, NStZ-RR 2017).

Krauskopf, Dieter: Soziale Krankenversicherung, Pflegeversicherung, 92. Ergänzungslieferung, Juni 2016 (zitiert: *Bearbeiter*, in: Krauskopf, Soziale Krankenversicherung).

Kreße, Bernhard: Rechtsschutz für Patienten hinsichtlich der Zuteilung von Organen nach dem Transplantationsgesetz, in: MedR 2016, S. 491–497 (zitiert: *Kreße*, MedR 2016).

Krüger, Robert: Die Organvermittlungstätigkeit Eurotransplants im Sinne des § 12 TPG, Frankfurt am Main 2011 (zitiert: *Krüger*, Die Organvermittlungstätigkeit Eurotransplants).

Kudlich, Hans: Die strafrechtliche Aufarbeitung des „Organspende-Skandals", in: NJW 2013, S. 917–920 (zitiert: *Kudlich*, NJW 2013).

Kudlich, Hans: Manipulationen bei der Organverteilung – Göttinger Leberallokationsskandal – Anmerkung zu BGH, Urteil vom 28. Juni 2017 – 5 StR 20/16, in: NJW 2017, S. 3249–3256 (zitiert: *Kudlich*, NJW 2017).

Kühl, Kristian/*Heger*, Martin: Lackner/Kühl, StGB Kommentar, 28. Auflage, München 2014 (zitiert: *Bearbeiter*, in: Lackner/Kühl, StGB).

Kühn, Hermann Christoph: Das neue deutsche Transplantationsgesetz, in: MedR 1998, S. 455–461 (zitiert: *Kühn*, MedR 1998).

Lang, Heinrich: Deregulierte Verantwortungslosigkeit? Das Transplantationsrecht im Spannungsfeld von Kostendruck, regulierter Selbstregulierung und staatlicher Funktionsverantwortung, in: MedR 2005, S. 269–279 (zitiert: *Lang*, MedR 2005).

Lang, Heinrich: Probleme der rechtsstaatlichen Einbindung der Transplantationsmedizin (Aufsicht, Rechtsschutz), in: Höfling, Wolfram: Die Regulierung der Transplantationsmedizin in Deutschland – Eine kritische Bestandsaufnahme nach 10 Jahren Transplantationsgesetz, Tübingen 2008, S. 61–70 (zitiert: *Lang*, Probleme der rechtsstaatlichen Einbindung der Transplantationsmedizin).

Laufs, Adolf/*Kern*, Bernd-Rüdiger: Handbuch des Arztrechts, 4. Auflage, München 2010 (zitiert: *Bearbeiter*, in: Laufs/Kern, Handbuch des Arztrechts).

Lautenschläger, Dunja: Der Status ausländischer Personen im deutschen Transplantationssystem, Frankfurt am Main 2009 (zitiert: *Lautenschläger*, Der Status ausländischer Personen).

Lautenschläger, Dunja: Organe für Ausländer?, in: Lilie, Hans/Rosenau, Henning/Hakeri, Hakan: Die Organtransplantation – Rechtsfragen bei knappen medizinischen Ressourcen. Beiträge des 6. Deutsch-Türkischen Symposiums zum Medizin- und Biorecht, Baden-Baden 2011, S. 189–199 (zitiert: *Lautenschläger*, Organe für Ausländer?).

Lehmkuhl, Hans/*Hetzer*, Roland: Herztransplantation, in: Krukemeyer, Manfred Georg/Lison, Arno E.: Transplantationsmedizin. Ein Leitfaden für den Praktiker, Berlin 2006, S. 123–148 (zitiert: *Lehmkuhl/Hetzer*, Herztransplantation).

Lilie, Hans: Überwachung und Prüfung der Transplantationsmedizin, in: Ahrens, Hans-Jürgen/von Bar, Christian/Fischer, Gerfried/Spickhoff, Andreas/Taupitz, Jochen: Medizin und Haftung. Festschrift für Erwin Deutsch zum 80. Geburtstag, Berlin/Heidelberg 2009, S. 331–341 (zitiert: *Lilie*, FS Deutsch).

Maunz, Theodor/*Dürig*, Günther: Grundgesetz Kommentar, Band III, Art. 16–22, München 2017 (zitiert: *Bearbeiter*, in: Maunz/Dürig, GG III).

Maunz, Theodor/*Dürig*, Günther: Grundgesetz Kommentar, Band IV, Art. 23–53a, München 2017 (zitiert: *Bearbeiter*, in: Maunz/Dürig, GG IV).

Maunz, Theodor/*Dürig*, Günther: Grundgesetz Kommentar, Band VI, Art. 86–106b, München 2017 (zitiert: *Bearbeiter*, in: Maunz/Dürig, GG VI).

Maurer, Hartmut/*Waldhoff*, Christian: Allgemeines Verwaltungsrecht, 19. Auflage, München 2017 (zitiert: *Maurer/Waldhoff*, Allgemeines Verwaltungsrecht).

Mohammadi-Kangarani, Ehsan: Die Richtlinien der Organverteilung im Transplantationsgesetz – verfassungsgemäß? Frankfurt am Main 2011 (zitiert: *Mohammadi-Kangarani*, Die Richtlinien der Organverteilung im TPG).

Molnár-Gábor, Fruszina: Die Regelung der Organverteilung durch Eurotransplant – unzulässige ethische Standardsetzung? in: Vöneky, Silja/Beylage-Haarmann, Britta/Höfelmeier, Anja/Hübler, Anna-Katharina: Ethik und Recht – Ethisierung des Rechts/Ethics and Law – The Ethicalization of Law, Berlin/Heidelberg 2013, S. 325–349 (zitiert: *Molnár-Gábor*, Die Regelung der Organverteilung durch Eurotransplant).

Neft, Hans: Novellierung des Transplantationsgesetzes – eine herkulische Aufgabe?, in: NZS 2010, S. 16–24 (zitiert: *Neft*, NZS 2010).

Neft, Hans: Reform des Transplantationsgesetzes – Weichenstellung für eine bessere Patientenversorgung? in: MedR 2013, S. 82–89 (zitiert: *Neft*, MedR 2013).

Nickel, Lars Christoph/*Schmidt-Preisigke*, Angelika/*Sengler*, Helmut: Transplantationsgesetz – Kommentar, 1. Auflage, Stuttgart/Berlin/Köln 2001 (zitiert: *Nickel/Schmidt-Preisgke/Sengler*, TPG).

Norba, Daniela: Rechtsfragen der Transplantationsmedizin aus deutscher und europäischer Sicht, Berlin 2009 (zitiert: *Norba*, Rechtsfragen der Transplantationsmedizin).

Oduncu, Fuat: Hirntod und Organtransplantation: medizinische, juristische und ethische Fragen, Göttingen 1998 (zitiert: *Oduncu*, Hirntod und Organtransplantation).

Opper, Ingmar A.: Die gerechte und rechtmäßige Verteilung knapper Organe, Norderstedt 2008 (zitiert: *Opper*, Die gerechte und rechtmäßige Verteilung knapper Organe).

Pohlmann, Markus/*Höly*, Kristina: Manipulationen in der Transplantationsmedizin. Ein Fall von organisationaler Devianz? in: Kölner Zeitschrift für Soziologie und Sozialpsychologie 2017, S. 181–207 (*Pohlmann/Höly*, KZfSS 2017).

Pschyrembel, Willibald: Klinisches Wörterbuch, 266. Auflage, Berlin/Boston 2014 (zitiert: *Pschyrembel*, Klinisches Wörterbuch).

Rahmel, Axel: Eurotransplant und die Organverteilung in Deutschland, in: Krukemeyer, Manfred Georg/Lison, Arno E.: Transplantationsmedizin. Ein Leitfaden für den Praktiker, Berlin 2006, S. 65–80 (zitiert: *Rahmel*, Eurotransplant und die Organverteilung).

Rahmel, Axel: Vermittlung postmortal gespendeter Lebern. Derzeitige Allokationsregeln und -algorithmen, in: Der Chirurg 2013, S. 372–379 (zitiert: *Rahmel*, Der Chirurg 2013).

Renner, Markus: Die Blutgasanalyse (BGA) – Teil 1, in: Intensiv: Fachzeitschrift für Intensivpflege und Anästhesie 2009, S. 204–207 (zitiert: *Renner*, Intensiv 2009).

Renner, Markus: Die Blutgasanalyse (BGA) – Teil 2, in: Intensiv: Fachzeitschrift für Intensivpflege und Anästhesie 2009, S. 254–260 (zitiert: *Renner*, Intensiv 2009).

Rissing-van Saan, Ruth: Der sog. „Transplantationsskandal" – eine strafrechtliche Zwischenbilanz, in: NStZ 2014, S. 233–244 (zitiert: *Rissing-van Saan*, NStZ 2014).

Rissing-van Saan, Ruth/*Verrel*, Torsten: Das BGH-Urteil vom 28. Juni 2017 (5 StR 20/16) zum sog. Transplantatiosnskandal – eine Schicksalsentscheidung? in: NStZ 2018, S. 57–67 (zitiert: *Rissing-van Saan/Verrel*, NStZ 2018).

Rixen, Stephan: Lebensschutz am Lebensende – Das Grundrecht auf Leben und die Hirntodkonzeption. Zugleich ein Beitrag zur Autonomie rechtlicher Begriffsbildung, Berlin 1999 (zitiert: *Rixen*, Lebensschutz am Lebensende).

Rosenau, Henning: Setzung von Standards in der Transplantation: Aufgabe und Legitimation der Bundesärztekammer, in: Middel, Claus-Dieter/Pühler, Wiebke/Lilie, Hans/Vilmar, Karsten: Novellierungsbedarf des Transplantationsrechts – Bestandsaufnahme und Bewertung, Köln 2010, S. 69–87 (zitiert: *Rosenau*, Setzung von Standards in der Transplantation).

Rosenau, Henning: Strafbarkeit bei der Manipulation der Organallokation, in: Hefendehl, Roland/Hörnle, Tatjana/Greco, Luís: Streitbare Strafrechtswissenschaft – Festschrift für Bernd Schünemann zum 70. Geburtstag am 1. November 2014, Berlin/Boston 2014, S. 689–703 (zitiert: *Rosenau*, FS Schünemann).

Rosenau, Henning: Informationelle Vernetzung der Medizin als Herausforderung für das Strafrecht am Beispiel der Strafbarkeit bei der Manipulation der Organallokation, in: MedR 2016, S. 706–711 (*Rosenau*, MedR 2016).

Roxin, Claus: Strafrecht Allgemeiner Teil, Band I, 4. Auflage, München 2006 (zitiert: *Roxin*, Strafrecht AT I).

Säcker, Franz Jürgen: Münchener Kommentar zum Bürgerlichen Gesetzbuch, Band 1, 7. Auflage, München 2015 (zitiert: *Bearbeiter*, in: MüKo, BGB I).

Schlich, Thomas: Transplantation: Geschichte, Medizin, Ethik der Organverpflanzung, München 1998 (zitiert: *Schlich*, Transplantation).

Schmid, Christof/*Hirt*, Stephan/*Scheld*, Hans H.: Leitfaden Herztransplantation. Interdisziplinäre Betreuung vor, während und nach Herztransplantation, 3. Auflage, Darmstadt 2009 (zitiert: *Schmid/Hirt/Scheld*, Leitfaden Herztransplantation).

Schmidt-Aßmann, Eberhard: Grundrechtspositionen und Legitimationsfragen im öffentlichen Gesundheitswesen: verfassungsrechtliche Anforderungen an Entscheidungsgremien in der gesetzlichen Krankenversicherung und im Transplantationswesen; Vortrag gehalten vor der Juristischen Gesellschaft zu Berlin am 16. Mai 2001; New York/Berlin 2001 (zitiert: *Schmidt-Aßmann*, Grundrechtspositionen).

Schmidt, Hartmut: Lebertransplantation – Eine faire Chance für jeden, in: DÄBl 2007, Jg. 104, A-2324 (zitiert: *Schmidt*, Lebertransplantation).

Schmidt, Volker H.: Politik der Organverteilung – Eine Untersuchung über Empfängerauswahl in der Transplantationsmedizin, 1. Auflage, Baden-Baden, 1996 (zitiert: *Schmidt*, Politik der Organverteilung).

Schneider, Marina: Verfassungsmäßigkeit des Rechts der Organallokation, Baden-Baden 2015 (zitiert: *Schneider*, Verfassungsmäßigkeit des Rechts der Organallokation).

Schreiber, Hans-Ludwig: Richtlinien und Regeln für die Organallokation, in: Dierks, Christian/Neuhaus, Peter/Wienke, Albrecht: Die Allokation von Spenderorganen – Rechtliche Aspekte, Berlin/Heidelberg 1999, S. 65–71 (zitiert: *Schreiber*, Richtlinien und Regeln für die Organallokation).

Schreiber, Hans-Ludwig/*Haverich*, Axel: Richtlinien für die Warteliste und für die Organvermittlung, DÄBl. 2000; 97; A-385-386 (zitiert: *Schreiber/Haverich*, Richtlinien).

Schroth, Ulrich: § 19 Abs. 2a TPG – ein missglückter medizinstrafrechtlicher Schnellschuss, in: MedR 2013, S. 645–647 (zitiert: *Schroth*, MedR 2013).

Schroth, Ulrich: Die strafrechtliche Beurteilung der Manipulationen bei der Leberallokation, in: NStZ 2013, S. 437–447 (zitiert: *Schroth*, NStZ 2013).

Schroth, Ulrich/*Hofmann*, Elisabeth: Die strafrechtliche Beurteilung der Manipulation bei der Leberallokation – kritische Anmerkungen zu einem Zwischenbericht, in: NStZ 2014, S. 486–493 (zitiert: *Schroth/Hofmann*, NStZ 2014).

Schroth, Ulrich/*Hofmann*, Elisabeth: Zurechnungsprobleme bei der Manipulation der Verteilung lebenserhaltender Güter: Ein Beitrag zur normativen Aufarbeitung des Organverteilungsskandals, in: Albrecht, Peter-Alexis/Kirsch, Stefan/Neumann,

Ulfrid/Sinner, Stefan: Festschrift für Walter Kargl zum 70. Geburtstag, Berlin 2015, S. 523–543 (zitiert: *Schroth/Hofmann*, FS Kargl).

Schroth, Ulrich/*Hofmann*, Elisabeth: Organverteilung als normatives Problem, in: Hruschka, Joachim/Joerden, Jan C.: Jahrbuch für Recht und Ethik, Berlin 2016, S. 309–326 (zitiert: *Schroth/Hofmann*, Organverteilung als normatives Problem).

Schroth, Ulrich/*Hofmann*, Elisabeth: Absolution von Richtlinienverstößen oder untauglicher Versuch der Kanonisierung von Nicht-Recht?, in: MedR 2017, S. 948–950 (zitiert: *Schroth/Hofmann*, MedR 2017).

Schroth, Ulrich/*König*, Peter/*Gutmann*, Thomas/*Oduncu*, Fuat: Transplantationsgesetz – Kommentar, 1. Auflage, München 2005 (zitiert: *Bearbeiter*, in: Schroth/König/Gutmann/Oduncu, TPG).

Sickor, Andreas: Der Genehmigungsvorbehalt für Richtlinien nach § 16 TPG – Untaugliches Korrektiv einer verfassungswidrigen Regelung, in: GesR 2014, S. 204–208 (zitiert: *Sickor*, GesR 2014).

Siegmund-Schultze, Nicola: Richtlinien zur Organtransplantation: Das „Mehraugenprinzip" wird eingeführt, in: DÄBl. 2012, Jg. 109, A-2218 (zitiert: *Siegmund-Schultze*, Das „Mehraugenprinzip" wird eingeführt).

Smits, Jacqueline M./*de Vries*, Erwin/*De Pauw*, Michel/*Zuckermann*, Andreas/*Rahmel*, Axel/*Meiser*, Bruno/*Laufer*, Guenther/*Reichenspurner*, Hermann/*Strueber*, Martin: Is it time for a cardiac allocation score? First results from the Eurotransplant pilot study on a survival benefit-based heart allocation, in: The Journal of heart and lung Transplantation: JHLT 2013, S. 873–880 (zitiert: *Smits et al.*, JHLT 2013).

Spickhoff, Andreas: Medizinrecht, 2. Auflage, München 2014 (zitiert: *Bearbeiter*, in: Spickhoff, Medizinrecht, TPG).

Spiliopoulos, Sotirios/*Körfer*, Reiner/*Tenderich*, Gero: Kunstherz: Miniaturisierung bietet mehr Therapieoptionen, in: DÄBl. 2015, Jg. 112, A-590 (zitiert: *Spiliopoulos/Körfer/Tenderich*, Kunstherz).

Spree, Eckhard: Lebertransplantation bei äthyltoxischer Lebererkrankung – Verlauf und Komplikationen, Berlin 2000, abrufbar unter https://edoc.hu-berlin.de/bitstream/handle/18452/15196/Spree.pdf?sequence=1&isAllowed=y (letzter Abruf am 17. Juni 2018; zitiert: *Spree*, Lebertransplantation bei äthyltoxischer Lebererkrankung).

Strassburg, Christian P.: Indikationsstellung und Indikationen für eine Lebertransplantation, in: Der Chirurg 2013, S. 363–371 (zitiert: *Strassburg*, Der Chirurg 2013).

Streng-Baunemann, Franziska: Manipulation der Zuteilungsreihenfolge bei Spenderorganen (in den Jahren 2010 bis 2012) als versuchter Totschlag? – Zugleich eine Besprechung vom LG Göttingen, Urtiel vom 06.05.2015, Az. 6 Ks 4/13, in: Safferling, Christoph/Kett-Straub, Gabriele/Jäger, Christian/Kudlich, Hans: Festschrift für Franz Streng zum 70. Geburtstag, Heidelberg 2017, S. 767–781 (zitiert: *Streng-Baunemann*, FS Streng).

Strüber, Martin/*Reichenspurner*, Hermann: Die Einführung des Lungenallokations-Scores für die Lungentransplantation in Deutschland, DÄBl. 2011, Jg. 108, A-2424 (zitiert: Strüber/Reichenspurner, Die Einführung des LAS).

Stücker, Markus/*Memmel*, Ulrike/*Altmeyer*, Peter: Transkutane Sauerstoffpartialdruck- und Kohlendioxidpartialdruckmessungen – Verfahrenstechnik und Anwendungsgebiete, in: Phlebologie 2000, S. 81–91 (zitiert: *Stücker/Memmel/Altmeyer*, Phlebologie).

Taupitz, Jochen: Die Standesordnungen der freien Berufe: Geschichtliche Entwicklung, Funktionen, Stellung im Rechtssystem, New York/Berlin 1991 (zitiert: *Taupitz*, Die Standesordnungen der freien Berufe).

Taupitz, Jochen: Richtlinien in der Transplantationsmedizin, in: NJW 2003, S. 1145–1150 (zitiert: *Taupitz*, NJW 2003).

Taupitz, Jochen: Allokationsprobleme in der Transplantationsmedizin – juristische Aspekte, in Zeitschrift für Evidenz, Fortbildung und Qualität im Gesundheitswesen 2010, S. 400–405 (zitiert: *Taupitz*, ZEFQ 2010).

Temmuz Oglakcioglu, Mustafa: Aus aktuellem Anlass: Zum strafbaren Handeltreiben mit Organen gem. §§ 17, 18 TPG, in: HRRS 2012, S. 381–388 (zitiert: *Temmuz Oglakcioglu*, HRRS 2012).

Tettinger, Peter J.: Kammerrecht – Das Recht der wirtschaftlichen und der freiberuflichen Selbstverwaltung, München 1997 (zitiert: *Tettinger*, Kammerrecht).

Trojan, Jörg/*Hammerstingl*, Renate/*Strey*, Christoph W./*Vogl*, Thomas J./*Bechstein*, Wolf-Otto/*Zeuzem*, Stefan: Fortschritte in der bildgebenden Diagnostik und Therapie des hepatozellulären Karzinoms, in: DABl. 2007, Jg. 104, A-3326-3333 (zitiert: *Trojan et al.*, Fortschritte in der bildgebenden Diagnostik und Therapie des HCC).

Uhl, Martin: Richtlinien der Bundesärztekammer – Ein verfassungsrechtlicher Beitrag zur exekutiven Rechtsnormsetzung, Hamburg 2008 (zitiert: *Uhl*, Richtlinien der Bundesärztekammer).

Verrel, Torsten: Was tun bei Allokationsauffälligkeiten?, in: Middel, Claus-Dieter/Pühler, Wiebke/Lilie, Hans/Vilmar, Karsten: Novellierungsbedarf des Transplantationsrechts – Bestandsaufnahme und Bewertung, Köln 2010, S. 199–205 (zitiert: *Verrel*, Was tun bei Allokationsauffälligkeiten?).

Verrel, Torsten: Sanktionierung von Allokationsauffälligkeiten, in: Lilie, Hans/Rosenau, Henning/Hakeri, Hakan: Die Organtransplantation – Rechtsfragen bei knappen medizinischen Ressourcen. Beiträge des 6. Deutsch-Türkischen Symposiums zum Medizin- und Biorecht, Baden-Baden 2011, S. 181–187 (zitiert: *Verrel*, Sanktionierung von Allokationsauffälligkeiten).

Verrel, Torsten: Manipulation von allokationsrelevanten Patientendaten – ein Tötungsdelikt?, in: MedR 2014, S. 464–469 (zitiert: *Verrel*, MedR 2014).

Verrel, Torsten: Absolution von Richtlinienverstößen durch Sachverständigengutachten. Eine fragwürdige Art der strafprozessualen Erledigung von Manipulationen in einem Münchener Transplantationszentrum, Besprechung der Einstellungsverfügung der Staatsanwaltschaft München I vom 17.01.2017 – 128 Js 174535/15, in: MedR 2017, S. 597–601 (zitiert: *Verrel*, MedR 2017).

Verrel, Torsten: Stellungnahme zur Replik von Schroth/Hofmann, in: MedR 2017, S. 951 (zitiert: *Verrel*, MedR 2017).

Vieser, Jasmin: Anmerkung zu LG Göttingen vom 06.05.2016 – 6 Ks 4/13 – Göttinger Organallokationsskandal, in: medstra 2016, S. 249–256 (zitiert: *Vieser*, medstra 2016).

Webb, Kerry/*Neuberger*, James: Transplantation for alcoholic liver disease, in: British Medical Journal 2004, S. 63–64 (zitiert: *Webb/Neuberger*, BMJ 2004).

Weigel, Johannes: Organvermittlung und Arzthaftung – Regelungskonzept, Verfassungsmäßigkeit, Rechtsnatur und arzthaftungsrechtliche Konsequenzen des Systems der Organvermittlung, Tübingen 2017 (zitiert: *Weigel*, Organvermittlung und Arzthaftung).

Weis, Michael et al.: Authors' reply concerning the letter by Ensminger et al., Clinical research in cardiology: official journal of the German Cardiac Society 2015, S. 1000–1002 (zitiert: *Weis et al.*, Clin Res Cardiol 2015).

Wiegand, Britta Beate: Die Beleihung mit Normsetzungskompetenzen – Das Gesundheitswesen als Exempel, Berlin 2008 (zitiert: *Wiegand*, Die Beleihung mit Normsetzungskompetenzen).

Woinikow, Karina: Richtlinien der Transplantationsmedizin – Zur Verfassungsmäßigkeit des § 16 TPG, Frankfurt am Main 2014 (zitiert: *Woinikow*, Richtlinien der Transplantationsmedizin).

Zippelius, Reinhold: Juristische Methodenlehre, 11. Auflage, München 2012 (zitiert: *Zippelius*, Methodenlehre).

Zylka-Menhorn, Vera: Transplantationsmedizin: Positive Kreuzprobe ist keine Kontraindikation mehr, in: DÄBl. 2006, Jg. 103, A-3312-3314 (zitiert: *Zylka-Menhorn*, Transplantationsmedizin).

Sachverzeichnis

Vincit
Veritas
D&H